DIVADLO.
Začátek v 8 hod. večer.
Rudy Böhma a kapelníka
chera.
MANÉVRY.
Böhm. Kapelník Ruda Liebscher.
. . . M. Zieglerová j. h.
. . . R. Böhm
. . . Váša Budínský j. h.
. . . A. S. Kostka
elý ensemble.
Kč zvýšeny.

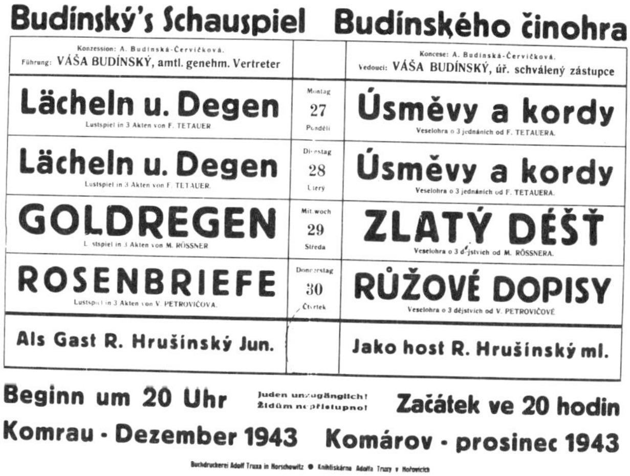
Budínský's Schauspiel
Budínského činohra
Konzession: A. Budínská-Červičková.
Führung: VÁŠA BUDÍNSKÝ, amtl. genehm. Vertreter
Koncese: A. Budínská-Červičková.
Vedoucí: VÁŠA BUDÍNSKÝ, úř. schválený zástupce
Lächeln u. Degen
Lustspiel in 3 Akten von F. TETAUER
Montag 27 Pondělí
Úsměvy a kordy
Veselohra o 3 jednáních od F. TETAUERA.
Lächeln u. Degen
Lustspiel in 3 Akten von F. TETAUER.
Dienstag 28 Úterý
Úsměvy a kordy
Veselohra o 3 jednáních od F. TETAUERA.
GOLDREGEN
Lustspiel in 3 Akten von M. RÖSSNER
Mittwoch 29 Středa
ZLATÝ DÉŠŤ
Veselohra o 3 dějstvích od M. RÖSSNERA.
ROSENBRIEFE
Lustspiel in 3 Akten von V. PETROVIČOVA.
Donnerstag 30 Čtvrtek
RŮŽOVÉ DOPISY
Veselohra o 3 dějstvích od V. PETROVIČOVÉ
Als Gast R. Hrušínský Jun.
Jako host R. Hrušínský ml.
Beginn um 20 Uhr
Juden unzugänglich!
Židům nepřístupno!
Začátek ve 20 hodin
Komrau - Dezember 1943
Komárov - prosinec 1943
Buchdruckerei Adolf Truxa in Horschowitz ● Knihtiskárna Adolfa Truxy v Hořovicích

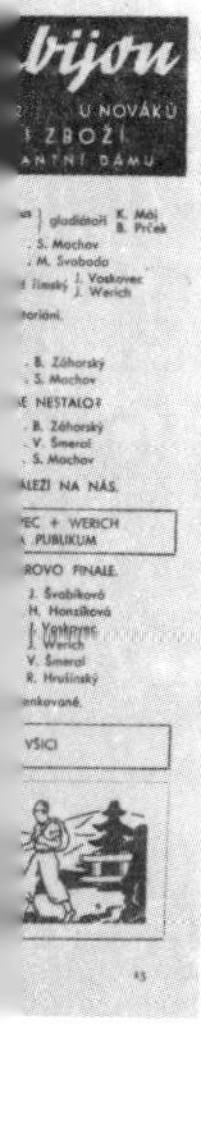
bijou
U NOVÁKŮ
ZBOŽÍ
. S. Mochov
. M. Svoboda
. B. Záhorský
. S. Mochov
E NESTALO?
. B. Záhorský
. V. Šmeral
. S. Mochov
LEŽÍ NA NÁS.
EC + WERICH
PUBLIKUM
ROVO FINALE.
J. Švabíková
H. Honzíková
V. Šmeral
R. Hrušínský
VŠICI

Denně o 20. hodině, v neděli a ve svátek též odpoledne o 16. hodině při snížených cenách.
Divadlo Vlasty Buria
PALACKÉHO TŘÍDA 27
Žertovná hra ve čtyřech odděleních. - Napsal Ferd. Frant. Šamberk. - Textová úprava a režie: Julius Lebl. - Výprava: Adolf Wenig.
Oddělení I.
Bohuslav Jarý — Ladislav Hemmer
Hynek Trnka — Antonín Streit
Heliodor Drmola, veřejný posluha — Jaroslav Marvan
Rudolf, Louis, sklepníci — Adolf Dohnal, Ferdinand Jarkovský
Děj v hotelu.
Oddělení II.
Theodor Bufka, majitel domu — Václav Trégl
Mechomír Kulíšek, mistr obuvnický — VLASTA BURIAN
Nanynka, jeho dcera — Madla Mottlová - Marta Fričová
Matyáš Vroubek, tovaryš u Kulíška — Emanuel Kovařík
Pepík Cikán, učedník — František Plodr
Bohuslav Jarý — Ladislav Hemmer
Hynek Trnka — Antonín Streit
Heliodor Drmola — Jaroslav Marvan
Děj v dílně Kulíškově v Žižkově.
Oddělení III.
Bankéř Trnka — Čeněk Šlégl
Julie, jeho dcera — Jarmila Šmídová
Bohuslav Jarý — Ladislav Hemmer
Hynek Trnka — Antonín Streit
Kulíšek — VLASTA BURIAN
Bufka — Václav Trégl
Nanynka — Madla Mottlová - Marta Fričová
Matějček — Emanuel Kovařík
Drmola — Jaroslav Marvan
Robert, sluha — Rudolf Hrušínský
Josefina, komorná — Jarmila Beránková
Děj u bankéře Trnky.
Oddělení IV.
Nanynka — Madla Mottlová - Marta Fričová
Matějček — Emanuel Kovařík
Drmola — Jaroslav Marvan
Hynek — Antonín Streit
Bohuslav — Ladislav Hemmer
Kulíšek — VLASTA BURIAN
Bufka — Václav Trégl
Pepík — František Plodr
Julie — Jarmila Šmídová
Bankéř Trnka — Čeněk Šlégl
Emilie Horská — Jarmila Švabíková
Děj u Kulíška v Žižkově.

W0200709

OSVOBOZENÉ DIVADLO
V+W
Denně o 8. hod., v neděli a svátky též o ½4. hod. odpol.
TĚŽKÁ BARBORA
Napsali Voskovec - Werich.

ODEON

Marie Valtrová KRONIKA RODU HRUŠÍNSKÝCH

Kronika rodu Hrušínských

Marie Valtrová

Odeon

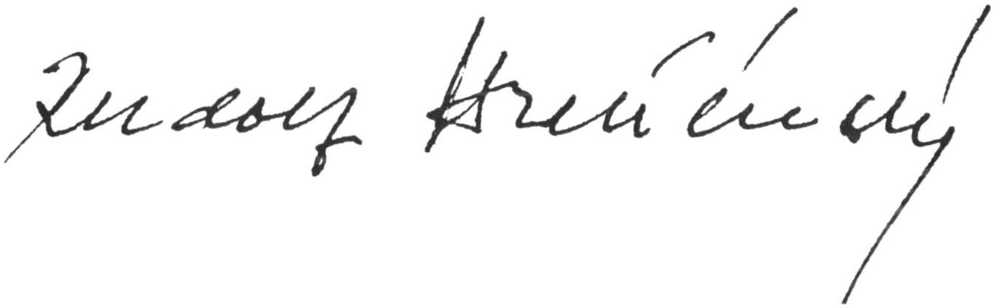

KLUB ČTENÁŘŮ

ISBN 80-207-0485-X

Věci a skutky, kteréž vypsány nebývají,
do tmy zapadají a prachem zapomnění
se pokrývají,
vypsány pak oživují . . .

IVAN BUNIN

Ten, kdo hledá biografickou
„pravdu“ . . .,
narazí dříve či později na právo,
na svrchované vědomí básnické
obrazivosti,
která nakládá se vzpomínkami
podle vlastního pojetí pravdy.

HANS EGON HOLTHUSEN

PROLOG

Psát o Rudolfu Hrušínském je jako psát o stromu, jehož kořeny sahají hluboko do země a proplétají se s kořeny jiných stromů a jehož větve se pnou vzhůru, jako by chtěly dosáhnout až tam, kam lidská ruka dosáhnout nemůže.

Psát o Rudolfu Hrušínském znamená vracet se ke kořenům rodu, na jehož počátku stál soukromý pražský učitel Stanislav Červíček, který přivedl svého synka Ondřeje za Josefem Kajetánem Tylem a tím způsobil, že i malého Ondřeje uštkl Tylův „had z ráje". Když pak v pozdním věku sepsal Ondřej Červíček Paměti českého herce, učinil tak proto, aby vypovídal o době, kdy „obyvatelstvo pro české divadlo nemělo žádný zájem mimo hloučků probuzenců, kde bylo těžko synům Thálie pracovati a jen láska k dramatickému umění a k vlasti dodávala síly a vytrvalosti, by na dráze vytknuté neklesli". Naše Kronika rodu Hrušínských nemá tedy být jen pouhým nahlédnutím do peripetií jednoho lidského osudu, ale i součtem poznatků o mnoha osudech dalších, živených příbuzenstvím stejně jako společnou láskou k divadlu.

Když si otec Rudolfa Hrušínského ve svém rozjímání pro čtenáře Kinorevue položil otázku, jak daleko se dostane jeho jméno, netušil její skutečný dosah. Nejen že jeho syn navázal na hereckou tradici Červíčkovského rodu, ale stal se i jejím dovršitelem. Na rozdíl od svého otce, pro něhož bylo naplněním snu putování po českém venkově, toužil Rudolf Hrušínský po vlastním divadle, ve kterém by se oddával službě Thálii stejně pokorně jako jeho předchůdci. Tento sen se mu nesplnil, ale to, co po dlouhá léta rozněcovalo mysl jeho prarodičů a rodičů, zůstalo. Rudolf Hrušínský se nikdy nezapomínal hlásit k jejich odkazu, ctil jejich památku a ochraňoval ji před těmi, kteří ji chtěli úmyslně či z nevědomosti znesvětit, nebo snížit význam jejich divadelní činnosti. V dopisu kolegovi, kterým reagoval na jeho prohlášení, že si nepřeje, „aby se vrátily doby, kdy pan Červíček a paní Červíčková hráli Romea a Julii jen proto, že byli majiteli koncese“ (*Záběr 13. 5. 1971*), napsal:

> Pan Červíček a paní Červíčková nikdy nehráli proto, že byli majiteli koncese. Tito skuteční herci, po kterých plivješ, hráli po několik generací divadlo proto, že cítili potřebu divadlo hrát. A protože to dovedli, soudruhu. Nehráli také Romea a Julii. Hráli Tyla, Jiráska, Stroupežnického, Šaldu, ještě za protektorátu, v nevytopených sálech vesnických hospod, v podmínkách, o jakých se Ti v ochotnickém kroužku ani nezdálo. Pan Červíček a paní Červíčková vychovali českému divadlu mnoho herců. Herců v pravém slova smyslu. Herců, kteří věděli, že divadlo je dřina. Velká dřina. Ale milovali a pořád ještě milují tuto dřinu. Nemohou bez ní žít. Nenaučili se u pana Červíčka a paní Červíčkové mluvit o své angažovanosti, ani o své velikosti, ale naučili se poctivě pracovat. Pracovat tak, aby byli platnými členy lidské společnosti. Já si jich za to hluboce vážím a děkuji těmto skutečným umělcům za všechno, co mě kdy naučili. Od mého narození za jevištěm nevytopené hospody v Novém Etynku, u divadelní společnosti rodičů mé matky, pana Červíčka a jeho paní.
>
> *R. HRUŠÍNSKÝ, 16. 5. 1971*

V jednom z fejetonů, tvořících součást této knihy, se Rudolf Hrušínský vyznal ze své náklonnosti k přátelům, s nimiž se nemusí ujišťovat o vzájemných vztazích a jimž není zatěžko mlčet. A zdůraznil, že by ho ani nenapadlo přestavovat jim doma nábytek podle svého vkusu nebo snad rozbít obraz, který se mu nelíbí. Podobně tato kronika plně respektuje soukromí těch, o nichž pojednává. Jestliže v ní zůstává něco nedořečeného, je to tak proto, že i oni mají svá tajemství. Tajemství, bez nichž by byla každá existence chudá. Jak dobře víme, síla osobnosti Rudolfa Hrušínského nespočívá v množství slov, jichž užívá, ale v jejich obsahu, ve způsobu, jakým se vyjadřuje a jakým promlouvá o věcech obecných i o sobě samém.

Psát o Rudolfu Hrušínském je tudíž cosi svatokrádežného. Ale řekněte sami: jak jinak lze vydat svědectví o herci, jehož umění se stalo tak trochu veřejným majetkem? Jak jinak lze uchovat v paměti národa povědomost o hereckém rodu, jehož vývoj naše kronika sleduje? Vraťme se tedy na počátek . . .

STANISLAV + JOSEFA
ČERVÍČEK DAMAŠKOVÁ
1. 3. 1773 — ? ? — ?

ONDŘEJ ČERVÍČEK
4. 6. 1844—16. 2. 1928

ANNA PRAVDOVÁ (2. manželka)
9. 1. 1850—19. 2. 1932

HYNEK + MATYLDA
MUŠEK LECOMTE
1812—14. 11. 1894 1816—1874

JOSEFA MUŠKOVÁ (1. manželka)
16. 10. 1845—27. 9. 1906

OTAKAR ČERVÍČEK
16. 2. 1867—23. 7. 1942

STANISLAV ČERVÍČEK
12. 2. 1870 — ?

FRANTIŠKA ČERVÍČKOVÁ
17. 2. 1872 — ?

JOSEFA ČERVÍČKOVÁ
6. 10. 1873 — ?

JAN + FRANTIŠKA
BÖHM DOLEŽALOVÁ
16. 6. 1857—30. 12. 1931
13. 2. 1869 — ?

ANNA PRAVDOVÁ-BUDÍNSKÁ +
15. 6. 1878—14. 9. 1958

VÁCLAV ČERVÍČEK
6. 7. 1875—31. 7. 1936

MARIE ČERVÍČKOVÁ
10. 6. 1899—13. 10. 1917

JINDŘICH ČERVÍČEK
2. 3. 1878 — ?

HERMÍNA + RUDOLF
ČERVÍČKOVÁ BÖHM-HRUŠÍNSKÝ
10. 2. 1901—19. 1. 1989
17. 4. 1897—15. 3. 1956

FRANTIŠEK ČERVÍČEK
25. 3. 1880 — ?

VÁCLAV ČERVÍČEK-BUDÍNSKÝ
10. 4. 1902—14. 3. 1985

JAROSLAV ČERVÍČEK
20. 4. 1886 — ?

FRANTIŠEK ČERVÍČEK
5. 10. 1903 — ?

RUDOLF + EVA
HRUŠÍNSKÝ KOUBOVÁ
17. 10. 1920 6. 4. 1928

RUDOLF + EVA
HRUŠÍNSKÝ VERNEROVÁ
5. 10. 1946 15. 11. 1947

RUDOLF
19. 11. 1970

DAVID
13. 1. 1977

MARTIN
23. 12. 1984

JAN + MILUŠE
HRUŠÍNSKÝ ŠPLECHTOVÁ
9. 6. 1955 13. 11. 1957

NIKOLA
24. 5. 1982

KRISTINA
5. 3. 1985

BARBORA
31. 3. 1991

PŘEDCHŮDCI

ONDŘEJ ČERVÍČEK

BUDÍNSKÉHO SPOLEČNOST

RUDOLF BÖHM-HRUŠÍNSKÝ

Táhli hudci k bálu,
až pan Červíček
silným kvapem ztratil
z basy kolíček,
a když přišli k viklovskému brodu,
zpozoroval tu svou velkou škodu
na stoku dvou řek.

KAREL HAVLÍČEK-BOROVSKÝ

Ach — jak mi — pojednou volno — bolest pominula — jsem lehký jako ptáče — ano, hleďte to ptáče — porouchaná křídla svá rozepjalo — ono letí — letí daleko — daleko po nivách českých — tam — ku Praze — ano — to je — Praha — ta svatá zlatá Praha — hle jak krásné — v západu slunce — lesknoucí se město! — tam stříbropěnná Vltava — a nad ní — hrdá ta budova — pnoucí mohutnou kopuli svou — k nebesům. Ach — toť můj — věčný sen — toť divadlo — velké divadlo národní! — svatý chrám umění našeho!

FRANTIŠEK FERDINAND ŠAMBERK

ONDŘEJ ČERVÍČEK

Na Starém Městě pražském poblíž kostela svatého Jakuba, v Koppfmanské ulici (dnešní Templové) číslo popisné 648, si v polovině minulého století otevřel čtyřtřídní soukromou školu učitel Stanislav Červíček. Umístěna byla v přízemních prostorách přímo proti zadnímu traktu hotelu U zlatého anděla, jehož hlavní vchod se nacházel v Celetné ulici. Dům patřil uměleckému zámečníkovi Janouškovi. Za červnových bouří roku 1848, při obléhání Prahy vojsky hraběte Windischgrätze, uvízly v jeho zdivu dělové koule, které tam majitel ponechal na věčnou památku.

Stanislav Červíček, rodem z České Skalice, se krátce předtím podruhé oženil s Josefou, dcerou truhláře Damaška z Košetic na Čáslavsku. 14. června 1844 se manželům narodil v domě, v němž se usadili, syn Ondřej. Jeho otec se stejně jako celá řada vlastenců nechal unášet proudem rostoucího národního uvědomění. Byl členem Žofínské akademie, ve své učebně pořádal ochotnická představení a hlavně muzicíroval. Na basu hrál nejen při církevních obřadech či ve šlechtických kasinech, hrál i v orchestru Stavovského divadla. Svému synkovi utkvěl v paměti jako nadšený divadelník:

> Na počátku roku 1848 uspořádal otec soukromé divadelní představení hry VDOVEC a mně, pětiletému hochu, byla otcem a p. Tylem svěřena úloha malého Jeníka. A myslím, že jsem v ní vynikl, když pak v krátké době se hrála tato hra se mnou a p. J. K. Tylem ve veřejném divadelním představení u Kajetánů na Malé Straně, kamž jsem byl rodiči odveden. Pamatuji si velmi dobře, jak po hře byl jsem od Tyla po hlavě pohlazen a od rodičů objímán a celován.
>
> *O. ČERVÍČEK: Paměti českého herce, rkp.*

V listopadu 1851 si Josef Kajetán Tyl pronajal koncesi od ředitele německé divadelní společnosti Josefa Kullase, do jejíhož čela se postavil a kterou byl po dvou letech na zásah úřadů nucen rozpustit. První setkání s Tylem na malého Ondřeje tak zapůsobilo, že uprosil otce, aby se s ním vydal do Klatov, kde se v roce 1852 Kullasova divadelní společnost nacházela.

> Pamatuji si velmi dobře, jak v žebřinovém vozíku, v košatině a pod plachtou, konal jsem s otcem cestu do Klatov. Dědeček, otec mé matky, nás tam vezl. Cesta byla dlouhá. Skoro v každé dědině, kudy jsme jeli, tázal jsem se prý otce, jsme-li již v Klato-

vech. Druhého dne odpoledne dorazili jsme na místo, kde nás očekávalo nové překvapení. Tylovi bylo zakázáno od vysokého gubernia (místodržitelství) řídit divadelní společnost a majiteli koncese Josefu Kullasovi pohroženo odejmutím koncese, když Tyla nedá od společnosti. Nikdy mně to z paměti nevyšlo, jaký to byl zmatek a bědování od přítomných mužů a žen u p. Tyla, aniž jsem chápal, co se děje, jen to, že nebudu hrát divadlo — plakal jsem usedavě — plakali všichni přítomní.

O. ČERVÍČEK: Paměti českého herce, rkp.

Cestou do Klatov se Stanislav Červíček nachladl a posléze zemřel. Vdova Josefa byla nucena školu uzavřít a propustit pomocného učitele. Poručníkem jejího synka se stal majitel domu Janoušek, který měl spolu s Ondřejovým nevlastním bratrem Stanislavem (nar. 27. 7. 1818 v Praze), členem pražské revoluční domobrany a později c. k. guberniálním úředníkem, dohlédnout na jeho další výchovu.

Po otcově smrti čekala Ondřeje docházka do chlapecké obecné školy u Sv. Jakuba, která sousedila s bývalým klášterem minoritů. V téže době sedával v jejích škamnách o tři roky mladší Vendelín Budil, budoucí významný herec a ředitel plzeňského divadla. Ondřejovi nedělalo učení potíže, a tak byl přijat do vyšší třídy. Ale to matce nestačilo: po absolvování třech ročníků reálky u piaristů byl zapsán ke studiu učitelství. Nebyla to volba jeho srdce, jak se záhy ukázalo. Následovat otce a věnovat se jeho profesi znamenalo pro Ondřeje spíš splnění morálních povinností vůči rodičům než skutečné poslání. A tak využil toho, že se při hodině náboženství dostal do konfliktu s páterem Kellnerem, a z ústavu vystoupil. Sladká svoboda! Zdánlivě ji nemohlo nic ohrozit.

Na divadlo ani na okamžik nezapomněl. Mezitím povýšil bratr Stanislav do stavu úřednického a oženil se. Pro svou dcerku zakoupil loutky a tištěná vydání her Matěje Kopeckého. Karlín, kde se rodina usadila, se stal Ondřejovi častým útočištěm. Přehrál, co se dalo, ale nejčastěji se vracel k pohádce o princi Šnofouniovi a princezně Morduline.

Od loutek bylo ke skutečnému divadlu ještě příliš daleko. Proto kolem sebe shromáždil skupinu přátel a začal připravovat ochotnická představení. Konečně mohl vyjádřit svůj obdiv k Josefu Kajetánu Tylovi. Uvedl hned dvě jeho hry: PRAŽSKÉHO FLAMENDRA a úpravu Kneislova CHUDÉHO PÍSNIČKÁŘE. Teprve pak přišly na řadu Klicperův ROHOVÍN ČTVERROHÝ a Nerudova PRODANÁ LÁSKA. Mladí nadšenci hráli nejprve v soukromých bytech — u bratří Šmidů, u Pejšů na Kampě a později v hostinci U lampy na Pohořelci. Nyní už nikdo nepochyboval o tom, jakou cestu si Ondřej zvolil.

Nevlastní bratr, který mně sliboval bílý vojenský kabát za to, že jsem vystoupil z ústavu, když mě viděl několikráte hrát, na bílý kabát již zapomněl, vyzval mě po hře U lampy, bych druhý den k němu přišel, že spolu někam půjdeme. Zavedl mne do kanceláře ředitele německého divadla, s nímž byl v přátelství, a jeho přímluvou a po zkoušce byl jsem přijat do sboru na druhý tenor a v činohře na epizody, první čas však bezplatně, po dvou měsících obdržel jsem 15 zl. stříbra, v činohře 1 zl. stříbra honorář.

Tehdáž se ve Stavovském divadle pod týmž ředitelstvím hrávalo třikráte až čtyřikráte česky. Česká představení byla odpolední. Rozumí se samo sebou, že bývala slabě navštěvována. Střední a dělnická třída byla v zaměstnání, pouze odpolední nedělní představení naplnilo hlediště dokonale. Počátek hry byl o 3. hodině, konec musel být o 5. hodině, by se pak po Čecháčkách mohlo divadlo důkladně provětrat. Česká elita navštěvovala pouze německá představení.

O. ČERVÍČEK: Paměti českého herce, rkp.

Ve Stavovském divadle vystupoval Ondřej Červíček pod jménem Ondřej Čadský. Příležitostí nedostával tolik, co by si přál, a tak mu zbývalo dostatek času k návratům mezi přátele U lampy. Pod záštitou ředitele Sternfelda uvedli v Libni

Klicperův DIVOTVORNÝ KLOBOUK. O české diváky tu nebyla nouze, a tak museli hru třikrát opakovat.

Otevření Prozatímního divadla v roce 1862 se stalo pro pražské herce nadějným příslibem. Také Ondřej Červíček se rozhodl zkusit štěstí. Na doporučení bratra Stanislava vyhledal tehdejšího dramaturga a uměleckého šéfa — Pavla Švandu ze Semčic.

Dramaturg Švanda mne vyzval, abych mu přednesl nějakou báseň aneb monolog ze hry. Deklamoval jsem báseň Tři doby země české a monolog Raula z PANNY ORLEÁNSKÉ. Myslím, že byl se mnou spokojen, uměl jsem vše nazpaměť. Studoval jsem pořád nové úlohy, třebaže je nikdo dosud nehrál, bych se zdokonaloval a připravoval, maje vyšší cíl před sebou.

Pan Švanda pouze po zkoušce pravil: „Jste ještě velmi mlád a na velkém jevišti musíte se spokojit menšími úlohami.“ Mně to postačovalo, jen když jsem byl přijat k českému Prozatímnímu divadlu. Zaměstnán jsem byl jak statováním v opeře neb ve sboru, v činohře, ano i v baletu, kde v opeře ORFEUS A EURYDIKA jsem tančil ďábla. Sen můj se vyplnil. Byl jsem u českého divadla. Divadla to samostatného — jen touha mne vedla stále výš — hrát, a to hodně hrát.

O. ČERVÍČEK: Paměti českého herce, rkp.

Vznik Královského českého zemského divadla v Praze, jak bylo Prozatímní divadlo oficiálně nazýváno, byl ve skutečnosti tak trochu východiskem z nouze. Celá česká veřejnost už dlouho volala po otevření Národního divadla. Prozatímní divadlo naráželo od počátku na řadu problémů, které se dotýkaly především herců samotných. Jádro souboru tvořili umělci značných schopností, jakými byli například Josef Jiří a František Kolárové, Karel Šimanovský, František Ferdinand Šamberk, Jakub Seifert, Jindřich Mošna, Eliška Pešková, Otýlie Sklenářová-Malá nebo Terezie Seifertová. Ondřej Červíček se mezi nimi ztrácel jako jehla v kupce sena. Spokojil se sice s drobnými úložkami v Schillerově PANNĚ ORLEÁNSKÉ nebo Kolárově MAGELÓNĚ, ale dobře si přitom uvědomoval, jak těžko si dobývají pevnou pozici i herci mnohem talentovanější, než byl on. Proto se rozhodl odejít.

Všímal a prohlédl jsem si vše a viděl, jak krušný začátek měl Jakub Seifert, než domohl se úloh a pevného postavení. Umínil jsem si též, že pro mne v Praze pšenice nekvete a raději půjdu na venek se zdokonalit.

Kolegové moji, s kterými jsem zařídil soukromé divadlo v Praze, chodili statovat do Prozatímního, mezi jinými i kolega Bělohradský, který chodil do dramatické školy k Šimanovskému (za jednu hodinu se platilo dva zlaté stříbra). Po absolvování školy chtěl na venek k některé společnosti.

Žádal jsem p. Šimanovského, by mně zaopatřil též angažmá, neb mezi tím časem utvořilo se na venkově vícero společností jako Braun, Pokorný, Svoboda.

Šimanovský psal na vícero stran a první odpověď přišla od ředitele Jiljího Krämra, který dlel v Mělnickém Vtelnu, a angažoval mne i Bělohradského.

O. ČERVÍČEK: Paměti českého herce, rkp.

Rozloučení s Prahou nebylo těžké. Ani matka, ani bratr Stanislav mu úmysl nerozmlouvali. Zbývalo poděkovat Pavlu Švandovi ze Semčic, jehož přijetí si Ondřej velmi vážil. Ještě si naposledy zahrál s ochotníky U lampy, a to postavu, která mu byla obzvláště milá a s níž se měl vzápětí znovu setkat — učitele Pěnkavu v Tylově TVRDOHLAVÉ ŽENĚ. Brzy nato — 8. června 1865 — se spolu se dvěma kolegy vydal pěšky na cestu. Zavazadla si vezli na malém vozíku. Téhož dne odpoledne stanul Ondřej Červíček před svým novým divadelním ředitelem.

Ředitel Krämer byl korpulentní postavy, buclatý jako soudek, seděl u postele na zemi, byl velkým milovníkem tabatěrky, maje vedle sebe třímázový džbán piva. Krämer byl starý dobrý herec, který svého času za národního probuzení, za ředitelování Thámova a Štěpánkova, hrál v takzvané Boudě — na Koňském trhu, nynějším Václavském náměstí, kde hrávala se česká představení divadelní, později v Růžové ulici, nynější pražské zastavárně. Na činnost tu byl velmi hrdý a byl vlastencem pravým od kosti.

Přijal nás srdečně, stisknuv ruku, a zvláště mne, neb mého otce znal, vyjádřiv se otevřeně: „To byl můj nejlepší přítel!" Ihned přidělil nám úlohy do TVRDOHLAVÉ ŽENY od Tyla. Dostal jsem úlohu prvně velkou, a sice učitele Pěnkavu. Byl jsem pln radosti, takovou úlohu hrát mezi herci! Úlohu tuto jsem hrál již v Praze na ochotnickém divadle.

Druhý den byla zkouška. Ředitel představil celý svůj personál. Pánové: ředitel Krämer, Landa, Chalupecký, Šnajdr, Novotný (bývalý sládek u Myslíků v Praze), Šmid st. (bratr divadelního ředitele na venkově), Šmid ml. (u jehož rodičů jsem zřídil ochotnické soukromé divadlo) a Verner. K nim přibyl já a Bělohradský. Dámy: pí. Landová, Novotná, Nyplová (nápovědka), sl. Sladečková, Fiedlerová (žačka dramatické školy pí. Peškové-Švandové) a Rambousková (od sboru divadla Prozatímního).

Ředitel byl spokojen mou hrou a hned mi po divadle dána úloha do ŽEBRÁKOVY POSLEDNÍ VŮLE — majora Lipenského. Hrál jsem milovníky druhé a některé i první. Uzavřev přátelství s ostatními členy, byl jsem se změnou spokojen.

O. ČERVÍČEK: Paměti českého herce, rkp.

Jiljí Krämer byl jednou z podivuhodných postav českého divadla minulého století. Jako herec prošel prvními venkovskými putovními společnostmi Josefa Aloise Prokopa a Josefa Kullase. V roce 1862 obdržel sice vlastní koncesi, ale nepatřil k podnikatelům, kteří dokázali povznést společnost na vyšší úroveň. Mimo jiné proslul tím, že se v jeho souboru koncem šedesátých let mihl i mladičký Eduard Vojan.

Když angažoval Ondřeje Červíčka, nebyla situace jiná. Růžové brýle, které si začínající herec nasadil, vytvářely iluzi dobrých poměrů. Hrálo se každý druhý den a repertoár byl různorodý. Cedule, jak se tehdy říkalo divadelním plakátům, si podle šablony vyráběl sám ředitel. Z celkového výtěžku si za to i za další položky, z nichž hradil potřeby společnosti — světlo, sál, hudbu a rekvizity —, strhával příslušný počet dílů. Takzvané hraní na díly tak vyústilo v naprostý neprospěch herců, protože většinu peněz pohltila ředitelova kapsa. Obsah tabatěrky i džbánu se musel z něčeho doplňovat. Krämer nebyl ovšem mezi majiteli koncesí jediný, kdo takto žil na úkor druhých. Takové jednání patřilo k častým důvodům, proč herci opouštěli společnost a hledali místo u jiné.

Se svým souborem putoval Krämer dál do Řepína, Liblic, Kralup a Unhoště. Co štace, to další nepříjemnost. Ačkoliv nebyl podnik prodělečný, hercům se vedlo hůř a hůř. Nebýt toho, že Ondřejovi posílali z domova tu a tam něco na přilepšenou, musel by divadla nechat. Konečně dospěl k rozhodnutí, že Jiljího Krämra nadobro opustí. Ve Slaném zastihl společnost manželů Stránských, ale ředitelova smrt způsobila, že byla krátce nato rozpuštěna. Ani Rottova společnost, která se zdržovala v Brandýse nad Labem, na tom nebyla lépe, takže se Ondřej vypravil do Jičína za proslulou Eliškou Zöllnerovou. Pomohla mu z tíživé finanční situace, ale víc nabídnout nemohla. Poslední nadějí bylo angažmá u Josefa Kullase, který pobýval v Hronově. Téhož Kullase, s nímž se Ondřej setkal jako malý chlapec v Klatovech za přítomnosti Josefa Kajetána Tyla. Kullas nezklamal.

Prvého občana, sotvaže jsem z vozu slezl, tázal jsem se na byt ředitelův. Tázal se mne, co mu chci. Odvětil jsem, že jsem herec a u ředitele Kullase angažován. Obejmul mě a políbil, zvolal: „Já jsem též herec, Šolc.“ Byl to Šolc, básník Prvosenek. Byli jsme hned kolegové, uzavřevší přátelství. Zavedl mě do hostince, vyčastoval a pak teprve odvedl k řediteli.

Kullas ředitel byl starý pán, Němec, rozený v Kadani v Čechách, česky mluvil velice špatně, jako ředitelka Zöllnerová, ale dobrotisko od kosti. Uvítal mne a odeslal k Hynkovi Muškovi, režiséru společnosti, se Šolcem. Tam jsem byl též srdečně uvítán a brzy se spřátelil s ostatními kolegy. Společnost sestávala z následujících členů: ředitel Kullas, Hynek Mušek, režisér s chotí, Josef Faltys s chotí, Josef Mušek, Šolc, Zelinka, Šafránek, Josefa a Anežka Mušková a moje maličkost.

Společnost byla, jak v tehdejší době většina, dílová, ale proti ostatním mohla se řadit na první místo. Kolegové opatřili mně hned byt, obdržel jsem slušné úlohy, cítil jsem se spokojený. A to tím více, když přihlásili se ke mně příbuzní jako mého zemřelého otce bratr, strejcové atd.

O. ČERVÍČEK: Paměti českého herce, rkp.

Z Hronova se jelo do Úpice. Dobrý kredit, který si Josef Kullas mezi herci získal, způsobil, že se k němu často vraceli. Takovým legendárním tažným ptákem, o němž se mluvilo se směsicí obdivu a zvědavosti, byl herec František Xaver Krumlovský, který u něho nalezl útočiště spolu s Tylovou skupinou.

Druhý den se hrála PALIČOVA DCERA. Zkoušíme právě, když objeví se hřmotná postava jakéhosi cizince v hledišti. Ředitel, který byl přítomen zkoušce, jakož i režisér Mušek jej ihned poznali. Vítali jej a objímali. Byl to v tehdejší době slavný herec Krumlovský! Usedl pak a pozoroval zkoušku.

Po zkoušce pak ředitel s režisérem jej vyzvali, aby zůstal u společnosti. Přicházel právě z Berlína, od německého divadla. Krumlovský poděkoval řka: „Mě nepotřebujete, je vás dost!“ Přistoupil k nám mladým hercům, podal každému ruku, stiskl ji se slovy: „Dobře hrajete. Držte se, hoši, aby vlast z vás měla radost.“ A odešel. Kam? Neslyšeli jsme.

O. ČERVÍČEK: Paměti českého herce, rkp.

Z Úpice měla Kullasova společnost pokračovat do Josefova a Jaroměře. Náhle se objevily poplašné zprávy o blížící se válce prusko-rakouské. Josefovská pevnost se chystala odmrštit vetřelce. Co s divadlem? Inter arma silent musae. Latinské rčení znovu nabylo platnosti. Přelouč, kam se nakonec herci uchýlili, toho byla dokladem. Občané s obavami sledovali, jak se v jejich městečku šíří mor uniforem. Nezbývalo než vyjednat štaci v blízkých Cholticích.

Šli jsme do Choltic, vyjednali sál a hned se odjelo. Před bitvou u Sadové tu neděli bylo první představení. Hrálo se BŘETISLAV A JITKA. Příjem byl 6 zl. stř. a díl 20 krejcarů.

Bydlel jsem u jednoho domkáře a zvyklý časně vstávat hledím z okna ven. Co to? Tisíce a tisíce lidí vidím, jak se hrnou spěšně skrze městys. Na mou otázku: „Co to znamená?" odvětíno mi, že to jsou uprchlíci, kteří utíkají se ukrýt před válečnou vřavou. Nikdy mi z paměti nevymizí onen obraz a chaos.

Milý čtenáři! Nelze popsat onen chaos slovy. Jak na vozech, vozíčkách, trakařích, nůších, jak bez hlavy ten lid utíkal, nářek, pláč starců, žen i mužů s dětmi, a mezi to se mísily vojenské přípřeže doprovázené vojskem, křik, klení a někdy i zácpa, že nikdo se z místa hnout nemohl. Bylo opět po divadle i po další existenci.

O. ČERVÍČEK: Paměti českého herce, rkp.

Mezi uprchlíky, kteří tam proudili ze všech stran, byla i Eliška Zöllnerová se svou družinou. Zůstala s nimi po tři dny a pak se vydala do nedaleké Chrudimi, aby tam vyčkala konce války.

Vyhladovělí herci hledali obživu po celém okolí. Jejich pozornosti neunikli ani buclatí kapři v rybníčku zámeckého parku. Ale ryba vařená v nesolené vodě nebyla žádnou pochoutkou. A pak se v Cholticích ubytovalo pruské vojsko! Jako mávnutím proutku se všechno změnilo. Ze zdrojů zámecké kuchyně, poschovávaných po různých koutech, se daly připravit báječné hody. Na přání důstojníků se Ondřej s kolegy pustil do vaření. Ochotu nemuseli předstírat; vždyť při té službě mysleli především na sebe.

Jakmile pruské vojsko odtáhlo jinam, bylo všem jasné, že divadlo hned tak hrát nebudou. Proto se Ondřej vydal na návštěvu k matce, kterou už přes rok neviděl. Trochu se vyděsila, neboť obsazenou Prahou kolovala fáma, že Prusové zatýkají mladé muže. Doma se však dlouho nezdržel, protože byl záhy odvolán na štaci do Týnce nad Labem. S sebou si odvážel jedinečný zážitek.

Během návštěvy v Praze zhlédl totiž představení Tylova JANA HUSA. Tato hra byla spolu s Kolárovou ŽIŽKOVOU SMRTÍ cenzurou zakázána. Neklidná doba a bezvládí uvolnily poměry v Prozatímním divadle a způsobily, že soubor obě hry nastudoval. Došlo k paradoxní situaci. V době války dýchala Praha svobodněji než v dusné atmosféře míru.

Společnost Josefa Kullase se tentokrát prozíravě připravila na nové publikum. Repertoár přizpůsobila mimořádným podmínkám a ohlásila německá představení. Tím proti sobě popudila české diváky, pro něž bylo počínání herců něčím neomluvitelným. Zatímco se Prusové bavili jejich zkomolenou němčinou a nešetřili odměnou, občané Týnce se k nim obrátili zády. Po odchodu vojska nezbývalo hercům nic jiného než si sbalit zavazadla a urychleně odcestovat. V Ledči nad Sázavou, kam dorazili, však řádila cholera. Jeden z nich — básník Václav Šolc — se tu odhodlal definitivně skončit se svým potulným životem a vrátil se do Prahy.

Z východních Čech, které Kullasova společnost projela křížem krážem (Habry, Golčův Jeníkov, Žleby, Heřmanův Městec, Dašice, Hlinsko, Přibyslav, Německý Brod), se vydala na jih.

V Humpolci — 12. listopadu 1867 — uzavřel třiadvacetiletý Ondřej Červíček sňatek se svou dvaadvacetiletou kolegyní herečkou Josefou Muškovou (1845—1906), jejímž otcem byl svérázný patriarcha rozvětveného divadelního rodu Hynek Mušek (1812—1894) a matkou Matylda Lecomte (1816—1874), pocházející ze slezské Nisy. Josefinina matka nebyla šlechtičnou, jak se v rodině mylně tradovalo. Její otec byl učitelem řečí v Chrudimi.

Josefa Mušková se stejně jako její četní sourozenci od dětství věnovala divadlu. Její sestra Antonie se stala manželkou pozdějšího divadelního ředitele Josefa Faltyse, Anežka ženou jiného divadelního podnikatele Antonína Brázdy. Těmito sňatky se slévaly jednotlivé herecké rody v mohutný divadelní proud, který postupně zaplavil celé Čechy.

Měsíc po svatbě — 16. prosince — se na štaci v Kamenici nad Lipou narodil novomanželům Červíčkovým syn Otakar (1867—1942). Ondřej v té době usiloval o prosazení nového repertoáru. Když toho nedocílil, rozhodl se i s rodinou od Kullase odejít. Ze tří možností, které se jim nabízely, zvolil společnost Vojtěšky Prokopové, jíž řídil Josef Pázdral. Vyneslo mu to roli Jetřicha Divůška v Kolárově ŽIŽKOVĚ SMRTI, která po pražském uvedení pronikla také na venkov. Tím však jejich spolupráce skončila, protože se Pázdral osamostatnil a spolu s dalšími odešel na Moravu, kam ho Červíčkovi odmítli následovat. O mnoho delší nebyla ani jejich zastávka u Kozlanského, který si rád přilepšoval na úkor zaměstnanců. Tak se stalo, že se jejich divadelní ředitelé měnili rychleji než roční období.

Ku cti a chvále musím doznati, že nemohl jsem sobě stěžovat mimo ředitele Kozlanského na žádného svého chlebodárce, ale vzdor tomu musím poznamenat, že Braun byl mezi nimi všemi unikum. Nebylo třeba chodit k němu pro gáži, sám ji přinesl a dobrovolně honoroval všecku moji práci a byl se mnou spokojen.

Příští štace byly Plaňany, Kounice, kde ředitelka se roznemohla, a odvezl ji do Prahy. Já měl na starosti vše. Když jsem mu psal, že jedu do Křinče, a odeslal výtěžek po zapravení všech výloh, aby opět, může-li, přišel, přijel Braun a po ukončení sezóny zavázal společnost do Prahy na Smíchov, kde v sále U Eggenberků rozbili jsme svůj stánek. Bylo to roku 1870.

Braun chtěl elitu pražskou do divadla dostat, sezval všecky spisovatele, žurnalisty a členy Prozatímního divadla a určil k tomuto představení MAGELÓNU od J. J. Kolára. Sál v Eggenberku byl zmíněnými pány a dámami naplněn — mezi návštěvníky byl J. J. Kolár, autor MAGELÓNY, Šamberk, Šimanovský, Neruda, Barák, dr. Rieger atd.

Hru jsem plné tři dny zkoušel a studoval, vzdor všemu neviděl jsem takový zmatek mezi členstvem jako týž večer. Čerti vědí, co toho bylo příčinou, úlohy se přece ovládaly. Myslím, že strach a tréma slavily své vítězství.

O. ČERVÍČEK: Paměti českého herce, rkp.

Kutnohorský rodák Václav Braun byl zprvu řadovým členem u Zöllnera, Prokopa a Štandery. Dostával drobné komické role, na něž jeho síly stačily. Ani jako divadelní podnikatel neměl vysoké ambice, spíše poctivou a šťastnou ruku. Náhoda mu totiž přivedla do cesty mladého Eduarda Vojana, který k němu přišel na zkušenou od Jiljího Krämra a Emanuela Rotta.

Laskavý čtenáři! Nic to na jeho velikosti neuškodí, aniž jeho slávě zadá, a pravda musí na sklonku mého věku ven.

Angažoval jej Braun ze šantánu od Sodomy, kde týž účinkoval, a přivedl jej ke mně se slovy: „Pane Červíček, dávám vám jej na starost," a obrácen k Vojanovi: „Vy buďte poslušen, nebude vám to na škodu!"

Prvá jeho úloha byl Toník, syn Vávry v PÍSNIČKÁŘI, dále Toník, krejčovský tovaryš v PALIČOVĚ DCEŘI. Vůbec počínal si velice dobře, až na to, že jakmile při zkoušce odbyl sobě scénu, zmizel a musel jsem ho nechat sluhou hledat do příští scény.

Byl u Brauna přes dva měsíce, odkud odešel k Pokornému.

Za několik let sešel jsem se s ním v Plzni, kde vojančil a přišel co desátník do šatny na návštěvu.

Když v Praze u Národního byl angažován a já jezdíval do herecké schůze, na večírku v Měšťanské besedě několikrát jsme o tom hovořili, on, Řada a já. Byly to sladké upomínky.

Posledně jsem jej viděl na pohřbu mé první manželky. Věčná budiž mu paměť zachována!

O. ČERVÍČEK: Paměti českého herce, rkp.

Osudy rodiny ovlivňovaly stále častěji příbuzenské vztahy. Na pozvání švagra Josefa Faltyse, který se rovněž pokoušel o divadelní podnikání, se Červíčkovi vydali do Sadské. Čekalo je však rozčarování a pokorný návrat k řediteli Braunovi.

Na podzim 1872 se Ondřej Červíček znovu podvolil manželčinu naléhání a odebral se s rodinou do Dobrušky, kde hostoval její bratr Josef Mušek. Ani ten však neměl na růžích ustláno: návštěvy byly slabé a po fiasku s uvedením Wilhelmovy veselohry MISTR BEDRNÍK A JEHO CHASA se hlediště vyprázdnilo docela. Teprve v Hradci Králové, kde se Muškova společnost usadila na delší dobu, se jejich poměry ustálily. Tam se také o tři roky později manželům Červíčkovým narodil syn Václav (6. 7. 1875). Po prvorozeném Otakarovi a druhorozeném Stanislavovi (12. 2. 1870 ve Volyni) následovaly dcery Františka (27. 2. 1872 v Turnově) a Josefa (6. 10. 1873 v Červeném Kostelci). O herecký dorost měli tedy do budoucna postaráno.

V září 1875 se na žádost Josefa Kullase stal Ondřej Červíček uměleckým správcem jeho společnosti. Znamenalo to dočasné zakotvení, a toho bylo rodině nejvíce zapotřebí. Pro neshody s Kullasovým zetěm Kantorem se však Červíček této funkce za necelý rok vzdal. Po dalších zastávkách u Jaroslava Hofa a Josefa Faltyse nalezl znovu útočiště u Josefa Muška.

> Musím poznamenat, že to byla v tehdejší době jedna z velmi dobrých společností, sestávala z dobrých sil, repertoár nejmodernější, úpadek a zánik tak dobré společnosti zavinil Mušek sám, a sice hazardní hrou karet.
>
> Byl jsem u něho přes čtyry léta, od roku 1878 až do roku 1882, procestovav celé Čechy a všecka velká města za ten čas, dařilo se mně výborně, takže po samostatnosti jsem netoužil, ani po změně angažmá.
>
> U společnosti hostovali skoro v každém městě pí. Sklenářová-Malá, Frankovský, Mošna, Seifert, pí. Seifertová.
>
> *O. ČERVÍČEK: Paměti českého herce, rkp.*

Ve svých vzpomínkách se Ondřej Červíček dále zmiňuje o nabídce stálého angažmá v Praze, kterou vyslovil ředitel nově otevřeného Národního divadla František Adolf Šubert a již byl nucen odmítnout. Příčin, proč k tomu nedošlo, bylo zřejmě víc. Nejzávažnější byla okolnost, že by Čevíček nemohl vzít s sebou do Prahy celou početnou rodinu. Přes všechny svízele jim venkov poskytoval slušné živobytí. Proto se nakonec odhodlal zažádat o koncesi, aby mohl ustavit vlastní společnost. Obdržel ji roku 1883. Na povolení dlouho nečekal. Objevila se však překážka mnohem záludnější — těžké onemocnění. Oporou se mu stal dávný přítel Josefa Kajetána Tyla a jeho následovatel, spisovatel Josef Ladislav Turnovský. Trvalo rok a půl, než se mohl Ondřej Červíček znovu postavit na nohy a uskutečnit svůj sen.

Nastala Herkulova práce. V nemoci buď se muselo vše odprodat, takže jsem musel zvolna vše řídit, divadlo — neb v tehdejší době bylo velmi málo ochotnických jevišť, a kde byla, neradi je zapůjčovali, vyjma větších měst, nebylo knihovny ani šatny, ale houževnatou prací vše jsem docílil, aspoň poněkud.

Angažoval jsem členy: Blažka, později též divadelního ředitele, sl. Vintrovou, Kamenického, Jankovou, Samce, Eggra, Sládka s chotí, Hynka Muška s chotí. A první štace byly: Horažďovice, Strakonice, Protivín, Mirovice, Rožmitál, Jince, Zdice, kde byl přijat ke spolku co nápověda Stehlík, nyní divadelní ředitel na Moravě, Křivoklát atd.

O. ČERVÍČEK: Paměti českého herce, rkp.

1\. února 1892 se Ondřej Červíček stal členem Ústřední jednoty českého herectva. Podpisem v legitimaci to potvrdili předseda Jakub Vojta Slukov, z jehož podnětu byla organizace v roce 1885 založena na podporu nemocných nebo ve stáří nezaopatřených herců, a její jednatel Pravoslav Řada. Malá pojistka pro nejtěžší chvíle.

Konkurence byla veliká. Divadelních společností stále přibývalo. Teprve nyní nastalo to pravé martyrium: hledat herce, starat se o jejich základní potřeby, zajišťovat provoz, divadelní fundus, připravovat repertoár, vést zkoušky a hrát, především hrát! Nebyl čas na soukromí. Divadlo pohlcovalo veškeré síly. Herci přicházeli a odcházeli. Ondřej Červíček zůstával.

V roce 1895 odejel na venkov pražský měšťanský synek Rudolf Deyl, aby se po vzoru svého kamaráda Vilouše Neumanna-Táborského stal hercem.

(32) Ve vlaku jsem zaslechl vyprávět o divadelní společnosti Ondřeje Červíčka, působící právě v Hostomicích. Umínil jsem si nabídnout mu svou pomoc, a obrátil se tedy tam.

V Hostomicích jsem se po hlavě podniku marně sháněl. Lidé ani nevěděli, že je v městečku divadelní společnost. Konečně jsem se doptal, kde herci rozbili svůj stan, ale než jsem k němu došel, kterýsi umouněný kluk zvolal: „Tamhle jde pan ředitel." Obracím se na všechny strany, nikoho však nevidím.

A přece! Já, který tak dobře znal ředitele Národního divadla Adolfa Šuberta a podle něho si utvořil postavu divadelního ředitele, jsem užasl. I když jsem notně slevil ze své představy, nemohl jsem přece jen uvěřit, že ten muž v lehkém usmoleném kabátě s nákladem klestí na zádech je ředitel. Uvěřit jsem nemohl, ale musel! Byl to on. Když se dověděl, že chci jít k divadlu, sedl si na mez a rozchechtal se jako rarach. Ale než jsme došli k hostinci, byli jsme domluveni.

R. DEYL: Kluk z Františku, 1973, s. 122

Jaký propastný rozdíl byl mezi Ondřejem Červíčkem, který s pokorou sobě vlastní poprvé stanul tváří v tvář řediteli Jiljímu Krämrovi, a Rudolfem Deylem. Situace se opakovala, aktéři byli jiní. Snad kdyby mohl Ondřej Červíček vidět sám sebe, lépe by pochopil rozpaky chlapce zvyklého na určité pohodlí, který si v duchu říkal: Tak tohle je divadelní ředitel!?

V malých místech, kde divadelní společnost působila, se nevylepovaly plakáty. Cedule čili divadelní návěští se proto tiskly bez dat, aby se daly stále používat. Herci, který šel zvát, odpočítal ráno ředitel určitý počet těchto programů a ten je roznesl po rodinách, o nichž se vědělo, že chodí do divadla. Velmi často záleželo na hercově výmluvnosti, kolik diváků na představení skutečně přijde.

Mně uložil režisér, abych uklidil sál a srovnal rozstrkané židle. Trochu to se mnou trhlo. Nezdálo se mi, že touto průpravou poroste mé divadelní nadání. Koštětem jsem se oháněl prabídně, ale zaťal jsem zuby. Vždyť jsem se tu chtěl přiučit tolika věcem: jak přijít a opět odejít z jeviště, jak ovládnout herecký projev a zamávat hereckou větou, abych strhl obecenstvo. Ale u Červíčka ponechávali vše náhodě. Byl jsem tam jako kůl v plotě. Bylo to mé první zklamání. Herecké povolání jsem si představoval jako krásnou pohádku, kde lze dosáhnout všech tužeb bez velké námahy. Ani se mi nezazdálo, že je to spíš tajemná Pandořina skříňka plná nebezpečí a trudů.

Dostatečně jsem se o tom přesvědčil, když mi večer po odřeknutí jiného přístřeší připravili lože v zahradním zaskleném kuželníku na otepi slámy, kam mocně dotíral březnový vítr.

Dlouho jsem uvažoval co počít, až jsem zvěděl, že v blízkých Zdicích je společnost Viléma Suka. Vzklíčil ve mně úmysl, že k němu odejdu. Od myšlenky nebylo daleko k činu. Jednoho časného rána jsem Červíčkovu společnost bez rozloučení opustil a odjel za ředitelem Sukem.

R. DEYL: Kluk z Františku, 1973, str. 124

Nebyl sám, kdo takto opouštěl společnost. Romantický opar šťastného putování za divadlem, který lákal nevědomé snílky, byl brzy stírán praxí, únavnou a neutěšenou. Stárnoucí ředitel Červíček si v sobě uchoval vzpomínku na osobnost a odkaz Josefa Kajetána Tyla. Byl příliš poctivý, než aby se zpronevěřil svému životnímu poslání. Z vlastních zkušeností věděl, že divadlo je řehole. A jeho jedinou metodou herecké výchovy byla tvrdá práce.

Jen ten, kdo neměl příležitost seznat podrobnosti a potíže českých divadelních společností té doby, může se o nich vyjadřovat jinak než s úctou a obdivem. Byl to vlastně boj o nejnutnější potřeby lidského života, živený touhou dělat divadlo dobře, jak jen to tehdejší poměry dovolovaly.

K. JIČÍNSKÝ: Vzpomínky herce, rkp.

Tento smířlivý hlas patří jinému členu Národního divadla, Karlu Jičínskému, který poznal důvěrně Červíčkovu společnost a kromě ní i řadu dalších a byl si dobře vědom pravého stavu věcí.

Ke společnosti Ondřeje Červíčka se Karel Jičínský připojil na štaci v Nasavrkách jako šestnáctiletý — v roce 1901.

Ředitel byl starý pán, typického zjevu, s nezbytným šňupečkem a rachotivým rrr. Byl jsem přijat skoro samozřejmě. „Herrrce potřebujeme a dobrrrého teprrrve. Jestli něco umíte, tak zůstaňte!"

O gáži nebylo řeči. Večer se hrála PALIČOVA DCERA. Hrál jsem Horynu. Všechno bylo pro mne nové. Byl tam pan Horák s chotí, takto artistický ředitel, první cedulář a obchodní nerv společnosti. Vše bylo skrovné, ještě víc než skrovné, hra ve starém slohu a tradici z dob Tylových. Na jevišti se vykračovalo jaksi strnule, s napjatými svaly. Gesta byla tradičně stereotypní, deklamace povyková, postoj k diváctvu povznesený.

Starý pán hrál hrobníka. Svým způsobem to byl nezapomenutelný výkon. Plakal on, plakalo obecenstvo. Náležité pauzy mezi větami byly vyplněny osobitými gesty, která přesvědčovala, že úloha se nehraje, ale žije srdcem a krví.

K. JIČÍNSKÝ: Vzpomínky herce, rkp.

Rodinný portrét z přelomu století — tak by se dala nazvat podobizna, v níž Jičínský zachytil charakteristické rysy příslušníků rodiny Červíčkovy, aniž by cokoliv retušoval.

Život starého pána byl jako hodiny. Večer dva vuřty a dvě piva, ráno zkouška v mrazivém sále, třídění cedulí z předcházející štace.

Paní Červíčková, stará paní, byla léta raněna mrtvicí. Postel nebo něco podobného byl celý její svět. Velmi dojemná byla příchylnost těchto dvou starých lidí a obdivuhodný jejich zápas se životem.

Dcerka Pepina, s tvrdě řezanými rysy, hrála naivní úlohy a zpívala. Měla sice neškolený — kdepak tehdy školení —, ale krásný hlas.

Václav Červíček, ztepilý muž, milovník společnosti a tím jaksi povýšen nad ostatní, řezal a tepal své věty odhodlaně, aby dokázal jejich někdy kladnou, jindy zápornou nebo pochybnou pravdivost. Chodil elegantně oblečen a s oblibou nechal po sobě klouzat oči děvčat i těch, kteří uznávali jeho herecký projev.

Otakar Červíček byl velmi dobrým charakterním hercem a dobrým hudebníkem.

Stanislav Červíček, seriózní otec a manžel. Jeho choť hrála staré a komické postavy. Byla vzornou matkou a dobrou, v projevu přirozenou herečkou.

Nejmladší z Červíčků-synů, pubertální jinoch Jarka, ve své rozmázlosti ještě nic nechtěl a neuměl.

K. JIČÍNSKÝ: Vzpomínky herce, rkp.

Začátek představení oznamoval ředitel zvoněním a vyvoláváním. Posléze obřadně vytáhl oponu. Hudební doprovod obstarávalo trio ve složení: Ondřej Červíček — violoncello, Otakar Červíček — první housle, Stanislav Červíček — druhé housle. Hrálo se v meziaktí za kulisami. Často byly uváděny hry se zpěvy, v nichž se vždy zaskvěla dcera Josefa. A když nebyl part napsán, dal se kdykoli doplnit. Tak byla upravena i populární veselohra Jaroslava Vrchlického NOC NA KARLŠTEJNĚ, kde Pepina jako Alena lákala svého Peška laškovným popěvkem. Co na tom, že se tam vůbec nehodil.

27. září 1906 zemřela po dlouhé nemoci její matka Josefa Mušková. Čtyřiašedesátiletý Ondřej Červíček nezůstal dlouho sám: za několik měsíců poté — 7. února 1907 — se v Libnici nad Cidlinou podruhé oženil se sedmapadesátiletou vdovou Annou Pravdovou, rozenou Blížencovou, pocházející z Chrbonína u Tábora. Nikdo ho za to neodsuzoval. Jeho skromná domácnost už dlouho potřebovala pečlivou ruku ženy, která by dala věcem řád.

V roce 1902 si v náchodské dvoraně připomněl čtyřicet let herecké činnosti. Na jeho počest byl uveden jeden ze Šamberkových obrazů z českého života — drama JOSEF KAJETÁN TYL. S jak rozjitřenou myslí asi přistupoval k vytvoření hlavní postavy! Vždyť znal důvěrně okolnosti provázející epilog Tylova života. Kolik lásky a porozumění vložil asi do závěrečné scény Tylova umírání!

Ani ostatní českou dramatickou tvorbu neopomíjel. O pět let později si při svém jubileu zvolil hru Ladislava Stroupežnického VÁCLAV HROBČICKÝ Z HROBČIC. Sedlák Vrba, vzdorující všem protivenstvím, byl Ondřeji Červíčkovi blízký svým ryzím charakterem.

Když v létě 1924 uspořádala Budínského společnost, jak byla jeho nejstarším synem Václavem (Sašou) pojmenována, v zahradě táborské Střelnice sérii představení, vystoupil v roli žháře Valenty v Tylově PALIČOVĚ DCEŘI jako host osmdesátiletý Ondřej Červíček. Touto postavou se jednou provždy rozloučil s jevištěm.

> Byl to krásný večer zásluhou pana O. Červíčka, jenž přes své vysoké stáří zahrál svého Valentu, mučeného pro staré hříchy výčitkami svědomí i sny a nakonec pomstychtivostí k novému zločinu žhářství svedeného, nadobyčej pravdivě a procítěně.
>
> *-ka, Nový směr 30. 8. 1924*

Začátkem dvacátých let se Anna a Ondřej Červíčkovi usadili v tichém jihočeském městečku Bavorově u Vodňan. V jedné ze starých uliček poblíž náměstí si pronajali část domku č. p. 36, který náležel rodině Brůžkových. Jejich společnost do Bavorova už dřív zajížděla, takže nepřišli do zcela neznámého prostředí. A navíc — lidé k sobě měli tenkrát blíž a starým manželům pomáhali, kde se dalo. Hmotné potíže otupovaly občasné podpory Azylu českých herců nebo Ústřední jednoty českého herectva.

Z bavorovského útočiště sledoval Ondřej Červíček činnost společnosti, které věnoval všechny schopnosti a síly. Prostřednictvím korespondence udržoval kontakt s rodinou. Své snaše Anně posílal dopisy a lístky plné obav o osudy ostatních.

Milá dcero Anno!

Srdečně vás s matkou zdravíme, objímáme a líbáme. Za blahopřání k mým jmeninám vám srdečně děkuji. Byla jste jediná z mých nevěst, která mně blahopřála, jiné mě neznají, nu jaká pomoc, je také dobře. S tím jsem se již spřátelil. K vám jet nemohu, stálo by to velké peníze a já je nemám, neb co obdržím, to nestačí na živobytí v té drahotě.

Ptáte se, co děláme! Živoříme tak jako dva na poušti opuštěnci. František mně psal, je na Slovensku v Žilině u společnosti a vede prý se mu dobře. Co dělají hoši? Proč mně nepíšou? Psal jsem Hrušínskému do Vokovic a žádal jej, aby se přeptal, zdali vyšel některý můj los, ani mně neodpověděl.

Zdalipak jste zdráva, nám to dělá starosti! Václav mně psal korespondenční lístek stran koncese, píšu mu také lístek, ale zapomněl jsem mu psát, by mně poslal nějaké peníze, potřebuji na byt a čekám už dost dlouho, taky mu to řekněte sama. A pište nám brzy, bych věděl co a jak.

Přeju vám mnoho zdaru ve všem. Vaše vás upřímně milující rodiče

Ondřej a Anna
Bavorov 1. 12. 1926

Ondřej Červíček zemřel po krátkém pobytu v prachatické nemocnici v Bavorově 16. února 1928 ve věku osmdesáti čtyř let. V novinách byla otištěna tato zpráva:

HEREC VETERÁN ZEMŘEL

Minulý týden zemřel v Bavorově herec-veterán a ředitel divadelní společnosti Ondřej Červíček ve věku 85 let. Ředitel Červíček narodil se v Praze, oblíbil si již za dob Tylových divadlo a rád se chlubíval, že s Tylem jako hoch na Starém Městě hrával některé role jinošské. Teprve před třemi lety vzdal se aktivní herecké činnosti a uchýlil se do Bavorova, kde v klidu prožíval poslední měsíce svého života. Řízení divadelní družiny předal svému synovi A. Červíčkovi, který pod pseudonymem Budínský v menších městech naší vlasti provozuje dramatické umění, přispívaje tak ku povznesení českého venkova. Se zesnulým odešel jeden z posledních očitých svědků doby ústrků a pronásledování českého divadla v Praze v letech padesátých.

Manželka Anna nechala na jeho hrob umístit nápis, který vyjadřoval díky za naplnění života lidsky i umělecky plodného:

JEST VAVŘÍN TVOJÍ PODUŠKOU,
JENŽ PROVÁZEL TĚ CESTOU TRNITOU.
NECHŤ SLAVNĚ DÁ TI SPÁTI,
NEŽIL'S MARNĚ PRO VLAST MÁTI.

Sama ho následovala o čtyři roky později — 19. února 1932. Oba jsou pohřbeni na bavorovském hřbitově v hrobech číslo 222 a 209.

Kdybyste nám stínům snad
chtěli něco vytýkat,
myslete si, že jste spali,
co jsme se vám zjevovali.
Nikdo nebuď pohoršen!
Kus to nebyl, byl to sen.

WILLIAM SHAKESPEARE

BUDÍNSKÉHO SPOLEČNOST

ANNA BUDÍNSKÁ-ČERVÍČKOVÁ

Dvě Anny Pravdové vstoupily současně do života otce a syna. Starší z nich — vdova Anna Pravdová — se stala druhou ženou Ondřeje Červíčka. Mladší — její dcera herečka Anna Budínská (1878—1958) — si získala srdce elegantního prvního milovníka Václava Červíčka. Sňatku bylo požehnáno 30. ledna 1899 v Neustupově u Sedlčan. Ženich si potrpěl na společenský lesk, a tak mu měl jít za svědka hrabě Artur z Aigelburgu. Omluvil se.

Anna Budínská porodila svému muži Václavovi v rozmezí let 1899—1903 čtyři děti: Marii, Hermínu, Václava a Františka. Když byl Václav Červíček povolán do války, spočívala na ní tíha odpovědnosti za celou rodinu. Uměla vládnout pevnou rukou, což se projevovalo i v osobních vztazích. Manžel k ní lnul oddanou, byť poněkud prchlivou láskou, která se ještě prohloubila po smrti jejich prvorozené dcery Marie.

Václav, který se stal počátkem tohoto století uměleckým správcem Červíčkovy společnosti, převzal poté, co se oženil s Annou Budínskou, i její jméno. Také pro podnik se časem vžil název Budínského společnost.

Základ hereckého souboru tvořili převážně rodinní příslušníci.

Páni: Antonín Belza, Ondřej Červíček, Václav Červíček, Otakar Červíček, Jaroslav Červíček, Stanislav Červíček, Rudolf Jíra, František Veselský.

Nápověda: Antonín Skřivan.

Dámy: Anna Budínská, Eliška Červíčková, Josefa Červíčková, Marie Červíčková, Luisa Nováková, Marie Slánská.

Divadelní listy, 1901

V průběhu doby docházelo k proměnám souboru, kde se postupně vystřídali i další členové: Karel Pazdera, František Hájek, Ferdinand Pravda, František Nový, Ferdinand Škaloud, Miroslav Šesták, Jan Jína, Otakar Dubský, R. Chodovský, Hana Pazderová, M. Minaříková. A. Chodovská, Josefa Nová, Marie Dubská, Eliška Volyňská aj.

O složení repertoáru lze říci jen velmi málo. Z cedulí, jež se zachovaly, lze doložit kromě tradičně uváděných českých her komedie autorů více či méně známých. Vedle Šamberkovy frašky KDO BUDE POSLANCEM to byl dramatický žert Karla Horkého SRÁŽKA VLAKŮ, komedie Rudolfa Kneisla NÁŠ KOSTELNÍK či veselohry Franze von Schönthana SVATBA V KÁNI GALILEJSKÉ a KOMTESA KUKUČ. Zpočátku je režíroval pouze Ondřej Červíček, později také Karel Pazdera, Otakar Červíček, Václav Červíček a Rudolf Böhm-Hrušínský.

Krátce před vypuknutím první světové války se vedení společnosti znovu oficiálně ujal Ondřej Červíček, což bylo velice prozíravé. Zdatnou pomocnici nalezl ve své snaše Anně, která se časem prosazovala víc a víc. Podivínský Václav, jemuž se po návratu z vojenského lazaretu začalo říkat po ruském spůsobu Saša, nebyl příliš dobrým hospodářem, takže Anna musela zachraňovat, co se dalo. Z rolí sličných milovnic se s přibývajícím věkem přehrávala do rolí korpulentních dam a bodrých žen z lidu.

Nejen ve vztahu k rodině, ale i k ostatním dokázala uplatňovat svou autoritu, což se jí hodilo zejména tehdy, když ji nemocný manžel pověřil vedením podniku. Počet členů Budínského společnosti se v té době omezil na minimum. Kromě Václava a Anny Budínských byli v hereckém souboru jejich syn Váša, František Červíček, František Kumpan, Růžena Řeháková, Ema Micková, Anna Červíčková a Marta Kumpanová.

Vedle Tylových her (PALIČOVA DCERA, JIŘÍKOVO VIDĚNÍ, STRAKONICKÝ DUDÁK, PRAŽSKÝ FLAMENDR, JAN HUS) uváděla společnost pouze Kolárova PRAŽSKÉHO ŽIDA, Kotzebuovy NEVINNÉ VINÍKY, Scribův ĎÁBLŮV PODÍL a několik dobových kusů.

Jako člověk bojoval Václav Budínský-Červíček s vleklou chorobou, jako divadelní ředitel se stálými existenčními potížemi. V nouzi nejvyšší napsal dva dopisy prezidentu Masarykovi, které patrně nikdy neodeslal. Jejich obsah je výrazem nejhlubšího zoufalství.

Slovutný pane prezidente Československé republiky, t. č. Lány

Níže podepsaný v nejhlubší úctě osměluje sobě zaslati Vám, Slovutný pane prezidente, žádost s dosti malou podporou pro mě a mou ženu, jakož i členy mé společnosti. Jsem kočujícím ředitelem divadla, nyní ve Zbečně u Křivoklátu se společností meškající, leč nikdo nám do divadla nejde, každý má prý své bídy dost atd. A my zde jsme v obci úplně opuštěni, úplně vyčerpáni o hladu a bídě a ta bída trvá už celý rok a nikdo nemá slitování s českým hercem. Milerád chopil bych se něčeho jiného, ale čeho v mém stáří a ve stáří mé ženy.

Jsem Václav Červíček, nar. v Hradci Král., příslušný do Prahy, nar. 7. července 1875, otec čtyř dítek. Koncesi jsem převzal po svém otci Ondřeji Červíčkovi. V době války jsem byl na vojně o vše přišel; je pravdou, že za nějaký rok po válce bylo dobře, ale nyní přišla na divadlo taková bída, že co bylo jen trochu cenného, musel jsem prodat neb zastavit, ba i šat ze sebe. A nyní tu jsme ve stáří a nemocní úplně bez prostředků. Jsem úplně zruinován a nevím sobě rady, než, Slovutný pane prezidente, obrátit se na Vás a prosit Vás o záchranu a malou výpomoc v té největší bídě. Bůh žehnej a zaplať Vám vše, co pro nás učiníte.

Protože divadelnímu řediteli hrozilo odnětí koncese, zavázal se jeho zeť Rudolf Böhm-Hrušínský k uhrazení celé částky, kterou byla Budínského společnost dlužna Všeobecnému penzijnímu ústavu.

Za několik měsíců nato — 31. července 1936 — zemřel Václav Budínský-Červíček v Žinkovech u Netolic, kde byl také pohřben. Jediný hlas neznámého pisatele připomněl jeho nelehký úděl a zároveň se pokusil uvést na pravou míru znesvěcující pohled na úroveň společnosti.

ZAPOMENUTÝ ŘEDITEL

Bez povšimnutí tisku zůstalo úmrtí divadelního ředitele V. Červíčka-Budínského, který zemřel v Žinkovech v 63 letech 31. července t. r. po dlouhém a těžkém utrpení. Byl synem nejstaršího herce a ředitele z dob Tylových, jehož význam jako ředitele divadelní společnosti byl kdysi nemalý, neboť u něho byli kdysi v angažmá i Vojan, Jičínský atd. O úrovni jeho programu svědčí hry MAGELÓNA, JAN ŽIŽKA, RADÚZ A MAHULENA, DÁMA S KAMÉLIEMI, OTHELLO, NARCIS, PRAŽSKÝ ŽID, SVĚTAPÁN V ŽUPANU, FLACHSMANN VYCHOVATEL a bezpočet jiných významných dramat. Devět dětí, vesměs herců, šířilo jméno Červíčkovo po českých vlastech, snad více, než bylo k prospěchu věci. Zapomnělo se na všechny zásluhy, když konjunktura venkovských společností poklesla, a vidělo se vše ve špatném světle. Jméno Červíčkovo neprávem sloužilo za označení šmíry v Schönthanovu ÚNOSU SABINEK dokonce i na státní scéně.

Vdova Anna Budínská stanula v čele oslabené společnosti s rozhodnutím udržet její provoz stůj co stůj. Svým zástupcem jmenovala syna Václava, který byl rovněž zasvěcen do povinností a práv divadelního podnikatele. Oběma nastal čas plný starostí, neboť se na dosah přiblížil 15. březen 1939 a s ním i vyhlášení Protektorátu Čechy a Morava.

Za okupace musela Anna Budínská jako divadelní koncesionářka informovat úřady o každém pohybu společnosti, při každé změně štace požádat o nové potvrzení. Z její Knížky povolení k uvádění her lze přesně vyčíst, kde společnost účinkovala v rozmezí od 1. ledna 1940 do 31. září 1944: Hořovice, Příbram, Rokycany, Nové Benátky, Beroun, Praha-venkov, Dobříš, Říčany, Český Brod, Jílové, Plzeň-sever.

Koncese jí byla udělena s podmínkou, že bude pořádat česká divadelní představení jen v oblastech povolených — kromě Prahy, policejního obvodu pražského a lázeňských míst. Žádost o obnovení koncese musela postoupit každý rok Zemskému úřadu v Praze. Kromě přesného výčtu repertoáru, který společnost provozovala, musela předložit i ověřený seznam členstva. V době okupace to byli tito herci: Anna Budínská-Červíčková, Anna Červíčková, roz. Vosyková, Růžena Budínská, roz. Řeháková, Božena Lukášová, A. Gutmanová, J. Skalická, Hermína Hrušínská j. h., Václav Budínský, František Červíček, František Červíček ml., Josef Kemr, František Bálek, M. Valenta, Rudolf Hrušínský ml. j. h.

Cedule s repertoárem musely být vytištěny v jazyce českém a německém. Při výběru her došlo ke skutečnému kvalitativnímu zlomu. Vedle her našich klasiků — J. K. Tyla, Ladislava Stroupežnického, Aloise Jiráska, bratří Mrštíků — byly zařazovány novinky českého i světového dramatu uváděné pražskými divadly. O jejich příliv a uplatnění se staral vnuk Anny Budínské-Červíčkové, syn dcery Hermíny a Rudolfa Böhma-Hrušínského, Rudolf Hrušínský ml., který byl členem Městských divadel pražských. Jeho mladistvý elán čeřil stojaté vody ustálených zvyků. Pod jeho vlivem se přetvářel herecký styl, opouštěly se staré konvence.

Rudolf se živě zajímal o problémy společnosti a v letních měsících s ní často vystupoval jako host. Vzhledem k jeho popularitě filmového herce byl tak trochu atrakcí podniku. Babičku měl velmi rád a ona mu oplácela stejnou měrou. S pýchou prohlašovala, že mimořádný herecký talent zdědil právě po ní.

V roce 1942 přivedl Rudolf do souboru Budínského společnosti svého mladého kolegu a přítele — Josefa Kemra.

Byla to strašná škola. Ale těžko bych získal kdekoli u divadla ty zkušenosti, které mám z působení ve společnosti Anny Budínské-Červíčkové. Jezdili jsme po Čechách celou okupaci, dopoledne zkouška, odpoledne zvaní, večer představení. Někdy nebylo kde spát. To si vzpomínám — ve Hvozdnici jsem nocoval týden za jevištěm, přikrytý jen plátnem a chráněn kulisami. Nikdo nechtěl vzít herce na byt. Peníze jsme dostávali vždycky po představení — někdy třicet, někdy čtyřicet korun, měsíčně to muselo dělat šest set. Když byla další štace, vyrovnalo se to na druhý měsíc. Ale hrálo se, hrálo se, a to bylo hlavní.

J. KEMR, Magazín aktualit a zajímavostí, IX, 1965

Jako člen Českomoravského filmového ústředí musel Josef Kemr plnit své závazky vůči Lucernafilmu. K divadlu se však stále vracel. Podmínky, za nichž společnost Anny Budínské-Červíčkové působila, byly stále tvrdší.

Později naše představení rušily letecké nálety. Obce zůstávaly bez proudu — byli jsme bez světel, a tak jsme na rampu jeviště dali osm až deset svíček a hráli jsme dál.

J. KEMR, Naše rodina, 51, 1984

Ale divadlo to nebyla jen a jen vážnost. To by ani lidé nebyli lidmi. Vždycky se nalezla skulinka, kterou pronikl osvobozující paprsek smíchu. Třeba když hudba nezazněla v pravou chvíli . . .

Rudolf Hrušínský, můj kolega, jednou přišel na nápad, aby se celá hra, tuším Coolenův CIZINEC, podbarvila hudbou z gramofonu. Tehdy se v kamenných divadlech scénická hudba provozovala pouze živě. Zvolil Schubertovu Nedokončenou a přístroj umístil na portál, kde však bylo světlo asi tak jako ze tří žárovek. Vždycky bylo velké napětí, když se víceméně popaměti deska spouštěla, a nesměla při tom chybět jistá zručnost, aby se jehla chytila okraje a nepřeskočila třeba patnáct taktů.

J. KEMR, Gramorevue, 2, 1980

Koncem srpna 1944 přistoupilo nacistické Německo k totálnímu nasazení, čímž ochromilo na celém území říše veškerý kulturní život. Od 1. září 1944 byla zakázána činnost všech divadel a herci byli povoláni do různých odvětví průmyslu. Válka se blížila ke konci.

Po osvobození nebyl už provoz koncesiovaných společností obnoven. Část hereckého souboru Budínského společnosti nalezla uplatnění v zestátněných divadlech. Její ředitelka — Anna Budínská-Červíčková — byla penzionována. Odešla ke svému synovi Václavu Budínskému, který nastoupil angažmá v kladenském divadle. Oblouk života Anny Budínské-Červíčkové, jenž překlenul utrpení dvou světových válek, se uzavřel roku 1958, kdy tato žena velké osobní statečnosti zemřela.

MARIE ČERVÍČKOVÁ-BUDÍNSKÁ

10. června 1899 se Anně Budínské-Červíčkové narodila první dcera Marie. Prostředí, v němž vyrůstala, podněcovalo její dětskou vnímavost. Přirozená hravost se začala měnit v zájem o divadlo, které poznávala od svých prvních krůčků. Cílevědomé směřování ji tak v necelých sedmnácti letech dovedlo do společnosti Jana Blažka, který měl jako divadelní ředitel mezi herci značné renomé. Nebylo to sice v době vrcholného vzestupu jeho podniku, kdy mezi členy souboru patřili mimo jiné Karel Jičínský, Vojta Matys, František Kovářík či Drahoš Želenský, ale i tak bylo její angažování úspěchem.

Dýchavičná první světová válka nebyla ještě u konce. Psal se rok 1916 a publikum si žádalo repertoár jiného charakteru, než jakým Blažkova společnost proslula. Žádného Ibsena, žádného Maughama, žádného Wilda. 1. listopadu 1916 uvedla Činoherní družina Jana Blažka v Městském divadle v Nymburce tradiční dušičkový příběh Ernsta Raupacha MLYNÁŘ A JEHO DÍTĚ. Tento pochmurný „obraz ze života“ režíroval a roli mlynáře Rychnovského hrál Josef Burda. Postavu smrti zaslíbené Marie vytvořila Marie Červíčková-Budínská, jejího milého Konráda Antonín Kaplan. Jako by si s herečkou osud krutě zažertoval.

Mezi laciným operetkami a trochou české klasiky se jako zázrakem udržoval Shakespearův SEN NOCI SVATOJÁNSKÉ, k němuž napsal hudbu Felix Mendelssohn-Bartholdy. A právě v něm dostala Marie svou největší hereckou příležitost — rozmarného skřítka Puka.

Tato dívka s výraznou oduševnělou tváří milovala divadlo stejně jako svoji vzdálenou rodinu, k níž se už nikdy neměla vrátit. Mariin otec sloužil od počátku války v pražské vojenské nemocnici na Karlově. Matka převzala péči o celou rodinu a uchýlila se s ní do Starého Sedla u Orlíka. Žila v neustálých existenčních starostech a ve strachu, že bude její muž odvelen na frontu. Marie ji ze svých skromných prostředků tu a tam podporovala, přestože sama neměla nazbyt. A přitom studovala nové role a usilovala o splynutí se zavedeným chodem Blažkovy společnosti. Přízeň diváků a pochvala ředitele, který si potrpěl na dobrou kázeň, byly pro ni jedinou skutečnou odměnou. Ze zlomků korespondence, která se dochovala, můžeme vyčíst, s jakou vitalitou zdolávala Marie Budínská překážky, jež se jí stavěly do cesty.

Drahá maminko!

Přijmi tisíc hubiček. Já se mám dobře a líbí se mi zde. Řiditelovi jsou hodní a říkají mi Márinko, s Jarmilou jsme přítelkyně. Hrála jsem, jak jsem přijela, ten večer. Prosím Tě, pošli mi ten kufr.

V pátek hraji v PRAŽSKÉM FLAMENDRU Filipa, druhého učedníka. Ty tatínkovy paruky nezapomeň, potřebuji je jako sůl, ale brzy. Musím se učit a je to velká role, příště ti budu psát víc. Bydlím s paní Bernatovou v hotelu Slavia.

V Pardubicích 29. 9. 1916

Drahá maminko!

Přijmi ode mě tisíc políbení a pozdravů. Psala jsem Ti již dvě psaní a lístek a nedostala jsem ještě odpověď. Jak se vám vede, dobře? Mně též. Mám dvě zkoušky denně, ráno v devět a odpoledne ve dvě, a mimo to mám teď na sóla zvlášť korepetice s kapelníkem. Gáže mám 35 zlatých měsíčně. Ale to mi řekl ředitel, že jen pro začátek, že budu-li se činit tak, jak se činím, že dostanu 45 zlatých. Hrála jsem už v PEPI, ROZVEDENÉ PANÍ, KRISTĚ Z MYSLIVNY, PRAŽSKÉM FLAMENDRU, POLSKÉ KRVI, SEDADLU V PARTERU, v LUMPÁCIVAGABUNDUS Pepičku, LOUTCE a JARNÍM VÁNKU. Ten hrajeme zítra a mám v tom zpěvní sólovou roli Bertu. Obecenstvu se prý strašně líbím, povídá se! Že jsem na divadle živá.

Členové jsou zde: pí. Rudlová, pí. Křížová, pí. Bernatová, pí. Marková, pí. Zemanová, pí. Vítovská, sl. Astrová, pí. Trnobranská a já. Páni: p. Zakopal, p. Smíchovský, mladý Zöllner, p. Trnobranský, p. Zeman, p. Kříž, Tomášek a Smíchovský nápověda. Potom je orchestr. Máme tu primistu patnáctiletého, báječného umělce. Říkají, že bude druhý Kubelík. To by Vašek koukal, když začne.

Tebe a děti líbám a zdravím
Vaše Máňa

Drahá maminko!

Předem přijmi ode mě mnoho políbení a pozdravů. Ty mi píšeš, že Ti nepíšu, že jsem na Tebe zapomněla. Nevíš, jak mě to bolí. Psala jsem Ti celkem tři psaní a 2 lístky. Ty víš, jak Tě mám ráda, že Ty s tatínkem vyplňujete celou moji duši a srdce.

Za věci Ti děkuji. Kufr jsem sice ještě nedostala, ale doufám, že jej dostanu v nejbližších dnech. Koupila jsem Ti na můj lístek kilo cukru a 30 deka bílé mouky. Pro tatínka mám 30 cigaret, jednu celou škatulku od jednoho mladíčka. Až budu mít víc mouky, tak Ti to pošlu.

V hotelu již nebydlím. Bydlela jsem s nějakou Bernatovou. Ona mi platila obědy, snídaně, svačiny, večeře, krátce vše, co jsem potřebovala, ale já abych jí bývala dělala gardedámu v jejích plánech a toulkách. Teď mám byt, pěkný pokoj. Platím 3 K týdně a kafe 15 kr. K obědu si koupím buď mléko nebo polívku.

Včera jsem hrála v JARNÍM VÁNKU Bertu a nějaký dobrodinec mi hodil na jeviště balíček, když jsem zpívala sólo. Pěknou koženou kabelku, která, jak jsem se ptala, má cenu 20 K a v ní lístek:

Milostivá slečno! Neračte se horšiti na vašeho Vám oddaného ctitele, který zpozoroval, že nemáte kabelku. Prosím, byste tento malý dárek přijala a neurazila se jím. Váš vás milující NN.

To se ví, že jsem se neurazila. Kdo mi ji dal, to nevím.

Nový Bydžov 14. 7. 1917

Pozor, nepadnout do mdlob nad mou krásou! Posílám Ti podobenku šotka Puka ve SNU NOCI SVATOJÁNSKÉ. Jsem moc hezká, že?

Zdraví a líbá Tě Máňa

Nový Bydžov 17. 7. 1917

Drahá maminko!

Srdečný pozdrav a vzpomínku! Jak se Vám líbila moje podobenka? To jsem hezká, co? Frantík asi vyvaloval oči, viď? Však jsem ale měla v té roli úspěch. Ku konci kusu já si sednu na boudu, opona spadne za mnou a já mám proslov k lidem, a když jej dopovím, skočím do boudy. To jsem byla osmkrát vyvolána, aplaus neměl konce! V tom kuse dělám kotrmelce, vyju, řehtám, no krátce šotek! Hned nato jsem měla ohromný úspěch v Jůlince v JEDENÁCTÉM PŘIKÁZÁNÍ. Sama řiditelka ke mně přišla a dala mi pusu. Mám krásné nové šaty na ulici. A klobouk, báječně feš!

Budu hledět, bych přijela na Tvůj svátek. Zde není nic nového. Zdraví a líbá Tě a děti Vaše Máňa

Drahá maminko!

Promiň mi, že jsem Ti tak dlouho nepsala, ale byla jsem velmi nemocná. Měla jsem silný nervový záchvat z přeučení. Teď už jsem zdravá. Zde nového nic není, než že mi stanovějí novou rentu. Zde mám již gáže 120 K, hraji celý naivní obor. Jsem miláček obecenstva. Těším se, až přijedeme do Písku, to se na mě musíte přijet často podívat. Mínu si vezmu přes tu štaci k sobě. Možná že bude angažována, už jsem o tom mluvila s řiditelem. Až prý v tom Písku, že musí dřív vystoupit, tak ať se učí.

Já budu možná vystupovat v operetě DÍTĚ CIRKU v Praze v aréně. Byl tu Švanda a velmi jsem se mu líbila. Dávali jsme ROZKOŠNOU PŘÍHODU. Hrála jsem Helenu. Nového jinak není nic. Vystupovala bych až po prázdninách, ovšem na přijetí. Je to však tajemství. Piš mně brzy! Zdraví a líbá Tě Máňa

Nová Paka 30. 8. 1917

Drahá maminko!

Přijmi ode mě mnoho pozdravů a políbení! Za Tvé psaní Ti děkuji. Cikorku Ti pošlu, nějakou mám doma a nějakou přikoupím. Jen se zásobte žitem a bramborama, to je hlavní. Já si zde vařím. Jeden den kousek telecího, upeču ho na morku. Je to výborné. A asi čtyři brambory k tomu nebo hovězí polévku a nebo bramborovou. Jíšku pražím též na morku. Koupím morkovou kost a vyndám morek a on je jak máslo, zkus to jednou, uvidíš, že je to dobré. Máslo tu není k dostání. My dostaneme 6 deka na jednu osobu a to je na měsíc. Ale kdybys chtěla ten margarín, ten bych ti mohla nějaké kilo koupit. My s ním mastíme též. Piš mi hned, jestli ho chceš.

Mami, chtěla jsem tě poprosit, jestli bys mně mohla poslat nějaké šaty na divadlo. Leží v kufru, přeleží se a je to škoda, já teď potřebuji moc šatů. Dala bych si je přešít. A potom jestli máš svatební závoj, že bys mi ho poslala a tu blondku s copy. Já bych to musela kupovat a stojí to strašné peníze. Můžeš-li mi to poslat, tedy mi to pošli, ale hned a můžeš to poslat nevyplaceně. Víš, ony ty bestie si berou za záminku, že nemám róby. A teď se studuje novinka FERDINAND SPÍ. Já v tom hraji Emilii, hlavní roli, a ta mrcha se v každém jednání převléká třikrát a jsou tři jednání. A řiditelovi mi dali na šaty foršus nedávno, na svatební do Heleny v ROZKOŠNÉ PŘÍHODĚ. Mám do ní krásné, bílé hedvábné, široké a krátké, jak jsou moderní a vzadu vlečku. Tedy, prosím Tě, nezapomeň. Jsem ráda, že se Ti líbím.

Zdraví Tě a líbá Máňa

P. S. Z úrazové už mi třetí měsíc nic nedávají a píšu jim pořád. Dám to už advokátovi.

Hořice 27. 9. 1917

Drahý Vašíčku!

K Tvému svátku přeji Ti vše nejlepší. Vše, co si přeješ, aby se Ti vyplnilo.

Zdraví Tě a líbá Máňa

Blahopřání bratrovi bylo posledním lístkem, který domů poslala osmnáctiletá naivka Marie Červíčková-Budínská. Za dva týdny poté, 13. října 1917, zemřela v Hořicích v Podkrkonoší jako jedna z obětí rychle se šířící španělské chřipky. Nemilosrdná vojenská byrokracie neučinila výjimku ani v případě pohřbu, jehož se otec nemohl účastnit. A tak mohl oplakat svou dceru jen v dopise zarmoucené ženě.

Jako jediný odkaz zůstala nešťastným rodičům a sourozencům hrstka dopisů a fotografií. V nekrologu Národní politiky vyjádřil referent politování nad předčasným skonem herečky, jejíž „skutečné nadání budilo zájem obecenstva". To byla malá závěrečná poklona veselému Pukovi, který zmizel navždy v říši snů.

VÁCLAV BUDÍNSKÝ

Třetím z potomků manželů Budínských, jehož hned po narození zaslíbili svůdné bohyni Thálii, byl syn Václav. Nikomu nevyčítal, že bylo rozhodnuto tak trochu bez jeho vědomí. Bral tuto skutečnost jako záležitost genů, jako dědičný hřích. Stalo se tak 10. dubna 1902 ve východočeské Trhové Kamenici.

Odmalička si byl vědom, že se sliby mají plnit, a tak se jeho jméno začalo záhy objevovat na divadelních cedulích. Aby se odlišil od otce, nechal si říkat Váša Budínský, což znělo dívčímu sluchu velmi romanticky. V režii dědečka Ondřeje se jako Martin Toužimský poněkud nešikovně dvořil panně Rozárce v Tylově PALIČOVĚ DCEŘI.

Jako šestnáctiletý se vydal na zkušenou k Josefu Burdovi, který si právě zřizoval vlastní divadelní společnost. V jeho prospěch promluvilo také to, že měl ředitel Burda dosud v živé paměti talentovanou Marii. Není pochyb o tom, že byl Václav obsazován do epizodních rolí, z nichž největší byla asi postava jednoho z kadetů v Rostandově CYRANOVI Z BERGERACU. Titulní roli vytvořil B. Aisman, který patřil spolu s B. Preiningerem. L. Řezníčkem, M. Pospíšilovou a S. Preiningerovou k oporám Burdovy společnosti. Váša Budínský se měl od nich co učit. V angažmá setrval déle než rok — od 1. listopadu 1918 do června 1920, kdy se vrátil ke společnosti svého otce.

Být synem divadelního ředitele už samo o sobě zavazovalo, ale Váša měl dar získávat si rychle přízeň diváků. Líbivý zjev a přirozené sklony vedly k tomu, že byl často obsazován do rolí mladých milovníků. Neznamenalo to ovšem, že by se neprosadil i v jiném oboru.

> Tento z nejmladších a z nejtalentovanějších členů společnosti osvědčuje se nejlépe v úlohách bezstarostného, upřímného mládí jako v PALIČOVĚ DCEŘI v úloze Prokopa „indiána“.
>
> *-ka, Nový směr 30. 8. 1924*

Táborský kritik dobře vycítil, jaké jsou skutečné možnosti Váši Budínského a kde hledat jeho omezení.

> Považujeme jej za opravdový talent herecký, jemuž bychom ze srdce přáli, aby se mohl plně zaskvíti v úloze takového mladého „loupežníka“ — rychlého podmaňovatele ženských srdcí některé moderní hry, která jest, chápeme-li dobře jeho přirozené vlohy, jemu nejvlastnější.
>
> *-ka, Nový směr 29. 8. 1924*

V roce 1920 byla v Národním divadle uvedena lyrická komedie Karla Čapka LOUPEŽNÍK s Rudolfem Deylem v hlavní roli. Postavu fanfarónského rušitele klidu si však mladý herec nikdy nezahrál. Tento autor prostě do repertoáru společnosti nepatřil. Daleko víc ji přitahovala lehká múza.

Dostat se na vojenské manévry s operní subretou nebylo jen tak. Vášovi Budínskému se to podařilo v operetě Imre Kálmána PODZIMNÍ MANÉVRY jako nadporučíku Löröntymu, který se jich účastnil spolu s jednoročním dobrovolníkem Maroschim. V uniformě Maroschiho se ovšem skrývala populární hvězda Marie Zieglerová. To vše za asistence rezervního kadeta Wallersteina, jímž nebyl nikdo jiný než Vášův švagr Rudolf Böhm-Hrušínský. Jednalo se totiž o jeho čestný večer, jak se také jinak říkalo benefici. Manévry proběhly v prostorách bubenečského divadla Svornost, vedeného ředitelem Lachmannem, 31. května 1925. Z galantního dobrodružství se Váša Budínský vrátil do všední reality. Čekalo ho putování po jižních Čechách, kde se mimo jiné výborně rybařilo. A to byla jeho velká vášeň.

Společnosti svých rodičů zůstal Václav Budínský věrný až do jejího zániku. Po otcově smrti se spolupodílel na jejím vedení. Název podniku Lidové divadlo měst venkovských pro zemi Českou se měl stát zárukou nově nastoupené linie, ale ta se po stránce dramaturgické od té předchozí příliš nelišila. Přibylo jen trochu dobových veseloher. Jedním z oblíbených autorů, jehož díla byla i zfilmována, byl dramatik Josef Skružný. Divadelní ředitelce Budínské-Červíčkové postoupil práva k provozování komedií FALEŠNÁ KOČIČKA, ROMÁNEK NA HORÁCH, KOFLÍČEK MARIE TEREZIE a JEDNOU PROVŽDY. Dalším oživením repertoáru se měly stát pokusy nadějného benjamínka souboru Rudolfa Hrušínského ml., který napsal detektivní hru PRVNÍ PŘÍPAD a drama s námořnickou tematikou NOVÝ ŽIVOT. Z cizí provenience zařadili Michaelisovu REVOLUČNÍ SVATBU, Coolenova CIZINCE a Sudermannovy SVATOJÁNSKÉ OHNĚ.

Václav Budínský se rád vracel k české klasice. V Tylově

úpravě Kneislova CHUDÉHO PÍSNIČKÁŘE se proměnil v titulní postavu písničkáře Vojtíška, v MARYŠE bratří Mrštíků v lakotného starého Lízala nebo ve starého Vojnara v Jiráskově VOJNARCE. Ale k jádru vlastní herecké osobnosti se teprve propracovával.

Od 1. září 1945 se stal členem Městského divadla v Kladně, kde se v souboru setkal s mnoha známými tvářemi — vedle manželů Kostkových a Josefa Kemra to byli i začínající herci Otakar Brousek, Josef Hlinomaz, Jaroslav Moučka, Petr Skála a další. Jako režiséři tam v první sezóně působili Jiří Jahn, Vladimír Nejezchleb, Václav Všelicha a Ludvík Žáček. S kladenským divadlem prošel Václav Budínský mnoha personálními i organizačními proměnami.

> Herecké síly se neustále měnily, dokonce byla na čas přerušena činnost stálé scény v Kladně a část hereckého souboru hrála na nově vzniklé scéně ve Slaném. V roce 1948 došlo ke zrušení Družstva a v budově kladenského divadla působila organizace Umění lidu, která zajišťovala pro Kladno hostování různých divadelních souborů. Teprve v roce 1949, v září, za J. V. Vyskočila nastala postupná konsolidace uměleckých sil i provozu divadla.
>
> *50 let divadla v Kladně, 1965, s. 29*

Události si s kladenským divadlem pohrávaly jako s krabičkou od zápalek. Nebylo jistě jednoduché mít stále na paměti, že herec je tu především proto, aby hrál. A to bylo pro Václava Budínského vždycky to nejdůležitější.

Co se vlastně stalo s jeho dávným závazkem k múze komedie Thálii? Jako jeden z prvních vytvořil na jevišti postavu, která se stala symbolem češství: DOBRÉHO VOJÁKA ŠVEJKA ve Fenclově dramatizaci Haškova románu. V tomto ohledu předstihl dokonce i svého synovce Rudolfa Hrušínského, jenž ke Švejkovi na filmovém plátně dospěl až o tři roky později. Nastudováním Švejka oslavil Václav Budínský v říjnu 1953 třicet pět let činnosti u divadla. Čekala na něho ještě celá řada rolí. V rámci kladenského souboru byl jedním z těch, co nikdy nezklamali.

Ten pečlivě učesaný herec — to je předměstský tatík FERDYŠE PIŠTORY, rozervaný herec Šmaga v Ostrovského VINÍCÍCH BEZ VINY, prolhaný Tobiáš Pravdomluva z Klicperova LHÁŘE A JEHO RODU, Tětěrev z Gorkého MĚŠŤÁKŮ, štětinatý direktor z REVIZORA, bujný velekněz chrámu Jupiterova z NEBE NA ZEMI, podvodný kapitán ze SELSKÉ LÁSKY, ubručený vodník Ivan z Jiráskovy LUCERNY, tulák Treska z detektivní PASTI a kazatel z MATKY KURÁŽE.

V. PROCHÁZKA, 1962

Každý herec umírá dvakrát. Poprvé, když navždy opouští jeviště. Samota, do níž se Václav Budínský na odpočinku uchýlil, nebyla samotou v pravém slova smyslu. Ožívala vzpomínkami. Někdy měly podobu jeho ženy Barbory, která s ním sdílela dlouhá léta u divadla, jindy rodičů, sester... Na dně staré krabice schovával své jediné bohatství — brokátovou skříňku na líčidla, fotografie, pamětní medaile, vybledlé stuhy, vybledlé sny. Minulost. A pak ho bohyně Thálie odvedla pryč. Bylo to 14. března 1985.

Na sudy prkna, přes prkna cáry,
Naruby kožich: už je tu král!
Hraje se fraška, troubí fanfáry,
Až dohrajem, pojedem dál!

V + W

RUDOLF BÖHM-HRUŠÍNSKÝ

Osudy začínajících herců jsou si podobné jako vejce vejci. Často to byly ještě děti, které z ryze iracionálních důvodů utekly z domova za divadlem a rozhodly se nadále probíjet na vlastní pěst. Podobně to viděl i Rudolf Böhm-Hrušínský, když později psal své vyprávění pro čtenáře Kinorevue.

Psát o tom, jak jsem v patnácti letech utekl z domova k divadlu, kamž mne vášeň a vrozené pudy moc a moc táhly — o tom, jak jsem u divadla hladověl a hrál přitom lokaje, posly, fiakristy a druhé či třetí pány v černém, aniž jsem černé měl, nebo o tom, jak jsem musel ráno natisknout hektografem plakáty, vylepit je po vratech chalup a roznášet dům od domu, pak zamést jeviště, jít s brašnou paní ředitelce nakupovat, vyčistit petrolejové lampy v sále a shánět rekvizity k večernímu představení — to všechno, račte prominout, už tady bylo!

R. BÖHM-HRUŠÍNSKÝ, Kinorevue, 9. 10. 1940

Rudolf Böhm se narodil 14. dubna 1897 v Dolní Liboci Františce Böhmové, rozené Doležalové a Janu Böhmovi. Prvními předměty, které mu bylo dáno poznat, se staly verpánek, ševcovské kladívko a kopejtka, neboť jeho otec byl obuvníkem. Šlo o jednu z těch počestných živností doby minulé, která dovolovala jejímu majiteli doslova se protloukat den za dnem. V tomto případě nutno podotknout, že otec Jan tak činil s písničkou na rtech. Přesto přivedl způsob jejich existence čtyřiadvacetiletou manželku Františku k rozhodnutí přihlásit se do kursu pro porodní babičky, jak se tehdy říkalo porodním asistentkám bez ohledu na jejich věk. Čtyři roky před narozením syna — v roce 1893 — se v tomto oboru vyškolila a mohla zahájit vlastní praxi. Nemalou měrou tak přispěla na pomoc svému muži, neboť jí stálý příliv novorozeňat zajišťoval slušné postavení. Měla tím trochu navrch, protože člověk se musí nejdříve narodit, aby pak — jednou — mohl nosit boty. Nepočítáme-li tedy toto domácí theatrum mundi, byla první Rudolfova setkání s divadlem vzácná. O to vnímavějším byl pozorovatelem.

> Po každém odjezdu cirku z naší vesnice — v tomtéž pilinovém kruhu, který po sobě zanechali — jsem pořádal se svými kamarády cirkusová představení, sám v roli šaška Augusta. To trvalo do té doby, než zavítala do hospody U české koruny divadelní společnost. První hra vůbec, kterou jsem viděl, byla ČERNÉ OČI, PROČ PLÁČETE? To se mně hrozně líbilo, přestože mi nějak nešlo do hlavy, jak zle vyvádí velebný pán pro holku pana řídícího.
>
> *R. BÖHM-HRUŠÍNSKÝ: Zápisky, rkp.*

Jeho touha nabyla záhy reálnější podoby. V květnu 1913 obdržel Rudolf Böhm lístek od ředitele malé společnosti V. Slavinského. Ten ho žádal, aby mu sdělil, jestli už někdy u divadla nebo ochotnického spolku vystupoval a jaké by si kladl požadavky. Pro šestnáctiletého chlapce musela mít tato dopisnice cenu zlata. Vždyť znamenala první vážnou nabídku a možnost ucházet se o angažmá. Pro začátek mu byl přislíben plat ve výši dvaceti šesti zlatých, což se rovnalo dvaapadesáti korunám měsíčně. Kromě hraní patřilo k jeho povinnostem obstarávání rekvizit. Slavinského společnost působila na Moravě, kam se za ní mladičký Rudolf Böhm vypravil. Procestoval s ní okolí Brna a Hodonína.

Snadno si dovedeme představit, jak asi na jeho zmizení reagovali rodiče. Už odmalička byl jejich synek trochu nezvladatelný, a jak sám napsal, „nejméně jednou denně přilehl potěh na prodřenou část cajkových kalhotek". Po prvním leknutí se však brzy vzpamatovali. Koneckonců hoch v jeho věku se tehdy musel umět o sebe postarat! Snad právě tato skutečnost mu zajistila určitou volnost v rozhodování.

V Lužici u Hodonína se mu stala příhoda, která je svědectvím toho, že byl ve svém první angažmá přece jen víc rozpustilým klukem než důstojným adeptem herectví. Pro nás je její záznam obzvlášť cenný, neboť dokládá vznik uměleckého jména, které si Rudolf Böhm časem přisvojil.

Ten večer se hrálo ŽERTVA NA BALKÁNĚ. Tak vám to všechno vidím, jako by to bylo včera! Lepím si pod nos první půlku mohutného kníru, když vejde do šatny domorodý chlapec a povídá: „Dé pámbu dobré večír" a zamíří rovnou ke mně. „Pane Bóm, tady máte od policajta te gatě."

Abyste rozuměli, pan strážmistr mně laskavě zapůjčil bílé, plátěné kalhoty. Když chlapec odešel, povídá pan Skalský, takto divadelní intrikán, ale v životě zlatý člověk: „Poslechnou, Böhme, že si nedají nějaké lepší jméno? To jim lidi na vesnici budou říkat do smrti Bóm, když budou mít na plakátech to jejich Böhm."

Na tohle já už dávno myslel. Znal jsem herce se jmény Želenský, Zvíkovský, Pražský, Slavínský, Konětopský a teď Skalský mně to sám navrhuje! Ale já už měl dávno a dávno jméno připravené. Až přijedeme na novou štaci, to se budete kolegáčkové divit. Otomar Otovalský budete číst na plakátech, tam, kde dřív bývalo Rudolf Böhm.

A teď si představte, co se stalo druhý den! To byla náhoda! Hrálo se: ZLODĚJKA DĚTÍ. Odpoledne asi do pěti hodin jsme měli zkoušku. Jako začátečník měl jsem na starosti obstarávání všech potřebných rekvizit pro divadlo; dnes toho bylo habaděj. Dítě v kolébce a dva živí kohouti mně dělali největší starost.

Z jedné zahrádky před chalupou rostla přes plot na chodníček větev velké hrušně a na té větvi visela řada velikých, krásně žlutých hrušek. Já nevím, co mne to napadlo. Povyskočím, natáhnu trochu ruku a to byste neřekli, najednou v té ruce držím utrženou hrušku. A jakoby nic — hop — hop — přes loužičky pryč. Ale ne daleko. „Hej, hej," slyším za sebou chraplavý hlas. Ohlédnu se a vidím. Chlap jako hora, v bílých, režných třaslavicích a modré vestě, vybíhá z chalupy, vyzouvá se z dřeváků, do každé ruky popadne jeden a bos běží za mnou.

Ten večer po představení dával pan radní v šenkovně k lepšímu moji aféru s hruškou.

Tak se stalo, že druhý den spatřím na dveřích mého bytu připevněný kus papíru a na něm tužkou napsáno:

RUDOLF HRUŠKOVSKÝ
dramatický umělec

Otomar Otovalský padl. Na jeho místo nastoupil Hruškovský, který se časem změnil na Hrušínského.

R. BÖHM-HRUŠÍNSKÝ, Kinorevue, 1941, č. 24

Ještě v témže roce přešel Rudolf Böhm ke společnosti mnohem úctyhodnější, kterou vedl jeden ze synů Hynka Muška — Josef, švagr Ondřeje Červíčka. S jeho ansámblem prošel několik štací ve východočeském kraji (Kopidlno, Libáň, Detenice a Bakov). Pobyt u společnosti přerušila válka. Vzhledem k věku byl nejprve povolán jako nosič k vojenské polní poště. Tam za ním poslal ředitel Mušek dopisnici s otcovsky povzbudivým vzkazem a informací, jaké další štace je čekají. Koncem roku 1915 se Rudolf Böhm nakrátko vrátil k divadlu, navštívil Nové Benátky, ale pak byla jeho spolupráce s Muškovou společností definitivně ukončena. Štace, které ho vzápětí očekávaly, neměly s divadlem nic společného. A když — tak s panoptikem hrůzy.

Jsem „tauglich" a 24. února odjíždím z Prahy do Szegedu k 28. regimentu.
9. května 1916 odjíždím s marškompanií do Sarajeva v Bosně.
24. května 1916 brzy po půlnoci odjíždíme do fronty.
26. května 1917 do fronty u Duina. O půlnoci nastupujeme cestu do zákopů. První řádný křest ohněm. Podplukovník Pražák zabit střepinou granátu i se svým koněm.

27. května 1917 jsem raněn do levé ruky a poslán dvě hodiny před naším útokem do zázemí. Ležím den v Nabuzině, dva dny v Proseku a odjíždím s transportem raněných do Petrinije v Chorvatsku. V Proseku v nepřehledných řadách zabitých objevuji kamaráda Božu Peroutku. Rozstřílen od kulometu. Leží na trávníku před barákovou nemocnicí, částečně zakryt celtou. Ze dvou našich bataliónů zůstalo po útoku živých a raněných pouze tři sta lidí. Ostatní zůstali ležet na pláni mezi Duinem a San Giovanim. Denně mlátím hřbetem ruky o futro dveří, abych si zachoval oteklou ruku. Odpoledne chodím do okolí na moruše.

17. června 1917 do rekonvalescentu v Lublani.

14. července 1917 při hlavní prohlídce ztrácím řeč. Šest neděl nemluvím. Konám lehčí služby. Po šesti týdnech jsem poslán do Innsbrucku jako ordonanc a pomocný písař, když předtím závazně prohlašuji, že ovládám němčinu slovem i písmem. De facto umím prd!

R. BÖHM-HRUŠÍNSKÝ: Zápisky, rkp.

Hrálo se o čas. Konec první světové války se nezadržitelně blížil a s ním i návrat k divadlu. Rudolf Böhm uzavřel smlouvu s Václavem Červíčkem-Budínským, k němuž nastoupil 7. února 1919. Toto angažmá se mu stalo osudným. Když se o ně ucházel, netušil, že uzavírá dvojnásobný kontrakt — jako herec i muž. Bylo mu necelých dvaadvacet let a jeho zjev ho předurčil k rolím milovníků. Častou partnerkou mu bývala druhorozená dcera manželů Budínských Hermína, která přišla na svět 10. února 1901 v Dubči u Prahy.

Hermína Červíčková hrávala zprvu role naivek a mladokomiček. Rudolfa Böhma poznala v době, kdy dovršila svůj osmnáctý rok. Dobře zpívala, takže uvažovala o studiích, která by usměrnila její další vývoj. Byla však příliš zaměstnána v podniku svého otce, kde šla z role do role. Měla dostatek příležitostí, aby projevila své nadání. V Tylově PRAŽSKÉM FLAMENDRU hrála Apolenku, v operetním šlágru LOUTKA hlavní roli Alesie Hilariové, v jiné úspěšné operetě DÍTĚ

CIRKU Bertu, v Schönthanově KOMTESE KUKUČ hraběnku Marii... Tyto bonbónky byly uváděny tehdy, když už kasa zela prázdnotou. Vyvažoval je však repertoár přesvědčivější — vedle Svobodových SMĚRŮ ŽIVOTA, Kolárova PRAŽSKÉHO ŽIDA, Vrchlického NOCI NA KARLŠTEJNĚ to byla mimo jiné i Kvapilova OBLAKA a Zeyerův RADÚZ A MAHULENA.

Mína, jak se Hermíně Červíčkové mezi nejbližšími říkalo, přitahovala svým mladistvým půvabem a stala se miláčkem publika. Není tedy divu, že okouzlila také Rudolfa Böhma, který s ní 2. března 1920 v Žirovnici uzavřel sňatek. Společnost Sáši Budínského tu právě dlela na štaci. Mladí manželé se rozhodli u ní setrvat, přestože jim neslibovala jistou budoucnost. Kromě měsíční gáže osmi set korun měli při běžném provozu zajištěno dvanáct příjmů ročně. Jednalo se o čestné večery uváděné ve prospěch herců.

Z Žirovnice zamířil Divadelní podnik Sáši Budínského-Červíčka na Jindřichohradecko — do Strmilova, Kunžaku, Stráže nad Nežárkou, Chlumu u Třeboně a Nového Etynku.

> 14. října 1920 jsme dohráli v Chlumu u Třeboně a den nato, 15. října 1920, odjeli na novou štaci do Etynku na Českomoravské vrchovině. Mrazivý, větrný den. Starší členové společnosti a dámy byli usazeni v najmuté bryčce a ostatní mladší šlapali po svých k chlumeckému nádraží. Mrtvý inventář, zvaný hereckým žargonem fundus, a skládající se většinou z beden a kufrů, odborně naložen na žebřinový vůz.
>
> *R. BÖHM-HRUŠÍNSKÝ: Zápisky, rkp.*

Městečko Nový Etynk (dnes Nová Včelnice) bylo pojmenováno podle bavorského Starého Etingu, odkud byla dovezena kopie sošky Panny Marie. Divadelní společnosti, které sem zajížděly, uváděly svá představení v hostinci U černého orla. Mezi místními občany byl tehdy vžitý název U Hrůzů. Hned následující den po příjezdu byla ohlášena veselohra Franze von Schönthana a K. Ellfelda SVATBA NAŠÍ HELGY. Ačkoliv byla Hermína Hrušínská ve vysokém stupni těhotenství, přesto hrála. 17. října 1920 se jí narodil syn Rudolf. Podle zápisu v kronice se tak stalo v domě č. p. 81, kde pobývala rodina Ráflova. Ta také poskytla matce s dítětem přístřeší, když se společnost odebrala do nedalekých Černovic. Místním divákům Hermína Hrušínská chyběla. Sladké tajemství jim však neprozradil ani diskrétní referent Krajinských listů, který se obšírně rozepsal o oslavách 28. října.

Večer po průvodu městem, sehráno za velké účasti, slavnostní divadelní představení společnosti p. Červíčka, tragedie NEBE, PEKLO, RÁJ od J. Mahena. Režii měl Rudo Hrušínský. Děj hry této sledován s velkým napětím a pozorností. Roli slepého Karla Vičara hrál p. Hrušínský přímo výborně, rovněž p. Pravda ukázal svůj talent velice dobře v roli správce Robala. Velice nad očekávání hráli pí. Skřivánková, Budínská, švitořivá Gutová-Vronská, páni Budínský, Emr František a Chramosta František mladší. Jedině scházela nám při tomto slavnostním představení na jevišti paní Hrušínská. Jest nemocna. V roli Blaženy by byla bývala přijata s jásotem.

A., Krajinské listy, č. 25, 13. 11. 1920

Rudolfu Böhmovi-Hrušínskému nastala starost. V podniku svého tchána nebyl zcela spokojen. Z měsíce na měsíc přecházely nedoplatky gáže, které v rámci rodinného rozpočtu znamenaly mnoho. Proto se mladý otec počátkem ledna 1921 vydal na Moravu, aby přijal místo u nově vzniklé společnosti Ruských demokratických legionářů, kterou vedl J. B. Adam. Vrátil se na skok do Hodonína, kde před několika lety začínal. Jak záhy zjistil, nic se tím nevyřešilo. Spíš naopak. A tak se koncem dubna znovu ocitá pod ochrannými křídly Budínských. A znovu se roztáčí známý kolotoč hraní a cestování. Ještěže trpkou nejistotu zpříjemňuje pohled na rychle se rozvíjejícího synka. Všude je doprovází . . . A jeho první slůvka jsou zaznamenávána se skutečnou otcovskou pýchou.

Mluvíme s mami o milionu. Jak se zařídíme... Vyhrát milión!
„Chceš milión, Rudo?! — Neci!“

R. BÖHM-HRUŠÍNSKÝ: Zápisky, rkp.

V létě 1923 se manželé Hrušínští seznámili v Chlumu u Třeboně s několika pražskými umělci. Byl mezi nimi člen Národního divadla Karel Želenský. Svitla určitá naděje. Když se o několik měsíců později mezi herci rozkřiklo, že má být v Praze v bubenečské Svornosti otevřeno divadlo, požádal Rudolf Böhm-Hrušínský Karla Želenského o doporučení. Ten mu obratem vyhověl a pro ředitele Lachmanna vystavil následující dobrozdání.

Milý, vážený příteli,

doporučuji Ti pro nový podnik člena svrchovaně svědomitého, nadaného, bezúhonné pověsti, hocha poctivého, pana Rudolfa Böhma-Hrušínského. Angažuješ-li ho, nebudeš litovati. Buď zdráv a statně se drž!

Tvůj upřímný K. Želenský

23. 3. 1924

S odstupem času se jeví i ty nejzávažnější problémy jako lehce překonatelné. Rudolf Böhm-Hrušínský na službu, kterou mu Karel Želenský prokázal, vzpomínal později s trochou nadsázky. Tak ji také prezentoval čtenářům Kinorevue, když ho o to požádal její šéfredaktor dr. Bedřich Rádl. Ostatně humor byl pro Rudolfa Böhma-Hrušínského stejně nezbytný jako příslovečná sůl. Rád si zapisoval drobné příhody i postřehy z práce u divadla.

To zahajoval v roce 1924 v Bubenči, v domě Svornosti, ředitel Lachmann. Tehdy jsem se dopustil podvodu a využil první — a do dnešního dne také poslední protekce. Jistému význačnému členu předního pražského divadla, o němž jsem zjistil, že je Lachmannovým přítelem, jsem napsal dopis: „... že jsem se, Vysocevážený mistře, dočetl, že v Bubenči ředitel Lachmann atd. atd. — a že bych potřeboval malé doporučení a že se budu revanšovat ze statku svých rodičů, že nechám občas slovutnému mistru poslat něco z houfu našich hus a jiné drůbeže"; toť se ví, slovutný mistr na to skočil a já byl rázem v Praze.

Při této příležitosti prosím vysoce váženého mistra za odpuštění: z kozího chlívku, ve kterém živořili tři nedomrlí králíci, jsem skutečně nemohl nechat poslat husu nebo krocana.

R. BÖHM-HRUŠÍNSKÝ, Kinorevue, 9. 10. 1940

19. dubna 1924 uzavřel Rudolf-Böhm Hrušínský smlouvu s ředitelem Svornosti Bohdanem Lachmannem. V souboru se sešli kromě manželů Lachmannových a Kostkových ještě herci: Adámek, Šůla, Innemann, Karyčová, Vrbenská, Vojta, Bureš, Švarcová a Gäntner. Tento divadelní podnik měl však jako mnohé jemu podobné jepičí trvání. Nespokojenost členů souboru vedla k tomu, že byl záhy rozpuštěn. S přihlédnutím k tíživé finanční situaci a odbojnému přístupu herců dostali všichni 10. listopadu 1924 od Divadelního družstva, které Svornost spravovalo, čtrnáctidenní výpověď. Naštěstí se měl Rudolf Böhm-Hrušínský kam vracet.

Znovu následovalo cestování s Budínského společností — tentokrát po Strakonicku, Písecku a okolí Týna nad Vltavou. Ale vidiny stálého angažmá v Praze se ani na okamžik nevzdával. V květnu 1926 nastoupil v nuselském Tylově divadle, jehož činnost byla zahájena koncem roku 1921. V sezóně 1926—1927 pracoval převážně operetní soubor Tylova divadla pod vedením ředitele Antonína Vedrala a J. E. Sedláčka.

Tylovo divadlo si stanovilo jediný cíl — pobavit diváka. Nikdo se tu netvářil hlubokomyslně a nic nepředstíral. Už samotné tituly naznačovaly, že jde o výběr poněkud sporný — vedle dramatizace Kuprinovy JÁMY to byla tragédie českého vojáka ve světové válce POPRAVA JOSEFA KUDRNY, TRAGÉDIE KORUNNÍHO PRINCE RUDOLFA, sepsaná podle memoárů dcery Ludvíka Bavorského, a konečně i velká revue Z NUSLÍ DO NUSLÍ. Vlastní invencí přispěl i Rudolf

Böhm-Hrušínský jako autor revue ŽE TĚ NEDOHONÍM? Premiéru měla na Nový rok 1928 a na jejím provedení se podílel takřka celý soubor, jemuž vévodil objemný komik František Černý.

Rudolf Böhm-Hrušínský si s sebou do angažmá přivedl také manželku Mínu. Zatímco Hermína Hrušínská dostávala především role dam z kruhů nejvyšších, její muž uplatňoval vojácké držení těla a šarm v postavách různého charakteru.

A znovu následoval návrat k Budínským. Na Rakovnicku a Křivoklátsku se jim nevedlo nejlépe. Krize rodinného podniku se prohlubovala. Ale přiblížilo se léto a s ním i pohoda — odpočinek, chytání ryb, koupání. V přírodě se lépe zapomínalo na nedostatek finančních prostředků, který je provázel na každém kroku. A pak se karta obrátila . . .

Na rozhraní Žižkova a Vinohrad postavil architekt R. V. Svoboda divadlo Akropolis. Po první neúspěšné sezóně je v říjnu 1928 znovu probudil k životu bývalý herec Švandova divadla Karel Třešňák. Na Rudolfa Böhma-Hrušínského se usmálo štěstí. Náhoda je svedla dohromady a ředitel Třešňák mu nabídl pomocnou ruku. Od 1. října 1929 mohl nastoupit do stálého angažmá v Akropolisu.

Díky Třešňákovi si získalo divadlo Akropolis dobré renomé. Jádro souboru tvořili Vojta Záhořík, Laura Želenská, Viktor Očásek, Rudolf Deyl ml., Hermína Vojtová, Rudolf Princ. Mimo jiné tu hostoval také Josef Beyvl.

Když tam přišel Rudolf Böhm-Hrušínský, bylo na repertoáru několik jemu dobře známých kusů — vedle her J. K. Tyla, Josefa Štolby, divadelních úprav povídek Ignáta Herrmanna to byla dramatizace Rakousovy prózy MODCHE A RÉZI a hry Josefa Haise-Týneckého. Proměnlivost repertoáru byla značná. Divadlo vysávalo herce do morku kostí. Každodenní představení, uvádění pohádek pro děti, zkoušky, studování nových rolí — to vše znamenalo vrhnout se do víru práce bez ohledu na sebe sama. Skutečnost, že v divadle Akropolis Rudolf Böhm-Hrušínský setrval až do listopadu 1933, mluví v jeho prospěch.

Čtyřleté angažování u ředitele Třešňáka cením si prozatím nejvýše. Přestože toto divadlo bylo fabrikou na premiéry, kde jsem absolvoval až třiačtyřicet představení do měsíce, obsazován poslední dva roky nejčelnějšími rolemi za poměrně nízkou gáži, budu na ně vždycky rád vzpomínat jako na divadlo, které z malých prostředků dělalo dobrý lidový repertoár a dalo herci možnost se uplatnit a vyhrát.

R. BÖHM-HRUŠÍNSKÝ, Kinorevue 9. 10. 1940

Jmenujme alespoň několik rolí, jimiž se Rudolf Böhm-Hrušínský zařadil mezi nejuznávanější členy souboru. Ke kmenovým autorům divadla patřil Josef Hais-Týnecký, z jehož her byl nejúspěšnější BATALIÓN s Karlem Třešňákem jako dr. Uhrem a Rudolfem Böhmem-Hrušínským jako Beznoskou. Vedle Fiscuta v Molnárově LILIOMOVI náležel k jeho nejoblíbenějším rolím arcivévoda Ludvík Viktor v Longenově ALŽBĚTĚ, CÍSAŘOVNĚ RAKOUSKÉ. V Tumlířových veselohrách POČETNICE LÁSKY a BLAHOSLAVENÁ LENOST byly jeho partnerkami Hermína Vojtová a Laura Želenská. Není tedy divu, že si svými opravdovými hereckými kreacemi získal srdce diváků, kteří přijali jeho odchod z Akropolisu s nelibostí.

Rozloučení s Akropolisem nebylo lehké ani pro něho. Rudolfa Böhma-Hrušínského nečekala žádná růžová perspektiva. Ještě se sice naskytla šance v podobě přijetí do Švandova divadla, ale nešlo o zásadní řešení. Víceméně epizodické působení v souboru, které trvalo jen několik měsíců — od listopadu 1933 do poloviny března 1934 — skončilo ostrou výměnou názorů s ředitelkou Švandovou. Ještě 16. března si Rudolf Böhm-Hrušínský trpce postěžoval svému zápisníku:

Nechce se mi vůbec do příští role v KOŠILATÉ HISTORII O ROBERTKOVI. Vědomí, že ještě plných čtrnáct dní mám tajtrlíkovat před téměř prázdným hledištěm, nutí mne k ukončení hned! Žádám proto ředitele o uvolnění na neděli (hlášená premiéra) jako exist. dovolenou z výpovědi. Udávám, že hostuji na angažmá. Pí. ředitelka však žádá, abych řekl, kde hostuji. Přirozeně nemohu udat žádné divadlo, a proto žádám, abych byl propuštěn ze smlouvy již 15. t. m. Ředitelství vyhovuje a v dosti ostré potyčce se rozcházíme. Prahy jsem syt! Bude z toho znovu venkov? Či zůstanu v Praze? Kdož to ví?

R. BÖHM-HRUŠÍNSKÝ: Zápisky, rkp.

Opravdu nebylo o co stát. Repertoár nízké úrovně, neutěšené poměry, nezájem publika jako tři ošklivé a nelítostné sudičky vůbec nic neslibovaly. A Emma Švandová vynesla konečný verdikt.

Co dělá herec bez angažmá? Přijímá náhodné nabídky. Rudolf Böhm-Hrušínský hostoval spolu s Vojtěchem Záhoříkem, Josefem Beyvlem a Antonií Nedošínskou v různých městech v Čechách a na Moravě. Na červenec a srpen podepsal smlouvu na vystoupení pro lázeňské hosty v Luhačovicích. Tam si s sebou mohl vzít rodinu. Ale z Prahy se mu přece jen nechtělo. Se svou ženou Mínou se uprostřed existenčních zmatků cele upnul k jedinému cíli — ze skromných prostředků si v Praze pořizují byt.

Pracujeme s mamičkou až do 9. září na zařízení bytu. Dělám zedníka, natěrače, tesaře, truhláře, pokrývače — mamička statečně přidává a pomáhá, a tak konečně sedáme a udřeni, utýráni, radujeme se v naší kuchyňce z výsledku naší práce.

R. BÖHM-HRUŠÍNSKÝ: Zápisky, rkp.

To všechno stojí peníze, a tak je nutné najít možnost trvalého zakotvení. Na necelý rok — od října 1934 do června 1935 — se Rudolf Böhm-Hrušínský uchýlil do Uranie, kterou v tu dobu vedl Josef Bělský.

Divadlo Uranie vzniklo podobně jako Český kinematograf Jana Kříženeckého v souvislosti s otevřením Výstavy architektury a inženýrství v Praze VII v roce 1898. O tři roky později byla jeho dřevěná budova převezena na pozemek holešovického pivovaru a divadlo upraveno pro potřeby širšího provozu. Zahajovací představení Štechova TŘETÍHO ZVONĚNÍ proběhlo za přítomnosti představitelů pražského veřejného života 12. června 1902. Prvním ředitelem se stal V. J. Suk. Metou Uranie bylo dosažení takové umělecké úrovně, která by jí zajistila důstojné postavení v rámci pražského divadelnictví, takže by konkurovala samotnému Národnímu divadlu. Při častém střídání ředitelů a proměnlivosti ansámblu se však Uranie zmítala v rozporech, které přinášela i nevyjasněná koncepce divadla. Zaměření na operetu jí v sezóně 1932—1933 vyneslo dokonce název Lidová opera.

Za ředitelování Josefa Bělského, kdy se členem souboru stal Rudolf Böhm-Hrušínský, sledoval repertoár dvě linie. Především byly zařazovány operety — ZLATÁ KATEŘINA a DĚTI SLOVAČE s hudbou V. A. Viplera a Nedbalova POLSKÁ KREV. Vedle nich pohádky, obměňující v různých variantách tradiční téma a uvádějící na scénu oblíbené dětské hrdiny — Kašpárka a Šmidru. Rudolf Böhm-Hrušínský se ujímá jejich režie a o vánocích 1934 představuje svůj další dramatický pokus — HRBÁČKŮV ŠTĚDRÝ DEN. Za několik měsíců nato opouští také toto problematické angažmá. A náhle přichází pomoc, odkud by ji vůbec nečekal.

Z nejhorší patálie, bídy a mizérie zachránil nás Český rozhlas. Režisér Jareš a profesor Hurt snad ani netušili, jak hodně nám pomohli.

R. BÖHM-HRUŠÍNSKÝ, Kinorevue 9. 10. 1940

V květnu 1935 se stává Rudolf Hrušínský (nyní si s konečnou platností ponechává pouze umělecké jméno, třebaže k němu po úspěšném hereckém startu svého syna připojuje pro upřesnění „starší“ nebo „senior“) stálým spolupracovníkem Radiojournalu.

Od roku 1923, kdy bylo zahájeno pravidelné rozhlasové vysílání, prošel Radiojournal cestou hledání a utváření svébytné umělecké podoby. V roce 1927 byl jako první profesionální režisér angažován profesor dramatického oddělení pražské konzervatoře Jaroslav Hurt. Svou prací navázal na dosavadní tendenci rozhlasové dramaturgie, která si kladla za cíl seznamovat posluchače s odkazem minulosti. Jako asistenta si přizval svého žáka Miloslava Jareše, s nímž v roce 1937 uzavřel Radiojournal trvalou smlouvu.

Rudolf Hrušínský st. byl zpočátku zaměstnáván nahodile, podle momentálních potřeb rozhlasu. Většinou se podílel na vzniku literárních pásem a dokumentárních pořadů, později i na realizaci rozhlasových úprav divadelních her. Od konce srpna 1936 patřil ke kmenové skupině herců, s nimiž účinkoval pod vedením různých režisérů — Jaroslava Kvapila (Šrámek: OSTROV VELIKÉ LÁSKY, Tyl: PRAŽSKÝ FLAMENDR), Václava Sommera (Shakespeare: SIR JOHN FALSTAFF, Molière: ZDRAVÝ NEMOCNÝ, Tyl: KUTNOHORŠTÍ HAVÍŘI, Štech: MALOMĚSTSKÁ TRADICE), Miloslava Jareše (Rostand: CYRANO Z BERGERACU, O'Neill: CÍSAŘ JONES, Kratochvíl: SMRT KRÁLE JANA). Jeho působení v rozhlase patřilo i za okupace k jedné z jistot, k nimž se mohl neustále vracet.

Od září 1935 hrál Rudolf Hrušínský st. po jednu sezónu opět v Akropolisu, jehož vedení převzal Břetislav Hrstka, který tam přišel z Ostravy. V jeho souboru se vystřídala řada herců. Pevný kádr tvořili Vojta Záhořík, František Mayer, Viktor Očásek, Karel Máj, Hermína Vojtová, Jan Vavřík-Rýz, Olga Dobešová a Anna Kubalová-Jánská.

Dramaturgický plán Akropolisu se jako obvykle podřizoval komerčním zájmům, a tak tu vedle Ernstova FLACHSMANNA VYCHOVATELE, Šubertova JANA VÝRAVY, Durychova SVATÉHO VÁCLAVA, Dykova POSLA a tradičního Raupachova MLYNÁŘE A JEHO DÍTĚTE bylo uvedeno i Medkovo legionářské drama PLUKOVNÍK ŠVEC a v početné sérii veseloher vedle Škvarkinova CIZÍHO DÍTĚTE i Galsworthyho BOJ NA NŮŽ.

Rudolf Hrušínský st. měl v souboru dobrou pozici, a tak mu byly svěřovány závažné role — v Durychově SVATÉM VÁCLAVOVI kníže Boleslav, v JANU VÝRAVOVI Václav, v Raupachově MLYNÁŘI Konrád, v Medkovi titulní postava Švece. V prázdninové komedii KAMARÁDSKÉ MANŽELSTVÍ od Ladislava Třeneckého zaujal kritiku jako Lumek svými „haasovskými pauzičkami". Vedle Jindřicha Vodáka se o něm neméně pochvalně vyjádřili i další.

K úspěchu představení za režie K. Máje a autorovy přítomnosti přispělo několik dobrých výkonů mladého souboru, jenž se v těchto rolích zřejmě cítil doma, ač nejednou ještě vadila mezerovitost souhry, hraní do publika a zejména přemíra gestikulace. B. Lustigová prozradila značný pokrok v technice a kázni výrazu, nadala však svou studentku přílišnou prostomyslností; A. Zacpal trefně vyznačil autentickým a bezprostředním přízvukem srdečnou těžkopádnost svého trampa, zejména však zaujali R. Hrušínský suchou komikou svého plachého, roztržitého profesorského virtuóza, překonávajícího bojácnou tíseň chlubnou vypínavostí, a M. Halová svěžím a vtipným půvabem hravé naivity, odstíněné a kultivované v přednesu i gestu.

A. M. PÍŠA, Právo lidu 29. 8. 1935

Po smrti svého tchána Václava Červíčka-Budínského byl Rudolf Hrušínský st. na čas nucen převzít správu podniku, aby upravil jeho hospodářské zázemí. Na rozloučenou s divadlem Akropolis si zvolil populární komedii autorů Sturma a Färbera KOTRMELCE MLÁDÍ. V tomto čestném večeru spolu vystoupili Rudolf Hrušínský st. jako ředitel gymnázia Jeremiáš a jeho syn Rudolf jako oktaván Hoffman. Představení se konalo 31. března 1936.

Situace Rudolfa Hrušínského st. se díky soustavné spolupráci s rozhlasem stabilizovala. Nemohl si naříkat na nedostatek příležitostí. Jen od ledna 1937 do konce října téhož roku účinkoval ve sto padesáti relacích. K nejvýznamnějším patřila nastudování Čapkovy ZEMĚ MNOHA JMEN (Jareš), Sheridanovy ŠKOLY POMLUV (Sommer), Goethova FAUSTA (Hurt), Wildova ŠŤASTNÉHO PRINCE (Müller), Sardouovy MADAME SANS GÊNE (Hurt), Shakespearovy ZIMNÍ POHÁDKY (Jareš) a Dvořákova KNÍŽETE (Sommer).

(70) Kromě toho proběhlo v dubnu 1937 natáčení životopisného filmu KAREL HYNEK MÁCHA, který režírovala Zdena Smolová skrývající se pod pseudonymem Zet Molas. Titulní roli vytvořil Ladislav Boháč, jeho protihráčem, nesmiřitelným kritikem Tomíčkem, byl Rudolf Hrušínský st. Před kamerou Ferdinanda Pečenky se setkal s mnoha populárními herci — s Františkem Kreuzmannem, Světlou Svozilovou, Jindřichem Plachtou, Svatoplukem Benešem, Vítězslavem Vejražkou, Marií Ptákovou a Jaroslavem Průchou. V této konkurenci obstál. A to už něco znamenalo.

> Skvělé jsou scény s panem „kritikem“ Tomíčkem, otcem i dědem všech Tomíčků současných i budoucích, kteří se v Čechách staví ve zlobné malosti proti tvůrčím lidem. Hraje ho skvěle R. Hrušínský.
>
> *F. ZAVŘEL*

Další smlouvu uzavřel Rudolf Hrušínský st. se zástupci Bromfilmu na vytvoření postavy Ferdinanda III. v připravovaném filmu VALDŠTEJN, který nebyl realizován. V dodnes uváděném Slavíčkově filmovém přepisu Raisova PANTÁTY BEZOUŠKA (1941) s Jaroslavem Vojtou v hlavní roli se mihl jako čeledín Hanousek, ve Fričově EXPERIMENTU (1943) natočeném podle romaneta K. M. Čapka-Choda jako kavárník. Pod režijním vedením svého syna se objevil na filmovém plátně jako správce Kosa v JARNÍ PÍSNI (1944) a jako Panchův otec v parodii na western PANCHO SE ŽENÍ (1944—45). Ve srovnání s úspěchy Rudolfa Hrušínského ml. byly tyto jeho výlety do filmových zahrad takřka zanedbatelné. Sám si na to sice posteskl, ale nic se tím nezměnilo.

> Teď uvažuji o tom, jestli by dnes neskočil někdo od filmové branže na nějakou tu husu a drůbež ze statku mých rodičů. Za pokus to stojí — nemyslíte?
>
> *R. BÖHM-HRUŠÍNSKÝ, Kinorevue 9. 10. 1940*

Ve službách rozhlasu a filmu — těchto dvou médií — nalezl Rudolf Hrušínský st. nové formy uplatnění, ale srdce ho táhlo zpět k divadlu. K tomu nedokonalému, ale živoucímu organismu, kde byl divák na dosah ruky, smích smíchem a pláč pláčem. Jeho představa o budoucím působišti byla tentokrát konkrétní. Už žádná divadelní společnost cestující po venkově, žádná Akropolis, žádná Uranie.

Mnohokrát jsem zatoužil po seriálovém divadle. To je takovém, kde se jediná hra drží na repertoáru někdy až půl roku. Na konci třetí sezóny v Akropoli jsem si spočítal za tu dobu absolvované premiéry a zjistil jsem, že jsem hrál průměrně ve čtyřiadvaceti představeních za měsíc, z čehož bylo některý měsíc až osm premiér. Není tedy divu, že po takové dřině má touha po odpočinku den za dnem rostla. Tento odpočinek jsem spatřoval právě v angažmá u takového seriálového divadla, jímž tehdy bylo Divadlo Vlasty Buriana a Osvobozené.

R. BÖHM-HRUŠÍNSKÝ: Zápisky, rkp.

Osvobozené divadlo oslavilo 19. dubna 1937 desáté výročí prvního uvedení VEST POCKET REVUE. Jinými slovy: oslavilo deset let existence autorské dílny Voskovce a Wericha, deset let satiry, která se vyvíjela a rostla v kontextu s dobou, deset let klaunských eskapád, při nichž se kolegové Publius Ruka a Sempronius Houska proměňovali tak vytrvale, až stanuli na jevišti jako konkurenti na nakloněné rovině Krev a Mlíko, aby si spolu s ostatními zapěli zplna hrdla závěrečnou píseň Svět patří nám. Svět jim však nepatřil, jak se záhy ukázalo, alespoň ne tak docela . . . Ale nepředbíhejme! Právě v tuto dobu vstoupil totiž do Osvobozeného divadla nový člen souboru — Rudolf Hrušínský st.

Teprve v listopadu 1937 mi bylo souzeno poznat zblízka tehdejší ředitele Osvobozeného, pány Voskovce a Wericha, i neznámé mi dosud členy tohoto divadla. Byl to v první řadě upřímný kamarád, džentlmenský Bohuš Záhorský, svojí abnormální objemností těla populární Franta Černý a přímý, v zákulisním humoru nevyčerpatelný Vláďa Šmeral. Jadrnou a břitkou paní Grussovou jsem znal již dříve, ještě jako Švabíkovou, s níž jsem byl v Akropoli. Jí, co do figury i té břitkosti, se velmi podobala druhá členka, Honzíková.

R. BÖHM-HRUŠÍNSKÝ: Zápisky, rkp.

Osvobozené divadlo sídlilo v pasáži U Nováků ve Vodičkově ulici. Ve třicátých letech mělo na plánu divadelní Prahy výjimečné postavení. Scházeli se tu všichni ti, jimž byl intelektuální humor jeho principálů — Jiřího Voskovce a Jana Wericha — stejně blízký jako jiným komika Vlasty Buriana. Ve výčtu revuí, které Osvobozené divadlo v době svého trvání uvedlo, dominovaly kromě počáteční VEST POCKET REVUE (1927) SEVER PROTI JIHU (1930), GOLEM (1931), CAESAR (1932), SVĚT ZA MŘÍŽEMI (1933), OSEL A STÍN (1933), KAT A BLÁZEN (1934), BALADA Z HADRŮ (1935), NEBE NA ZEMI (1936), RUB A LÍC (1936). Všechny byly inspirovány skutečností a vznikaly pod tlakem doby.

Voskovec a Werich kolem sebe soustřeďovali spolupracovníky, s nimiž sdíleli nejen společný názor na divadlo, ale i na svět. Jako protagonisté vlastních děl se obklopovali herci schopnými improvizace, pro něž vytvářeli role šité na míru. V době, kdy byl angažován Rudolf Hrušínský st., v souboru chyběli někdejší významní členové — Miloš Nedbal, Václav Trégl, Jindřich Plachta, František Vnouček, Josef Skřivan, Emil Bolek, Světla Svozilová, Nina Bártů a další. Přes četné proměny, k nimž docházelo v personálním obsazení, si Osvobozené divadlo udržovalo svůj vysoký standard. Značnou zásluhu na tom měli režisér Jindřich Honzl, hudební skladatel Jaroslav Ježek, choreografové Joe Jenčík, Saša Machov, výtvarníci František Zelenka, Bedřich Feuerstein či Alois Wachsmann. Ti všichni i řada dalších se spolupodíleli na vzniku inscenací, které se staly pro četné publikum nezapomenutelnými.

Politická situace v Československu byla stále komplikovanější. TĚŽKÁ BARBORA (Devatenáct obrazů o zmoudření Eidamských) měla premiéru 5. listopadu 1937, pouhé dva týdny po svolání sjezdu Henleinovy sudetoněmecké strany.

> Už se nedalo chytračit. Už se všichni v tomhle národě musili rozhodnout, na které straně kdo bude stát. Napsali jsme TĚŽKOU BARBORU, hru proti poraženectví, proti okupantům, proti kolaborantům. Überland byl ten, co napadal, čili Über alles, neboli Überland — Nadzem. Něco jako nadsamec, tak nadzem, nadnárod.
>
> *JAN WERICH VZPOMÍNÁ, 1982, s. 59*

Revue TĚŽKÁ BARBORA byla uvedena v režii Jindřicha Honzla s hudbou Jaroslava Ježka. Scénickou výpravu a kostýmy navrhl Alois Wachsmann. Alegorii o pokojných obyvatelích městečka Eidamu, ohrožovaných yberlandskými sousedy, v jejichž čele stojí Jeho Náramné Výtečnictvo kníže Filip, pojali autoři záměrně ve stylu komedie dell'arte. Postavičky středověkého Eidamu jako by vystoupily z žánrových obrázků holandských malířů. Jednou z nich byl i sýrař Krištof (R. Hrušínský st.) — důvěřivé dobrotisko, které si rádo přihnulo a nadevše milovalo svůj červeňoučký eidamáček.

Rudolf Hrušínský st. měl pro svého Krištofa veškeré předpoklady: statnou postavu, širokou tvář s upřímnýma očima, gesta, která plynula zvolna stejně jako slova, co převaloval na jazyku, „jako když to kachnám hází". Jak se hned napoprvé ukázalo, jeho herectví se stalo pro Osvobozené divadlo přínosem, což s uspokojením konstatoval Julius Fučík.

> A ještě jednoho z toho radostného souboru je třeba zvlášť jmenovat: je to nový člen Rudolf Hrušínský, který našel tak krásný výraz pro svého lyrického sýraře Krištofa, že v něm vyjádřil i všechnu lidskost, dobrotu nejprostšího člověka, milujícího spravedlnost a svou práci. I to byl typ, a velký typ.
>
> *J. FUČÍK, Rudé právo 9. 11. 1937*

Příběh o divadle na divadle v devatenácti obrazech, který pod názvem PĚST NA OKO ANEB CAESAROVO FINÁLE napsali Jiří Voskovec a Jan Werich, měl premiéru o několik měsíců později — 8. dubna 1938. Krátce poté došlo k připojení Rakouska k Německu. 24. dubna 1938 vyhlásil Konrád Henlein na karlovarském sjezdu sudetoněmecké strany známých osm požadavků, usilujících o autonomii pro německé obyvatelstvo. Blížilo se skutečné finále — finále činnosti Osvobozeného divadla i existence republiky, od jejíhož vzniku uplynulo právě dvacet let.

Když jsme psali PĚST NA OKO ANEB CAESAROVO FINÁLE, ještě plni Itálie, Goliáše a Davida a Florencie, už jsme tušili, že je to naše poslední hra. A tak jsme ji připsali naší staré gardě: Ciniburgovi, Černému, Černé, Filipovskému, Honzlovi, Ježkovi, Machovovi, Petrovičové, Rubínové, Steklému, Záhorskému a všem kamarádům z Osvobozeného. Byla jarní mobilizace, ale stále jsme ještě hráli. O všesokolském sletu jsme hráli odpoledne a večer, nemluvili jsme sice otevřeně, stále v rámci řekl bych jinotajů nebo alegorií, ale každý věděl, o čem mluvíme — o bílých a rudých krvinkách, které se dají dohromady. Každé představení se tehdy měnilo v manifestaci.

JAN WERICH VZPOMÍNÁ, 1982, s. 59

PĚST NA OKO, kterou nastudoval Jindřich Honzl ve skvělé výpravě Františka Muziky, s hudbou Jaroslava Ježka, měla prokázat, že kulisy dějin „podpírají vždycky malí lidé“. Každý z herců vytvářel několik postav. Zatímco se Rudolf Hrušínský st. na počátku jako První dragoun proháněl na koni Trójí nebo jako První kameník pomáhal slovutnému Michelangelovi a jako jeden z lodníků Kolumbovy posádky děsil svou pověrčivostí ostatní, ve druhé polovině byl jako místodržitelský rada Vácslav Čehona nejen svrchovaným pánem své domácnosti, ale i potenciálním malým českým hrdinou. Před obrovitou mapou Rakouska-Uherska s láskou oprašoval bystu mocnáře, oblečen jak se sluší a patří do proužkovaných kalhot s úctyhodnými šlemi, světlé košile s tuhou náprsenkou a vysokým límcem. Vlasy sčesané dozadu měl rozděleny pěšinkou, jak by také ne – vždyť „jeho duše má rovněž pěšinku uprostřed". Poté, co při potyčce se služkou, která se pokusila vyvěsit prapor na znamení československé státnosti, shodil do ulice znak rakouského orla a ozval se jásot davu, se z Hrušínského „v ostré karikatuře komisního a byrokratického zhrouceného Čehony" (*A. M. PÍŠA, Právo lidu 10. 4. 1938*) vyloupl nový člověk. A Čehona se narovnal, hbitě se chopil příležitosti, ještě jednou zamával z okna praporem a s hrdou výzvou: „Tak pojď, maminko!", se vydal na svou pouť za slávou.

Postavou Čehony se podle spontánního přijetí recenzentů podařilo Rudolfu Hrušínskému st. hlouběji včlenit do souboru Osvobozeného divadla. Vnitřní i vnější přerod řadového úředníka rakousko-uherské monarchie v nadšeného vlastence vyjádřil „suchou komikou, živě připomínající Plachtu" (*E. JÁNSKÝ, Národní politika 12. 4. 1938*).

Pěst na oko sice dopadla, ale historie šla dál svou cestou. HLAVA PROTI MIHULI, jak se nazýval přepis Nestroyovy frašky, se už nedočkala premiéry, ačkoliv její termín byl stanoven — 11. listopad 1938. Kromě Voskovce a Wericha v ní hráli: Jindřich Plachta, Hana Vítová, Bohuslav Záhorský, František Filipovský, Saša Machov, Vladimír Šmeral, Karel Máj, Rudolf Hrušínský st. a další. Při generální zkoušce byla Jiřímu Voskovcovi úředně odňata koncese. Exekutor se nejmenoval Dionýsos jako v PĚSTI NA OKO a neměl rád vůbec žádné divadlo, natož Osvobozené.

Rudolf Hrušínský st. si ve svých záznamech lakonicky poznamenal: „24. listopadu 1938 se Osvobozené vlivem politických událostí rozpadlo, divadlo převzal Jára Kohout a angažoval většinu členstva. Hopsali jsme v nějaké operetě, čehož jsem nechal 20. prosince téhož roku, a pracoval jsem až do října 1939 v Českém rozhlasu."

Záměna prostředí tak diametrálně odlišných, jakými byla tvůrčí dílna Osvobozeného divadla a opereta bývalého kabaretiéra Járy Kohouta, musela být pro herce prokazatelné profesionální úrovně naprosto nepřijatelná. Rudolf Hrušínský st. se s Kohoutem rozešel způsobem pro něho charakteristickým. Odeslal mu zdvořilý dopis, v němž odmítl účinkování v právě uváděném AMERICKÉM HOTELU následujícími slovy: „Kdyby to byla jen trochu slušná role, ani vteřinu bych se nerozpakoval, ale tohle by bylo přece jen trochu ‚nad mé síly'."

Počátkem ledna 1939 dostal nabídku od režiséra Antonína Kurše, který se chystal zahájit provoz Lidové scény v pražské Unitárii v Karlově ulici. V jejím souboru nalezlo útočiště několik herců Osvobozeného divadla, s nimiž Kurš nastudoval mimo jiné Jiráskova JANA ROHÁČE. Protože měl Rudolf Hrušínský st. s nově vznikajícími podniky své zkušenosti, prozíravě místo nepřijal. Jeho skepse se záhy potvrdila. Lidová scéna zanikla koncem první divadelní sezóny.

Ve své gážovce, kterou si Rudolf Hrušínský st. vedl s nesmírnou pečlivostí, si k říjnu 1939 připsal na konto rozhlasových akcí číslici 459. To už byla opravdu slušná řádka relací, na jejichž vytvoření se podílel. Jen za poslední měsíce hrál v adaptacích těchto divadelních her: hlavní roli v Tylově ŠVANDOVI DUDÁKOVI (Sommer), ve Svobodových SMĚRECH ŽIVOTA (Jareš), Jiráskově LUCERNĚ (Hradil), v Shakespearových tragédiích HAMLETU a OTHELLOVI (Hurt) a konečně i v Gogolově REVIZOROVI (Jareš), kde se sešel před mikrofonem i se svým synem Rudolfem, který hrál Chlestakova.

Díky rozhlasu se mělo Rudolfu Hrušínskému st. vyplnit jeho dlouholeté přání, které pro něho znamenalo dosažení met nejvyšších. Po zářijové mobilizaci zařadil Český rozhlas do programu sérii besed s různými představiteli kulturního a politického života. Při natáčení jedné z nich stanul Rudolf Hrušínský st. po boku tolik obdivovaného krále komiků — Vlasty Buriana.

Již 29. listopadu 1938 účinkoval jsem v rozhlasu v nějaké vojenské besedě s Vlastou Burianem. Během zkoušek se mnou několikrát mluvil, a když zjistil, že jsem bez angažmá, řekl svému dramaturgovi Léblovi, který s ním absolvoval právě tak jako Burianova choť všecky zkoušky i vysílání, „tak ho bafnem k nám!“ Bohužel zůstalo jen při slovech.

R. BÖHM-HRUŠÍNSKÝ: Zápisky, rkp.

V Osvobozeném divadle, jehož orientace byla víc než výmluvná, poznal Rudolf Hrušínský st. jednu z možných variant seriálového divadla, v něm viděl své vlastní pole působnosti. Divadlo Vlasty Buriana, které sídlilo od roku 1930 v paláci Báňské a hutní společnosti (dnešní Divadlo K), mělo o prosperitu postaráno. Vlasta Burian v něm kraloval zcela po svém. V soukromém i veřejném styku uplatňoval své vrtochy geniálního dítěte, jemuž je hra něčím tak přirozeným a smysluplným, že jí nahrazuje i život sám. Dospěl tak mimoděk k omylu, na který posléze tvrdě doplatil. Neuměl totiž rozeznat hranici mezi tím, co je v daných podmínkách vhodné a co je zcela nepřijatelné. Dětinskost, která částečně vedla a částečně omezovala Buriana herce i člověka, nabývala v době okupace podoby varovné a nebezpečné. Nicméně Burianův nesmírný komický talent způsoboval, že publikum v jeho divadle nacházelo i nadále tolik potřebnou oázu smíchu. Základ repertoáru tvořila rozličná přepracování frašek domácí i cizí provenience. Mnohé z nich vzešly z pera dlouholetého Burianova souputníka Emila Arthura Longena. V jedné měl záhy účinkovat Rudolf Hrušínský st., jemuž se 2. listopadu 1939 konečně otevřela „vysněná brána Burianova divadla“.

V následujících měsících jsem asi dvakrát psal Léblovi, aniž bych se dočkal odpovědi. Konečně se v nové sezóně chystala v Burianově divadle komedie ČARODĚJ ŽITO. Při obsazování chyběla figura krále Václava. Pan dramaturg si vzpomněl, napsal psaníčko, a tak jsem 2. listopadu 1939 začal zkoušet v staronové Longenově SPODNIČCE, která dostala nový nátěr jednak titulem DĚKUJI, BYLO TO KRÁSNÉ... a také tím, že scény, v nichž se před léty hrálo v plavkách a na pláži, byly tentokrát přesazeny do jakéhosi horského penziónu a hrály se v kožiších a vlněných svetrech. Proč se nedával ČARODĚJ ŽITO, nemohl jsem přesně zjistit. Mezi herci se však mluvilo o tom, „že je starej línej učit se novou komedii". Pravda to však asi nebylo, neboť hned při prvních reprízách SPODNIČKY prováděl pan ředitel na chodbě u šaten různé produkce, jež hodlal v ČARODĚJI předvádět. K tomu účelu měl už zhotovený jakýsi stojan na noty, potažený černým sametem, na jehož spodní okraj položil stříbrný peníz a rukou s vyhrnutým rukávem jej hladil a proháněl po černé tak dlouho, až jej velmi nemotorně přesunul do látkové kapsy, připevněné na zadní straně stojanu. Průhlednost triku nevadila ovšem veškerému přihlížejícímu členstvu v tom, aby unisono neprojevovalo svůj nesmírný údiv nad nevšední dovedností svého milovaného představeného. Tomu mžikala očička blahem, zatímco ledabylý výraz tváře a nedbalá gesta rukou naznačovaly, že to ještě nic není, že přijdou ještě úžasnější věci. V zákulisí se ovšem herci smáli a vtipkovali o jeho bezmezné naivitě a kolega N. řadu dní prováděl za scénou neobratně různá kouzla s korunou s poukazem na to, že je čaroděj Žito.

R. BÖHM-HRUŠÍNSKÝ: Zápisky, rkp.

Na přelomu třicátých a čtyřicátých let se v souboru Divadla Vlasty Buriana sešli Jaroslav Marvan, Antonín Streit, Čeněk Šlégl, Václav Trégl, Ladislav Hemmer, Ferdinand Jarkovský, Adolf Dohnal, Marie Blažková, Marie Fričová, Jarmila Švabíková, Madla Mottlová, Jarmila Beránková a další. Jejich úkol byl zdánlivě prostý — sledovat nevyzpytatelná extempore Vlasty Buriana, usměrňovat jeho vybočení a vracet děj do původního řečiště. Všichni, kdo mohli zblízka sledovat nezkrotnou ekvilibristiku Burianových proměn a zažít na vlastní kůži drobné schválnosti, na jejichž základě vystavěl komickou situaci, se k němu přímo či nepřímo kriticky vyjadřovali. Také Rudolf Hrušínský st. se brzy začal zamýšlet nad podstatou jeho tvorby.

Posviťme si teď trochu důkladněji na tu jeho tzv. královskou komiku. Je všeobecně známo, že premiéra u Vlasty Buriana je tím nejsmutnějším představením. Ne sice v pravém slova smyslu — ti, kteří přišli s vědomím, že se budou celý večer řehtat, snaží se od vstupu ‚krále' na scénu smát každé větě jím pronesené, brzy však ochabnou a zvážní! Pomalu si totiž uvědomili, že je k smíchu právě jen to, že „král komiků" neví, co se s ním děje, a že nepřetržitě civí do nápovědní budky, z níž je předem jasně slyšet až na zadní balkón, co má náš slavný komik říci.

Tím docházíme k prvnímu poznatku, že Burian se neučí, či lépe řečeno, nenaučil svou roli. Proč by se také zdržoval, když má tolik jiných, důležitějších záležitostí: tenis, fotbal, dostihy, vyjížďky autem i kočárem. Stačí přece úplně, když přijde na generálku. Celou hru si přečetl tenkrát, když mu ji dramaturg doporučil, obsah zná, ví dokonce o místech, z nichž se stanou určitě šlágry. A navíc si je jist, že herci ovládají nejen role své, ale i jeho, takže zabředne-li v některé scéně nebo — což se zhusta stává — spustí-li v prvním jednání to, co má přijít až ve třetím, herci dovedou již nenápadně dovést situaci na správnou kolej. V tomto vyvažování, usměrňování a vracení se k původnímu textu byl nedostižný Marvan. V kritické chvíli byl schopen, když se Burian ke konci prvního jednání užuž chystal pronést to, co mělo vyjít najevo až ve třetím, zacpat mu dlaní ústa a vzpamatovat ho buď silným zatřepáním hlavou nebo výkřikem: „Tak počkejte, to by nešlo! Vy jste před chvílí říkal . . .," a tím se proslulý komik probral se svým obvyklým: „Nojo, já jsem říkal . . .". Situace byla zachráněna, nápověda řval jako tur a jelo se dál!

R. BÖHM-HRUŠÍNSKÝ: Zápisky, rkp.

Postavení herců v tomto hvězdném divadle nebylo tedy jednoduché. Běžně se o nich říkalo, že svému řediteli podkuřují a zároveň se smějí jeho kreacím. Skutečnost byla přece jen trochu jiná. Ani jeho kolegové nemohli vždy odolat improvizacím, při nichž Burian dokázal zužitkovat zdánlivě nepatrný detail. Pochybnosti, s nimiž se Rudolf Hrušínský st. vyrovnával už jako divák, v přímém kontaktu s Vlastou Burianem částečně překonal.

(80) Jako návštěvník jsem byl v divadle Vlasty Buriana asi třikrát nebo čtyřikrát. Překvapovalo mne, že se herci mnohdy rozesmáli při scénách, kde ke smíchu nic nebylo. Poněvadž jsem již předtím slýchal, že se herci jeho divadla musí smát, nebo lépe řečeno že se smějí proto, aby ho utvrdili v jeho domnělé genialitě, spatřoval jsem v tom největší patolízalství. Později jsem se přesvědčil sám, jak to s tím smíchem bylo. Po několika reprízách, když panu řediteli text jakžtakž „seděl", začínal při představeních přidávat různé posunky, pohyby obličejem, očima, či rukama nebo nenápadně pronášel různá slůvka a věty. Všemožně se tak snažil, aby partnera rozesmál. Nejméně práce měl v tom směru s paní Blažkovou, které stačilo jeho nepatrné zašilhání nebo před obličej nastavený palec s abnormálně širokým a vypouklým nehtem. Jak muselo této skvělé herečce být, když si ji v naprosto vážné scéně, kdy proti němu stála v dlouhé večerní toaletě, začal prohlížet od hlavy až k patě, pohledem utkvěl na spodním okraji šatů a svému partnerovi sděloval, že „ta baba nemá nohy!".

Paní Blažková chodila často do kostela, a poněvadž se tím nijak netajila, využil toho ředitel i na divadle. Když se k němu jako majitelka penziónu ve hře DĚKUJI, BYLO TO KRÁSNÉ ... přiblížila a upozorňovala ho na místní přírodní krásy, tu obrácen levou stranou těla k obecenstvu, pravou rukou jí nenápadně jako kněz žehnal křížem. Tento vtip se měnil od reprízy k repríze, až jí posléze nastavoval cíp své vlněné šály, kterou měl přehozenou kolem krku jako kněžskou štolu k políbení.

R. BÖHM-HRUŠÍNSKÝ: Zápisky, rkp.

Ostatně Burianův dar improvizace patřil k těm nemnoha důvodům, proč herci v jeho souboru setrvávali, aniž se jim docela omrzelo do úmoru opakované představení jedné a téže hry. Vždyť jen v Longenově frašce DĚKUJI, BYLO TO KRÁSNÉ ... stanul Rudolf Hrušínský st. na jevišti při sto osmdesáti šesti reprízách. Tato hra měla premiéru 10. listopadu 1939 a z programu byla stažena 18. dubna 1940.

Podobně to bylo i s další komedií PRODÁM SVOU ŽENU,

kterou napsali Jindřich Hořejší s dramaturgem Léblem a jež byla později zfilmována. Divadlo Vlasty Buriana ji uvádělo od 19. dubna 1940 nepřetržitě do 16. října téhož roku. Panoval zde tuhý režim. Jakákoliv absence znamenala kromě finančního postihu ztrátu osobní prestiže, jak to barvitě dokresluje následující historka.

V úterý 23. března 1943 se oslavovala dvou set padesátá repríza. Marvan podaroval Vlastu Buriana věncem z originálních bobků, Vlasta Burian Marvana věncem z umělých, plátěných. Marvan totiž absolvoval všech dvě stě padesát představení. Streit měl o dvě představení méně (ženil se a vyžádal si dva dny volna), nedostal proto nic. Blažková, skvělá představitelka selky Hrabánkové, týden ležela nemocna a nedostala proto také nic. Ostatní: Šmídová, Mašatová, Beránková, Skalská, Kovařík, Kostka – vzájemně alternovali. Z oslavy byli tudíž vyřazeni. Inspicient Němec vynechal jeden den při dvou stech čtyřiceti devíti představeních, nezasloužil si tedy rovněž ani jediný bobkový lístek. Celý oslavný akt byl pochopitelně provázen vtipnými zákulisními „šprochy". Zvláště ten umělý bobkový věnec.

R. BÖHM-HRUŠÍNSKÝ: Zápisky, rkp.

Tato příhoda se váže k provedení selské grotesky Antona Hanika PRODANÝ DĚDEČEK, jejíž první představení se konalo 7. srpna 1942 a v níž nebyl Rudolf Hrušínský st. vůbec obsazen. S jeho využitím to bylo trochu podivné. Příležitosti, které dostával, neodpovídaly jeho schopnostem. A tak jedinými postavami, které stojí za připomínku, jsou sluha Robert ze Šamberkovy komedie PALACKÉHO TŘÍDA 27 a statkář Florián Králíček z dramatického žertu JEDENÁCTÉ PŘIKÁZÁNÍ od téhož autora.

V následujících dvou letech setrval Rudolf Hrušínský st. v Divadle Vlasty Buriana, aniž se více prosadil. Kromě záskoků za nemocné kolegy ho v tomto angažmá už nic nečekalo. Stal se živým inventářem divadla, toho divadla, které mělo naplnit jeho představy a přinést mu uspokojení. Přestože nebylo lehké vzdát se slušného finančního zajištění v době tak nejisté, začal uvažovat o odchodu. V červenci 1943 navázal kontakt s Jaromírem Dohnalem, ředitelem pražského Intimního divadla, které sídlilo v Umělecké besedě na Malé Straně a jehož repertoár sliboval větší příležitosti.

V pondělí 19. července jdu z Intimního divadla k Rojovi a žádám jej o propuštění ze smlouvy. Říká, že on s tím nemá co dělat, vede mne však do své kanceláře k telefonu a volá ředitele. Po chvíli říká: „Je tady u mne Hrušínský a moc tě nechá prosit, abys ho pustil ze smlouvy." Po pauze: „Nemáš tedy principiálně nic proti tomu? ... Ne! Tak dobrá, já mu to řeknu ... Ne, jinak nic nového!"

Roja položil sluchátko a řekl mi: „Tak jsi to slyšel. Řekl, že proti tomu nic nemá!" Odpověděl jsem: „Tak od 1. srpna tedy, že ano?" Roja: „Dobře! Ale napiš mi to ještě. Já ti to pak připravím pro pracovní úřad a ty si to už obstaráš ..."

Vyšli jsme z kanceláře a ve dveřích se Roja ptá: „Zůstaneš v Praze, či jdeš mimo Prahu?" „Asi mimo Prahu!" „K Léblovi do Olomouce?" „Asi." „To máš lepší. Tam si aspoň zahraješ! Každý hledá to lepší!"

Dole u dveří mi podal ruku a bylo to vyřízeno.

R. BÖHM-HRUŠÍNSKÝ: Zápisky, rkp.

Ale Vlasta Burian nerad nechával poslední slovo někomu jinému. Jedno se mu však jako zaměstnavateli nedalo vytknout — ve vztahu ke svým podřízeným byl skutečně štědrý. Tomu nemohl zabránit ani hospodářský správce divadla Roja, který střežil zájmy Buriana jako podnikatele. Také v případě Rudolfa Hrušínského st. si Burian prosadil svou. Nevěděl, že to není ta pravá náplast na bolest herce.

Druhý den mne zavolal Burian do kanceláře a prohlásil před tajemníkem Králem, že mne nemůže ze smlouvy pustit, protože mne nutně potřebuje. Nabídl mi zvýšení gáže, ovšem tak, aby to

Roja nevěděl. Každého prvního si mám přijít odpoledne do ředitelské kanceláře pro mimořádný příplatek dvou tisíc korun.

R. BÖHM-HRUŠÍNSKÝ: Zápisky, rkp.

Toto gesto si Vlasta Burian mohl dovolit. Jeho divadlo prosperovalo jako žádné jiné. A tak Rudolf Hrušínský st. zůstal. Ještě si s Burianem zahrál v komedii Roberta Neunera KDYŽ KOCOUR NENÍ DOMA . . . Ludvíka Marholda, osobního sluhu komerčního rady Viktora Felixe. Nic nepomohlo, že se na jeho adresu ozval pochvalný hlas.

R. Hrušínský jako komorník nevtíravé prostoty a noblesy přesvědčuje o nevšedních svých kvalitách dosud nevyužitých (. . .).

ej, Národní politika 25. 8. 1943

V téže době došlo totiž v Divadle Vlasty Buriana k zásadním změnám, které ovlivnily jeho celkový charakter. Po Marvanově odchodu do Městských divadel pražských se Burianovi nepodařilo angažovat herce, který by ho plně nahradil. Kromě toho opustil divadlo dramaturg Julius Lébl, který se stal ředitelem olomoucké činohry. Také osobní vztahy v souboru byly značně problematické. Mezi členy docházelo k názorovým střetnutím, jejichž důsledky na sebe nenechaly dlouho čekat. Právě za jednu takovou výměnu názorů, týkající se židovské otázky, byl Rudolf Hrušínský st. potrestán odnětím stěžejní role a odsouzen k nicnedělání. Tato skutečnost ho vnitřně rozleptávala. Burian sice na jaře 1943 ohlásil nový program, na jehož základě se měl podnik proměnit v činoherní scénu se střídavým repertoárem, ale k jeho naplnění už nedošlo. 2. července 1944 zakončil Burianův ansámbl sezónu představením Bernauerovy a Oesterreicherovy komedie KONTO X, uváděné pod názvem DUCHÁČEK TO ZAŘÍDÍ.

1. září 1944 nabyl platnosti zákaz divadelní činnosti, který vydal herce napospas zásahům ze strany okupantů. Vyhlášení totálního nasazení ve prospěch válečného hospodářství

 vedlo k tomu, že byli zařazeni do pracovního procesu na pomoc průmyslu. Od 7. listopadu 1944 do 5. února 1945 se Rudolf Hrušínský st. stal jednou z námezdních sil rozpadající se říše.

První pracovní den v Orbisu (Novina). Sedím v dílně s Marvanem, Prchalem, Motyčkou, Veverkou, Grussem, F. Černým, Spalem, Řepou, Buschovou, Sperglem, Vítovou, Matulovou, Benešem a děláme krabičky z lepenky.

Asi za týden jsme se přestěhovali do kavárny Hájek na Poříčí. Nová práce: vysekávání kůžiček a lepení na archy pro výrobu nákupních tašek.

Od Nového roku výroba protiplynových masek. Ošklivý zápach z acetonu.

5. 2. jsme propuštěni z práce.

R. BÖHM-HRUŠÍNSKÝ: Zápisky, rkp.

Květnové dny přinesly dlouho očekávaný konec války a s ním i naději. Také divadla začala znovu ožívat. Na základě dekretu o zrušení divadelních koncesí a produkčních licencí došlo k přetvoření celé divadelní sítě. Mezi nejvýznamnější pražské scény, které byly tou dobou otevřeny, patřila Činohra 5. května, do jejíhož souboru byl Rudolf Hrušínský st. 26. května 1945 angažován. Velká scéna Divadla 5. května získala jako provozní budovu bývalé Nové německé divadlo (dnešní Státní opera) a její Malá scéna se nastěhovala do divadla v Hybernské ulici (Komorní divadlo). Uměleckým ředitelem Činohry 5. května se stal Antonín Kurš, dramaturgem Jan Kopecký, který byl v dalších sezónách vystřídán Jaroslavem Pokorným a Jiřím Jahnem.

Soubor Činohry 5. května vznikl spojením dvou skupin herců — členů Svazu DDOČ (Dělničtí divadelní ochotníci Československa) a Českého lidového divadla. Jádro souboru tvořili bývalí členové divadla Uranie — Rudolf Deyl ml., Vítězslav Vejražka, Otýlie Beníšková, Blanka Waleská a Felix le Breux. K nim se připojili František Kovářík, Vladimír Hlavatý, Jindřich Plachta, Vojtěch Plachý-Tůma, Světla Amortová a další.

Cílem Divadla 5. května bylo hrát pro lidového diváka, jehož typus se značně proměnil. Neměl to být divák laciných frašek, ale divák uvědomělý, hledající poučení a vzor. Tak se stalo, že se dramaturgie Činohry 5. května neubránila omylům nebo násilným aktualizacím. Od Serafimovičovy hrdinské epopeje ŽELEZNÝ POTOK, jejíž premiéra se konala 19. června 1945, přes nastudování Jiráskova JANA ŽIŽKY vedla cesta dál k rozličným, více či méně zdařilým inscenacím. Rudolf Hrušínský st. se jako herec podílel na řadě z nich:

Opilý manžel v Andrejevově sugestivní jednoaktovce LÁSKA K BLIŽNÍMU, nelítostný podnikatel Arthur Birling v Priestleyho detektivní moralitě INSPEKTOR SE VRACÍ, Železnov v Gorkého VASSE ŽELEZNOVOVÉ, major Mathieu v Labicheově PANU PERRICHOTOVI NA CESTÁCH, Gremio, jeden z nápadníků sličné Blanky v Shakespearově ZKROCENÍ ZLÉ ŽENY, vysloužilý námořník Ževakin, usilující o přízeň Agathy Tichonovny v Gogolově ŽENITBĚ, starý Jánošík ve hře Marie Rázusové-Martákové JÁNOŠÍK, dvorný Pilát v Mahenově ULIČCE ODVAHY, oklamaný manžel Luka Vujič v Petrovičově ŽIVÉM NEBOŽTÍKOVI nebo Adollphus Grigson v O'Casseyho dramatu JEN JEHO STÍN — všem těmto postavám dal Rudolf Hrušínský st. kus svého srdce. Pracoval s režiséry, s nimiž se dobře znal. Vedle Antonína Kurše a Vítězslava Vejražky to byli především Miloslav Jareš, František Salzer a Alfréd Radok, kteří mu vybírali role odpovídající jeho povaze.

Alfréd Radok, jeden z našich nejlepších mladých režisérů, jenž už VESELOU VDOVOU a TLUSTÝM ANDĚLEM Z ROUENU prokázal své nevšední nadání, umí navodit dramatické napětí stínohrou, jaká prostupuje celé představení: prosvěcuje postavy, rozšiřuje jevištní prostor projekcí, promítá zvětšené stíny na dekorace, odhmotňuje tělo jeho osobitým osvětlováním a dynamizuje nezávisle na burianovském světelném systému, z něhož znatelně vyšel, světlem celou hru. Ale stejně pozorně a vynalézavě pracuje s herci, u nichž uvolňuje jejich skryté schopnosti a rozehrává je s velkým zdarem. Tak může svěřit hlavní postavu mladé Blance Waleské, aniž oslabí její účinnost. Úspěšná představitelka rouenského anděla upjala Vassu do přiléhavých šatů, do odměřeného chování, do stroze znějícího hlasu, do tvrdosti obličeje a násilnické krutosti ústních koutků. Její vztyčená postava nesnáší nalomení ani tehdy, když se mazlí s dcerou. Její nadvláda je zřejmá z každého slova a posunu i z nosově přibarveného hlasu. Dělí se o herecké prvenství s Deylovým Prochorem, ochlastou a ztracencem, vytvořeným z novorealismu syté názornosti a lidské přesvědčivosti. Železnov R. Hrušínského se scénou jen mihne, ale po celý večer se nezapomene, jak se vřízl v pozornost zhuštěnou zkratkou svého lidského osudu.

J. TRÄGER, Svobodné slovo 29. 5. 1946

V postavách, jež Rudolf Hrušínský st. vytvářel, vždy znovu zazníval měkký spodní tón lidskosti. Právě těmito drobnými studiemi charakterů poutal pozornost kritiků, kteří se nikdy neopomněli zmínit o jeho přínosu a jmenovat ho hned vedle uznávaného protagonisty souboru Jindřicha Plachty. Nad jiné výmluvný je však písemný dokument, svědčící o poctivém základu hereckého umění Rudolfa Hrušínského st., kterým se stal obdivný dopis jeho mladého kolegy Jaromíra Spala. Jak se později ukázalo, Rudolf Hrušínský st. v něm měl nejen hrou zaujatého partnera, ale také vnímavého diváka.

V Praze 3. července 1953

Milý a vážený Rudolfku,

divíš se asi, kdo se to ozývá, raději hned prohlašuji, že Ti píše jeden z těch zelených, kteří se mohli vedle Tebe na jevišti producírovat, a hned dodávám, že to pokládají za čest. A proč píši? Inu, dozvěděl jsem se v divadelních kuloárech, že jsi v minulém měsíci slavil herecké jubileum, čtyřicet pět let, já té číslovce nevěřím, vždyť bys musel začít si pohrávat s Thálií již před Tě početím, ale nechme číslovek a vyjděme z toho, že jsi jubilant.

Vím, že si v duchu říkáš „lass miš“, ale já to myslím docela upřímně, protože Tě mám rád a velice rád vzpomínám na dobu před pěti lety, ono to vlastně před pěti už končilo v tom našem 5. květnu, tedy vzpomínám rád na dobu společné práce. Na to, jak jsi nás usmrkance vlídně a shovívavě snášel vedle sebe v šatně, na zájezdech a na jevišti. Víš, ono to nutí k srovnávání, já už byl i v Národním, a musím říct, že je málo dobrých lidí u divadla. Až na mne dnes padá hrůza z toho, jestli jsme na Tebe nebyli moc dotěrní a řekl bych familiární. Omluvil jsi nás jistě ve své moudrosti naší rozjíveností. Ať jsme byli jacíkoliv, přece věř, že si Tě moc vážíme po všech stránkách.

Já mám na Tebe tak živé vzpomínky ve ZKROCENÍ a hodně jsem se z Tvého Gremia naučil. Úspornost gesta, plasírování vtipu, ohled k partnerovi, nesměj se a nemávej rukou, je to tak. Jedině můžeš říci, že jsem Tě viděl poměrně málo, protož už jsi toho zahrál tolik před 5. květnem. Ale stejně, co jsem viděl, zůstalo v paměti: Pilát, děda jen s tím stupínkem v ULIČCE, jak Ti oči svítily, když jsi ho hrál, byl i smutnej i furiantskej, namlouvačnej a přitom stařecky stydlivej, že už se to na jeho věk nesluší vést takové řeči před Lojzinou. A co ten ochmelka z JEN JEHO STÍN, nejenom že lidi v hledišti ani nedejchali při Tvém nástupu, ale i my, celkem cynikové, v zákulisí koprněli a jen se dívali a poslouchali. Tys to hrál brilantně a my ostatní se na ten výstup těšili, a ne proto, že to byla legrace, že bychom měli hec, ne, učili jsme se, jak se to má dělat. A vzpomínám na FANINU PRVNÍ HRU a na ostatní hry, kdy jsem s Tebou nehrál, a přitom docházím vždycky k jednomu, že jsem rád a hrdej na to, že jsem se dal k divadlu, protože jsem mohl být s takovými lidmi a umělci, jako jsi Ty.

Je mi líto, že jsem nevěděl, že jsi v Mariánkách, hráli jsme tam v květnu, mohl jsem Tě navštívit. Ty jsi to asi nevěděl, nebo jsi byl příliš hrdý? Vidíš, už bych Ti lál, a má to být oslavný dopis, který Ti má říct, že na tebe myslíme a máme Tě opravdu upřímně rádi, a že Ti posílám do budoucna zuřivé Zlom vaz! a buď hodně a hodně zdráv.

To ti zplna srdce vinšuje Tvůj Jaromír Spalů

 Začátkem září 1948 byli všichni členové Divadla 5. května svoláni na likvidační valnou hromadu, po níž následovalo jeho rozpuštění. Rudolf Hrušínský st. si do svého zápisníku poznamenal lakonickou otázku: „Co teď, občánku?" Tou dobou byl už vážně nemocný. Přesto se ještě na jaře následujícího roku rozhodl uzavřít smlouvu s ředitelem Městského a oblastního divadla na Žižkově Janem Strejčkem. V tom mu však definitivně zabránila postupující choroba, která nakonec vedla k předčasnému penzionování. V souvislosti s tím ocitoval oblíbenou repliku z dramatu Jaroslava Tumlíře: „Náš sen se dnes rozbil jako skleněná koule, třpytící se na slunci ve vaší zahradě."

Ačkoliv i nadále spolupracoval s rozhlasem, kde mu uvedli některé z jeho dramatických pokusů (HISTORKA O HUSE V TRAMVAJI, POSMRTNÝ ŽIVOT ANEB DUŠE NA CESTÁCH, KAZIMOUROVO ZPRAVODAJSTVÍ), k soustavné činnosti se už vrátit nemohl. Pociťoval to jako určitou křivdu, vždyť poslední role, kterou hrál, mu byla nejméně blízká. Ve svých zápiscích si postěžoval:

> Počátek mé nečinnosti byl zoufalý. Bloudil jsem nejbližšími ulicemi svého bydliště, později jsem prochodil sem tam snad všechny cesty a cestičky mezi hroby olšanských hřbitovů; s oblibou jsem chodil do Riegrových sadů, až konečně, v pozdním podzimu, jsem se jednoho dne ocitl na žižkovském kopci, nad malým olšanským náměstíčkem. A nějak se mně tu zalíbilo.

Volný čas si krátil, jak se dalo — psaním pro rozhlas, korespondencí, pořádáním rodinného archívu. S důkladností a neúnavností jemu vlastní začal shromažďovat informace o četném příbuzenstvu roztroušeném po celých Čechách. Do všech stran rozesílal předtištěné dotazníky, které se mu vracely s mnoha údaji o jejich adresátech. K jednomu z nich připojil na vysvětlenou následující dopis:

Co mě přimělo k založení rodokmenu: za okupace, sháněním dokladů o árijském původu, jsem shromáždil kupu křestních a oddacích listů předků svých i manželčiných. O revoluci mně trochu povolily nervy. V roce 1948 jsem přestal hrát, byl jsem odkázán do invalidity, tím mi vzniklo plno volného času. Běhal jsem po doktorech a léčil se v sanatóriích, čímž se pochopitelně choroba zhoršovala — i vrhl jsem se na domácí práce: způsobil jsem si zmatek pořádkem v knihovně, paterým přestavováním nábytku jsem dvakrát rozbil okno, při pálení domněle zbytečných lejster jsem nedopatřením také přiložil potravinové lístky na celé období. Objevil jsem při tom uvedené již árijské doklady, nu a tu mi sám ďábel našeptal, abych prý začal s rodokmenem. Poněvadž pak člověk je už takový, že ďábelským všeptům těžko odolá, dal jsem se do toho. K dnešnímu dni mám v záznamech tolik Červíčků, že kdybych je jako takové (s malým č) vpustil do flóry Edenu, sežrali by ji v několika hodinách.

R. BÖHM-HRUŠÍNSKÝ, 28. 11. 1950

Výsledky jeho detektivního pátrání byly vskutku pozoruhodné. Mimo jiné zjistil, že ho rodinné pouto spojuje s hercem Bohumilem Machníkem, který si vzal za ženu vnučku Ondřeje Červíčka Pavlu (nar. 1898). Na toto téma si spolu vyměnili několik humorných dopisů.

Rozdováděný strýčku,

mohu Tě ubezpečit, že naprosto zbytečně zlořečíš mé osobě a více by to svědčilo Tvé milované tetince. Zašantročila Tvůj první dotazník takovým způsobem, že není ještě dnes k nalezení. Mimoto neznalost dat jejích sourozenců a její rodiny je přímo katastrofální. Cestou trnitou a kamenitou, přes všechny překážky pokusil jsem se sehnat něco pro Tvé životní dílo, abych nezdržoval jeho dokončení.

S pozdravem B. Machník

Jiná vnučka Ondřeje Červíčka Františka (nar. 1902) se provdala za herce Antonína Šeplavého (nar. 1902), s nímž měla syna Felixe (nar. 1924).

(90) Prostřednictvím první manželky Ondřeje Červíčka Josefy byla rodina Hrušínských úzce spjata s rodem Mušků. Josefinina neteř Leokádie Mušková (nar. 1881) se stala matkou herce Jiřího Kostky (1910–1985) a babičkou člena Národního divadla Petra Kostky (nar. 1938). A tak bychom mohli pokračovat . . .

Rodinný kruh, který se kolem Rudolfa Hrušínského st. pevně semkl, aby opětoval veškerou lásku, jíž on sám doposud rozdával, mu nemohl zcela nahradit přemíru aktivity, na niž byl po léta zvyklý. Ačkoliv stál později ve stínu svého úspěšného syna, nezahořkl. S pokorou přijímal od života, co mu uštědřil, a radoval se ze strmého stoupání Rudolfa II., jehož kroky odmalička vedl a usměrňoval. Když 15. března 1956 zemřel, objevilo se v novinách několik nekrologů. Ale tím nejopravdovějším vyznáním se stala mnohem později vzpomínka jeho syna.

Dostal jsem od něho spoustu věcí.

Vojanův obrázek nad postel, to vlastně hned po narození.

Potom loutkové divadlo.

A lásku, důvěru, pochopení, první dlouhé kalhoty, zimník, čepici, hůl a první roli na divadle.

V deseti letech housle.

V mých patnácti mi pak dal většinu svých zkušeností, dobrých i špatných, a svolení k podepsání první smlouvy v pražském divadle.

Ve dvaceti zbytek svých zkušeností a pokárání, protože jsem mnoho flámoval.

V pětadvaceti souhlas k sňatku.

Když mi bylo třicet — už nic neměl. Po čtyřiceti letech práce v různých divadlech už měl jenom nás.

V mých pětatřiceti skleničku broskvového kompotu a v balíčku oblek. Ale ten už mi vlastně dala ošetřovatelka v nemocnici, protože v noci na 15. března tatínek odešel.

R. HRUŠÍNSKÝ, Lidová demokracie 31. 12. 1981

Ondřej Červíček — zakladatel hereckého rodu

Anna Pravdová a Ondřej Červíček (1907)

Legitimace Ústřední jednoty českého herectva

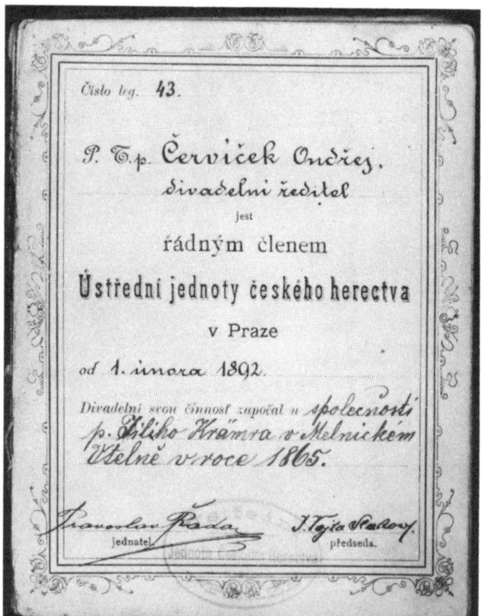

Číslo leg. 43.

P. T. p. Červiček Ondřej,
divadelní ředitel
jest
řádným členem
Ústřední jednoty českého herectva
v Praze
od 1. února 1892.

Divadelní svou činnost započal u společnosti p. Žiliko Krämra v Mělnickém Vtelně v roce 1865.

jednatel

předseda.

Anna Budínská (asi 1900)

Václav Červíček (1917)

Hermína, Václav, František a Marie Červíčkovi (1904)

Marie Červíčková-Budínská (1917)

Anna Budínská-Červíčková (40. léta)

Budínského společnost (1942) — V. Budínský — stojící uprostřed,
J. Kemr — druhý zprava, A. Budínská-Červíčková — sedící uprostřed

Budínského společnost na cestách (kolem r. 1940)

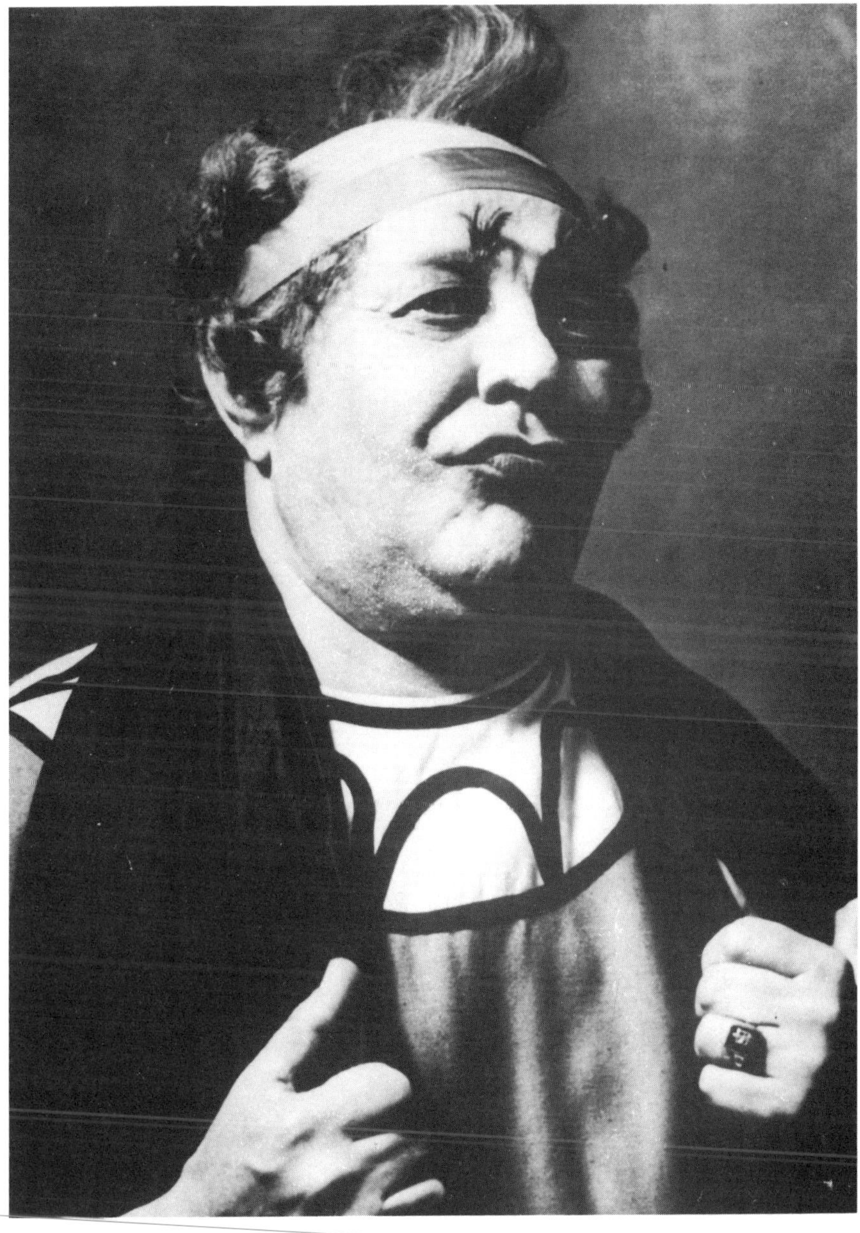

V. Budínský — Horatio (Voskovec + Werich: Nebe na zemi)

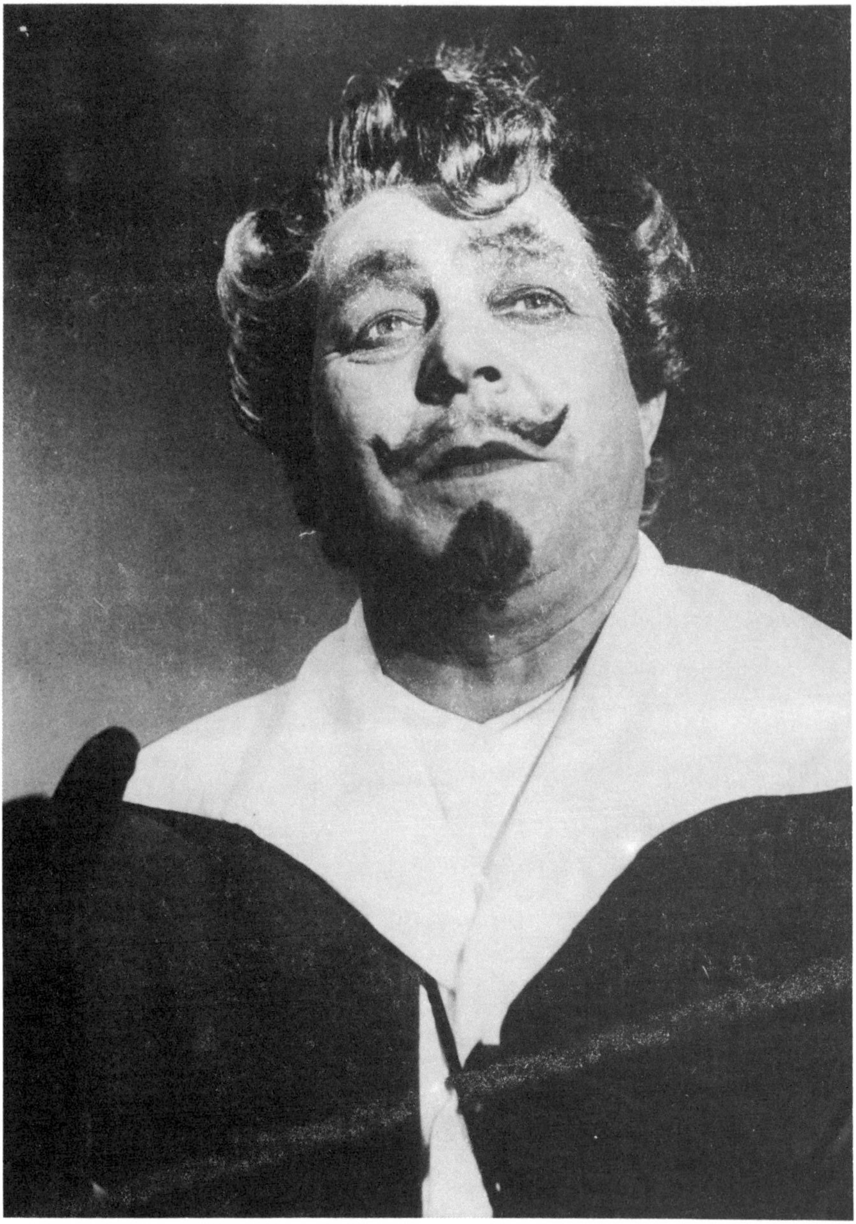

V. Budínský — Tobiáš Říhal (W. Shakespeare: Večer tříkrálový)

V. Budínský — Tobiáš Pravdomluva (V. K. Klicpera: Lhář a jeho rod)

Rudolf Böhm-Hrušínský (1919)

Hermína Červíčková (1919)

R. Böhm-Hrušínský — Akropolis (1935)

Robert (F. F. Šamberk – Jedenácté přikázání (1942)

R. Hrušínský st. — Čehona (Voskovec + Werich: Pěst na oko, 1938)

R. Hrušínský st. — civilní snímek (1938)

R. Hrušínský st. — civilní snímek (počátek 40. let)

R. Hrušínský st. — Vávra (A. a V. Mrštíkové: Maryša, 1945)

R. Hrušínský st. — Ževakin (N. V. Gogol: Ženitba, 1946)

R. Hrušínský st. v Karlových Varech (1947) — s J. Spalem, M. Vavruškou a J. Bartošem

Hermína Hrušínská — 50. léta

RUDOLF HRUŠÍNSKÝ

DĚTSTVÍ A HERECKÉ POČÁTKY

FILMOVÝ HEREC A REŽISÉR

1937—1945

MĚSTSKÁ DIVADLA PRAŽSKÁ

1945—1959

NÁRODNÍ DIVADLO

1960—1992

DIVADELNÍ REŽISÉR

FILMOVÉ ROLE

1945—1992

Život! Život! — jeho slávě se pokloňme, jeho chválu zpívejme! Na bližších a bližších kopcích budou dnes poprvé v noci hořet jeho ohně. Posly už vyslal a my v jejich ruce složili sliby své oddanosti. Chceme milovat velikého a krásného vašeho pána. Tak to vyřiďte, poslové! Chceme jeho barvy nosit a v jeho barvách vítězit! Ale vyřiďte mu, ať nás nezradí, ať nás neprodá. I s ním se chceme dáti v zápas! I s ním — vyřiďte mu to. A chválu jeho že zpíváme, nezapomeňte . . .!

FRÁŇA ŠRÁMEK

HERECKÉ POČÁTKY: SPOLEČNOST VÁCLAVA ČERVÍČKA-BUDÍNSKÉHO. AKROPOLIS. URANIE. PRAŽSKÉ DĚTSKÉ DIVADLO. D 38—D 40. MĚSTSKÁ DIVADLA PRAŽSKÁ 1940–1943.

Na snímku z počátku dvacátých let stojí světlovlasý chlapeček v bílé košili, černých kalhotách a šněrovacích botkách, ruce má zabořené do kapes a z jeho vážné tvářičky hledí udivené oči. O čem asi přemítají? O tom podivuhodném přístroji s černou plachtou, pod níž zmizela hlava fotografa, o nezměrné pýše vlastníka prvních kalhot, o přítomnosti, která je stejně sladká jako ten bonbón, který mu slíbili za to, že se ani nepohne?

Rudolf byl odmaličká obklopen zázraky, na něž se ostatní děti dívaly jako na něco neskutečného. Neboť co jiného bylo to oživené hračkářství plné paruk, líčidel, kostýmů a barev, kde se namísto loutek a cínových vojáčků proměňovali v pohádkové bytosti dospělí lidé? Obklopen péčí svých nejbližších stával se spoluúčastníkem toho, jak se dělá divadlo. Nejen rodiče, ale i dědeček s babičkou, strýcové a tety mu den za dnem bezděčně vštěpovali lásku k divadlu. Řekneme-li bezděčně, pak to znamená bez sebemenší didaktičnosti, samozřejmostí své divadelní práce i svého života, tím, co měl jako chlapec každodenně na očích, když se mu všední starosti proměnily v pohádkový svět divadla. Jeho domov byl vždycky tam, kde se usídlila Budínského společnost. Štaci za štací poznával českou krajinu, ke které přilnul tak jako k divadlu. Odmala ho otec bral na ryby a učil ho číst ve slabikáři přírody. U vody dostával Rudolf také první lekce herectví, protože divadlo bylo všudypřítomné a všestravující. A oni si je přinášeli s sebou zároveň s udicemi a podběráky.

Když se jako dítě vymanil z náručí náhodných venkovských pečovatelů, přicházel za rodiči, aby se díval. Motal se všude kolem a pozoroval hru světel a stínů mezi modrými a žlutými závěsy, které splývaly na podlahu improvizovaného, z prken stlučeného jeviště. Se zaujetím sledoval herce a spolu s nimi prožíval osudy postav, které představovali. Jednou ho museli odvést pryč, protože se srdceryvně rozplakal při pohledu na trýzněného tatínka v roli Mistra Jana Husa. Stejně pozorně vnímal reakce diváků a nevědomky tak objevoval tajemství nadvlády herce nad publikem.

Večerní představení bylo pro všechny zúčastněné smyslem všeho jejich úsilí. Veškerá činnost směřovala k cíli, jemuž se podřizoval rytmus celého dne. Někdy se Rudolf vydával spolu se strýčkem Františkem zvát po domech a roznášet cedule. Těm zámožnějším obyvatelům vesnic a městeček nabízeli předplatné na celé období hostování. K dalším povinnostem všech členů společnosti, děti nevyjímaje, patřilo obstarávání rekvizit a příprava dekorací na večer. Rudolfa nejvíce fascinovalo osvětlování. Když povyrostl, vyráběl si sám z tuhého papíru reflektory, takže jednou málem způsobil požár. Snažil se být prospěšný — zdokonaloval rekvizity, maloval plakáty, navrhl používání paravánů. To všechno ovšem mnohem později.

Odmalička mě vedli k tomu, abych pomáhal připravovat scénu, sháněl rekvizity, později i „cedulařil" — to jsme chodili od chalupy k chalupě a říkali: Dobrý den, dovolte, abychom vás pozvali na dnešní představení, hraje se to a to... A pak jsem postupně začal i hrát. Nepamatuju se, že bychom neměli vyprodáno. Lidé byli rádi, když jsme k nim přijeli, protože divadlo pro ně tehdy představovalo jediný zdroj zábavy.

R. HRUŠÍNSKÝ, Mladý svět 1. 3. 1988

Přes den se ještě zkoušelo, protože základ repertoáru tvořilo několik kusů, které se různě obměňovaly nebo doplňovaly novinkami. Teprve pak mohl nastat okamžik, na nějž se Rudolf tolik těšil. Začátek představení byl stanoven na dobu, kdy byli hospodáři hotovi se svou prací a nadešel čas odpočinku. Rudolfova babička – nalíčená a v kostýmu – usedla ke stolku se železnou kasičkou a začala prodávat lístky. Tržbu pak rozdělila na malé hromádky, z nichž měl být uhrazen nájem za sál, světlo a otop. Teprve z toho, co zůstalo, mohla vyplatit hercům gáži. Také Rudolf si tu a tam vydělal nějakou korunku.

Být dítětem u divadelní společnosti znamenalo sdílet práva a povinnosti dospělých. Přiložit ruku k dílu bylo něčím naprosto samozřejmým, o čem se nediskutovalo. Stejně zákonitým jevem bylo obsazování dětí do drobných rolí. Malý Rudolf se poprvé objevil na scéně v nadýchané sukénce Bertičky v Eyslerově operetě DÍTĚ CIRKU. Jistě si dovedeme představit, co znamenalo toto vystoupení pro jeho hrdost. Není tedy divu, že si hned po představení sundal paruku, aby ukázal, že je kluk. Naštěstí nezůstalo jen u Bertičky a časem se k ní přiřadily role jiné. Od sedmi let se vracel na jeviště s železnou pravidelností. Jen v březnu 1928 hrál patnáctkrát. Vždycky se pro něho našla nějaká ta příležitost. Ať už to bylo v Ascherově TANEČKU PANNY MÁRINKY, Tylově PRAŽSKÉM FLAMENDRU, dramatizaci Čechova LEŠETÍNSKÉHO KOVÁŘE nebo Herrmannových VDAVEK NANYNKY KULICHOVY. Dětskou roli dostal také v divadelní úpravě

 Haškova DOBRÉHO VOJÁKA ŠVEJKA. Bylo to jeho první setkání s postavou, která pro něho měla v budoucnu tolik znamenat.

Na štaci jsme vydrželi v průměru měsíc a pak zase šli dál. Moc jsme toho ke stěhování neměli — pár dekorací, takových pomalovaných paravánů, a dědečkovy bedny s knihami. Měl bohatou knihovnu. Většinou divadelní hry. Unikáty. Role rozepsané ještě Budilovou rukou. Tehdy to nebylo jako dnes, že všichni herci dostanou vytištěnou celou hru. Měli jsme jednu knihu a z té si každý svou roli opsal.

R. HRUŠÍNSKÝ, Mladý svět, 1. 3. 1988

Pokud šlo o herectví, nedostižným vzorem mu nadlouho zůstal vlastní otec, který spolu s ostatními dával pozor na každý jeho krok. Učil ho mluvit, aby mu bylo rozumět, chodit po jevišti, sedat si . . . Tak Rudolf pronikal k základům řemesla, tvrdošíjně a bez odmlouvání. Tento způsob výuky patřil ke specifickým rysům rodinných podniků, kde se podobně jako u jiných profesí předávaly zkušenosti z otce na syna. Proto si Rudolf Hrušínský nikdy nepřestal vážit herců, kteří patřili k takzvané „šmíře“.

Kočovným společnostem, jako byla ta mého dědečka, se říkalo šmíra. Ale já v žádném kamenném divadle neviděl líp zahraného Tyla než tam. Byli to obyčejní lidé, neměli žádné zvláštní vzdělání, ale při představení člověk cítil, že mají srdce na dlani.

R. HRUŠÍNSKÝ, Mladý svět, 1. 3. 1988

Mluvili s takovou opravdovostí a přesvědčením, že se jim dalo věřit. Nebylo v nich nic vyumělkovaného. A pokud stejně jako Rudolf sáli své první dojmy i okouzlení z Tyla současně s mateřským mlékem — a Rudolf Hrušínský nebyl zdaleka ojedinělý případ — pak si onen dětsky čistý a bezelstný přístup k obrozenské naivitě našeho klasika uchovali až na samý vrchol své herecké a případně i režisérské tvorby;

ani sebeszíravější intelekt jim v tom už nemohl zabránit. Dalo se jim věřit, protože sami bezvýhradně věřili každé postavě, každému slovu.

Ale nejen herci, také diváci byli jiní . . .

Mnoho vánočních svátků jsem prožil v rodině svého dědečka Václava Budínského-Červíčka. Byly to vánoce, které měly zvláštní, podivné kouzlo a podivnou, zvláštní vůni. Vůni vybílených maličkých divadelních hospodských sálů v různých zasněžených vesničkách, vůni petrolejového vařiče mé babičky, na němž dokázala vykouzlit štědrovečerní večeři pro celou divadelní společnost, vůni divadelních kostýmů, kulis a různých rekvizit. A také zvláštní vůni venkovských, obyčejných lidí, kteří měli úctu k naší práci a přicházeli do divadla v jediných černých šatech, které oblékali pouze do kostela a potom, později — naposled — do rakve. Vážili si nás a my jsme si vážili jich. A ta úcta k obyčejným venkovským lidem, pro které divadlo bylo kostelem, mě neopustila dodnes.

R. HRUŠÍNSKÝ, Naše rodina, 1985, č. 51

Ani při výchově svého synka se Rudolfovi rodiče neuchylovali ke shovívavému postoji, jak by se v případě jedináčka dalo očekávat. Ačkoliv vyrůstal v kruhu dospělých (spolu s bratrancem Františkem Červíčkem), v ničem ho nerozmazlovali. Slušnost a pravdomluvnost, kterou po něm otec požadoval, odměňovali kamarádským vztahem plným porozumění. Když byly Rudolfovi tři roky, zeptal se ho tatínek, jak ho má vést — „ve víře nebo bez víry?" Dostalo se mu prosté odpovědi: „Jako když přijde Ježíšek!"

Nad postýlku mu doma zavěsili obrázky Eduarda Vojana a prezidenta T. G. Masaryka spolu s básní Rudyarda Kiplinga Když . . ., vyznívající jako oslava mužnosti, a citátem z prózy spisovatele Jana Havlasy: „Nikdy se nevracet! To by mělo být pravidlem pro každého, kdo chce být umělcem života. Nikdy se nevracet, ani ke kráse, ani ke zklamání, ani k bolesti, neboť každý návrat znamená cestu na hřbitov, a jen z dálky a výšky pozorovány — hřbitovy zdají se zahradami.“

Rudolfovo dětství bylo zaplněno pohádkami. Jakmile se naučil číst, hltal vše, co se mu dostalo do rukou. K těm nejoblíbenějším autorům dlouho patřili Josef Hais-Týnecký, Jan Karafiát a Rudolf Těsnohlídek. Časem se k nim připojili Alexander Dumas a Jules Verne.

Největším problémem pro děti od divadla byla školní docházka. Zajistit její pravidelnost se při neustálém cestování prostě nedalo. Rudolf šel poprvé do školy 1. září 1927 v městečku Křivoklátu, kde právě Budínského společnost dlela. Ale už koncem měsíce se přesunula do Rakovníka... Na každé škole se Rudolf setkával s jinými potížemi. Některou látku slyšel třikrát za sebou, další musel horečně dohánět. Teprve na konci roku 1929, když byl jeho otec angažován v pražském divadle Akropolis, se také návštěva školy poněkud ustálila. Do té doby absolvoval „dvě třídy obecné na dvaceti dvou školách“, jak se později vyjádřil Rudolf Hrušínský st. ve svém vyprávění pro čtenáře Kinorevue. Zato se mohl pochlubit tím, že v téže době ovládal monolog Francka z Maryši Co ty mne budeš chytat po krk, Cyranovo poslání Svůj širák odhazuji v dál a několik básní. Dědičné sklony se projevily v plné míře. Jak napsal římský básník Petronius: Hadu se nenarodí provaz.

Poté, co se rodina Hrušínských trvale usadila v Praze a co Rudolf vychodil obecnou školu, stal se žákem reálného gymnázia na Letné. Žákem svým způsobem výjimečným. Mezi jeho privilegia patřilo vracet se o prázdninách ke společnosti na venkov, hrát divadlo a chytat ryby. Gymnázium musel předčasně opustit, protože se provinil proti školnímu řádu. Při hře na kovboje zachytil roztočeným lasem kalamář s inkoustem a potřísnil jím stěny. Otec musel třídu vymalovat a žák putoval do měšťanské školy na Žižkov. Kreslení ho tam vyučoval hudební skladatel Jan Seidel, s nímž se měl v budoucnu mnohokrát setkat.

Pokud jde o Prahu, dlouho si na ni zvykal. Toulky krajinou

mu byly mnohem bližší. To ovšem neznamenalo, že by se zcela stranil svých spolužáků. Naopak, sdílel s nimi nejednu radovánku. Ve veleslavínském biografu společně zhlédli dobrodružný film Tarzan mezi opicemi. Druhý den prý skákal s ostatními u vokovického potoka z vrby na vrbu. Zcela sám se však vydával do Národního divadla, aby tam ve stínu galérie sledoval nejlepší z nejlepších. Přestože si dobře uvědomoval vrtkavost štěstěny, nakonec se rozhodl k osudnému kroku, kterým jednou provždy zakončil svá studia. Bylo mu necelých patnáct let.

V tomto okamžiku se jeho životní historie stává prostou až k nezajímavosti. Snad by vypadalo lépe, kdyby jej otec zrazoval, znaje nejistotu hereckého chleba. Ale Hrušínský starší znal svého syna příliš dobře. Věděl, jak jednou skončí. Domácí tragédie proti všem předpisům o zběhnutí hereckého synka z civilního života k divadlu tedy nebyla. A Rudolf vstoupil do prvního opravdovského angažmá k řediteli Budilovi v Uranii.

O. KAUTSKÝ, Kinorevue 1939, č. 37

Tak jednoduché to přece jen nebylo. Nejdříve ho otec zavedl za ředitelem Hrstkou do divadla Akropolis, kam se v sezóně 1935—36 vrátil jako herec a režisér. Tady došlo k Rudolfovu skutečnému hereckému křtu v rolích, které odpovídaly jeho věku i zevnějšku. V Geyerově veselohře KRIZE VŠE NAPRAVÍ hrál učedníka, v Andrejsově KARIÉŘE MATKY LÍZALKY číšníka jedné staropražské kavárny, v Blumenthalově frašce U BÍLÉHO KONÍČKA pikolíka a v Bartošově PRINCEZNĚ Z GHETTA liftboye Františka. Otec nad ním držel ochrannou ruku, ale jak se brzy ukázalo, jeho syn to ani moc nepotřeboval. A tady máme první recenzi zaznamenávající herecký výkon Rudolfa Hrušínského.

Ředitel Hrstka v roli pražského tlouštíka byl nejlepší figurou večera. Vzpomenouti nutno také distingovaného p. Klemense, nehotové, ale svěží a roztomilé sl. Šefelové, židovsky groteskního

p. Máje, pohotové sl. Halové a znamenitého pikoly Hrušínského ml.

O., Právo lidu 6. 3. 1936

2. října 1935 zahájilo činnost v Novém divadle ve Stýblově pasáži na Václavském náměstí (dnešní Semafor) Pražské dětské divadlo. Jeho otevřením uskutečnila Míla Mellanová svůj sen. Založila první profesionální dětské divadlo, k němuž se jí stalo vzorem Moskevské divadlo pro děti Natalie Sacové. Od druhé sezóny působilo v prostorách Komorního divadla, v Hybernské ulici, kde uvádělo dvakrát týdně odpolední představení. Ke skupině herců, které kolem sebe Mellanová soustředila, přizvala jako hosta také Rudolfa Hrušínského. V dramatizaci Langrova BRATRSTVA BÍLÉHO KLÍČE, jež mělo premiéru 7. listopadu 1936, vytvořil nejstaršího z členů bratrstva — Pepu Kopejsků. Jen jedenkrát se objevil jako Pštros v PTAČÍM MLÁDĚTI M. J. Pinčevského a poté jako Honza v Tylově báchorce JIŘÍKOVO VIDĚNÍ, poprvé provedené 19. října 1938 v režii Míly Mellanové. Irma Fischerová se ve své recenzi pochvalně zmínila o tom, že Rudolf „doplňuje výborně harmonicky sladěný soubor" (*If., Národní osvobození, 21. 10. 1938*). To už byl ovšem filmovým hercem a členem Burianova Déčka. Vraťme se však do doby, kdy uzavřel první stálou pracovní smlouvu.

Od poloviny listopadu 1936 byl Rudolf Hrušínský angažován do holešovické Uranie, kde jako čtrnáctiletý sehrál pod dohledem svého otce několik drobných rolí v pohádkách o Kašpárkovi. Uměleckým ředitelem Uranie se stal nedlouho předtím Rudolf Budil, prvorozený syn herce Vendelína Budila. Ano, onoho Vendelína Budila, s nímž Rudolfův pradědeček Ondřej Červíček navštěvoval obecnou školu u Sv. Jakuba.

Základ hereckého souboru Uranie tvořila skupina ochotníků, takzvaná Budilova družina, pojmenovaná podle šéfa, který byl občanským povoláním prokuristou v bance a ředitelem směnárny. Budil usiloval o obrodu Uranie, což se projevilo zařazením nezvykle hodnotného repertoáru. Ale doba doznívající hospodářské krize nebyla nakloněna podobným experimentům. Tak se stalo, že znovuzrozená Uranie podlehla po pěti měsících v nerovném zápasu s ekonomikou. Benjamínek souboru to poněkud neuctivě glosoval:

Teď jsou schůze málo platné.
Vedoucí to vedli špatně.
Kde ten repertoár brali?
Řezníci jim na něj . . .

Odpusťme mu ten kluzký tón. Vždyť se za necelé čtyři měsíce od nástupu do Uranie ocitl bez práce, protože Budil musel herecký soubor rozpustit. Po pravdě řečeno Uranie se k Rudolfovi nezachovala ani trochu macešsky. Za poměrně krátké období obdržel více než dvacet rolí. Malých rolí, připusťme, ale rolí. Kde jinde se mohl mladý adept herectví naučit víc než v provozu s rychle se střídajícím repertoárem, ve kterém byl nucen vystupovat takřka každý den (někdy v odpoledních a večerních představeních), a přitom nastudovávat nové texty a připravovat se na jejich provedení? Ať už měl tedy výhrady jakékoliv, na nedostatečné vytížení si stěžovat nemohl. Snad právě přemíra práce mu pomáhala překonávat počáteční trému, kterou přece jen tu a tam pociťoval.

První postavou, kterou se v Uranii uvedl (Ondřej Červíček by měl ze svého pravnuka radost), byl čestný a svobodomyslný Prokop v Tylově PALIČOVĚ DCEŘI, jenž se zastal Rozárky obviněné ze žhářství. V režii Otto Čermáka, s Hermínou Vojtovou jako plátenicí Šestákovou, Rudolf prokazatelně obstál.

Hned když se poprvé objevil před několika lety jako mladý Amerikán v Tylově Paličově dceři v Uranii za éry Budilovy, poznali jsme, jaký to tvořivý a slibný fond je v něm ukryt.

A., Večerník Národní listy 1. 3. 1940

Vedle Prokopa si připomeňme ještě další role, na nichž si mohl vyzkoušet své síly. Mazaného sluhu Pedrolina ze Zeyerovy STARÉ HISTORIE, předstírajícího smrt, aby pomohl Lionatovi a jeho vyvolené Lavinii; podporučíka Jeana-Amabla z Rollandových VLKŮ, bezelstného chlapce, který jde do války proti Prusům se zvědavostí dítěte; studenta filozofie Jaroslava ze Svobodovy komedie POSLEDNÍ MUŽ, poslouchajícího na slovo příkazy despotického otce, i zabedněného Tomáše z Molièrova ZDRAVÉHO NEMOCNÉHO, který se dvoří Arganově dceři Angelice.

Ačkoliv Uranie neprocházela právě nejšťastnější etapou existence, přece jen poskytovala svým hercům široké uplatnění. Rudolf se na většinu z nich díval s netajeným obdivem, třebaže ho už někteří vážně oslovovali „kolego". K těm nejznámějším náleželi Antonín Zacpal, Otto Čermák, Hermína Vojtová a Anna Kreuzmannová. Angažmá v Uranii nebylo tedy promarněnou příležitostí. Naopak. Stalo se slibným prologem Rudolfova dalšího hereckého vývoje. Možná právě působení v Uranii zapříčinilo skutečnost, že si ho povšiml režisér E. F. Burian, který hledal do svého souboru mladé herce.

Následující měsíce Rudolf zasvětil spolupráci s Radiojournalem, kam jej přivedl otec. Stanout bez přípravy před mikrofonem vyžadovalo notnou dávku odvahy a soustředění, protože vysílání probíhalo přímo a žádné přeřeknutí se nedalo opravit. Pod režijním vedením Václava Sommera, Miloslava Jareše a Přemysla Pražského vytvořil kolem desítky drobných rolí, z nichž nejzávažnější byly postavy Olafa v Ibsenových OPORÁCH SPOLEČNOSTI (Sommer) a poddůstojníka v Shawově KAPITÁNU BRASSBOUNDOVI (Jareš). Nešlo mu ani tak o velikost úkolů, s nimiž se musel vyrovnávat, důležité pro něho bylo zkusit to a nevzdat se.

V patnácti letech jsem také začal vystupovat v rozhlase. S režiséry, jako byl Přemysl Pražský, Josef Bezdíček, Miloslav Jareš... Byla to velice příjemná a zajímavá práce, psychicky trochu náročnější než dnes, protože se vysílalo živě. Teď je to pro herce, pracující v rozhlase, pohodlnější — v ruce mají text, nemohou na nic zapomenout a brepty, ty se dají snadno opravit.

R. HRUŠÍNSKÝ, Čs. rozhlas, 5. 3. 1979

V rozhlasu se mimo jiné seznámil s mladičkým Vladimírem Salačem, budoucím kolegou a přítelem.

Jako kluk jsem zpíval v Kühnově dětském sboru a býval tedy častým hostem v rozhlasu. A protože jsem vyrůstal v rodině muzikantů a nadšených ochotníků, dobře jsem znal velká herecká jména tehdejšího divadelního světa. Takové postavy, jako byl pan Boháč, Záhorský, Kohout či Vydra, jsem teď občas potkával na rozhlasových chodbách, a když mi ti pánové odpověděli na uctivé pozdravení, byl jsem v sedmém nebi.

K oněm božstvům patřil také pan Rudolf Hrušínský. Ten nejstarší. Byl to takový vznešený pán ušlechtilého zjevu i vystupování, známý umělec a — jak jsem později poznal — i vlídný a laskavý člověk s velkým smyslem pro humor. Zkrátka se vším, co jen nemnohým dohromady dává kouzlo osobnosti.

V té době — bylo to tak v roce 1937 — si mě občas vybral některý z pánů režisérů pro účinkování v dramatických rozhlasových pořadech. Už mi sice bylo tak třináct let, ale se svým tenkým hláskem jsem byl použitelný jen k dětským rolím. Při jedné takové příležitosti jsem se před mikrofonem ocitl společně s uctívaným panem Hrušínským, který tenkrát přišel se svým asi sedmnáctiletým synem. Díl mého nadšeného obdivu se okamžitě přenesl na tohoto mládence. Vypadal jako gymnazista, ale v mých očích to byl zkušený, opravdový herec. Poctil mě při práci svou přízní, šli jsme pak spolu z rozhlasu Prahou a měli si pořád o čem povídat. Netušil jsem, že to bude kamarád na celý život.

V. SALAČ, 4. 2. 1990, rkp.

Ještě jeden zázrak techniky se Rudolfovi v necelých sedmnácti letech přiblížil na dosah ruky — filmová kamera.

 Když odjížděl na prázdniny do jižních Čech, odvážel si s sebou příslib první role, kterou mu prostřednictvím herečky Marie Halové nabídli zástupci Evropafilmu. V tu chvíli by však nic nevyměnil za to šrámkovsky prosluněné léto, které ho čekalo v Bavorově a Vlachově Březí. Ve vlnách říčky Blanice, k níž chodíval se strýčkem Václavem, se leskly stříbrné hřbety ryb. Možná právě tehdy pochopil tu prostou pravdu rybářského prutu, o které později napsal:

... Ticho nad řekou, její klidný šumot, uklidňující pohled na splývající splávek. A mlčení. Ne že bych byl apoštolem mlčení, to ne, naopak: dnes je asi třeba mluvit. Ale s rozvahou a možno-li moudře. Ale o tom, o čem chce člověk mluvit — nebo o čem slyšel mluvit —, se nejlépe přemýšlí právě s prutem. Tak nějak se to ve vás urovnává, myšlenky a názory dostávají svůj nutný řád, a zatímco řeka plyne, i myšlenky plynou, přinášejí nové a nové, nerušené městským ruchem a neklidem, jak je mu člověk vystaven po většinu roku. I role, které si s sebou člověk přináší, ať ve formě opakování nebo přípravy k jejich celkovému pojetí, to všechno se nad tou splývající vodou nějak lépe urovnává.

Po návratu z prázdnin došlo v životě Rudolfa Hrušínského k zásadní změně. Od 31. srpna 1937 se stal členem avantgardního divadla D 38, které se usídlilo v Mozarteu v Jungmannově ulici. Když toto divadlo na podzim roku 1933 zahajovalo činnost, vydal jeho duchovní otec — režisér Emil František Burian — leták se sugestivním provoláním, v němž zdůvodňoval volbu názvu: „Zkratka D je pro nás útočným heslem, protože se nám jedná o útočné divadlo. Zkratka D může znamenat stejně dnešek jako dělník, stejně divadlo jako dav, drama jako dějiny, dělba jako dílo, dohled, dorost, družina, družstvo, duch, důsledek atd.“ Svému slibu E. F. Burian dostál a z Déčka, jak se divadlu mezi jeho příznivci říkalo, udělal skutečnou tvůrčí dílnu, kde se hledání nových hodnot a tvarů stalo cílem, k němuž směřoval pomocí všech prostředků syntetického divadla. Ke kolektivu spolupracovníků, které kolem sebe soustředil, patřili výtvarníci Miroslav Kouřil, Cesar Grimmich, Jiří Novotný, Karel Poličanský a Josef Raban, hudební skladatel Karel Reiner a choreograf Saša Machov (od roku 1937 ho vystřídala Nina Jirsíková).

V době, kdy se v jeho souboru objevil mladičký Rudolf Hrušínský, mělo Déčko za sebou čtyři sezóny intenzívní umělecké práce. K jeho vrcholným inscenacím patřily adaptace současných i klasických literárních děl: Kästner: ŽIVOT ZA NAŠICH DNŮ (1933), Brecht: ŽEBRÁCKÁ OPERA (1934), Mácha: MÁJ (1935), Nezval: MILENCI Z KIOSKU (1935), VOJNA (1935), Klicpera: KAŽDÝ NĚCO PRO VLAST (1936), Wedekind: PROCITNUTÍ JARA (1936) a Puškin: EVŽEN ONĚGIN (1937).

K podmínkám, které si E. F. Burian hned na počátku stanovil, patřilo mimo jiné, že bude Rudolf používat příjmení Böhm. Tomuto přání se podvolil jen nerad, protože chtěl vystupovat pod pseudonymem svého otce Hrušínský. Dalším problémem, kolem něhož se rozvinula diskuse, bylo natáčení právě připravovaného Binovcova filmu LÍZIN LET DO NEBE, kde dostal Rudolf malou roli a o jehož úrovni měl E. F. Burian své mínění. Výměnu názorů zakončil dopisem Rudolfovu otci, v němž mu nabízel podíl na výchově syna:

> Vážený pane Hrušínský, přemýšlel jsem o tom filmu pro Vašeho hocha a rád bych Vám opakoval svoji řeč o tom. Nejsem vzhledem k talentu Vašeho hocha toho názoru, že by měl *jen proto*, máte-li potřebu peněz, ničit svoji uměleckou budoucnost v devatenácti letech. Nabízím Vám přátelskou ruku k výchově Vašeho syna, a chcete-li přinést tu oběť pro jeho uměleckou budoucnost, že ho nebudete zadávat do kýčů pro hmotný zájem, slibuji Vám, že se o jeho talent postarám, tak aby se vyvinul do té největší šíře. Tím ovšem neříkám, že ho budu ubíjet takzvanými velkými rolemi. Jsem ochoten se stát jeho učitelem a budu ho obsazovat jen tak, jak budu vidět, že je dobré pro růst jeho

talentu. Uvažte všechno dobře. Poslechnete-li mě, bude to pro Vašeho syna jen dobré. Za nějakých pár let ho ani nepoznáte.

Jsem Váš E. F. Burian

V Praze, dne 11. září 1937

V tomto ohledu se režisér Burian mýlil. Jeho dobře míněná rada naštěstí nedosáhla očekávané odezvy. Jinak se mohlo stát, že by česká kinematografie, která po nástupu zvukového filmu slibnými herci zrovna neoplývala, ztratila jednoho z nejtalentovanějších. Úroveň snímků, na jejichž vzniku se Rudolf Hrušínský zpočátku podílel, nebyla sice valná, ale takový je úděl většiny debutantů. Ostatně, E. F. Burian si mohl sám brzy nejlépe ověřit, že Rudolfův divadelní projev účastí na filmování nijak neutrpěl.

Angažováním Rudolfa Hrušínského (zprvu jako honorářového herce, od 1. ledna 1938 za měsíční plat ve výši šesti set korun) udělal E. F. Burian první krok k naplnění koncepce výchovy vlastních hereckých kádrů. Stalo se tak dlouho před otevřením Herecké školy divadla D, k němuž došlo až 1. ledna 1940. Mezi její posluchače tedy nepatřil, jak bývá mylně uváděno v řadě pramenů. Hereckou školu navštěvovali mimo jiné: Jana Dítětová, Zuzana Kočová, Stella Zázvorková, Nina Zvjagina, Vlastimil Brodský, Gustav Heverle a Zdeněk Míka.

Prostředí, do něhož Rudolf Hrušínský přišel, se naprosto lišilo ode všech předchozích divadel, která až doposud poznal. Nebylo to jen zvláštní kamarádskou atmosférou, jež mezi burianovci panovala. Podíl na tom nesl i přísný pracovní režim, který nikomu nedovoloval, aby své úkoly plnil polovičatě. To se týkalo nejen uměleckého, ale i technického personálu. Režisér Burian vyžadoval, aby se na ně všichni soustředili od první čtené zkoušky přes zkoušky aranžovací až po samotné provedení. Herci procházeli pravidelným pohybovým tréninkem, který byl nutný ke zvládnutí náročných tanečních partů, jež byly součástí takřka všech inscenací. Tuto přípravu měla na starosti tanečnice a choreografka Nina

Jirsíková, která sedávala při zkouškách a sdělovala hercům své připomínky.

> Od 9.00 byla normální Emilova režisérská zkouška na chystanou hru. Této zkoušce jsme byli přítomni všichni od začátku do konce. Jen když E. F. Burian propracovával s jednotlivými herci sólové výstupy, brala jsem já lidi do jiné místnosti (obyčejně do foyeru divadla, později Na poříčí do baletního sálu) k nácviku pohybových částí celého sboru. Protože bylo mnoho scén, kde tančil, nebo aspoň při hudbě výrazově cokoliv znázorňoval, nebo při zpěvu se pohyboval — celý soubor. To bylo nejdříve textově-zpěvně naaranžováno (Emilem-Lolou Škrbkovou) a pak jsem to já přesně pohybově tvořila choreograficky — bez improvizací pěkně takt od taktu jako každý normální tanec. (. . .) Myslím, že by se dnes sotva našlo divadlo, kde by herci hodinu denně před vlastní zkouškou absolvovali pohybový trénink jako tanečníci, pouze uzpůsobený pro potřeby herecké. Klasické základy u tyče jim však nebyly prominuty. Herec se tedy musel umět v kostýmu pohybovat.
>
> *N. JIRSÍKOVÁ: Vzpomínky tanečnice, rkp., s. 367*

Oproti dřívější praxi, kdy se herci plně podřizovali vůli režiséra, pod jehož vedením dospívali k určitému odosobnění, od poloviny třicátých let E. F. Burian vědomě podněcoval jejich aktivní přístup. Očekával, že každý z herců přijde na zkoušku s předem připravenou rolí, jejíž pojetí budou společně konzultovat. V případě, že ho herec výkladem postavy neuspokojil, uchýlil se k vlastnímu řešení. Ponechával jim větší prostor pro improvizaci, ale usměrňoval je natolik, aby nenarušili celkovou koncepci, kterou měl předem stanovenou a již měnil jen v detailech.

Pro E. F. Buriana jako uměleckého vedoucího (divadlo D pracovalo na družstevním základě, patřilo členům družstva) byla příznačná snaha živě reagovat na podněty diváků. Na opětovné volání po hře vypovídající o problémech mladých lidí, které nakonec vyústilo v diskusi konanou 7. června

 1936 pod názvem Hledáme téma na studentské představení, odpověděl Burian zařazením dramatizace Žákovy knížky ŠKOLA ZÁKLAD ŽIVOTA. V Rudolfu Hrušínském nalezl ideálního představitele sympatického studenta Jindry Benetky, který byl ze školy vyloučen za to, že ve své kompozici na téma Co se mi nelíbí ve školství kritizoval jednotlivé profesory.

> Rudolfu Hrušínskému bylo tehdy asi sedmnáct let. Byl to krásný zlatovlasý chlapec plný života, v Žákově hře, kde jsme představovali společně žáky střední školy, jsme dělávali různé lumpárny, jak se to ve školních lavicích obvykle děje. Posílali jsme si i psaníčka a tajně jsme si je podstrkávali. Dnes se ptám sama sebe: Je to možné, že ten seriózní pán v Národním divadle je opravdu to líbezné dítě?
>
> *N. JIRSÍKOVÁ: Vzpomínky tanečnice, rkp. s. 367*

ŠKOLA ZÁKLAD ŽIVOTA, tato „satirická veselohra ze života kantorů a študáků" — měla premiéru 31. srpna 1937 v režii E. F. Buriana. Scénu navrhl Miroslav Kouřil, kostýmy Nina Jirsíková. Emil Bolek, Bohumil Machník, Václav Vaňátko, Lola Skrbková, Zdeněk Podlipný, Bedřich Bobek, Jan Kühnmund a Josef Kozák, kteří ve hře zastupovali problematický svět dospělých, stejně jako jejich další kolegové — Miroslav Seemann, Miloš Liška, Sylvie Havránková, Božena Müllerová, Jiřina Stránská a Nina Jirsíková — v rolích sextánů, tvořili jádro Burianova souboru. Lehkost, s jakou Rudolf Hrušínský splynul s tímto kolektivem, byla obdivuhodná. Však si také rázem získal přízeň kritiky i publika.

Melodický hlas, jemná vypointovanost dialogu, mladická přirozenost — kolikrát se ještě v budoucnu setkáme s obdobnou charakteristikou. Ale poprvé platí o poznání víc, neboť je dokladem toho, že tento začínající herec ušel už značný kus cesty za vlastním výrazem, ještě než stanul na scéně Burianova Déčka. Jindra Benetka byl první z řady mladistvých postav, jimž svým neotřelým způsobem dokázal vdechnout sílu života.

Vzpomeňme si na jeden z posledních výjevů ze školní hry Žákovy ŠKOLA ZÁKLAD ŽIVOTA: Benetka se loučí se spolužáky; a naposled s ním zůstává spolužačka, o níž nevíme, byla-li mu nějak bližší než kdokoliv jiný. Ale to rozloučení! Těžká, tíživá pauza, kdy proti sobě stojí oba mladí lidé, jakoby zkamenělí v pohybu, ale ve vzduchu se chví napětí rozchodu a odehrává se tu ve zlomku divadelního času jímavý příběh odloučení dvou lidí, jehož bolestnost si uvědomuješ jen na těžkém polknutí mladého Benetkova hrdla.

J. TRÄGER, Program D 38, s. 100

Po stránce herecké neměl Rudolf Hrušínský v divadle D problémy. Režisér Burian respektoval jeho spontánní, intuitivní projev, který vyvěral z vnitřního přetlaku. Neznamenalo to ovšem, že by se Rudolf cele podvoloval svému pudovému založení. Už jako chlapec si uvědomil, že pravé slzy diváka nedojímají. Snažil se proto jít proti citům, potlačovat je a tím umocňovat konečné vyznění.

O něco horší to bylo s jevištní mluvou. Rudolf přišel do souboru proslulého svým parlandem s otevřenými tóny, bez poklesnutí hlasu na konci vět. E. F. Burian se rozhodl vést herce k dokonalé reprodukci slov. Jako tvůrce voicebandu (recitačního projevu, typického dělením textů do hlasů, které pulsovaly v melodických a rytmických kadencích od mluveného slova ke zpěvu) dosáhl sice u herců ojedinělého výrazu mluvy, ale zároveň je dovedl k návykům, s nimiž se mohli v jiném divadle jen těžko uplatnit. Navzdory svému naturelu si Rudolf tyto praktiky částečně osvojil a ještě po letech překonával jejich omezení.

. . . u E. F. Buriana, kam jsem nastoupil v šestnácti letech, jsem si zvykl trochu nepřirozeně mluvit, protože on nás k tomu honil. Trvalo mi dost dlouho, než jsem se té manýry zbavil.

R. HRUŠÍNSKÝ, Mladý svět 1. 3. 1988

(110) Zpěv byl u E. F. Buriana nejen předpokladem přijetí herce do souboru, ale i nutností, s níž nadále Burian počítal. A tak se Rudolf hned v následující roli, jíž se stal princ Leonce z říše Popo, představil divákům touto písničkou:

Já princem budu
při válení sudů
ať si na to národ zvyká
že má prince následníka

Büchnerova groteskní pohádka LEONCE A LENA měla v divadle D premiéru 25. ledna 1938 v překladu Jaroslava Zikmunda, úpravě E. F. Buriana a s hudbou Karla Reinera. Již podruhé se objevila po Rudolfově boku křehká Jiřina Stránská, tentokrát jako princezna Lena.

Královská říše menší než jeviště, král s kuželem v ruce místo žezla, princ v pruhovaném námořnickém tričku s papírovou korunkou na hlavě, rej Turků, přenášejících sem a tam nadměrné kostky z dětské stavebnice — kam oko pohlédlo všude pohyb a poezie. V mnohém na úkor Büchnera, jehož předloha se přece jen trochu míjela s Burianovým pojetím, ale jinak to byla podívaná jaksepatří a hlavně vděčný úkol pro mladé herce. Sňatek, před nímž Leonce a Lena nezávisle na sobě prchali, aby se tak protivili vůli rodičů, se nakonec stal jejich romantickým snem a posléze i splněným přáním. A právě v tom se skrývala absurdita jejich osudu.

V představení, jehož režie trefně směřovala k loutkové a tančivé stylizaci, nejvíc zaujmou právě scény milostného lyrismu, jimž Burian dal ovzduší polosnu, vroucí melodii i rozmarnou grácii, znovu jimi podávaje důkaz o své scénické básnivosti. Milostná dvojice, pojatá téměř polodětsky, měla v J. Stránské a R. Böhmovi představitele melancholického půvabu i hravého rozmaru.

A. M. PÍŠA, Divadelní avantgarda, 1978, s. 131

Hrušínský měl tuto hru velmi rád. Princ Leonce mu byl blízký i s tou nezvladatelnou touhou uniknout povinnostem a zbavit se odpovědnosti vůči světu. (Při jedné z repríz se mu stala příhoda, která ho trochu zaskočila. Znenadání si uvědomil, že se mu z paměti vytratilo důležité slovo, a jak se blížil k místu, kde je měl použít, trnul, co bude následovat. V okamžiku, kdy udělal gesto, které se k příslušné replice vztahovalo, se mu postrádané slovo samo vybavilo. S ulehčením se přenesl přes obávanou scénu a pokračoval dál. A byl bohatší o jednu zkušenost.)

Metoda kolektivní práce měla pro každého svá úskalí. Pro Rudolfa Hrušínského, který se pohyboval na půdě dosud neprobádané, se stala Burianova vůle do jisté míry zákonem, jemuž se přizpůsoboval.

E. F. Burian dovedl při aranžování herce tak strhnout a — jak já říkala — přetvořit k obrazu svému, že neměli pocit nějakého znásilnění své individuality, a zdálo se vždy, že právě tak a ne jinak lze se pohybovat, mluvit, zpívat nebo tančit, jak bylo Emilem určeno.

N. JIRSÍKOVÁ: Vzpomínky tanečnice, rkp., s. 114

Po epizodní roli studenta v dramatizaci Goethova románu UTRPENÍ MLADÉHO WERTHERA dostal Rudolf větší příležitost v následujícím provedení masopustní alegorie ŽEBRAVÝ BAKUS, která byla součástí LIDOVÉ SUITY (později označované jako PRVNÍ LIDOVÁ SUITA).

Vedle uvádění dramatizací klasických epických děl a novinek současných autorů čerpala Burianova inscenační tvorba z pramenů české lidové poezie, zvykových obřadů a her. PRVNÍ LIDOVÁ SUITA byla zařazena do programu Výstavy pražského baroka ve Valdštejnské zahradě a obsahovala texty HRY O SVATÉ DOROTĚ, SALIČKY a ŽEBRAVÉHO BAKUSE. Premiéru měla 23. června 1938.

(112) Vývojově má LIDOVÁ SUITA v cestě kolektivu D 34—38 předka ve VOJNĚ; tentokrát šel Burian ještě hlouběji na kořen věci. Zatímco ve VOJNĚ podal zdivadelnění lidové poezie, kterou lid jen zpíval a recitoval a nikdy nehrál, v LIDOVÉ SUITĚ se snaží zahrát tyto hry tak, jak se udržovaly a jak si je lid hrával na návsi nebo ve světnicích.

J. KOPECKÝ, Studentský časopis 1939/40, s. 211

HRA O SVATÉ DOROTĚ, světici, která zvolila mučednickou smrt, než aby se zřekla křesťanské víry, se uchovala ve sborníku strahovského kněze Evermoda Jiřího Košetického. Od druhé poloviny 17. století, kdy vznikla jako typický projev lidového barokního divadla, patřila k oblíbeným produkcím na českém venkově. Ryze světská hra SALIČKA, pojednávající o nevěře sedlákovy ženy s panským frejířem, se mezi lidem tradovala až do konce minulého století, kdy byla zaznamenána. Zatímco u prvních dvou částí si E. F. Burian vzal za základ původní předlohy, ŽEBRAVÝ BAKUS byl volným zpracováním zlomkovitých materiálů, které sám dotvořil.

Podle Burianových zjištění byla masopustní hra ŽEBRAVÝ BAKUS uváděna v Milevsku až do roku 1870. Řídila se přesnými pravidly, počet osob a jejich charakter byl ustálený. Pevně stanovena byla i doba, kdy se měla hra provozovat. Průvod maškar procházel městem, navštěvoval hostince a zahajoval masopustní rej. Druhá část hry — pohřbívání Bakuse — probíhala po mši na Popeleční středu. Také kostýmy byly neměnné. Hrobař nesměl mít na svém oděvu jiné knoflíky než dřevěné, jednu kapsu kabátu měl obrácenou naruby. Na nohou nosil dřeváky, z nichž mu lezla sláma. Neodmyslitelnou součástí jeho výzbroje bylo kolečko, které měl dnem obrácené vzhůru. Na něm vezl Bakuse až do chvíle, kdy ho vyklopil na předem připravenou hromadu sněhu.

Protože E. F. Burian inscenoval všechny tři části PRVNÍ LIDOVÉ SUITY jako divadlo na divadle, architekt Kouřil navrhl scénu tak, aby odpovídala primitivním podmínkám venkovského představení.

Musil být vykouzlen pro hru s Bakusem hospodský sál i s tím odekorovaným pódiem pro muzikanty. Lavice a pár židlí postačilo, jako postačilo lidovému dějišti.

R. VACKOVÁ: Výtvarný projev v dramatickém umění, 1948, s. 417

Kromě Bakuse, jeho syna, Drfouse (původně Kalán) a Markýtky (zkarikované postavy Fausta a Markétky) převzal Burian z původního obsazení ještě hrobaře, kterého hrál Rudolf Hrušínský v příčně pruhované sukni, jakési komži, volné strakaté haleně s bílými rukávy místo rochety a s černým biretem na hlavě. S pestře pomalovaným trakařem popojížděl za Bakusem a dotěrně se vyptával:

A ty milý masopuste,
prostopášný Bakuse,
na kterém mrchovišti
chceš být pochován?

Publikum přijalo vděčně úsměvnou alegorii, která mu pomáhala odpoutat se od chmurné skutečnosti. Rolí hrobaře, jež sloužila „na zesměšňování posledních věcí lidských“, jak ve svém referátu pro České slovo poznamenal Jindřich Vodák, se Rudolf Hrušínský rozloučil s první divadelní sezónou, kterou absolvoval pod režijním vedením E. F. Buriana. Jenže s divadlem je to jako s každou lidskou činností. Sezóna skončila. Ať žije další sezóna!

Už od prázdnin se v divadle proslýchalo, že E. F. Burian pracuje na dramatizaci novely Boženy Benešové DON PABLO, DON PEDRO A VĚRA LUKÁŠOVÁ a že pro Rudolfa Hrušínského chystá roli Jarky Kohouta. O tom, komu svěří Věru Lukášovou, nikdo ani na okamžik nepochyboval.

Jiřinu Stránskou spatřil Hrušínský poprvé ve svých šestnácti letech jako Vendlu ve Wedekindově PROCITNUTÍ JARA. Hra, pojednávající s neobyčejnou otevřeností o zranitelnosti mládí, na něho silně zapůsobila. Dlouho nemohl zapomenout na vzpurného Melchiora Gabora, kterého hrál Vladimír Šmeral. Když se stal členem Burianova souboru, měla už

 Jiřina Stránská renomé vyzrálé herečky, třebaže svou subtilností působila takřka dětsky. Již v Žákově ŠKOLE ZÁKLADU ŽIVOTA, ale především v Büchnerově pohádce LEONCE A LENA se ukázalo, že je Rudolf Hrušínský při své chlapeckosti jejím vhodným protějškem. Snad právě milostná dvojice Leonce a Leny vnukla Burianovi myšlenku poohlédnout se po dramatickém textu, který by splňoval jeho představy a oběma hercům poskytl dostatečný prostor k uplatnění jejich talentu i citového bohatství.

Burianově schopnosti zaznamenat sebemenší záchvěv vyprahlé soudobé české literatury nemohlo vydání posledního prozaického díla spisovatelky Boženy Benešové uniknout. Novela nenápadná rozsahem i volbou námětu promluvila ke svým čtenářům čistotou nazírání i hloubkou pohledu. Prostý příběh dívenky Věry, která stanula na prahu života, zaujal Buriana natolik, že se rozhodl pro jeho dramatizaci. A nejen to. Aby umocnil její vyznění, napsal smyčcový kvartet, jehož hlasy odpovídaly jednotlivým postavám.

> Soulad mezi textem a hudbou byl geniální. Burian vycházel při jednotlivých větách skladby z ducha té které scény, z její atmosféry, dokonce mnohdy i z intonace herců. Po obraze, na jehož konci odskočí Věra ze scény s rozmarným: „Zeptám se ho, zeptám, zeptám . . .“, kvartet jako by okopíroval kadenci té věty a rozvíjel na ní celou základní melodii: stalo se z toho téma.
>
> *J. STRÁNSKÁ, Lidová demokracie 10. 8. 1974*

Dvanáctiletá Věra, kterou vychovává babička v prostředí malého města jako „nešťastnou dceru nešťastné matky“, se celou svou bytostí upnula k řešení otázky, co je dobro a zlo. Dva míčky, které pojmenovala podle hrdinů sešitového románu don Pablo a don Pedro, se v její fantazii staly nositeli kladných a záporných vlastností. Aby dosáhla spravedlnosti a smíru těchto zapřisáhlých odpůrců, usilujících o přízeň spanilé dony Elvíry, rozhodla se inscenovat boží soud. V nejméně vhodnou chvíli zabloudil však do její „oblasti“, kam se tajně uchylovala, cizí kluk a vzal jí jeden z míčků. Ponížená Věra se nezmohla na odpor. Autoritu si získala zpátky teprve tehdy, když se jí podařilo rozluštit hádanku, v jejímž čtyřverší bylo zašifrováno vetřelcovo jméno — Jaroslav Kohout.

Vítám stejně světlé rovnodenní,
jako vítám každý úsvit denní.
To už nikdy nezměním,
jménem ani příjmením.

Z trochu povýšeného, zlomyslného výrostka se brzy vyklubal spolehlivý kamarád, jemuž nebylo lhostejné Věřino tápání. Ani babička (Lola Skrbková), jejíž vzpomínky páchly naftalínem, ani zrádný pan Láb (Zdeněk Podlipný), v jehož pasti Věra málem uvízla, nemohli zabránit jejímu poznání, že „svět není tak zmatený, jak se zdá“.

V polovině října oslavil Rudolf Hrušínský osmnácté narozeniny. Role Jarky Kohouta byla tím nejlepším dárkem, jehož se mu mohlo od režiséra Buriana dostat.

Zkoušeli jsme tenkrát s Podlipným, Skrbkovou a Rudou Böhmem, který záhy převzal herecké jméno otcovo, Hrušínský, ne jen dopoledne, jak je dnes zvykem, ale celý den až do šesti, kdy se musela začít stavět scéna na večerní představení. Nemysleli jsme, že DON PABLO, DON PEDRO A VĚRA LUKÁŠOVÁ bude nějaký tahák pro lidi, odhadovali jsme to na deset, patnáct repríz, ale přesto jsme tomu dávali všechno. Atmosféra ve zkouškách byla báječná.

J. STRÁNSKÁ, Lidová demokracie 10. 8. 1974

Aby herci dosáhli co největší věrohodnosti, museli hrát ve vlastních civilních šatech. Tuto podmínku Rudolf uvítal, protože mu nic nebránilo v chlapecké uvolněnosti. V krátkých kalhotách s podkolenkami a světlé košili s rozhalenkou, nakrátko ostříhaný působil natolik mladistvě, že jeho zevnějšek odpovídal věku kvartána. Od prvního okamžiku, kdy se objevil na scéně, aby Věře ukázal, zač je toho loket, upoutal pozornost diváků svou „dětstvím a klukovstvím prozářenou postavičkou Jarky Kohouta“ (*K. ENGELMÜLLER, Národní politika 1. 12. 1938*). Pod maskou cynického, prázdninově znuděného studenta probleskoval zpočátku utajovaný, ale stále zjevnější zájem o Věřin dívčí, neuchopitelný a zdánlivě nepochopitelný svět. Zatímco se Věra vznášela v oblacích svých představ, stál Jarka Kohout pevně na zemi a pokoušel se rozpoznat hranice mezi světlem a stínem, rozprostírajících se kolem nich. Od chvíle, kdy uvěřil ve Věřinu opravdovost a nechal se strhnout jejím hledáním dobra a zla, neztratil nic na své „upřímné, zrnité klukovině, která se podává přímo podle přírodního vnuknutí“ (*J. VODÁK, České slovo 1. 12. 1938*). Pozorně naslouchal jejímu vyprávění, v soustředěném, přemítavém pohledu se zračilo vše, v čem měl jeho „mudrácký“ Jarka nad Věrou převahu. Od ironizující a lehce afektované Věry Jiřiny Stránské se ve své průzračnosti odrážel Rudolfův „neocenitelný dar přirozené, nestrojené chlapeckosti ve všem hereckém vyjádření“ (*I. FISCHEROVÁ, Národní osvobození 1. 12. 1938*). Jednoduchými charakterizačními prostředky dociloval Rudolf Hrušínský nezapomenutelného účinku. Hlavu skloněnou, pohrával si s míčkem, který uražené Věře vzal, a usmíval se. Nebyl to však zlomyslný úsměv, jen ji škádlil. Když mu Věra líčila střetnutí s oplzlým panem Lábem, poslouchal se sklopenýma očima, vlasy mu padaly do čela a v prstech otáčel stéblem nebo ho jen tak v zamyšlení žmoulal. Mimoděk zdůraznil podstatu Jarkovy povahy, jeho sklon k hloubavosti a ničím nezkalené důvěry v budoucnost.

Kvarteto herců docílilo pod režijním vedením E. F. Buriana neočekávaného úspěchu. Chvála kritiků patřila všem rovným dílem.

> Ještě po jiné stránce zaslouží si tentokrát E. F. Burian pochvalu: za svou práci s herci, za onu lidsky čistou a prostou formu, oproštěnou všech expresionistických násilností, v níž se nám objevili hlavní představitelé hry: drsná i něžná, moudrá i žabsky

vzpurná Věra Jiřiny Stránské, spojující neohrabanost pohybů s půvabnou dívčí plachostí a stále jaksi přepjatá vnitřním tlakem, klackovitý, klukovský hrubý, ale kamarádsky spolehlivý Jarka Kohout Rud. Böhma, skřítkovitý Láb Zd. Podlipného s mrtvolně vilnými úsměvy a chňapavým plížením a starosvětsky omšená babička Loly Skrbkové, podivně plošná, jako by obživla z nějakého lidského herbáře. Ano, tentokrát jsme viděli na jevišti D 39 to, co jsme na něm často postrádali: skutečné herce.

M. RUTTE, Národní listy 1. 12. 1938

Herci to u obecenstva i kritiky vyhráli na celé čáře. Inscenace VĚRY LUKÁŠOVÉ vyvolala mimořádný zájem. Ze všech stran se do Mozartea sjížděli mladí lidé, aby zhlédli představení, které za ně promlouvalo a jež jednou provždy poznamenalo jejich divadelní cítění. VĚRA LUKÁŠOVÁ se stala výpovědí, výpovědí generace, která stanula na prahu války.

Jak to, že právě tahle zdánlivě zcela odtažitá hra tehdy tak zapůsobila na přátele i nepřátele umění? V tom je tajemství „dnešnosti“ divadla. Vykládám si to tak: V době, kdy válka byla na obzoru, v době nervózní a napjaté, kdy nám Hitler bral Sudety, kdy ve světě vládla věrolomnost, intriky, podvody a hrozby, hráli jsme o donu Pablovi, donu Pedrovi, to jest o dobru a zlu, o čistém lidském kamarádství bez falše a předsudků. Vítěznou byla mladá víra v dobrý konec všech trampot, ve šťastný život. „Já věřím v přátelství bez klamu vzápětí“ — to byla odpověď na špatnost a zkaženost okolního světa, a proto ťala zdánlivě apolitická hříčka do živého. Nevím, zda si tohle Burian uvědomoval nebo jen intuitivně vyhmátl VĚRU LUKÁŠOVOU. V tom byla jeho velikost a sláva: ať dělal cokoliv, hovořil ne mimo čas a prostor, ale k dnešku. Protože dneškem žil. Takové by asi mělo být umění vždycky.

J. STRÁNSKÁ, Lidová demokracie 10. 8. 1974

Kdykoliv se později pamětníci ve svých vzpomínkách vraceli k prvnímu Burianovu nastudování VĚRY LUKÁŠOVÉ, jedním dechem vyslovovali jména Jiřiny Stránské a Rudolfa Hrušínského.

My starší se velmi dobře pamatujeme na dramatizaci příběhu VĚRY LUKÁŠOVÉ národním umělcem E. F. Burianem. Tenkrát hrála malou Věru nezapomenutelná Jiřina Stránská a Jarku Kohouta stejně nezapomenutelný Rudolf Hrušínský. Představovali naše mládí, naše pocity, naše prvotní zkušenosti, z nichž rostl příští náš život. Sotva budeme moci zapomenout na toto představení v tehdejším Déčku. Stále vidíme přítmí scény, z níž k nám hovoří náš nejranější věk.

M. BUREŠ, Svobodné slovo 22. 3. 1966

... můj největší zážitek patřil Mozarteu, kde Burianovo divadlo hrálo. Na jeho malé, intimní scéně jsem viděl slavnou hru Déčka — VĚRU LUKÁŠOVOU. S Jiřinou Stránskou a Rudolfem Hrušínským v hlavních rolích. Silně jsem zahořel pro toto divadlo.

Z. ŘEHOŘ, Květy 3. 9. 1981

Postava Jarky Kohouta se stala ve vývoji mladého herce skutečným mezníkem, neboť potvrdila tvůrčí možnosti, které si Rudolf Hrušínský do divadla D přinesl a za jejichž uplatnění režiséru Burianovi vděčil.

Pak přišel 15. březen 1939. Venku chumelilo. Mokrý sníh bičoval tváře přihlížejících chodců. Prahou se valila zkáza v podobě vojenských aut. Věra Lukášová vedla dál svůj boj, ale nebyl už hrou dítěte. Hrálo se o život. Pochopili to diváci, pochopili to i ti, jejichž záměry byly při vstupu do divadla mnohem méně čisté. Přes opětovné útoky fašistické Vlajky a požadavek, aby byla hra pro svůj „židovskozednářský obsah“ (*Z. KOČOVÁ: Kronika AUD, 1955, s. 553*) stažena z repertoáru, rozhodl se ji E. F. Burian zfilmovat.

Protože malý sál Mozartea potřebám Déčka už delší čas nevyhovoval, zvolil E. F. Burian jako nové sídlo divadla budovu Legiobanky na Poříčí. Než byly prostory zadaptovány, vydalo se D 40 na turné po východních Čechách a Moravě.

Jeho vyvrcholením se stala účast na přehlídce soudobé divadelní tvorby Brněnský podzim 1939, kde byla 12. září uvedena VĚRA LUKÁŠOVÁ.

Členové Burianova souboru se zprvu v dusné atmosféře Brna necítili dobře. Setkávali se s různými projevy šovinismu. Byli napadáni za to, že nosili na hlavách čepice se štítky, takzvané masaryčky. O to víc na ně zapůsobila přítomnost dvanácti set diváků, kteří jim uspořádali bouřlivé ovace. Tato okázalá manifestace sympatií vyvolala příslušnou odezvu a posloužila jako záminka pro okamžitý zákaz dalšího provozování hry.

Na žádost pořadatelů přehlídky, kteří se odvolali, měla být celá záležitost přezkoumána, a tak se o několik dní později — 18. září 1939 — konalo představení pro jediného diváka — experta úřadu říšského protektora. Ačkoliv shledal hru nezávadnou a přislíbil nápravu, jejího dalšího povolení se D 40 už nedočkalo. Z tohoto důvodu byl soubor nucen turné na Moravě přerušit.

Potom už dostaly události rychlý spád. Při demonstraci proti okupantům, která se konala v Praze 28. října, byl těžce zraněn student medicíny Jan Opletal. Pohřeb, který mu uspořádali jeho kolegové, vyvolal odvetná opatření. 17. listopadu 1939 byly uzavřeny vysoké školy a konaly se první popravy. Dvanáct set studentů bylo deportováno do koncentračních táborů. Oběti zlovůle se stala mladá česká inteligence.

Krátce po návratu ze zájezdu se Rudolf Hrušínský rozhodl angažmá v D 40 ukončit. Posledními postavami, které tu vytvořil, se stali třetí žák v koledni hře VOJÁCI SV. ŘEHOŘE a generál Minc v KOMEDII O FRANTIŠCE, jež byly součástí DRUHÉ LIDOVÉ SUITY.

KOMEDIE O FRANTIŠCE, DCEŘI KRÁLE ANGLICKÉHO, A TÉŽ HONZÍČKOVI, SYNU KUPCE LONDÝNSKÉHO, která svým členěním a častým střídáním dějiště připomínala zjednodušenou formu shakespearovského dramatu, vznikla jako kramářská hra asi v polovině 18. století a byla hrána na českém venkově. Z této skutečnosti vycházel režisér Burian, když ji inscenoval jako divadlo na divadle a herce vedl k tomu, aby své postavy vytvářeli zprostředkovaně, z odstupu — tak, jak je kdysi představovali prostí vesničané. Podařilo se mu tak oživit půvabný lidový obrázek, jehož hrdinové procházeli neuvěřitelnými proměnami s naprostou bezelstností a naivitou.

Anglický král má selské gatě a královna božíhodový šátek na hlavě, jejich dcera Františka nosí věnec ze žlutých květin. Zlý pan generál Minc, ověšený papírovými fábory, prodá ctnostnou Františku tureckému císaři, který má červený župan, dlouhou dýmku a v ruce půlměsíc.

O. SRBOVÁ, Národní práce 13. 5. 1939

Odmrštěný nápadník generál Minc v podání Rudolfa Hrušínského, který „vyhlížel jako výlupek perfidního intrikánství" (*J. VODÁK, České slovo 13. 5. 1939*), se choval jako „vesnický švihák se vší svou předstíranou naivní protřelostí a světaznalostí" (*B. VÁCLAVEK, Moravský večerník 30. 9. 1939*). Valná většina publika, odbornou kritiku nevyjímaje, přijala DRUHOU LIDOVOU SUITU s plným porozuměním.

V obou hrách Burianův soubor vyniká dokonalými výkony pestrých, groteskních postaviček, ať už je to učitel Machníkův, žáci Vajnar, Seemann, Hrušínský, Vaňátko s roztomilým tamborem Müllerové nebo blázen Kozákův, Minc Hrušínského.

K. ENGELMÜLLER, Národní politika 13. 5. 1939

DRUHÁ LIDOVÁ SUITA se tedy stala tečkou za působením Rudolfa Hrušínského v Burianově Déčku. S jeho členy se však nadlouho neloučil, jak se ukázalo po uzavření tohoto divadla.

Ve chvíli, kdy se Rudolf Hrušínský rozhodl odejít, měl už za sebou několik filmových postav a výrazný úspěch ve Vávrově HUMORESCE. Plnění závazků vůči filmu vyžadovalo ovšem stále častější ústupky ze strany režiséra Buriana i provozního ředitele Kouřila. Protože neměli ve zvyku řešit podobné záležitosti kompromisem, došlo mezi nimi k výměně názorů. Přesto se nerozcházeli ve zlém. Zvláště E. F. Burian měl pro Rudolfa Hrušínského pochopení a nemínil mu bránit v rozletu. Vnější okolnosti tak způsobily, že skončilo jedno z nejzávažnějších období ve vývoji herce, jehož působení v Burianově souboru bylo přínosem pro obě strany. Viděno dnešníma očima skončilo právě včas, neboť se tak zabránilo střetnutí mnohem závažnějšímu, při němž by si Rudolf Hrušínský uvědomil, že své možnosti u Buriana vyčerpal. Už na počátku byl osobností natolik silnou (navíc živcnou divadelním zázemím zcela odlišného charakteru), že si musel jednoho dne položit otázku, zda by mu i nadále prospívalo podrobování se Burianovým požadavkům, které do jisté míry deformovaly jeho vlastní, přirozené sklony. Ostatně nebyl sám, kdo odtud odcházel se smíšenými pocity.

Ve velkém představení tito herci byli skutečně velcí — v tom bylo kus Burianova čarodějnictví. Abychom si rozuměli — nebyli loutky. Byli živým materiálem, součástí inspirace velkého režiséra, a tím spoluautory představení. Nehráli sami, hrálo světlo, hrál zvuk, rytmus představení a v něm člověk. Avšak člověk herec s vlastním algoritmem, a vlastní představou o seberealizování časem přišel do konfliktu tím silnějšího, čím silnější osobností — potlačovanou — sám byl. Z toho pak ty konflikty, kdy se od EFB odcházelo jednotlivě nebo v celých skupinách.

O. SRBOVÁ, Divadelní noviny 19. 4. 1967

Dadaismus, surrealismus, poetismus, artificielismus . . . avantgarda. Z odstupu času nabývají pojmy na velikosti stejně jako jména jejich stoupenců a propagátorů, z nichž se po letech staly uznávané individuality a tak trochu legendy. Může si však umělec žijící přítomností uvědomit její jedinečnost a neopakovatelnost? Je v jeho silách rozpoznat a docenit její význam?

 Když se Rudolf Hrušínský začal v necelých sedmnácti letech seznamovat s lidmi obklopujícími divadlo D, nemohl tušit, že se většina z nich trvale zapíše do dějin českého umění. Teprve dodatečně si uvědomil, že ten veselý kumpán, který sedával v zákulisí nad sklenkou vína a rád se otáčel za děvčaty, byl divadelní kritik Julius Fučík. Nebo že autorem Zpívané modlitby, kterou E. F. Burian nastudoval s voicebandem, je básník Jaroslav Seifert, s nímž si po dlouhých letech vymění několik přátelských dopisů. A že ten malý obrázek, na němž se snoubí ženská tvář s hrozny a úponky vinné révy, mu darovala tajemná Toyen, na jejíž vernisáži jako chlapec recitoval. Před očima mu znovu vyvstávala podoba Konstantina Biebla, s nímž chodíval do kavárny Urbanky a jemuž čítával nahlas verše v tichu zešeřelého pokoje. Ani Karel Reiner nebyl v době, kdy ho poznal, tím uznávaným hudebním skladatelem, přestože už spolupracoval s E. F. Burianem. Krátce předtím, než byl Reiner zařazen do transportu do Terezína, Hrušínský Reinera potkal. Na kabátě měl přišitou žlutou Davidovu hvězdu. Rudolf Hrušínský mu nabídl, že ho doprovodí, a vzal ho pod paží. Nic nedbal marných protestů zkušenějšího kolegy, který se za něj obával, že mu tento akt solidarity ublíží. To všechno vnímal Hrušínský jako součást dne, který prožíval, jako součást skutečnosti, která mu tehdy patřila.

Z těch drobných střípků vzpomínek na některé z příslušníků avantgardy nelze přirozeně složit celou mozaiku. A přece vypovídají cosi o době, kdy se umělci nechávali unášet proudem fantazie, kdy slovo individualita neznamenalo méně než slovo kolektiv a kdy smysl pro odpovědnost a etické cítění byly něčím naprosto samozřejmým. Ne náhodou vyjádřil dramatik Eugène Ionesco definici avantgardy takto: „L'avant-garde, c'est la liberté."

Popularita Rudolfa Hrušínského jako filmového herce se koncem třicátých let rozrostla natolik, že podnítila nejednoho z recenzentů k úvahám o jeho dalším směřování. Zdálo se, že stanul na rozcestí s ukazateli: divadlo, nebo film. Ale byl rozhodnutý zachovat věrnost divadlu. Příčinu nemusel dlouho hledat.

> Vůbec mi nepřirostly k srdci ty veseloherní studentské postavy; rád bych ukázal, že mohu hrát také role životnější, a proto musím vzpomínat stále na HUMORESKU. Nu — a z těchto i jiných důvodů hraji raději na divadle. Je to opravdu čistá herecká práce, kde herecký projev jde k obecenstvu bezprostředně a bez různých kouzel jako ve filmu, kde se vlastně veřejnosti dostává herců, abych tak řekl – preparovaných.
>
> *R. HRUŠÍNSKÝ, Kinorevue 30. 3. 1940*

Když se mu krátce po odchodu od E. F. Buriana naskytla příležitost podílet se na nastudování amerického dramatu NAŠE MĚSTEČKO, jehož autorem byl Thornton Wilder, ani na okamžik nezaváhal. Komorní divadlo je uvádělo v rámci literárního cyklu, který měl divákům zprostředkovat poznání umělecky hodnotných děl současných dramatiků. Městská divadla pražská, do jejichž svazku Komorní divadlo náleželo, procházela právě složitým obdobím, vrcholícím reorganizací vedení. Dlouholetý ředitel Bedřich Jahn, jenž se zasloužil o naplňování Hilarovy idey divadla otevírajícího okna do světa, byl v únoru 1940 vystřídán zplnomocněncem pražské obce Vladimírem Říhou.

Ačkoliv probíhaly zkoušky NAŠEHO MĚSTEČKA v atmosféře neklidu, jejich výsledkem se stala jedna z nejpozoruhodnějších inscenací, k jejichž uskutečnění za okupace došlo. Předpokladem úspěchu byla už samotná předloha, která situovala děj do amerického městečka Grover's Corners na počátku století. Wilderovo melancholické nahlédnutí do všední každodennosti dvou rodin, jejichž sousedské vztahy se prohloubily sňatkem dětí, postihovalo proměnlivost lidských osudů ne nepodobnou střídání ročních dob.

V souboru Městských divadel pražských, kde se Rudolf Hrušínský tak nečekaně ocitl, působila řada výrazných hereckých osobností, vzbuzujících respekt. Hned napoprvé se na jevišti setkal s Milošem Nedbalem a Annou Iblovou jako rodiči Jirky Gibse, jehož postavu vytvářel; s Vladimírem Řepou a Helenou Friedlovou v rolích manželů Webbových a konečně i s Natašou Gollovou jako Emčou Webbovou.

Překlenout oblouk značného časového rozpětí, naplnit psychologickou šíři postavy, vyžadovalo herce o poznání zkušenějšího a vyzrálejšího, než byl Rudolf Hrušínský ve svých devatenácti letech. Naštěstí patřil Jirka Gibs do té kategorie typů, které důvěrně znal a pro něž byl příznačný lyricky měkký tón chlapectví zmítaného probouzejícím se citem. Klukovská pýcha basketbalové hvězdy se rozplynula pod dojmem milostného vzplanutí ke spolužačce Emče. Ve tmavém studentském obleku, s tvrdým límečkem a vázankou pevně upnutou ke krku, seděl vedle ní naprosto soustředěný, jako by si uvědomoval vážnost a neopakovatelnost chvíle. Jak ve svém obšírném referátu konstatoval Miroslav Rutte — jen Jirka s Emčou se nenechali zcela pohltit všedností a sebezapomněním.

> Jen dva jako by usilovali prolomiti začarovaný kruh: student Jirka — upřímný, rozpačitý, klackovitý a neohrabaně milostný v lidsky teplém podání R. Hrušínského a Emča N. Gollové, v níž nám poslední dobou od role k roli roste herečka vzácné výrazové čistoty a lyrické melancholie.
>
> *M. RUTTE, Národní listy 20. 1. 1940*

Jindřich Vodák měl dosud v živé paměti Hrušínského Jarku Kohouta, a tak se neubránil srovnání.

> Dvojice Gollová v Emči a hostující ml. Hrušínský v Jirkovi závodí vítězně s E. F. Burianovou dvojicí z VĚRY LUKÁŠOVÉ, jejich duo v cukrárně je skvostné svým upřímným, bezelstným panošstvím a jinošstvím, duševní čistotou, pohnutými pomlkami, cudně se osmělujícími pohledy a větami.
>
> *J. VODÁK, České slovo 20. 1. 1940*

Zdánlivý vítěz nad životem je na samém prahu dospělosti pokořen, sražen na kolena smrtí své mladičké ženy. Jestliže byl Hrušínského Jirka zprvu „plaše zamilovaným i ulekaným ženichem" (*K. ENGELMÜLLER, Národní politika 20. 1. 1940*), proměnil se při jejím pohřbu v živý stín.

Tady také plně zapůsobila krásná, zajímavě, třeba bizarně řešená režie Salzerova, zvláště řada hrobů v podobě sedících černě oděných mrtvých s bílým květem na prsou, pohřeb Emči v dešti při smutečním chorálu a rozevřených deštnících a úchvatně snově výstižný návrat zesnulé mezi živé.

K. ENGELMÜLLER, Národní politika 20. 1. 1940

Při práci s režisérem Salzerem se Rudolf Hrušínský cítil mnohem svobodněji. František Salzer měl sice stejně jako E. F. Burian předem stanovenou jasnou koncepci, ale do vlastní herecké práce příliš nezasahoval. Patřil k těm režisérům, kteří vědí, co chtějí, což Rudolfu Hrušínskému od počátku imponovalo.

Umění mladého herce rostlo den za dnem. O milovníky nebyla v souboru Městských divadel pražských nouze, a přece právě on dovedl nejlépe „dát mluvit citu bez sentimentality, prostě a jadrně a přitom s efébskou křehkostí" (*J. TRÄGER, A—Z 19. 1. 1940*). Jirka Gibs byl toho dokladem.

Od premiéry NAŠEHO MĚSTEČKA uběhlo necelých šest týdnů, když mu zranění kolegy Františka Vnoučka dopomohlo k nové roli. Byl jí sluha Tranio v Shakespearově frašce ZKROCENÍ ZLÉ ŽENY. Nejednalo se tedy o záskok ledajaký, vždyť šel Rudolf Hrušínský na zkušenou k samotnému Shakespearovi! A navíc — s Jiřinou Štěpničkovou jako Kateřinou a Otomarem Korbelářem jako Petrucciem.

Hrušínského Tranio, to nebyl mírný vánek, větříček, to byl vichr, který pomáhal jeho pánovi Lucenziovi trhat ovoce v nejvyšších větvích stromu. Škoda že si tehdy nikdo z režisérů neuvědomil skryté bohatství talentu, které zazářilo v Hrušínského mrštném a vychytralém Traniovi. Nemusel zůstat nadále odsouzen k věčně se opakujícímu modelu mládí.

Po řadě repríz NAŠEHO MĚSTEČKA a ZKROCENÍ ZLÉ ŽENY nebylo pochyb, že se hostování Rudolfa Hrušínského brzy promění ve stálé angažmá. Netrvalo dlouho a novinami proběhla zpráva, která tuto domněnku potvrzovala. Ještě než uzavřel smlouvu, několikrát si odskočil do Třešňákova divadla Akropolis, aby si zopakoval, co se naučil po boku svého otce. V komedii KOTRMELCE MLÁDÍ autorů Sturma a Färbra se jako oktaván Hofman pokusil řešit problémy s latinou. Nezištnou pomoc mu při tom poskytovala dcera latináře Enderleho Lotka, kterou hrála Jana Ebertová. Rudolf Hrušínský s ní sedával ve školních lavicích už při natáčení oblíbeného filmu CESTA DO HLUBIN ŠTUDÁKOVY DUŠE.

Ačkoliv se mu dostalo v poměrně krátké době několika nových příležitostí, nebyl Rudolf Hrušínský spokojen. Toužil po charakterních rolích. Nemohl se ubránit pocitu, že u lyrických milovníčků není o čem hrát. Častokrát si na to stěžoval, ale marně.

> Chtěl bych se rozehrát na dobrém divadle. V jakých rolích? Stůňu po Orlíkovi, po Romeovi, po Jeníkovi v LÉTĚ, zkrátka po rolích, které mají nějakou hloubku, spíše po vážnějších než po veselých.
>
> *R. HRUŠÍNSKÝ, Národní noviny 4. 6. 1940*

Opravdu byl tento sen tak nesplnitelný? Dalo se předpokládat, že bude dramaturgie Městských divadel pražských poté, co byl Rudolf Hrušínský angažován (1. června 1940), vycházet z možností, které se jí tak nabízely. Opak byl pravdou. Do jisté míry lze její činnost omluvit stíženými podmínkami, za nichž pracovala (útoky kolaborantského tisku, omezení pravomoci dramaturga Franka Tetauera atd.). Ale jinak? Shakespearovu dílu věnovala sice Městská divadla pražská stálou pozornost, přednost však dávala kusům osvědčeným a divácky přitažlivým, tedy především veselohrám. Se

Šrámkovým LÉTEM se Rudolf Hrušínský minul o vlas. V blízké budoucnosti měl za to být bohatě odškodněn. A Rostand? Nevzbuzovala by hra o Orlíkovi, potupeném synu Napoleonově, nesprávné asociace? A tak — summa summarum — důvodů bylo víc. Neznamenalo to ovšem, že by se odborná kritika nepozastavila nad způsobem jeho obsazování. Naději, že dojde k brzké nápravě, vyjádřila za všechny ostatní historička a divadelní recenzentka Růžena Vacková.

Rudolf Hrušínský není hercem jenom pro pubertální zmatky, ale je v těchto rolích jedinečný. Prostý, věcný, tlumený a cudný. Jeho „civilnost" není civilností. Je zcela a výhradně citový, jenomže má míru diktovanou distinkcí citu. Proto je tak naprosto přesvědčující. A proto by se měl zkusit v mladých hrdinech, než se nadlouho uvěří, že je pouze z jadrných chlapců z periférie. Hrušínský není jen z mladých žánrů a charakterů — vsadili bychom se na Romea. Ne-li hloub, ne-li dál.

R. VACKOVÁ, Národní střed 20. 5. 1941

Bohužel tohoto hlasu volajícího na poušti nikdo nedbal.

Tvorba Fráni Šrámka nebyla ostatně pro Rudolfa Hrušínského tak velkou neznámou. Několik dní předtím, než se v rozhovoru pro Národní noviny zmínil o své touze zahrát si Jana Skalníka, se jako host účastnil oslav pořádaných při příležitosti otevření Městského divadla v Písku. Hlávkovu dramatizaci STŘÍBRNÉHO VĚTRU nastudoval s místními ochotníky režisér Václav Krška. Jeho pojetí bylo velkorysé. Na celém podniku se podílelo sto padesát čtyři účinkujících. Hudbu k tomuto provedení, stejně jako později ke Krškově filmovému ztvárnění, napsal skladatel Jiří Srnka. Pozvání hostů z Prahy mělo dodat této pompézní akci punc umělecké události, což se skutečně podařilo. Do role Aničky Karasové si režisér Krška vybral Zorku Janů, sestru Lídy Baarové, kterou poznal při natáčení Čápova filmu OHNIVÉ LÉTO. Od Rudolfa Hrušínského jako Jana Ratkina si právem hodně sliboval. A do třetice povolal na pomoc eléva Národního divadla Soběslava Sejka, jemuž přidělil roli Karla Valenty. Olgu Müllerovou si zahrála začínající spisovatelka Nina Bonhardová, která se do Písku krátce předtím přestěhovala. Představení se konala 30. dubna a 1. května 1940.

Královské město Písek přijalo herce vskutku královsky. A tak si Hrušínský odvážel s sebou do Prahy kromě příjemného zážitku ze shledání s jižními Čechami také mnohou pochvalu. Jediný stín, který dopadl na jeho účinkování, vrhl šéfredaktor Kinorevue dr. Rádl, když mu vytkl neznalost textu a přílišné sebevědomí. Rudolf Hrušínský se proti tomu ostře ohradil.

V Praze dne 31. 5. 1940

Vážený pane doktore,

prominťe laskavě, ale myslím, že Váš „případ" z č. 41, roč. IV. Kinorevue potřebuje vysvětlení. Nechci se nijak ospravedlňovat za svého Ratkina — víte dobře sám, jak se věci měly; dělal jsem tu roli, na kterou jsem se opravdu těšil, na dvě zkoušky, při kterých ještě polovina partnerů chyběla. Vím a věřím, pane doktore, že Váš článek byl myšlen k mému dobru, ale ujišťuji Vás, že si nejsem ani v nejmenším vědom, že bych nosil hlavu výš, než mi narostla. Mrzí mě jen, že mne házíte do jednoho pytle s lidmi, kteří venku opravdu ostudu dělají. Doufám, že mi prominete tento nový důkaz nedostatku pokory, a poroučím se Vám.

V dokonalé úctě Rudolf Hrušínský ml.

Dr. Rádl už v polemice nepokračoval.

Městská divadla pražská vlastnila v době, kdy se stal Rudolf Hrušínský jejich členem, kromě Městského divadla na Vinohradech ještě Komorní divadlo v Hybernské ulici. Uměleckým šéfem činohry byl Bohuš Stejskal, který se snažil navazovat na odkaz svých předchůdců — Karla Huga Hilara a Jana Bora. Stálými režiséry Městských divadel byli vedle Bohuše Stejskala František Salzer a Gabriel Hart, dramaturgem dr. Frank Tetauer.

Co mohl Rudolf Hrušínský od první divadelní sezóny 1940—41 očekávat? Její repertoár zahrnoval poměrně široké spektrum her — od Gogolova REVIZORA a Lope de Vegovy hry SEDLÁK SVÝM PÁNEM přes Coolenova CIZINCE, Shakespearovu komedii JAK SE VÁM LÍBÍ a tragédii HAMLET až k podprůměrným novinkám Viléma Wernera PŮLNOČNÍ SLUNCE a A. J. Urbana SLUNEČNÍ PASEKA. V každé z nich očekávala Rudolfa Hrušínského nějaká ta role či rolička. Ačkoliv už nebyl žádný kandrdas, jak se říká začínajícím hercům, přece jen si musel své ostruhy vysloužit. Nezapomínejme, že se jednalo o činohru, která si na samém počátku existence vytkla za cíl stát se „druhým Národním divadlem", což se jí dařilo — pravda — se střídavým úspěchem.

Přizpůsobit se novému pracovnímu rytmu nedělalo Rudolfu Hrušínskému žádné potíže. Zkoušky probíhaly denně od deseti do čtrnácti hodin. Nastudování programu trvalo obvykle čtyři až pět týdnů, u konverzačních her o něco méně. S uměleckým šéfem Bohušem Stejskalem vycházel od počátku dobře, třebaže mu jako režisér připadal poněkud nevýrazný. Všichni si ho vážili jako vzdělaného, slušného člověka, ale zdálo se jim, že jeho představením cosi chybí. Jak se mezi herci říká: neměla ten správný dráp. Oproti Stejskalovi se mu jevil František Salzer jako živelný umělec se značným darem invence. Třetí z režisérů, s nimiž Hrušínský spolupracoval, Gabriel Hart, byl tvůrcem inscenací nepřesahujících rámec běžné praxe.

Deštivé léto roku 1940 strávil Rudolf Hrušínský částečně se svými rodiči ve Strašicích, částečně při natáčení filmové komedie Giny Hašlera PROSÍM, PANE PROFESORE. Prázdninovou pohodu však narušovaly zneklidňující zprávy. Do okolních lesů se nastěhovalo velké množství německých vojáků. Ve Vršovicích došlo k požáru Waldenovy továrny. Před těmito událostmi nebylo prostě úniku.

Další divadelní sezóna začala Rudolfu Hrušínskému 21. srpna 1940 reprízou současné hry z nemocničního prostředí ŽENA V BÍLÉM od Patricie Hareové. Až do začátku října, kdy se konala premiéra Gogolova REVIZORA v režii Bohuše Stejskala, ho obecenstvo mohlo vídat jako Jirku Gibse v NAŠEM MĚSTEČKU, Edgara Mellora v ŽENĚ V BÍLÉM, Trania ze ZKROCENÍ ZLÉ ŽENY a „pošťěvačného pastevce" (*J. VODÁK, České slovo 9. 4. 1940*) z Kvapilovy PRINCEZNY PAMPELIŠKY. REVIZOR mu přinesl drobnou roli hejtmanova sluhy Mišky, jemuž se stává vrcholnou autoritou Chlestakovův Osip. Není divu, že byl trochu zklamán. Příliš dobře si uvědomoval paradoxnost situace, v níž se ocitl. Stálé angažmá sice upevnilo jeho postavení ve vinohradském souboru, ale zpětnou vazbu v podobě rolí, jež by odpovídaly jeho představám a předpokladům, nevyvolalo.

Jistým dramaturgickým počinem se stalo zařazení Lope de Vegovy hry SEDLÁK SVÝM PÁNEM, která měla premiéru 21. listopadu 1940 v překladu Jindřicha Hořejšího, výpravě Františka Tröstra a režii Bohuše Stejskala. Publikum přivyklé jinotajům dobře porozumělo záměru oslavit vítěznou vůli sedláka Juana (Vladimír Řepa), neohroženě stojícího proti rozmarům samotného krále (Václav Vydra). Jako Bruno se „Rudolf Hrušínský pohyboval s lenivou pomalostí sluhy, který se v práci nepřetrhne" (*J. TRÄGER, České slovo 23. 11. 1940*). Takže ani tato komická postava pro něho nic nového neznamenala.

Advent probíhal ve znamení příprav na uvedení hry holandského dramatika Antona Coolena CIZINEC. Jiřího Plachého, který ji režíroval, zaujal příběh lásky propuštěného vězně Petra Berga (Karel Hradilák) a kovářovy dcery Anežky (Marie Brožová) svým mravním posláním. Postava Berga, který pronikl do uzavřeného kruhu spořádané venkovské rodiny a odvedl si z jejího středu jedinou dceru, na Rudolfa Hrušínského silně zapůsobila. Rozhodl se, že se k ní jednou vrátí, což učinil o dva roky později. CIZINCE nastudoval se společností své babičky, sám navrhl dekorace a sehrál hlavní roli. Nyní se však musel spokojit studií Anežčina mladšího bratra, v němž vytvořil „věrojatný portrét dospívajícího jinoššství s celou okouzlující bezprostředností“ (*J. TRÄGER, České slovo 14. 12. 1940*).

V divadelním kritiku Josefu Trägrovi získal Rudolf Hrušínský do budoucna věrného osobního strážce, sledujícího, jak se postupně zbavuje návyků, které si osvojil u E. F. Buriana. Neméně bedlivě střežil zpočátku jeho vývoj také recenzent A. M. Brousil, který mu krátce po příchodu na Vinohrady vytkl nedbalost jevištní mluvy. Tentokrát se Rudolfu Hrušínskému podařilo ukáznit natolik, že jeho nároky uspokojil — a to už bylo malé vítězství.

> Poprvé tu Hrušínský ukázal, že by dovedl pečlivě mluvit. Oprostil se od falešných tónů pražské češtiny, jež u něho doznívaly ještě z klukovské puberty a VĚRY LUKÁŠOVÉ.
>
> *A. M. BROUSIL, Venkov 14. 12. 1940*

Ačkoliv měl ve své blízkosti hned několik herců, kteří se mu v mnohém mohli stát vzorem, ačkoliv obdivoval mužný zjev Otomara Korbeláře i zdrženlivé a do sebe obrácené herectví Jiřího Plachého, nesnažil se je Rudolf Hrušínský v ničem napodobovat. Šel důsledně vlastní cestou. A přece ho s Jiřím Plachým cosi spojovalo. Společná jim byla cudnost projevu. Ten věčný ironik Plachý, který se na vše díval z nadhledu, když cedil skrze zuby úsloví: „Žula – rula – svor“, tak mnohdy jednal proto, aby zakryl své skutečné pocity.

> Jednou jsem si uvědomil, že Jiří Plachý umí odkládat na jevišti všechno, co má na jevišti zůstat. Vrací se do šatny jako truhlář, který odložil v dílně hoblík, jako chirurg, který je náhle zcela obyčejný člověk. Když jsem pak poznal, jaký je rozdíl mezi komediantem a skutečným hercem, uvědomil jsem si, jak jsem byl mladý, když jsem zprvu nepochopil, co je to cudnost. Cudnost — první a snad největší, nejskvělejší vlastnost, kterou může mít herec. A kterou musí mít dnešní moderní herec.
>
> *A. RADOK, In: Padesát let MDP, 1957, s. 118*

Rudolf Hrušínský nenavštěvoval dramatické oddělení pražské konzervatoře, kde Jiří Plachý vyučoval, ale když spolu za protektorátu jezdili po vlastech českých a hráli v Ibsenově JOHNU GABRIELU BORKMANOVI dvě strany jedné mince – otce a syna, bral u něho mimoděk lekce herectví. A bylo se čemu učit!

Umění zakrývat, umění přesnosti, cudnost, rychlost myšlenky, odpor k jakémukoliv patosu, kázeň ve všech prostředcích, míra — to je umění Jiřího Plachého.

A. RADOK, In: Padesát let MDP, 1957, s. 119

A to je dnes umění Rudolfa Hrušínského.

Vraťme se však zpět do minulosti. Psal se 24. leden 1941 a na scéně Vinohradského divadla měla premiéru Shakespearova komedie JAK SE VÁM LÍBÍ s Jiřinou Štěpničkovou jako Rosalindou a Otomarem Korbelářem jako Orlandem. Po energickém Traniovi ze ZKROCENÍ ZLÉ ŽENY se tu Hrušínský proměnil v „zženštile pasívního pastýře" (*M. RUTTE, Národní listy 28. 1. 1941*) Silvia, kterému uniká předmět jeho touhy — malá ovčačka Phoebe (Anna Gabrielová). Spoután předivem lásky poklekl před svou vyvolenou, aby „opravdově vynaříkal svého nešťastného milence" (*E. JÁNSKÝ, Národní politika 25. 1. 1941*). Marně se mu starý Corin (Vladimír Řepa) pokoušel domluvit, nebylo mu rady ani pomoci. Jak tak „pískal plačtivé tremolo" (*R. VACKOVÁ, Národní střed 28. 1. 1941*), byl by klesl na samo dno lidské důstojnosti, kdyby mu v tom na poslední chvíli nezabránila vystřízlivělá Phoebe.

Z Ardenského lesa, jak jej výtvarně pojednal František Zelenka a do rokoka laděnými postavami zaplnil režisér Salzer, se Rudolf Hrušínský jako mávnutím proutku přenesl do vzdáleného Norska. Vilém Werner, jehož sociálně kritické drama LIDÉ NA KŘE vyvolalo před válkou značnou odezvu a bylo působivě zfilmováno režisérem Martinem Fričem, zvolil pro svou novou hru PŮLNOČNÍ SLUNCE poněkud výlučné téma a děj zasadil do exotického prostředí země polární tmy. V tomto „papírovém kalendáři", jak hru vtipně označil A. M. Brousil, se Rudolf Hrušínský v roli zanedbaného laponského výrostka Pera stal obětí zvůle poručníka Geiermunda. Přes prokazatelné nedostatky dramatické předlohy i samotné režie Gabriela Harta byl „laponský nalezenec Hrušínského vynikající studií citových a vitálních projevů živočišného primitiva" (*R. VACKOVÁ, Národní střed 14. 2. 1941*). Otrhané šaty a maska s šikmýma očima dodávaly jeho výrazu přesvědčivosti, takže „v detailu obnažená oběť takového obecního dítěte" (*V. MARTÍNEK, Národní práce 14. 2. 1941*) vyzněla jako „krásný výkon". Rudolf Hrušínský sestoupil k hlubinám Perovy duše, aby spolu s ostatními — Jiřím Plachým, Evou Svobodovou, Františkem Vnoučkem, Gustavem Hilmarem a Jaroslavem Vávrou „vytvořili severské postavy v jejich tónech lidských i ozvucích běsů temna" (*Z. NĚMEČEK, A—Z, 14. 2. 1941*).

Aby si trochu odpočinul od „běsů temna" na jevišti i ve skutečnosti a nadýchal se čerstvého vzduchu, koupil si tehdy Rudolf Hrušínský lyže. Na nějaké sportovní výkony neměl odmalička ani čas ani vlohy. Když se jako kluk pokoušel jezdit na bruslích, posmívali se mu kamarádi, že se odráží nohou od ledu, a přezdívali mu proto Koloběžka. S lyžemi to skončilo rovněž neslavně. Z Krkonoš se musel předčasně vrátit, protože byl odvolán na natáčení. A po nějakém čase je šel na příkaz Němců vrátit v rámci takzvané „Winterhilfe". Ale jen tak jim to nedaroval . . .

Ve Slezské, v budově školy, existovalo loutkové divadélko; vrátil jsem se tam ve zcela jiné atmosféře, za okupace se zde odevzdávaly lyže. S „prkýnky" v rukou jsem se setkal s Rudolfem Hrušínským a jeho otcem. Měli jsme tehdy stejný nápad: navrtat lyže pod pryžovou vrstvou u vázání, znovu zakrýt a navoskovat . . . Naštěstí to prošlo bez následků.

M. PELC, Ahoj na sobotu 24. 4. 1981

Na soukromé záležitosti se Rudolfu Hrušínskému už od mládí nedostávalo času. S oběma přáteli, s nimiž se vídal nejčastěji — Josefem Kemrem a Vladimírem Salačem —, ho naštěstí spojovala profese. A pak měl ještě další, na něž nezapomínal — bývalé kolegy z Burianova Déčka. Nemohl tušit, že se s nimi zakrátko znovu setká...

Ve Vinohradském divadle začaly zkoušky na HAMLETA s Milošem Nedbalem v titulní roli. Také na Rudolfa čekal úkol. Byl jím Poloniův sluha Reynaldo. Deset dní před premiérou se však Prahou jako blesk rozšířila zpráva, že bylo divadlo D 41 gestapem uzavřeno a E. F. Burian zatčen. Herecký soubor skončil na dlažbě. Vypadalo to jako děsivý sen. Rudolfu Hrušínskému se míhaly před očima jednotlivé postavy, které tak dobře znal. Tady protančila scénou princezna Léna, tady se k ní naklánĕl šašek Valérius, tady kráčela důstojná paní Lukášová, tady za ní kulhal potměšilý pan Láb, tady si házela s míčky Věra, tady se pyšně naparoval Bakus... a tady se tiše usmíval E. F. Burian.

Sen nebo skutečnost? Skutečnost nebo sen? Jak aktuální se nyní jevila Hamletova otázka po smyslu existence. A přesto nevyzněla Stejskalova inscenace tak, jak se dalo očekávat. Kdo za to mohl? Režisér? Představitel Hamleta Miloš Nedbal? Ostatní herci? Proč se jim „nepodařilo povznést představení do té pravé královské výše a překrveného napětí, které po staletí činí z HAMLETA vrchol dramatické literatury?", ptal se Eduard Bass. A vzápětí si sám odpovídal: „Kus všední žánrovosti lpěl na výkonech, které se spokojovaly s úsilím o zřetelnou a přirozenou mluvu, ale z valné části nepostřehly složitější podstatu svých rolí" (*B., Lidové noviny 25. 3. 1941*).

Hrušínského Reynaldo by se dal jednoduše charakterizovat známým rčením „jaký pán, takový kmán". V renesančním kabátku a čapce, zpod níž mu lezly čupřiny, s knírkem pod nosem a přihlouplým výrazem odezíral slova z úst svého těžkopádného pána Polonia (Vladimír Řepa), který ho pověřil, aby se poohlédl po jeho synovi Laertovi (Svatopluk Beneš). U diváků měl tento „plastický, živý a divadelně hutný

Reynaldo" (*J. TRÄGER, České slovo 1. 4. 1941*) předem vyhráno.
Také tentokrát se totiž Rudolfu Hrušínskému podařilo vyjádřit postavu „sevřenou zkratkou slibné herecké výraznosti" (*J. TRÄGER, tamtéž*).

V květnu 1941 se Rudolf Hrušínský takřka po roce a půl znovu sešel pod jednou střechou se svými kolegy z D 41 — Jiřinou Stránskou, Lolou Skrbkovou, Bohumilem Machníkem, Zdeňkem Podlipným a dalšími. Městská divadla pražská se solidárně ujala členů Burianova souboru i provozního a technického personálu. Zároveň převzala do své správy sál divadla, které bylo přejmenováno na Divadlo Na poříčí a jehož šéfem se stal režisér František Salzer. Okamžitě se pustil do příprav k nastudování Gozziho TURANDOT s Jiřinou Stránskou v hlavní roli.

A Rudolf Hrušínský? Chystal se utkat s doposud nejsložitější postavou, kterou od doby Wilderova NAŠEHO MĚSTEČKA dostal — Frantou Kadeřábkem řečeným Mohykán z Urbanovy SLUNEČNÍ PASEKY.

Slunce je zdrojem životadárné síly. Někdy ji však asi nevyzařuje, jak se ukázalo v případě Wernerova PŮLNOČNÍHO SLUNCE a hned nato při uvedení dramatického opusu z pera spisovatele A. J. Urbana. Buďme však spravedliví . . . Vzhledem k situaci, za jaké obě hry vznikaly, to ani jinak dopadnout nemohlo, neboť „i ta nejbanálnější konverzačka vlastně patřila do říše pohádek, protože tam nebyly příděly potravin na lístky, poukazy na textilie a obuv" (*E. KOHOUT: Divadlo aneb Snář, 1978, s. 178*).

Střetnutí pražských letních hostů se skupinou trampů, kteří se usadili na Sluneční pasece nedaleko skalnatého útesu Ztracených nadějí, tvořilo dějový rámec příběhu mladičkého Franty, vášnivého čtenáře indiánek. Milostné vzplanutí k továrníkově dceři Ireně (Nataša Gollová), která využila jeho nezkušenosti, aby si získala tajemného dr. Límana (Václav Vydra), by málem skončilo tragicky, kdyby nezasáhl starý dřevorubec Dušek (Josef Vošalík) a nenavrátil Frantu Mohykána životu.

Přes mělkost děje, jakoby odvozeného ze čtení pro paní a dívky, se autorovi podařilo vdechnout určitou reálnou míru citovosti právě jen postavě Franty Mohykána. Psychologická šíře role, která se klenula od prvního bezstarostného dojmu, jímž Franta na své okolí zapůsobil, přes zamilovanost až k trpkému rozčarování, způsobila, že Rudolf Hrušínský „vítězně přemohl slaboduchost předlohy a vytvořil několik ryzích a citových scén. Zachytil něco z poezie pubertálního procitání zdánlivou neohrabaností, hlasovou zdrženlivostí a vnitřní přesvědčivostí“ (*J. TRÄGER, České slovo 31. 5. 1941*). Proměnami nálad neprocházel v náhlých přechodech, ale stavěl je pozvolna a i v těch osudových okamžicích, kdy přemítal o sebevraždě, byl „prostý, věcný, tlumený a cudný“ (*R. VACKOVÁ, Národní střed 30. 5. 1941*). Když si tak v zamyšlení drtil prsty a poslouchal ponaučení starého dřevorubce, dosáhl toho, že „hlediště ztichlo a napjatě vyslechlo scénu mezi Duškem a Frantou Mohykánem“ (*Z. NĚMEČEK, A—Z 30. 5. 1941*). Svému chlapci z masa a krve dal „potřeštěnost i plachost, klackovitost, snivé okouzlení i paličatost, citový zmatek, bezděčný humor i stesk“ (*K. ENGELMÜLLER, Národní politika 30. 5. 1941*).

Jako Franta Mohykán udělal Rudolf Hrušínský krok kupředu nejen po stránce interpretační, ale i z hlediska jevištní mluvy.

> Pohrál si v ní se svým pražským tónem v řeči pootevřených vokálů, vyrážených počátečních vět s houpavým utichajícím poklesnutím na jejich koncích, pohrál si s volně nenucenými gesty a postoji zdravého chlapce a byla z toho rozkošná a pravdivá postava dnešního mládí.
>
> *A. M. BROUSIL, Venkov 30. 5. 1941*

(O tom, že měl Rudolf Hrušínský tuto postavu upřímně rád, svědčí skutečnost, že se k ní často vracel. Nejen u spolku své babičky. V roli Franty Mohykána vystoupil jako host také s Jednotou divadelních ochotníků v Lesním divadle v Řevnicích a v prosinci 1942 s Divadlem Hanácké obce v Prostějově.)

Divadelní sezóna končila. Při jejím bilancování dospěl Josef Träger v článku Rok práce vinohradských herců k tomuto příznivému závěru:

Z nově angažovaných mladých sil se nejlépe a nejslibněji představil Rudolf Hrušínský, jenž každé roli dovedl dát co nejvíc ze svého hereckého nutkání, sedmkrát se proměnil v různé obměny chlapectví a pokaždé spatřil novou, osobitou podobu mladého člověka.

J. TRÄGER, České slovo 15. 8. 1941

Konec sezóny přinesl Rudolfovi kýžený odpočinek. Červenec a srpen strávil s rodiči u společnosti v Novém Kníně a ve Štěchovicích. Při výběru štací nezapomínal strýc Václav nikdy na ryby. A Rudolf ho rád doprovázel. Běda kaprům a štikám, plujícím v tamních vodách!

Ještě k něčemu se Rudolf o prázdninách vracel s železnou pravidelností. Zahrát si divadlo se spolkem, to nebyla povinnost, ale příjemná změna. Už proto, že jeho prvenství všichni uznávali. A tak si ve Štěchovicích několikrát zaskočil na jeviště — jen tak, aby nevyšel ze cviku. Jednou dokonce jako vzpurný Francek se svou maminkou, která hrála Maryšu. Mohl si aspoň připomenout ten proslulý monolog, který ovládal už od dětských let. Soudě podle dochované fotografie, dalo se jeho rozlícenému Franckovi věřit. V košili na prsou rozhalené, s rozcuchanými vlasy a nepříčetným pohledem se vůbec nepodobal těm napůl dětským, okouzlujícím mladíčkům.

I po návratu do Prahy jako by ve Vinohradském divadle ještě doznívalo léto. V klidu proběhlo několik repríz SLUNEČNÍ PASEKY. 27. září byl však jmenován zástupcem říšského protektora Reinhard Heydrich. Hned jak se ujal vlády, vyhlásil stanné právo a rozpoutal odvetná opatření proti čelným představitelům české inteligence.

Ale pak udeřilo zle. Bylo to na podzim roku 1941. Prošlo první stanné právo, kdy byla všechna divadla v tehdejším protektorátu od 28. září do 3. listopadu uzavřena. A opět se začalo hrát. Ne však na Vinohradech. Tam před zahájením prvního představení přišel policejní strážník a divadlo zastavil. Ano. Bez jakéhokoliv přípisu, bez odůvodnění byla tato scéna zastavena. Jen policejní ředitelství potvrdilo telefonicky správnost strážníkova hlášení a divadlo zůstalo zavřeno do 31. ledna 1943, tedy plných patnáct měsíců. Důvod byl sdělen správě teprve asi po roce dr. Oehmkem, kulturním referentem říšského protektora, který prohlásil, že uzavření divadla bylo trestem za to, že Družstvo převzalo v květnu 1941 do své správy divadlo D 41, které bylo úředně uzavřeno a jeho ředitel E. F. Burian zatčen a vězněn až do konce války. Tak se tedy Němci pomstili za to, že Městská divadla zachránila českou scénu, odsouzenou k rozmetání.

F. HAIS, Theater-Divadlo, 1965, s. 67

Provoz Městských divadel pražských byl částečně ochromen, neboť se omezil na scény Komorního divadla a Divadla Na poříčí. Řešit tuto situaci s početným souborem nebylo snadné. Po Gozziho TURANDOT, jejíž premiéra se konala ještě před divadelními prázdninami, přišla na řadu Hlávkova dramatizace Šrámkova STŘÍBRNÉHO VĚTRU. Původně ji agilní a lidsky rozporuplný Miloš Hlávka zpracoval pro Jiřího Frejku, jenž se chystal založit Studio Národního divadla. Když z jejich společného projektu sešlo, nabídl ji Václavu Krškovi, který uvedl STŘÍBRNÝ VÍTR při slavnostním otevření Městského divadla v Písku. Dramaturgii Městských divadel pražských postoupil text poté, co se přesvědčil, že v Rudolfu Hrušínském nalezl ideálního představitele Jana Ratkina.

Souhra okolností pak způsobila, že v Divadle Na poříčí vznikla inscenace, v níž hráli převážně členové Burianova souboru. Režisér Salzer se ve spolupráci se scénografem Františkem Tröstrem a hudebním skladatelem Janem Evangelistou Zelinkou přiblížil burianovskému stylu i po duchu, třebaže v poněkud rozmělněné podobě.

Navazuje na tradici poříčské scény v použití barevných světelných skvrn, které leckde mají lyrickou účinnost skoro impresionistickou. A přesto nevyznívá představení tak čistým akordem vítězného mládí, jak se to podařilo loni píseckým ochotníkům, kteří za Krškova vedení jemně vyhmátli vnitřní sepětí Šrámkova románu s pootavským městem.

J. TRÄGER, České slovo 14. 11. 1941

Septimán Ratkin byl oproti románové předloze chudší o ryzost přátelství profesora Ramlera, jenž se v Hlávkově pojetí stal Jeníkovým sokem v lásce. Byl také méně básníkem, neboť to, čemu naslouchal, se ani tak nepodobalo stříbrnému větru jako vábnému šustění dámských spodniček.

Přes sporná místa dramatizace i inscenace samotné rozvířil STŘÍBRNÝ VÍTR hladinu protektorátního dění natolik, že se pražské dívky doslova hrnuly do Divadla Na poříčí, kde Rudolf Hrušínský „jitřil jejich senzibilitu jako první jevištní Ratkin“ (*V. KUDĚLKA, Program Státního divadla v Brně, září 1980*). Ratkinovo blouznivé poměřování sil se životem, který ho lákal a zrazoval, který před ním rozpínal svá křídla i mu unikal, se proměnilo v zápas, jemuž dal Rudolf Hrušínský „chlapeckou vykořeněnost a melancholii“ (*J. SAJÍC, Lidové listy 15. 11. 1941*).

JAN: Je někde cosi, a já bych chtěl se k tomu po špičkách blížit, zadržovat dech a rozhrnovat potichu houštiny a náhle bych tu stál tomu tváří v tvář; bylo by to jako zázrak, rozepjalo by to náručí vstříc a já bych cítil na ústech dlouhý polibek, v kterém by mizel pomalu můj život, ale bylo by to krásné a sladké, neboť by to nemělo konce a já bych věčně zůstal spojen s těmi ústy a nebylo by nic, než ten polibek a sladké vděčné slzy, pomalu kanoucí z mých očí.

F. ŠRÁMEK—M. HLÁVKA: Stříbrný vítr, 1942, s. 37

Jeníkův probouzející se zájem o ženy, jež vnímal jako cosi bolestně nedostupného, měl v Hrušínského podání hned několik poloh. Když laškoval se služebnou Eliškou (Eva Kavánková), mimoděk zabloudil jazykem mezi zuby; když se chystal k návštěvě prodejné Lorčy (Marie Burešová), stál před ní v tmavém obleku s motýlkem jako skutečný studentík, ale v očích zabodnutých do její tváře se už objevoval muž odhadující budoucí kořist. Nejněžnější pocity v něm vzbuzovala jeho „posedlá Anička" (Jiřina Stránská), které se dotýkal s nábožnou cudností, jako by ho opravdu rozechvíval stříbrný vítr.

Stříbrný vítr províval i rozechvělou tváří Rudolfa Hrušínského, jenž dal trpícímu Jeníku Ratkinovi bolestný výraz očí i kus toho užaslého a vzpurného čekání na osud.

E. BASS, Lidové noviny 14. 11. 1941

Ale víc než do chlapecké ladil svého Ratkina do mužné polohy.

Rudolf Hrušínský při své druhé setkané s Janem Ratkinem vyposlouchává z něho mužnější tóny, žárlivě střeží vnitřní rozbolavělost a navenek se prozrazuje jen těkavým pohledem šedých očí, hlubší vráskou kol naběhlých rtů a nepozorovatelným chvěním citlivého chřípí, jak větřící hříbě má neklid v celém těle, které se přilnavě vzpíná za každým dobrým a chápavým slovem.

J. TRÄGER, České slovo 14. 11. 1941

V družné zábavě s přítelem Zachem (Vladimír Šmeral) nešetřil úsměvy. V opačném případě — při výměně názorů s nelítostným otcem (Bohuslav Machník) či při přátelské domluvě profesora Ramlera (Václav Vydra) se jeho tvář zachmuřila. Celý se stáhl do sebe, jako by se vnitřně připravoval ke skoku, byl „náruživě výbušný v přemíře roztouženého nebo raněného citu" (*A. M. PÍŠA, Národní práce 14. 11. 1941*). Jen v přítomnosti milující matky (Lola Skrbková) a obdivovaného strýce Jiřího (Miloš Nedbal) se znovu vracel ke svému nezodpovězenými otázkami zmítanému chlapeckému já.

Jan Ratkin — opus magnum prvního vinohradského období Rudolfa Hrušínského — uzavřel jeho jevištní „galerii studentů další výstižně prokreslenou postavou“ (*J. SAJÍC, Venkov 14. 11. 1941*). Po Ratkinovi následovalo už jen několik nevelkých rolí. Ať už to byl „povedený synáček“ René (*S. MOJŽÍŠ-LOM, Světozor 10. 4. 1942*) ve Frazerových ZELENÝCH ŠATECH, „rozkošně šišlavý“ muzikant (*A. M. BROUSIL, Venkov 5. 5. 1942*) v Geibelově VESELÉM PUTOVÁNÍ DUŠÍ, „úhledný mladý markýz“ Anselm (*E. JÁNSKÝ, Národní politika 29. 5. 1942*) v Gilbrichtově komedii TESTAMENT PANA MARKÝZE, „čertovský písařík s lidovou hrdostí a chytrostí“ Jiřík (*A. M. PÍŠA, Národní práce 10. 9. 1942*) ve Stroupežnického aktovce V PANSKÉM ČELEDNÍKU, „sebevražedný třasořitka“ Vodička (*A. M. PÍŠA, Národní práce 18. 9. 1942*) v Konstantinově RYBĚ NA SUCHU či „neohrabaný klackovitý syn“ Štefa (*A. J. URBAN, Národní politika 19. 10. 1942*) ve Franchyho VERUNCE — vždy dokázal v náznaku tvořenou charakteristikou vystavět svébytnou, neopakovatelnou figurku. U každé z nich se mu podařilo nalézt tu pravou strunu a v komické nadsázce zkarikovat postavu.

Smysl pro humor Rudolfu Hrušínskému nikdy nechyběl. Při výletech, na něž se občas vypravoval se svými kolegy z divadla, jím ani trochu nešetřil. Zvláště když se mu situace samy nabízely.

Jednou se vydali vlakem do Svatého Jána pod Skalou. Když se objevil průvodčí, k úžasu všech vyňal tlustý notes a požádal Rudolfa o autogram. Jen odešel, přitočila se k němu Ilona Kubásková a sladkým hlasem poznamenala: „Jestli ti to nevadí, Rudolfku, tak jsem průvodčího na peróně navedla.“ Rudolf Hrušínský nehnul brvou a vyšel z kupé na chodbičku. Brzy se však vrátil a cesta ubíhala nerušeně dál. Po několika zastávkách se znovu dostavil průvodčí, vytáhl všem dobře známý notes a požádal o podpis Emanuela Famíru. Ten se na Rudolfa zpytavě zadíval a pravil: „Nemysli si, že nevím, kdo ho navedl.“ „Jenže já jsem mu řekl, že jsi Pištěk,“ odvětil Hrušínský s ledovým klidem.

Další vyjížďka vedla na Karlův Týn, jak se dříve říkalo Karlštejnu. Mrzlo jen praštělo, a tak si herci najali saně tažené koňmi. Průvodce, který je obšírně seznamoval s historií hradu, objasňoval každý detail. Když se přiblížili k hydrantu na nádvoří, zeptala se bezelstná Jiřina Stránská: „A co je tohle?" Hrušínský pohotově odtušil: „To je přece klystýr Karla IV."

Cestou tam doprovázel Rudolf Hrušínský saně na koni. Pyšně kynul svým poddaným jako pravý vládce. Zpátky jel s ostatními na saních a ani nedutal. Když pak usedli k rozpáleným kamnům a začali hrát oblíbenou hru Konkrétní — abstraktní, kdykoliv měl uhádnout nějaké zvíře, zasmušile odpovídal: „Vlk."

Svérázný humor a umění dívat se dostal Rudolf Hrušínský do vínku. Po otci zdědil navíc literární vlohy. Stejně jako on si začal zaznamenávat různé postřehy, ale chyběla mu jeho vytrvalost a brzy toho nechal. Až po letech se ke psaní vrátil, aby se vyrovnal se vším, co se v něm usazovalo a pálilo jako oheň. Kdyby nebyl tak dobrým hercem, byl by dnes možná neméně dobrým spisovatelem nebo dramatikem.

Jako jedenadvacetiletý napsal detektivní hru PRVNÍ PŘÍPAD, kterou mu 6. května 1942 poprvé uvedla Budínského společnost v Dubči u Prahy. Sám v ní sehrál roli novináře Artura Asberka. Ohlas, který hra vyvolala, ho podnítil k tomu, aby se znovu chopil pera; napsal drama o třech dějstvích s optimistickým názvem NOVÝ ŽIVOT. Hrdinou hry je Mike Andersen, jehož otec — majitel lodi Vlaštovka — pevně věří, že spolu začnou nový život. Mike se chce oženit s Marií, aby konečně našel domov, po kterém touží. Marie ho však opustí a Mike se v zoufalství zastřelí.

MIKE: Bejt sám — Marie — je něco hroznýho! Nevím, jestli u každýho — ale já poznal, co to znamená — když je někdo pořád sám. Jako plavčík jsem to tak nepociťoval. Proháněl jsem se po palubě a v ráhnoví — a když přišla chvíle odpočinku, svalil jsem se někde do koutka a spal jsem jako zabitej! V těch dobách jsem si myslel, že člověk má na světě jen práci, jídlo a spaní.

Když jsem ale potom přišel na velkou loď, začal jsem si všímat lidí. Nejdřív dětí. Hopsaly po palubě, házely si balónkama, ukazovaly si v knížkách, vodily se za ruce — a v tý době jsem v noci začal přemejšlet. Najednou se mi zachtělo, aby mne taky někdo vzal za ruku a kolem krku jako ta krásná paní včera před kapitánovou kajutou svýho chlapce; nebo aby mne někdo pohladil po vlasech, jako hladil ten pán v bílých šatech zvečera na přídi vejrostka asi v mejch letech. Tak jsem pomalu začal poznávat, co je to bejt sám!

R. HRUŠÍNSKÝ: Nový život, rkp. s. 16

Během roku 1942 navštívil Rudolf Hrušínský s Budínského společností řadu míst v okolí Prahy. O prázdninách zakotvili v Jílovém a Vraném, kde kromě PRVNÍHO PŘÍPADU uváděli MARYŠU, CHUDÉHO PÍSNIČKÁŘE, PALIČOVU DCERU a PRAŽSKÉHO FLAMENDRA. Ani po zahájení nové divadelní sezóny a po návratu do Prahy neztrácel však s Budínskými kontakt. Udržoval jej prostřednictvím svého kamaráda Josefa Kemra, který ho čas od času informoval o všech novinkách. Z Mníšku pod Brdy mu poslal blahopřání k narozeninám, které je víc než výmluvným svědectvím jejich tehdejšího vztahu.

Mníšek 17. 10. 1942

K Tvým dvaadvacátým narozeninám přijmi ode mne co nejvřelejší gratulaci. Přeji Ti mnoho zdraví a mnoho úspěchů na jevišti. Mimo jiné přijmi ode mne co nejsrdečnější dík za to, žes mi dal Ty první jevištní školu, kterou nezbytně potřebuje každý divadelní primitiv. Jestliže jednou, později, dojdu k uznání, že jsem aspoň dobrý herec, pak budu děkovat Tobě jako svému prvnímu učiteli. Tvůj kamarád, věrný přítel a ctitel Tvého hereckého umění

Josef Kemr

Takových slov bylo Rudolfu Hrušínskému věru zapotřebí. V následujících měsících ho jako člena Městských divadel pražských nečekalo nic dobrého.

(144) V prosinci roku 1942 rozhodl dr. Oehmke, že je nutno vypořádat se s řáděním nespolehlivých živlů v Městských divadlech. Nařídil všem zaměstnancům prostudování řeči Frankovy, pronesené při otevření nábřeží Reinharda Heydricha. Zbavil uměleckého šéfa Bohuše Stejskala a dramaturga dr. Franka Tetauera jejich funkcí a nařídil propuštění mnoha členů uměleckého souboru převzatého z bývalého D 41. To vše pro výstrahu ostatním.

F. HAIS, Theater-Divadlo, 1965, s. 68

Poměry v divadle se značně zhoršily. Ačkoliv se uměleckého vedení ujal Jiří Plachý, jehož měl Rudolf Hrušínský upřímně rád, rozhodl se k 31. květnu 1943 ukončit pracovní poměr. Vzápětí nato — 1. června — byl angažován Lucernafilmem, který náležel majiteli barrandovských ateliérů Miloši Havlovi.

Nový Etynk — hostinec U černého orla

Nový Etynk (Nová Včelnice) — dům č. p. 81

Manželé Hrušínští s malým Rudolfem (Pacov, květen 1921)

Rudolf Hrušínský (1922)

Rudolf Hrušínský v jedné z prvních rolí (1925)

Budínského společnost (1925). Zleva nahoře: R. Böhm-Hrušínský, V. Budínský. Zleva dole: H. Hrušínská, A. Budínská-Červíčková, R. Hrušínský, V. Červíček-Budínský

Malý Rudolf s rodiči (Křivoklát, 1927)

Rudolf Hrušínský (1930)

R. Hrušínský — pikolík (O. Blumenthal: U bílého koníčka, 1935)

Jako liftboy František se svým otcem (F. Bartoš—B. Delvard: Princezna z ghetta, 1935)

První filmová role — Jarka Rejlek (Lízin let do nebe, 1937)

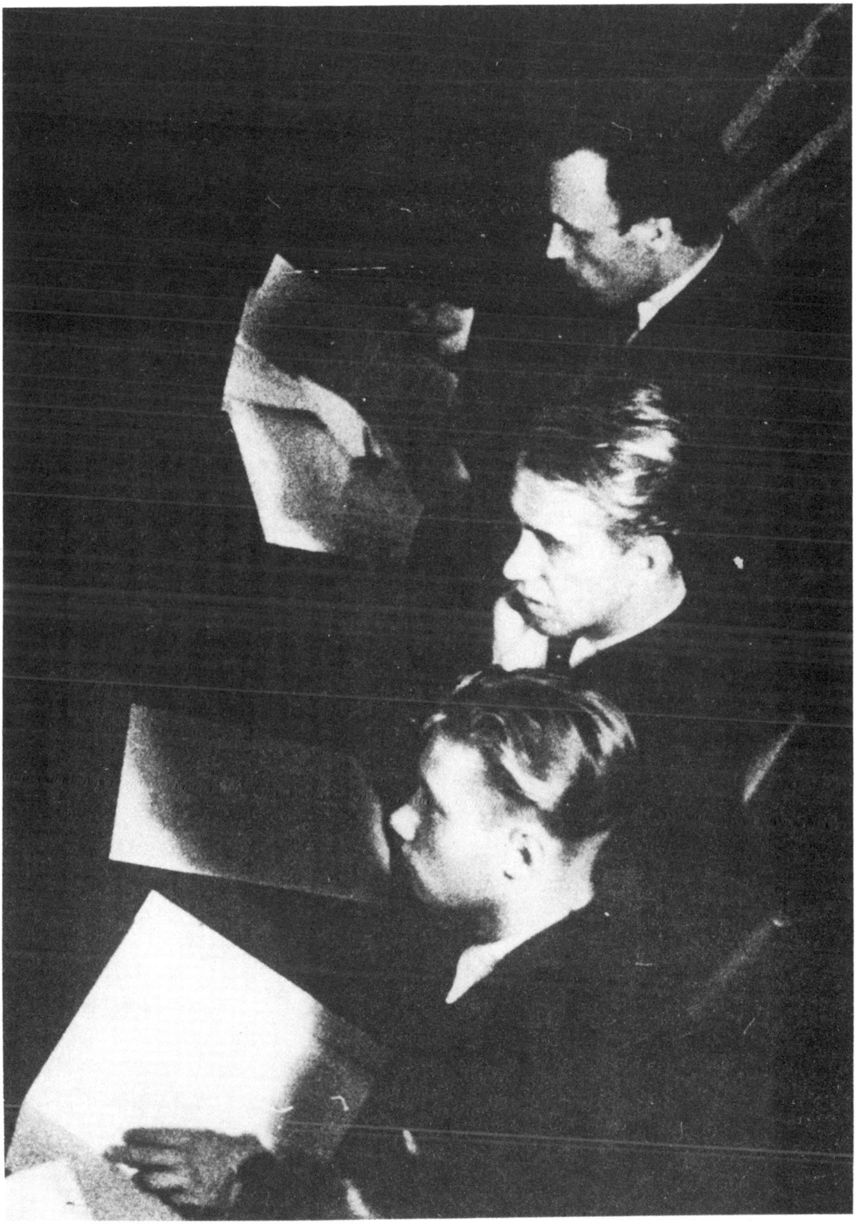

Voiceband, 1937 — s. J. Kühnmundem a M. Seemannem

Honza (J. K. Tyl: Jiříkovo vidění, 1938)

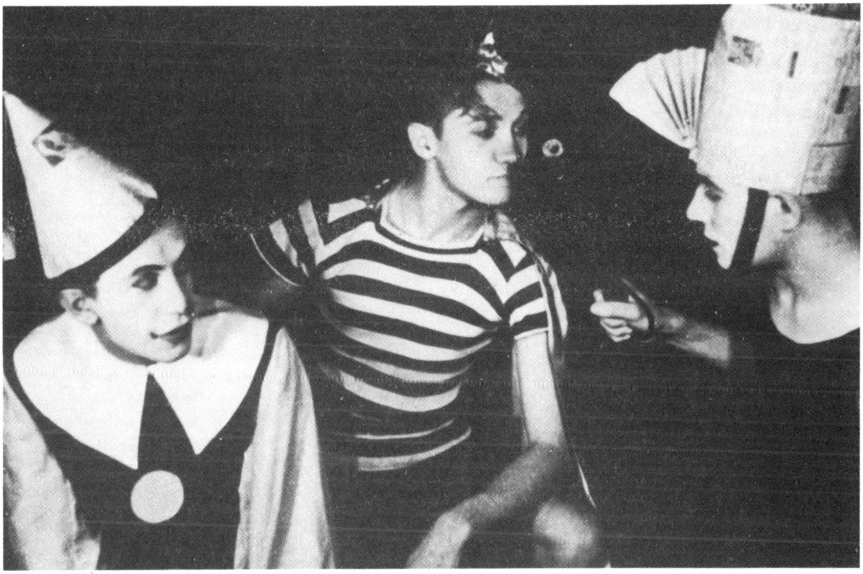

Princ Leonce (G. Büchner: Leonce a Lena, 1938) — s V. Vaňátkem a M. Seemannem

Třetí žák (Druhá lidová suita, 1939) – s M. Seemannem

Jarka Kohout (B. Benešová—E. F. Burian: Věra Lukášová, 1938) — s J. Stránskou

Civilní snímek — s. E. F. Burianem a J. Stránskou (1939)

Na procházce městem (1939)

Hercem Městského divadla na Vinohradech (1940)

Josef Hupka (Humoreska, 1939)

Jirka Gibs (T. Wilder: Naše městečko, 1940) — s N. Gollovou

Jeník Ratkin (F. Šrámek—M. Hlávka: Stříbrný vítr, 1941) — s J. Stránskou

Franta Mohykán (A. J. Urban: Sluneční paseka, 1941) — s K. Jelínkem

Vodička (K. Konstantin: Ryba na suchu, 1942)

Filmový večer 1942 — s V. Salačem a J. Kemrem

Úspěšný filmový herec (1942)

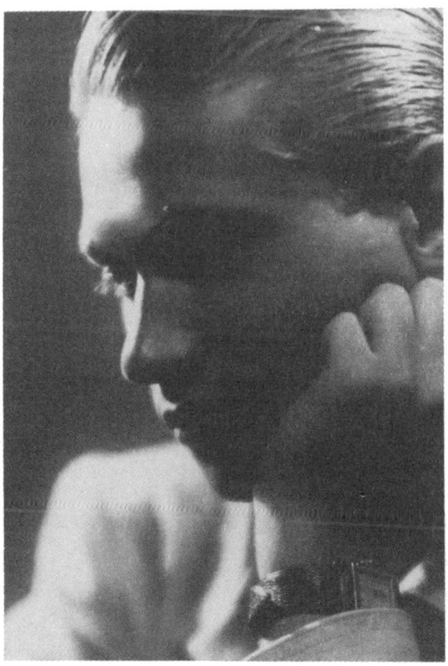

Bořík (Barbora Hlavsová, 1942) — s E. Kuchařovou

Bořík (Barbora Hlavsová, 1942) — s T. Brzkovou

Vojta (Mlhy na Blatech, 1943) — se Z. Štěpánkem

Richard (Neviděli jste Bobíka? 1944) — s F. Kreuzmannem

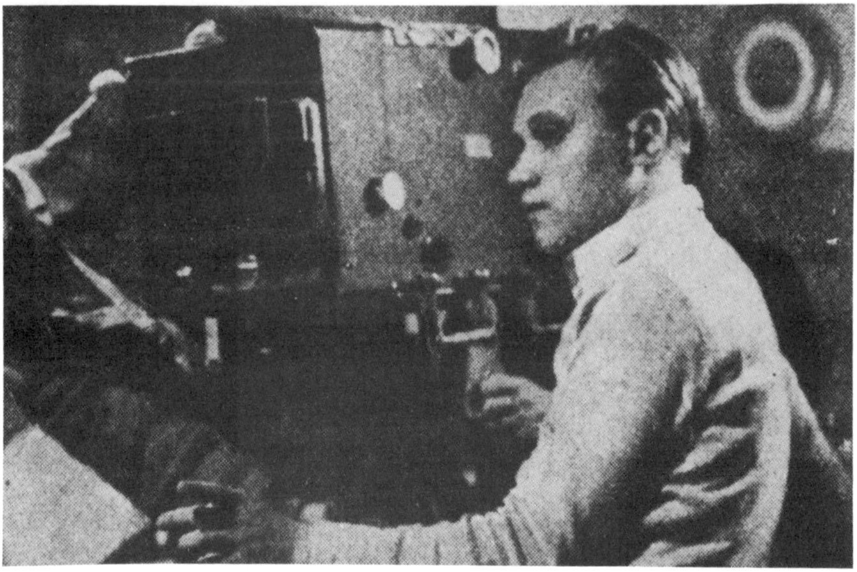

Jako režisér při natáčení Jarní písně (1944)

S Hanou Vítovou a Františkem Čápem (1944)

V titulní roli novináře Asberka ve vlastní hře První případ

Francek (A. a V. Mrštíkové: Maryša, 1945)

FILMOVÝ HEREC A REŽISÉR 1937—1945

Vlastním podnětem k uzavření smlouvy s Lucernafilmem se Rudolfu Hrušínskému stala nabídka režiséra Čápa, aby vytvořil postavu čeledína Vojty v připravovaném filmu MLHY NA BLATECH. Tím ovšem jeho filmová kariéra nezačínala. Ve svých třiadvaceti letech se jako filmový herec mohl prokázat takřka tuctem rolí, z nichž polovina patřila k těm, na něž se dodnes nezapomíná. Vezmeme-li v úvahu krátkost existence českého zvukového filmu, nebyla tato skutečnost zanedbatelná. Rudolf Hrušínský byl při svém mládí tak trochu pamětníkem. A jako pravý pamětník si také zavzpomínal.

Před zázračným plátnem poprvé vůbec jsem seděl ve veleslavínském bio u nádraží, ve druhé řadě za 1.50 K, asi před dvanácti lety. Promítal se film TARZAN MEZI OPICEMI. Pochopitelně, druhý den jsem skákal s kamarády u vokovického potoka z vrby na vrbu.

K filmu mne přivedla Mařenka Halová, nynější členka Vinohradského divadla. Měla hrát Lízu v LÍZINĚ LETU DO NEBE a zmínila se o mně režiséru Binovci. V tomto filmu jsem poprvé stál před kamerou.

R. HRUŠÍNSKÝ, 1939

Václav Binovec, který patřil k nestorům českého filmu němé éry, si jako námět k LÍZINĚ LETU DO NEBE vybral románek spisovatelky Růženy Utěšilové Líza Irovská. Pro společnost Europafilm natočil v radlických ateliérech dvě na sebe navazující nenáročná dílka, uspokojující nejširší veřejnost: LÍZIN LET DO NEBE a LÍZINO ŠTĚSTÍ. V obou filmech útočila na city diváků posluchačka dramatického oddělení konzervatoře Zdenka Sulanová.

Srdcervoucí příběh osiřelé Lízy, která je vychovávána na útraty domovské obce Ptačice a přes mnohé ústrky najde svou cestu do nebe v podobě manželství s ušlechtilým doktorem Lepařem (Ladislav Boháč), by pohnul k slzám i kámen. Zvláště když se k němu přidružilo drama neopětované lásky, kterou Líza probudila ve svém kamarádovi z dětství, studentovi měšťanské školy a začínajícím básníkovi Jarkovi Rejlkovi (Rudolf Hrušínský).

V LÍZINĚ LETU DO NEBE zaujali především mladí herci — kromě Zdenky Sulanové a Rudolfa Hrušínského také Josef Kemr jako Jůla „prostotou a upřímností v některých scénách" (*-ý-, Večer 28. 1. 1938*). Hrušínský hned napoprvé „vynikl snivou, ostýchavou a hned zase bouřlivou hrou" (*V. SRKAL, Národní politika 28. 1. 1938*). Takže Binovcovu snímku mohlo být přiznáno, co jeho jest.

> Filmu jsou ku cti zdařilé výjevy ze školy a ze života dětí, viděné bez setimentality a velmi přirozeně. Podařilo se tu vykreslit několik sytých dětských postaviček, ať už je to R. Hrušínský z D 38 v pubertálně klackovitém Jarkovi nebo J. Kemr v nemytém Jůlovi či ostatní. Český film s výjimkou Rovenského si dosud nevěděl s dětmi rady a tím víc jest vítati toto obohacení jinak průměrného filmu.
>
> *Va., České slovo 28. 1. 1938*

Jak už to bývá v případě většiny návratů — LÍZINO ŠTĚSTÍ nedopadlo zdaleka tak dobře. A tak mohl filmový kritik A. M. Brousil, který nešel nikdy pro slovo daleko, vyjádřit naději, že „ve svém vlastním zájmu Líza už ‚doletěla' ". Pro Rudolfa Hrušínského měl ovšem jeho debut před kamerou nedozírné následky. Jarka Rejlek stejně jako jeho divadelní předchůdce Jindra Benetka roztočil kolotoč, z něhož se nedalo jen tak vystoupit. Také ve filmu ho zprvu čekali studenti a zase studenti, prožívající rozličná, a přece věčně stejná muka dospívání.

Jinak si ovšem nestěžoval. Právě mezi lidmi od filmu nalezl přátele, s nimiž si dobře rozuměl a ke kterým se rád vracel. Kromě Josefa Kemra to byla Zdenka Sulanová, kterou od prvního okamžiku žárlivě střežily bdělé filmové fanynky. Ale byl to i Vladimír Salač, s nímž se poznal už dříve a jehož svým humorem uvedl do školy pro pokročilé.

V takovém věku člověku starší kamarád imponuje se vším všudy. I Rudolf znal všechno líp, všemu rozuměl, ve všem se vyznal a každý jeho názor na to či ono pro mě představoval verdikt vrcholné autority. Šli jsme po Václaváku a já vidím zbrusu nový nápis „Mléčný bar". Ptám se: „Rudolfe, co to asi může být?" S převahou světáka prohlásil, že je to bar, kde jsou mléčné kurvy. Tohle se mi zdálo trochu moc, ale jinak jsem mu naprosto věřil.

V. SALAČ, 4. 2. 1990, rkp.

Mimořádného ohlasu dosáhla literární tvorba profesora Jaroslava Žáka, která vyvolala explozi filmů se studentskou tematikou. Po ŠKOLE, ZÁKLADU ŽIVOTA natočil režisér Martin Frič podle Žákovy předlohy CESTU DO HLUBIN ŠTUDÁKOVY DUŠE, v níž na Rudolfa Hrušínského pamatoval vděčnou rolí sympatického septimána Vaňka. Hrušínský tak stanul poprvé před branami moderních barrandovských ateliérů, necelé dvě desítky let poté, co se zrodil sen bratří Havlů.

Pluli jsme parníkem po Vltavě a četli nápis „Barrande" napsaný zlatě na veliké desce na krásně rozvrstvených, ale pustých chuchelských skalách. Potom jsme na těchto skaliskách hledali trilobity, a když jsem tam kladívkem rozklepával zvětralá skaliska, nemyslil jsem si, že toto místo na dlouho zaujme v budoucnosti můj zájem, že bude dějištěm mých snů i houževnaté práce. Netušil jsem, jak se tyto končiny hluboko zapíší do mého života i života mého bratra a jak já naopak jednou změním jejich tvářnost i poslání.

Václav M. HAVEL: Mé vzpomínky. Kniha 5., s. 5—6, rkp.

 Rudolf Hrušínský vkročil do ateliérů v době, kdy Miloš Havel sváděl urputný boj o jejich existenci. Zájem o ně jevili nejen zfanatizovaní filmaři vedení režisérem Binovcem, ale i němečtí okupanté, kteří ho přinutili k prodeji.

Němci totiž hned po 15. březnu 1939 zabrali ateliér A-B, zřídili Pragfilm a Miloše jako hlavního akcionáře po dlouhém jednání částečně odškodnili jednak tím, že mu povolili pronájem ateliérů pro Lucernafilm, jednak měla protektorátní vláda poskytnout akciové společnosti A-B finanční náhradu. Za války byl tedy Lucernafilm jediným producentem českých filmů na Barrandově. Miloš toho plně využil nejen ve prospěch výroby a půjčovny Lucernafilmu, ale prospěl tím i českým literátům a umělcům. Byla to doba ve výrobě úspěšná, ale nejtěžší v Milošově životě, neboť musel jednat s Němci, ač si byl, jako dobrý Čech, vědom svého rizika.

Václav M. HAVEL: Mé vzpomínky. Kniha 2., s. 29, rkp.

V CESTĚ DO HLUBIN ŠTUDÁKOVY DUŠE se Rudolf ocitl vedle vynikajících herců — Jindřicha Plachty v roli dobráckého profesora Matulky, Jaroslava Marvana, Miloše Nedbala, Františka Vnoučka, Františka Filipovského a Ladislava Peška. Septimánu Vaňkovi, který opustil studia pro svou vášeň ke hře na klavír, dal už vše, čím se vyznačovaly i jeho postavy následující — jemný chlapecký zevnějšek, obrážející svár rozumu a citu, přirozenost a opravdovost projevu.

Od septimána Vaňka ho dělil pouhý krůček ke studentu Tomanovi z Cikánova filmu STUDUJEME ZA ŠKOLOU. Klavír zaměnil za kytaru a vážný zájem o hudbu za studentskou recesi. K trojlístku žáků obchodní akademie, který způsobil, že si i tento průměrný film získal přízeň diváků, nepatřil nikdo jiný než „Rudolf Hrušínský, Josef Kemr a Vladimír Salač, tři znameniti chlapci, prostí, přirození, a zcela samozřejmí ve svých postavách" (*B. RÁDL, Kinorevue, 1939, č. 22*).

Vladimír Salač si přesto trochu posteskl . . .

I když jsme oba patřili k „hereckému mládí“ (tehdy se tomu tak říkalo), při vlastním filmování jsme se setkávali poměrně zřídka, míjeli jsme se. On hrál ve studentských filmech septimány až oktavány, zamilované a všemožně jinak životem sužované mladíky, já byl pořád ten tercián s problémy kolem třídních knih a jiných přízemních rošťáren. Takže šlo o různé scény točené v různých termínech. Nebo HUMORESKA — na svou dobu krásný film, který režíroval Otakar Vávra v roce 1939. Rudolf hrál mého nešťastného otce zamlada. Já jsem se mu narodil, až když mi tatínek dospěl do podoby Jaroslava Průchy — a tak nás filmové osudy opět rozdělily do různých filmovacích dnů.

V. SALAČ, 4. 2. 1990, rkp.

Ve svých deseti letech dostal Rudolf Hrušínský od tatínka první housle. Brzy začal navštěvovat soukromou hudební školu na Žižkově. Jeho učitel Reimann měl absolutní sluch, a protože byl nevidomý, také zvýšenou citlivost pro nedostatky svých žáků. Kdykoliv se Rudolf spletl, klepl ho s obdivuhodnou přesností přes prsty. Bylo naprostou záhadou, jak neomylně se trefil. Později docházel Rudolf na hodiny ke členu České filharmonie Mizerovi, ale když nastoupil do Uranie, nezbýval mu na další studia čas. Housle však neopustil a nyní — při natáčení HUMORESKY — se mu tato zkušenost hodila.

Dvořákova Humoreska patřila k repertoáru českého houslového virtuóza Jana Kubelíka, který v době vzniku filmu pořádal ve Smetanově síni cyklus koncertů ke čtyřicátému výročí své umělecké činnosti. Stejnojmenná novela K. M. Čapka-Choda inspirovala scenáristu a režiséra Otakara Vávru k jejímu filmovému zpracování.

Ve snaze o věrné přetlumočení podlehl Otakar Vávra pokušení sledovat životní příběh solicitátora Hupky krok za krokem — od maturitní zkoušky až k připsanému a nevěrohodnému závěru usmíření starého Hupky se synem. Aby dostál časovému rozpětí děje, musel obsadit role hlavních postav dvěma herci. Tak se stalo, že zatímco zběhlého studenta

(150) Josefa Hupku hrál Rudolf Hrušínský, štafetu jeho dalších osudů převzal Jaroslav Průcha. Stejné to bylo také s již zmíněným Hupkovým synem Hynkem, jehož mladistvou podobu vytvářel Vladimír Salač, který se nečekaně proměnil v elegantního svůdce — Ladislava Boháče. Filmu tyto metamorfózy příliš neprospěly.

Pokud jde o vlastní režijní rukopis Otakara Vávry, jedná se ovšem o film nevšední, předznamenávající v některých scénách práci budoucího tvůrce ROMANCE PRO KŘÍDLOVKU. Hned v úvodní sekvenci před maturitní komisí kamera zachytila studenta Hupku v okamžiku, kdy duchem nepřítomen sledoval let mouchy a bezděčným hvízdnutím napodobil její bzučení. V jedné z dalších se zaměřila na plameny šlehající do výše v momentě, kdy zdrcená matka cpala do kamen jediné bohatství svého syna — noty, které zdědil po otci regenschorim.

Poté, kdy mu třídní profesor sdělil, že u maturitních zkoušek neobstál, je Hupka šokován. V očích Rudolfa Hrušínského se kmitl úlek, který se vzápětí proměnil v směsici vzdoru a rozpaků. Na maturitním večírku se choval s okázalou vzpurností. Jednoho z profesorů furiantsky požádal, aby mu připálil cigaretu. Každým pohybem dával najevo, že je nad věcí. Když byl spolužáky vyzván, aby jim zahrál na housle, pronesl s pýchou: „Tyto housle jsou mi nesmírně drahé, prohrál jsem na nich celou maturitu“ (*O. VÁVRA: Humoreska. Kinorevue, 1939, č. 37*). Také rozmluva s přítomnými šumaři byla gestem, kterým chtěl dát maloměstské honoraci najevo, že je povznesen nad její mínění. Teprve když opustil sál, znejistěl. Trochu zaskočen sám sebou, trochu nabídkou starého Podestáta (Jaroslav Vojta) a jeho dcery Hančí (Božena Šustrová), aby se k nim připojil, zaváhal. A pak už ho vlak unášel vstříc osudu.

HUMORESKOU provedl Otakar Vávra své nejlepší dílo, vyzrálé, zbavené všech stop nepromyšleného pokusnictví, přitom básnické a vytvořené s velikou režisérskou invencí. Uvedu jen několik příkladů: milostný výjev mladého Hupky s Hančí v lesním houští, když kamera zalétá po pni borovice vzhůru do koruny stromů a vytváří závratný perspektivní průhled do oblak. První setkání doktora Multruse s Hupkou, když odmítne podepsat smlouvu proto, že je bez košile.

B. RÁDL, Kinorevue 1940, č. 1

Šťastné dny na toulkách venkovem skončily stejně rychle, jako začaly. Náhlým úmrtím Hančí, která mu zanechala malého Hynka.

Hrušínskému v postavě Hupkově musíme věřit jeho podmračený mladý vzdor i jeho zasmušilost, když poznává, že chybil, že nemá dost síly, aby si probojovával štěstí na cestě, kterou se dal, když vidí, že je osud drtí.

J. REŽNÝ, Kinorevue 1940, č. 3

Rozedraný Hupka se vydal se synkem a houslemi do Prahy, aby tam hledal obživu. Zestárl fyzicky i psychicky, jeho krok ztěžkl. V dlouhém plášti, zapnutém až ke krku, s tváří pohublou a vyhaslým pohledem skončil na pokraji zoufalství. A pak se ještě jednou vzchopil a naposledy zahrál Humoresku . . . a byl zachráněn.

Úspěch byl triumfální. Rudolf Hrušínský se stal „velkým objevem roku" (*B. RÁDL, Kinorevue, 1940, č. 3*). Velký byl především tím, „jak svou úlohu nehraje, ale prožívá, bez všech efektů, bez vší parády, v jediném mocném prožití, které se přenáší na diváka nejsilnějším dojmem" (*B. RÁDL, Kinorevue, 1940, č. 1*). Herectví Rudolfa Hrušínského podnítilo nejednoho z recenzentů k úvahám:

Myslím, že v málokterém světovém filmu debutant vykonal větší práci, než v tomto kompendiu scén mladý Hrušínský. Je to objev? Víc: je to poctivé terno. S nervy na povrchu, docela pod kůží, žije a zápasí tu toto skoro ještě dítě svůj strašlivý zápas člověka, urvávaného z náručí smrti a obludné bídy.

J. R. Vávra, Lidové noviny 24. 7. 1939

Jak víme, nejednalo se o filmový debut, ačkoliv jím ve své podstatě skutečně byl. Nejen že se Rudolf Hrušínský v Hupkovi dokázal vyrovnat s „jímavým pubertálním zmatkem" (*M. HRNČÍŘ, České slovo 13. 8. 1939*), ale sestoupil do hlubin jeho rozbolavělého nitra s plným porozuměním a smyslem pro „míru hereckého výrazu, neubírajícího mu ničeho na jeho síle" (*A. M. BROUSIL, Venkov 13. 8. 1939*). Ještě po letech připomněl šéfredaktor Kinorevue Bedřich Rádl tuto filmovou postavu, když s uznáním psal o tom „jak hotový výkon v ní přinesl tento chlapecký ještě herec, jak psychologicky promyšlený, citově přesvědčivý a výrazově bohatý" (*B. RÁDL, Kinorevue, 1944, č. 31*).

HUMORESKA zastupovala československou kinematografii na benátském bienále za rok 1939. Italský list Il Gazettino se ve shodě s domácí kritikou pochvalně zmínil i o Rudolfu Hrušínském (*A., Letem světem 5. 3. 1940*). Na českém filmovém nebi zazářila nová hvězda. Hupkou postoupil Rudolf Hrušínský do kategorie milovníků.

Filmová VĚRA LUKÁŠOVÁ, která následovala HUMORESKU, byla na svou dobu dílem vskutku avantgardním. Přestože vyvolávala určité pochybnosti a kritika se o ní převážně vyjadřovala jako o „zfilmovaném divadle" (*er., Národní noviny 1. 10. 1939*), nic jí to neubralo na velikosti. K natočení VĚRY LUKÁŠOVÉ přistoupil režisér E. F. Burian v červnu 1939. Prokázal tím službu budoucím badatelům, zabývajícím se jeho tvorbou, protože před kameru přivedl osvědčené kvarteto herců — Lolu Skrbkovou, Zdeňka Podlipného, Jiřinu Stránskou a Rudolfa Hrušínského — a vytvořil tak svého druhu dokument.

Oč je film proti divadlu bohatší, jsou scény exteriérové, které jsou vesměs velmi krásné. Poslední část filmu, odehrávající se v lese mezi Věrkou a Jarkou, s velikou jízdou kamery, sledující procházku obou dětí, je dokonalá a nezapomenutelná. Burian tu vytvořil jednu z nejkrásnějších scén, které jsme vůbec dosud v českém filmu viděli. Je to zásluhou jeho i Rothovou, jehož fotografie tu již dosahuje úrovně nejlepších světových kameramanů.

B. RÁDL—J. REŽNÝ, Kinorevue 4. 10. 1939

Celé Jarkovo těkání z místa na místo, neschopnost postát či posedět v klidu, signalizovalo jeho vnitřní napětí. Od prvního okamžiku, kdy ho Věra postříkala vodou z louže, kam jí upadl míč, až do posledního rozloučení, kdy je od sebe odtrhla pohoršená babička, se Hrušínského kvartán neustále proměňoval. Jen tak mohl dát své postavě „přímou klukovitost a živelnou přírodnost" (*A. M. BROUSIL, Venkov 1. 10. 1939*).

Jarkova tvář, živená vnějšími podněty, odrážela jeho reakce. S očima lehce přivřenýma sledoval zpovzdálí Věru, která luštila jeho hádanku. Když jí položil otázku, co si vlastně představuje pod pojmem „hříšné nástrahy", přeskočily v nich jiskřičky smíchu. A když mu konečně svěřila své tajemství týkající se pana Lába, víčka mu těžce klesla, jako by je v sobě navždy uzavíral.

Hra očí patřila od počátku k výmluvným výrazovým prostředkům Rudolfa Hrušínského. Jejich silou upoutal nejednu ze svých ctitelek.

Proč jste tak krásné „jeho" oči?
Což nevíte, co působíte zmatku?
Či vám to radost dělá?
Však i tak čtěte na památku od
bláhové dívky:
zůstaňte krásné a zářivé „jeho" oči.

Dagmar H., Kinorevue 27. 11. 1940

Filmoví diváci zahrnuli VĚRU LUKÁŠOVOU, která měla premiéru koncem září 1939 v pražském biu Aleš, svým vděčným obdivem. Jarka Kohout Rudolfa Hrušínského imponoval především jeho vrstevníkům.

Podařilo se zde něco, co bylo v českém filmu dosud jen Achillovou patou, vyrostla tu postava studenta, který zůstává životným a opravdovým studentům blízkým i v mimoškolním prostředí a dokonce v svém vážném, niterném životě. Tato poslední stránka byla dosud v našem filmu opomíjena, nebo, což bylo ovšem ještě horší, pustě falšována.

H. N., Kinorevue, 1939, č. 15

Filmová žeň roku 1940 byla pro Rudolfa Hrušínského o poznání chudší. Těžko ho mohla uspokojit nabídka začínajícího režiséra Giny Hašlera, aby v komedii ze studentského prostředí PROSÍM, PANE PROFESORE ztratil čest v podobě intrikujícího třídního šplhouna — oktavána Vobořila. S filmem ho smiřovalo atraktivní obsazení (Theodor Pištěk, Ella Nollová, František Roland, Karel Hradilák, Stella Májová, Josef Kemr, Vladimír Salač a další), které bylo zárukou kasovního úspěchu. Ani toho se nikdo neodříkal. Na jednu z anketních otázek, týkajících se rozdílu mezi divadlem a filmem, Hrušínský odpověděl:

Divadlo povznáší ducha, filmový honorář tělo; tím jsou výhody pro herce vyčerpány. Jaké ostatní výhody plynou ze spolupráce divadla a filmu, mohou posoudit jen filmoví producenti a páni režiséři.

R. HRUŠÍNSKÝ, Filmové listy 10. 1. 1941

S Lucernafilmem bylo neodmyslitelně spjato jméno režiséra Františka Čápa. Rudolf Hrušínský ho měl příležitost poznat při natáčení výpravného filmu NOČNÍ MOTÝL s Hanou Vítovou a Adinou Mandlovou v hlavních rolích. Kromě Otakara Vávry byl František Čáp jediným režisérem, jemuž se na přímluvu Miloše Havla podařilo přestát dobu okupace, aniž by se musel podepsat pod některý z německých filmů (*Václav M. HAVEL: Mé vzpomínky. Kniha 2., s. 50—51*). Svou dokonalou znalostí filmového řemesla, ale i skromností a družnou povahou si Hrušínského cele získal. Patřil k těm lidem od filmu, kteří pro něho opravdu něco znamenali.

Jako zamilovaný student Michal poznal Rudolf Hrušínský „všecku bídu a všecko hoře lásky zklamané a selhavší; a v duchu tehdy populární freudistické devízy, že muž vraždí to, co nejvíc miluje, vypálil několik ran z revolveru na nočního motýla, nemoha se smířit s tvrdou realitou, že slečny z baru nepatří jednomu, ale všem, pokud na to mají . . ." (*V. KUDĚLKA, Program Státního divadla v Brně, září 1980*). Oproti mužným sokům — poručíku Kalovi (Svatopluk Beneš) a nadporučíku Vargovi (Gustav Nezval) mohl nabídnout zbožňované Martě (Hana Vítová) jen své tiché zoufalství.

Hrušínský podal ve svém studentovi celý, opravdový výkon, věrohodný ve vývoji od milostného okouzlení nikdy nemilovaného a nikdy nezamilovaného chlapce k vraždící žárlivosti.

B. RÁDL, Kinorevue, 1941, č. 11

Svět půvabných dam a galantních kavalírů, který zachytil celuloidový pásek filmu, byl proti tomu skutečnému přece jen trochu kýčovitý a umělý. Sláva barrandovských teras, vzletně nazývaných zahrady Semiramidiny, pohasla zároveň se zářivým večerním osvětlením, v době okupace nepřípustným. Orchestr R. A. Dvorského se přestěhoval do sídla Lucernafilmu ve Vodičkově ulici, kde hrával ve stylově zařízeném restaurantu Černý kůň. Kolem Miloše Havla se soustředila početná skupina přátel, k níž se brzy připojil také Rudolf Hrušínský. Zpočátku se účastnil hlavně filmových projekcí, ale tu a tam si zašel i na skleničku k Černému koni. Po zhlédnutí filmové komedie René Claira AŤ ŽIJE SVOBODA s Raymondem Cordym a Henrim Marchandem vyšel na ulici poněkud anarchisticky naladěn. Do cesty se mu připletl německý důstojník doprovázející českou dívku, o níž se Rudolf nevyjádřil právě uctivě. Nebýt pohotového taxikáře, který mu zastavil, byl by konflikt s důstojníkem skončil tragicky.

Vraťme se však do filmových ateliérů . . .

Patří už k tradici českého filmu, že čerpá náměty z literárních děl našich dramatiků a spisovatelů. Na základě filmové povídky Skleněný vrch, kterou obeslal v roce 1942 prozaik Jaroslav Havlíček soutěž vyhlášenou Filmovým studiem, vznikla první z filmových adaptací literární předlohy tohoto autora — BARBORA HLAVSOVÁ. Přestože byli scénárista Karel Steklý a režisér Martin Frič nuceni přistoupit k některým změnám, drama nesmiřitelné venkovské ženy, splácející dluh po svém synovi — defraudantovi, promluvilo silou myšlenky i zpracování.

Její vnuk — Bořík Hlavsa (Rudolf Hrušínský), kterého si náročná a od života odtržená matka (Jiřina Štěpničková) pěstovala jako skleníkový květ, se coby budoucí konzervatorista zcela ztrácel ve světě hudby. Po smrti otce byl vržen tváří v tvář skutečnosti. Přátelé se od něho odvraceli, dívku, o níž se domníval, že ji dobře zná, ztratil. Jedinou jistotou se mu stala prostá a po zákonu přírody žijící babička (Terezie Brzková), která se v něm snažila probudit smysl pro povinnost. Proto se jeho útěk za matkou podobal útěku před sebou samým a návrat k babičce návratu ke spravedlivému řádu věcí.

Hudebním motivem, který se nesl celým filmem a provázel Boříka od vítězného nástupu po zkoušce na konzervatoř přes vystoupení v kavárně až na kůr venkovského kostelíka, kam ho tajně pustila bezelstná Eliška (Eliška Kuchařová), byla Dvořákova píseň Když mne stará matka zpívat učívala. Stejně jako Hupkovi Humoreska pomáhala Boříkovi vyjádřit stav duše — od jásavé radosti až k trýznivé touze po naplnění jeho snu. Na cestu k pravdě se totiž Bořík Hlavsa vydal pramálo vybaven. Teprve otcova sebevražda probudila v tomto nervním, sebevědomém chlapci vnímavost vůči okolí.

Recenzenti si svorně postěžovali, že Rudolf Hrušínský dostal „tentokrát pro rozměrnou úlohu maskování mladokomické“ (*M. HRNČÍŘ, České slovo 22. 1. 1943*) a že „jeho typu nesluší nabarvené a ulízané vlasy“ (*A. JAVORIN, Polední list 19. 1. 1943*), ale to nemohlo oslabit celkový účin, který jeho Bořík vyvolal.

Už před několika lety přesvědčil Rudolf Hrušínský kinematografické návštěvníky, že si přinesl ke své herecké práci nadání, zjev a osobitost: tři přednosti, jichž v žádné apatyce nekoupíš. Přinesl si k divadlu a filmu víc než hlas hezkého zabarvení, znějící chvílemi jako zvuk cella, také mluvu svých velkých očí, svlažovaných stále z nitra, němou řeč svých živých rtů. Je v tomto mladém Hrušínském velká zádumčivost, ale i silný zdroj vnitřní vášnivosti a smyslnosti.

B. RÁDL, Kinorevue 16. 6. 1943

Exteriéry filmu natáčel kameraman Karel Dégl v Novém Kníně. Herci se tam ubytovali u hostinského, který byl zároveň starostou obce. Jednou si chtěli tajně poslechnout londýnský rozhlas a omylem zapojili místní vysílání. Venku zavládlo zděšení. Mezi náhodnými svědky se našel někdo, komu stálo za to, aby napsal udání. Martin Frič s Rudolfem Hrušínským byli předvoláni k výslechu do Petschkova paláce. Okamžitě se obrátili s prosbou o pomoc k Miloši Havlovi, který celou záležitost urovnal. Nebylo to ani poprvé, ani naposledy, kdy se mu podařilo někoho zachránit.

Slavnostní premiéra BARBORY HLAVSOVÉ se konala 15. ledna 1943.

„Velká zádumčivost, ale i silný zdroj vnitřní vášnivosti a smyslnosti" — tato Rádlova charakteristika vypovídala s naprostou přesností o skutečné povaze Rudolfa Hrušínského, na jejímž základě jako herec stavěl. Právě proto ho mohl režisér Čáp, s nímž byli spřízněni volbou, bez zaváhání obsadit do role čeledína Vojty v chystaném filmu MLHY NA BLATECH podle stejnojmenného románu Karla Klostermanna. Postava, jež ho očekávala, se mu brzy stala blízkou po duchu.

Samotářský a světu zdánlivě nepřátelský Vojta v sobě skrýval na první pohled nepostižitelnou touhu po sounáležitosti s lidmi, z jejichž společenství byl jako nemanželské dítě vyřazen. Když ho sedlák Potužák (Zdeněk Štěpánek) napomínal za pytlačení, pronesl na svou obhajobu větu, shrnující celou jeho životní filozofii: „Ryba je toho, kdo ji umí chytit." (*K. KLOSTERMANN: Mlhy na Blatech, Praha 1976, s. 57*). Proto také Vojta nakonec dosáhl svého a stal se z pouhého pastevce koní baštýřem, který si mohl vzít za ženu vyvolenou Apolenku (Jarmila Smejkalová), dceru bohatého sedláka.

Dny, které herci trávili uprostřed války při natáčení na Hluboké, nebyly ve všem idylické. Naštěstí jejich prázdné žaludky plnil čas od času štědrými dodávkami z vlastních zdrojů producent Miloš Havel. A přesto to byla doba, na niž se nezapomíná.

Společně jsme točili až v roce 1943 Čápovy MLHY NA BLATECH. Dělalo se to na Hluboké, byl tam mimo jiné taky Pepa Kemr, což byl náš společný kamarád, a tam jsme strávili krásné tři měsíce — daleko od války, v nádherném kraji, při radostné práci s báječnými lidmi. Přes den se točilo, večery jsme si zpestřovali přiměřeně svému věku — užili jsme spousty legrace, chodili jsme za děvčaty a tak. Naše ubohé matky pak shledávaly příčiny naší bujnosti každá v tom druhém – paní Hrušínská „v tom Salačovi", moje maminka „v tom Hrušínským". To víte: mladost – radost.

Nebylo však vždy tak veselo . . .

V. SALAČ, 4. 2. 1990, rkp.

Na Hluboké byl Rudolf ve svém živlu. Ocitl se v krajině svého dětství, uprostřed přírody, kterou miloval. Následující příhody, které se mu staly, však ve filmovém scénáři nebyly.

Když se natáčely MLHY NA BLATECH, posadili mě na takovou širokou selskou kobylu, co nebyla zvyklá nosit. A režisér chtěl, abych ji trochu pobídl. Poslechl jsem ho a kobyla se zastavila až za půl hodiny. Sotva jsem se jí stačil chytnout kolem krku. Nalíčený jsem visel na kobyle, kobyla letěla, za námi letělo hříbě a celou cestu mě kousalo do bosé nohy, nezastavili jsme se až v maštali, jen taktak jsem ve dveřích sehnul hlavu.

R. HRUŠÍNSKÝ, Divadelní noviny 20. 5. 1964

Já jsem tam měl vysvobodit srnku, která se chytla do oka. Na smrček přivázali drátěné oko, jím prostrčili srnce hlavu. Když jsem k ní přišel, plakala jako dítě, dívala se na mne nejkrásnějšíma očima, jaké jsem kdy viděl — a z těch očí jí tekly slzy jako hrachy. Opravdovské lidské slzy. Ne, nemohu na srnce vystřelit. Ona vám pak za mnou ta srnka chodila celou tu dobu, co jsme tam filmovali. Jako psík. Ne že by se dala pohladit. Zpovzdálí, takových padesát metrů, mě neustále sledovala. Z vděčnosti? Po čase mi řekl tamější hajný, že ji musel střelit. Ztratila přirozenou plachost a byla by se dostala stejně do spárů pytláků, kterých se tam potulovala spousta. Neměl mi to říkat. Pořád vidím ty její plačící oči . . .

R. HRUŠÍNSKÝ, Ahoj na sobotu 23. 9. 1983

Čápovy MLHY NA BLATECH byly filmem do značné míry poetickým. Podíl na tom měla kamera Ferdinanda Pečenky kombinovaná s detailními záběry přírody dokumentaristy J. V. Staňka. Hudbu k filmu složil Jiří Srnka. A pokud jde o herce?

Mladičkého pytláka Vojtu hrál Rudolf Hrušínský. Přehnaná stylizace do polodětského a polodospělého rabijáta, zdůrazněná násilnými dialogy („Musí se to tak zařídit! Chci to! A potřebuji to! Tak to chci a tak se to provede!“) mu neseděla. Mnohem přirozenější byl v lyrických pasážích milostných. Jeho mladičkou partnerku nepříliš přesvědčivě sehrála stále ještě debutantka Jarmila Smejkalová a sedlákova syna Václava Vladimír Salač. V roli „dospělých“ vytvořili Zdeněk Štěpánek, Marie Blažková, Terezie Brzková a Jaroslav Průcha své jihočeské selské postavy na vysoké standardní úrovni.

L. BARTOŠEK: Dějiny československé kinematografie II, část 2., Praha 1983, s. 98

Koncem března 1944 dostal Rudolf Hrušínský, o němž bylo známo, že se pokouší o divadelní režii, nabídku, aby převzal režii filmu JARNÍ PÍSEŇ (původní název Jarní mámení), který měl točit Jiří Lehovec. Mezi filmovými pracovníky zavládlo pobouření. Přes pochybnosti, které jeho volba vyvolala, se vrhl do práce s chutí. Zapomínal na všechno kolem sebe, takže se mu podařilo rozkmotřit s Jiřím Frejkou, který ho pozval do Národního divadla k hostování v Lomově ČLOVĚKU ODYSSEOVI. Po prvních zkouškách se spolu rozloučili, protože Frejka netrpěl žádnou nekázeň.

Přípravy na natáčení secesní romance o prchavém milostném vzplanutí pěvkyně vídeňské dvorní opery Jany Mirské-Sequencové (Hana Vítová) k malíři Petru Domínovi (František Hanus) byly v plném proudu. Do dalších rolí si mladý režisér obsadil Františka Smolíka, Svatopluka Beneše, Růženu Šlemrovou, Mílu Pačovou, Jarmilu Smejkalovou a svého otce. Námět Julia Schmitta scenáristicky zpracovali Miroslav Rutte, Josef Neuberg a fejetonista Maru (Marie Rusová) — což celé věci neposloužilo. Jedna recenzentka na jejich adresu utrousila: Mnoho psů zajícova smrt (*B. KOPELENTOVÁ, Osvěta 30. 11. 1944*). Úroveň námětu i jeho zpracování byla vskutku nevelká. Ale na výpravě filmu se nešetřilo. Dobové kostýmy byly objednány z Vídně, kam se pro ně měl Rudolf Hrušínský dopravit letadlem, jenže z cesty sešlo.

Ještě než se štáb filmařů přesunul do Mirovic na Písecku a Světlé nad Sázavou, zmizel mladý adept režie ve víru společenského ruchu. Večírky pořádané v barrandovské vile Miloše Havla přitahovaly početnou uměleckou bohému. Stálými hosty tu byli malíř Otakar Nejedlý, básník Vítězslav Nezval, režisér Otakar Vávra, spisovatel Jan Drda, herci Jindřich Plachta, Zdeněk Štěpánek, Adina Mandlová, Lída Baarová a další. Pro Rudolfa Hrušínského měly flámy příchuť zakázaného ovoce, ale rychle si zvykal. Zvlášť když Miloš Havel hýřil nápady, jimiž bavil své hosty. Jednou nechal uprostřed noci donést na tácech jiskřivé sněhové koule. To se Rudolfovi líbilo. Přirozeně že mu v této společnosti brzy narostl hřebínek. Málem na to doplatil provozní ředitel Lucernafilmu, který mu při jedné z okázalých večeří kladl na srdce, aby byl svému chlebodárci vděčný za to, že byl angažován. Hrušínský mu podle svého zvyku poněkud prostořece odvětil, že přece existují ještě jiní podnikatelé, na něž by se mohl obrátit. Brože to velmi pohoršilo a prohlásil, že: „S tímto člověkem prostě nemůže sedět u jednoho stolu!“ Miloš Havel nehnul ani brvou a suše poznamenal: „Tak Brož jděte!“

Třebaže se Rudolfův otec díval na eskapády svého syna shovívavě, občas se stalo, že byla míra jeho trpělivosti dovršena. S odstupem času však líčil jeho příhody s humorem.

NOČNÍ HOST

Jednou v noci — za války — se nám stalo toto. Bylo přesně půl druhé — to se ví, že jsme už spali — pořádná rodina v půl druhé vždycky spí; té noci však najednou zčistajasna zazvoní někdo prudce u dveří. — Nu, spaní máme chválabohu dobré, ale zvonek v půl druhé v noci, ten drnčí, že by vzbudil mrtvého. Vzbudil nás, a co by na mém místě udělal každý – já rozsvítil. Žena už seděla na lůžku, a jen jsem rozsvítil, povídá: „Někdo zvoní.“ To mi ale říkat nemusela, to už jsem věděl a hned mne napadlo to, co jsem vzápětí řekl: „Strážník! Máme asi špatně zatemněno.“ „Vždyť už od půl dvanácté nesvítíme,“ povídá na to žena. „Ale kdo by to tedy – Ruda je doma?“ zeptal jsem se zbytečně, neboť syn ještě nikdy po půlnoci nepřišel – abyste rozuměli – vždycky dřív.

„Cr-crr-crrr!“

„Hrom do zvonku, teď v půl druhé v noci!“

„Babička zvenku, ta ze ženiny strany,“ napadlo mne, jak jsem si obouval pantofle, „jezdí každý měsíc do Vršovic k jedné moc dobré doktorce léčit stáří a u nás se jen tak staví — to víte dáma — vlak měl asi zpoždění — teď ty vlaky jezdí cik cak.“ A tak jsem šel ke dveřím a zeptal se, kdo to je.

„Já, Šplechta.“ Abyste věděli, to je náš pan domovník. „Vedu vám návštěvu,“ dodal.

„Nu, jakpak ne, babička!“ povídám si a otevírám dveře. Ale babička to nebyla. Jak tak padlo slabé světlo z předsíně — kdopak má v předsíni silné světlo —, jak tak padlo dveřmi na chodbu, vidím kufr, takový velký, co v něm lidé nosí z vlaku a do vlaku šatstvo a prádlo. Přitom jsem ještě spatřil bílou ruku, která ten kufr držela. Protože babička s kufrem nejezdí, bylo mi to divné. Ale to už se ozval z přítmí takový jasný, skoro dětský hlas.

„Tady bydlí mladý pan Hrušínský?"

„Ano," povídám. „A co mu — proč ho — co vlastně . . .," zeptal jsem se duchapřítomně, jako by se asi zeptal každý na mém místě. Ale ozval se pan Šplechta:

„Tady ta slečinka říká, že jde k vám, že ji čekáte." Než jsem se zmohl na odpověď, spustil ten dívčí hlásek energicky a s velkými tečkami za každou větou: „Já bych si přála mluvit s mladým panem Hrušínským! Je doma? Je to velmi důležité. Přijela jsem z Plzně."

„A tak, z Plzně," opakuji jen tak, abych něco řekl. „Ano, je doma, račte dál," dodávám a obracím se k panu Šplechtovi s poznámkou, že je všechno v pořádku, načež on vstoupil do výtahu a odjel. A jak tak člověku někdy mozek rychle pracuje, v duchu jsem zakvílel, neboť mi v setině vteřiny prolétlo hlavou: „Plzeň! Ten chlapec byl v létě v Plzni na zájezdu, hráli KOTRMELCE MLÁDÍ, že on se tam ten hanebník jeden měl k světu a teď tady děvčátko s kufrem — v půl druhé v noci . . ."

To již za mnou stála manželka, přihlazovala si vlasy a v jejích očích jsem četl své vlastní myšlenky.

„Kde je?" zeptalo se osmělené děvčátko, ale vtom se ozval za přivřenými dveřmi pokoje jeho hlas: „Co je?" i otevřel jsem prudce dveře a hlasem tlumeným, s ústy pokřivenými procedil mezi zuby: „Máš tady návštěvu!"

Žena mne držela v podpaží a chvěla se jako osika. Cítil jsem, že chce něco říci, ale díkybohu hlasivky jí v té chvíli nefungovaly. Náš syn, co tu teď ležel, jak ho pánbůh stvořil, do poloviny přikrytý, se opřel o loket, druhou rukou si prohrábl vlasy a s pootevřenými ústy hleděl na dveře, jimiž vstoupila ona. Drobounké ručičky měla zdviženy před sebou, dlaněmi dopředu, jako hypnotizovaná stanula těsně nad ním, malounko se sklonila a se slastným povzdechem ustrnula v líbezném úsměvu.

„Rozkošná žabka," řekl jsem si v duchu, ale hned jsem se vzpamatoval. V té chvíli promluvil on.

ON: „Co si přejete, slečno?"

Nový povzdech. Ne již tak energicky, ale samozřejmě, jako by nebyly dvě hodiny v noci, holčička odpověděla.

ONA: „Já jdu k tomu divadlu."

Hrobové ticho. Po malé chvíli . . .

ON: (svraští čelo) „K divadlu? Jak tomu mám rozumět, slečno?"

ONA: „Nu přece, když jste mi v Plzni podepisoval svoji fotku, prosila jsem vás o místo u divadla a vy jste říkal, že mi napíšete . . . a když jste dlouho nepsal . . ."

ON: (pobaveně) „Ale, dovolte slečno, to bylo trochu jinak!"

OTEC: (poněkud dramaticky, s pečlivým až přehnaným přízvukem na první slabiky) „Ty jsi — slečně — sliboval — místo — u divadla?"

ON: „Vyloučeno. Já jsem jen říkal, když za mnou stále chodila, že by chtěla k filmu nebo divadlu, že jí napíšu, kdyby se něco hodilo. Nemohl jsem se totiž slečny jinak zbavit . . ."

OTEC: (mírně rozhorlen) „Proboha tě prosím, jak jsi mohl, takovou nerozvážnost — a jak vy si to představujete, slečno — tadyhle — rovnou s kufrem . . ."

MATKA: (přidržuje si župan v místě, kde jí chybí knoflík) „ . . . a ve dvě hodiny v noci! Z takové dálky. Co teď s vámi?"

OTEC: „Teď už, myslím, do rána žádný vlak do Plzně nepojede. Musíte přespat někde v hotelu nebo počkat na nádraží na první vlak. Máte peníze, legitimaci nebo nějaké doklady?"

ONA: (bezstarostně) „Peníze mám, ale tamto jsem zapomněla doma. Víte, já jsem odjela náhle, naši nic nevědí . . ."

Po tomto zjištění bylo třeba radikálně zakročit.

„Jde pomalu na třetí hodinu," řekl jsem, „do žádného hotelu nepůjdete, bez dokladů by vás tam stejně nenechali. Půjdete rovnou na nádraží, kde si pěkně počkáte na první vlak a pojedete zpátky k mamince."

Snesl jsem milé holčičce kufr dolů, před domem jí hezky vysvětlil, kudy má jít, a podáním ruky mi musela slíbit, že tím prvním vlakem pojede a že už nikdy takovou hloupost neprovede. Ke všemu kývla, neřekla ani A ani B a cupitala k vrátkům zahrádky . . . Ustaraně a soucitně jsem se za ní díval přivřenými domovními dveřmi. Tu se náhle zastavila, položila kufr na chodník, udělala několik kroků zpátky a zvolala:

„Pane, nevíte, kde bydlí filmový herec Raoul Schránil?"

Po trapné pauze jsem přibouchl dveře.

R. BÖHM-HRUŠÍNSKÝ, rkp.

Brzy se ukázalo, že skutečnou doménou Rudolfa Hrušínského je přece jen spíš herectví než filmová režie. Koncem listopadu — po uvedení JARNÍ PÍSNĚ do kin — se vzedmula vlna kritiky, která částečně dopadla na hlavy scenáristů, částečně na hlavu režisérovu.

Zvládnout režijně film, kde měly hrát především vnitřní konflikty a kde šlo především o vnitřní dramatickou gradaci, to by byl veliký úkol i pro režiséra již rutinovaného, a to i v tom případě, že by šlo o námět, který by tyto možnosti dával, a kdy by se režisér mohl opřít o dokonalý scénář. Takto však musel Hrušínský při svém prvním startu klopýtnout! Ale i jinak tu na režijní práci nevidíme žádný původní režijní vtip, žádný nový přínos. To není režie, to je asistence při aranžování herců a předmětů, kteří mají v danou chvíli při natáčení jednotlivých scén být před kamerou! Arciť málo na filmovou režii.

-ja-, Český dělník 25. 11. 1944

Záporné hlasy Rudolfa Hrušínského neodradily. Tou dobou už se svým otcem pracoval na scénáři k parodii na dobrodružné filmy PANCHO SE ŽENÍ. (Její jevištní podoba — groteska o třech dějstvích — se jmenovala HLEDÁ SE ALFONSO DANILLO.) Mělo jít o ryze autorský film, ve kterém měl roli šitou na míru — Pancha. K režii si přizval na pomoc Františka Salzera, který měl být zárukou, že se nebude opakovat jeho předchozí nezdar. Jedním ze záměrů producenta Havla i režiséra Hrušínského bylo zaměstnat co nejvíc herců, aby tak unikli totálnímu nasazení.

Ten film vznikl za války v době, kdy mnoho herců bylo totálně nasazených. Šlo o to, nějakým způsobem je z toho vytáhnout. Na popud tehdejšího vedení Barrandova jsem za měsíc napsal scénář a za další měsíc natočil film. V dekoracích z ROZINY SEBRANCE, aby to bylo co nejlevnější. Tak se podařilo z totálního nasazení uvolnit Plachtu, Kreuzmanna, Rašilova a řadu dalších. Od té doby už jsem pak nic podobného nedělal, neměl jsem na to ani čas — a z druhé strany snad ani nebyl zájem.

R. HRUŠÍNSKÝ, Záběr 7. 10. 1977

Ani tato nic nepředstírající filmová parodie na morzakory se neobešla bez nesnází. Stejně jako při natáčení JARNÍ PÍSNĚ došlo na Rudolfa Hrušínského udání, že nerespektuje cenzurní škrty. Nevinný příběh mužného Pancha, který si získal srdce půvabné Rosity (Vlasta Matulová) zaslíbené rodiči popletenému Pedrovi (Josef Kemr) a který čirou náhodou pomohl odhalit zločineckou bandu, byl uveden teprve v roce 1946. Narazil na nepochopení. Jediným ospravedlněním se stalo uvedení roku vzniku. S rozpaky byly přijaty i herecké výkony některých zúčastněných, s výjimkou Vlasty Matulové, Saši Rašilova a Františka Kovářika. PANCHO SE ŽENÍ patřil podle recenzentů k posledním produktům staré éry, jimiž byla znesvěcena éra nadcházející.

Rudolf Hrušínský, jehož režijní debut JARNÍ PÍSEŇ byl odsouzen i právem velmi okleštěnou kritikou v protektorátu, byl tehdy pověřen režií dalšího filmu, za spolupráce F. Salzera. Ale ani spolupráce význačného divadelního režiséra, ani Srnkova hudba, ani kamera Ferdinanda Pečenky nedokázaly povznést Hrušínského námět z přízemnosti vkusu a lacinosti humoru. Musíme vzpomenout Brdečkova LIMONÁDOVÉHO JOE. Důkazu, že lze vysmívat se rodokapsové tvorbě jejími vlastními prostředky a vytvořit ze satiry Divokého západu inteligentní podívanou. Ve filmu jsme před lety viděli nesmrtelnou komedii Mamoulianovu VESELÝ DESPERADO, na niž zde připomíná leckterý motiv, ne však úroveň. V příběhu o lupičích, jejich milenkách, krásných

Mexičankách, hloupých rodičích, podvodnících a chrabrých caballeros pak zasvitne i motiv ROHOVÍNA ČTVERROHÉHO. Ano, byl zde záměr vysmát se rodokapsové literatuře. Aspoň to naznačuje úvodní i konečný trik. Ale celý film se utápí v tolika lacinostech, v humoru, dříve kondelíkovském, nyní převlečeném do mexických krojů a transponovaném do Latinské Ameriky, vykouzlené z Hlubočep pomocí přenosných kaktusů a suchých palem, že nemůže být nazván satirou. Některé obrazy sice působí malebně. Jsou scénicky účinné. Ale duchovní náplň celého filmu je tak slabá, herecká režie tak ledabylá, že nám vychází nakonec veseloherní lacinost. Nechť divák se zamyslí nad úkoly našeho filmu v budoucnosti. Do těchto duševních světů se už nesmíme vrátit.

O. KAUTSKÝ, Svobodné noviny 28. 9. 1946

Poslední práce na filmu probíhaly na jaře 1945. Tou dobou měl Rudolf Hrušínský úplně jiné starosti. Se všemi muži byl povolán k odklízení trosek po únorovém náletu na Prahu. S Josefem Kemrem se vypravili na Vinohrady, aby zjistili, co se stalo s Kemrovým tatínkem. Když tam přišli, seděl starý pán v potemnělém pokoji, na hlavě měl čepičku a hrál na kontrabas. Vůbec netušil, že se mu v zahrádce před domem zaryla do země nevybuchlá bomba. Hudba ho unášela mimo prostor i čas.

Také květnové dny prožila rodina Hrušínských v celé jejich dramatičnosti. S otcem se účastnil pohřbívání mrtvých do šachet na olšanském židovském hřbitově. Spolu s kameramanem Pečenkou se vydali natáčet dokument o pražském povstání. Co viděli, překonalo jejich očekávání. Nejotřesnější svědectví však zanechal Rudolf Hrušínský starší, který si pečlivě zaznamenával sled událostí, jak šly za sebou. V závěru svého líčení, jež nazval Vinohradské povstání v květnu 1945, napsal:

Vstupujeme do nového života. Zbytky německé armády opouštějí Prahu. Vyjíždějí v plné výzbroji na tancích, nákladních i osobních autech ze Slezské ulice do Lobkovicova náměstí, zabočují vlevo na Fochovu třídu, po níž – neorientováni – snad definitivně zády ku Praze pochodují vstříc rudoarmějcům. Nemělo snad dojíti k tomu, aby před zraky našich dětí byli opozdivší se gestapáci veřejně popravováni, Němka chycená na Flóře ubíjena a jiní gestapáci na Václavském náměstí upalováni. Vyskytlo-li se v davu hlasité mínění, že těmito skutky byl konec revoluce poskvrněn, zdá se, že to bylo vysloveno po právu. To nahlédli také vykonavatelé těchto exekucí, neboť až dosud se žádný z nich veřejně svým hrdinstvím nepochlubil.

R. BÖHM-HRUŠÍNSKÝ, rkp.

Kolo dějin se otočilo. Pro někoho kupředu, pro někoho zpátky. Rudolfu Hrušínskému bylo čtyřiadvacet let a život měl teprve před sebou.

MĚSTSKÁ DIVADLA PRAŽSKÁ 1945—1959

Když se sedmnáctiletá studentka jazykové školy Eva Koubová rozjela v srpnu 1945 na prázdniny do Plané nad Lužnicí, začínala vlastně znovu žít. Po smrti rodičů, Jana (1896—1936) a Josefy (1898—1942) Koubových, zůstala sama se svou starší sestrou Helenou.

18. srpna 1945 uspořádali členové místního ochotnického spolku v Plané nad Lužnicí představení MARYŠI bratří Mrštíků. Jako hosté v něm vystupovali Rudolf Hrušínský starší se svým synem a manželkou Hermínou. Na snímcích je zachytil známý fotograf Sláva Štochl. Eva Koubová-Hrušínská vzpomíná:

> V pětačtyřicátém roce, hned po válce, jsem jela na pár dnů do Plané nad Lužnicí. Sestra i já jsme stále doufaly, že se někdo z naší kdysi velké rodiny vrátí z koncentráku. Doufaly jsme marně. Ale byly jsme zvyklé na lidi kolem sebe a toužily jsme být obklopené pevnými vztahy a láskou.
>
> Po příjezdu do Plané jsem objevila na nádraží plakát, který zval místní občany k návštěvě představení MARYŠI bratří Mrštíků. Hrálo se v sokolovně. Plakát oznamoval, že Francka pohostinně hraje Rudolf Hrušínský mladší, jeho tatínek Vávru a maminka Strouhalku. Rozhodla jsem se, že na to představení večer půjdu. Odpoledne jsem si zašla na plovárnu... A právě tam jsem se seznámila s Rudolfem. Tak jsem mu řekla, že se večer do sokolovny chystám. Neváhal, popadl kolo a jel pro lístky. A tím to vlastně všechno začalo.

U jednoho setkání ovšem nezůstalo. Planá nad Lužnicí se stala oběma mladým lidem osudnou.

Měli jsme takové místo, kde jsme měli první rande, kde jsem dostala první políbení, no a to místo jsme si koupili a máme tam chatu. Je to jak z červené knihovny, ale je to tak. Je to život a strašně rádi tam jezdíme a je nám tam dobře.

E. HRUŠÍNSKÁ, Kino 16. 2. 1988

Následovaly návštěvy v Nuslích, kam se sestry Koubovy vrátily 23. května 1945.

Moje sestra Helena se vdávala právě v pětačtyřicátém, na Václava. Brala si báječného, vynikajícího muže, plukovníka Václava Prýmka. Přála si, abychom měly svatbu společně. Patřily jsme k sobě, zbyly jsme si ... Jenže my s Rudolfem vykročili k oltáři až o dva měsíce později, v prosinci téhož roku.

E. HRUŠÍNSKÁ, 1990

Rudolf Hrušínský představil rodičům svoji vyvolenou 23. listopadu. Do svého zápisníku si poznamenal: „Asi si budu brát Evičku.“ O čtyři dny později se konala jejich oficiální návštěva v nuselské vile.

Když jsem Evu představil tatínkovi, nijak jsem se netajil úmyslem, že se chci ženit. Tatínek si Evu prohlížel — měla snad čtyřicet kilo, vlasy do pasu ... Byla to holčička. Pak se na mne podíval a s tichým zoufalstvím v hlase povídá: „Prosím tě, co s ní budeš dělat? Vždyť je to ještě dítě!“ Evu jsem si vzal.

R. HRUŠÍNSKÝ, 1990

Sňatku bylo požehnáno 22. prosince 1945 v Husově sboru na Královských Vinohradech farářem Arnoštem Šimšíkem. Fotografování si Eva Hrušínská nepřála. Novomanžel tento významný den ve svém zápisníku vesele komentoval: „A už jsem v tom! (Ona taky.)“ Nuselská vila přijala nového obyvatele.

Od 1. srpna 1945 byl Rudolf Hrušínský znovu angažován na Vinohrady. Téhož dne předalo Spojené družstvo, které až dosud spravovalo Městská divadla pražská, jejich řízení magistrátu. 23. srpna pověřil primátor Václav Vacek na návrh tehdejšího ministra kultury Zdeňka Nejedlého jejich vedením režiséra Jiřího Frejku. Přestože se u Frejky jednalo o mimořádnou osobnost, z hlediska etického byl tento akt poněkud sporný. Právem se totiž očekávalo, že bude do funkce uměleckého šéfa uveden Bohuš Stejskal, jenž byl za okupace odvolán.

Jiří Frejka si s sebou přivedl stálé spolupracovníky — dramaturga Karla Krause, scénografa Františka Tröstra, hudebního skladatele Jana F. Fischera a choreografku Dagmar Vondrovou. K Bohuši Stejskalovi, Gabrielu Hartovi a Karlu Jernekovi se jako režisér připojil někdejší Frejkův asistent Jaromír Pleskot, který vystřídal Františka Salzera.

První tři léta, která jsem na Vinohradech strávil, počítám za nejhezčí ve svém divadelním životě. Když jsem tam přišel jako režisér, bylo mi třiadvacet, přišel jsem v krátkých kalhotách a měl jsem režírovat vinohradské mistry. Dívali se na mne s naprostým úžasem. Mladík a chce jim něco vykládat. Po relativně krátkém čase jsem však našel se souborem společný jazyk.

J. PLESKOT, Tvorba 1990, č. 40

Rudolfa Hrušínského znal Jaromír Pleskot jako herce ještě z dob Mozartea. Společnou řeč nemuseli dlouho hledat, neboť si byli blízcí nejen generačně, ale i lidsky. Po Frejkově příchodu na Vinohrady nebylo Hrušínského postavení zdaleka tak neotřesitelné, jak by se mohlo zdát. Nový ředitel Jiří Frejka se od počátku netajil tím, že chystá jisté personální změny, jejichž pomocí by dosáhl určitého vyrovnání nejednotného ansámblu. Dokonce uvažoval o tom, že se v budoucnu rozloučí s některými členy souboru, mezi něž patřili Václav Vydra ml., Dana Medřická, Růžena Lysenková a Rudolf Hrušínský. Se svým záměrem se svěřil Jaromíru Pleskotovi, který se pokusil o jejich záchranu. Začal je obsazovat do různých rolí, v nichž mohli prokázat své oprávnění setrvat nadále v souboru. Takovou příležitostí se měl stát Rudolfu Hrušínskému Figaro v Beaumarchaisově LAZEBNÍKU SEVILLSKÉM, což Frejka odmítl. Teprve nevelká role slaboduchého Dickova bratra Kryštofa v Shawově PEKELNÍKOVI ho přiměla tento postoj částečně revidovat. Hrušínský dal postavě Kryštofa těžkopádnost a tupost tak nelíčenou, že se Josef Träger neubránil tomu, aby se o ní nezmínil jako o „nejkrásnějším lidském portrétu ve hře" (*Svobodné slovo 15. 3. 1946*).

Ještě jako posluchač dramatického oddělení pražské konzervatoře inscenoval Jaromír Pleskot v Divadle na Slupi Goldoniho ZVĚDAVÉ ŽENY. Nebylo tedy náhodou, že ho Jiří Frejka pověřil nastudováním Hoffmeistrovy adaptace Goldoniho Kavárničky uvedené pod názvem ZPÍVAJÍCÍ BENÁTKY. Ideálního partnera nalezl ve svém oblíbeném pedagogovi — jevištním výtvarníkovi Františku Tröstrovi, který mu navrhl „jednu z nejkrásnějších a slohově nejčistších scén, jaké jsme za poslední dobu na českém jevišti viděli. Velká písmena slova Venezia skládají dohromady benátskou ulici s balkóny, s otáčecí terasou kavárničky pod velkým slunečníkem na vyvýšeném kruhovém pódiu. Vpředu naznačuje proscénium s lampióny benátskou lagunu" (*L. FIKAR, Mladá fronta 16. 5. 1946*). Režisérů Pleskotovi nečinilo potíže pohrát si s předlohou a na jejím základě vytvořit ryze současnou jevištní podívanou. Při svatební hostině podvodníka Leandra (Miroslav Homola) s milostnicí Lisaurou (Marie Rosůlková) byly podávány konzervy UNRRY. Závěrečnou píseň číšníka Trappola (Zdeněk Martínek) se vzhledem k blížícím se volbám stala aktuální výzvou. Také herci si přišli na své. Hazardní hráč Eugenio Rudolfa Hrušínského se pohyboval „v madlotkách s honícím kolem" a jeho mladičká žena Vittoria Lídy Chválové „s holčičími sukýnkami a diabolem (*-11-, Svobodné Československo 16. 5. 1946*). Ačkoliv se v souvislosti s inscenací ZPÍVAJÍCÍCH BENÁTEK mluvilo o vinárenském poetismu, nikdo z recenzentů nemohl popřít její skutečnou hodnotu.

> Pleskotova herecká fantazie umí okřídlit každého hrajícího, takže sotva poznáme nevytěženého R. Hrušínského v postavě teskného milence, jenž žaluje hvězdám a vodám svou milostnou prohru.
>
> *J. TRÄGER, Svobodné slovo 17. 5. 1946*

Od 1. srpna 1946 byla Městským divadlům pražským navrácena scéna Komorního divadla v Hybernské ulici. Jeho vedení se ujal Bohuš Stejskal, což vzala veřejnost na vědomí jako určité zadostiučinění, kterého se mu po roce dostalo. Další změnu doznala Městská divadla pražská ve složení souboru, obohaceném o mladé adepty herectví — Jaroslavu Adamovou, Antonii Hegerlíkovou, Otomara Krejču a Radovana Lukavského.

Postavy, které Rudolfa Hrušínského v následující sezóně očekávaly, lze snadno označit jako lid služebný. Jejich sled vedl od „podšitého sluhy La Flèche" (*K. MILOTOVÁ, Práce 22. 9. 1946*) z Molièrova LAKOMCE, přes lišáckého otroka Onésima „srdečně repetícího v drobných růžencích vět" (*E. KONRÁD, Svobodné noviny 20. 10. 1946*) z Menandrovy komedie ČÍ JE TO DÍTĚ? až k vojenskému sluhovi Szabuniewiczovi z Werflovy komedie o tragédii, nesoucí název JACOBOWSKI A PLUKOVNÍK.

Franz Werfel v dramatu JACOBOWSKI A PLUKOVNÍK, situovaném do okupované Francie, zpracoval téma jemu nejbližší — téma údělu židovského běžence, uchovávajícího si za každých okolností lidskou důstojnost. Na repertoár Vinohradského divadla se dostalo poté, co byl Frejkou realizován náročný projekt Shakespearova MACBETHA, takže finanční možnosti Jaromíra Pleskota, který hru režíroval, byly značně omezené. Přesto se mu podařilo inscenaci uskutečnit s minimálními náklady na výpravu, kterou navrhl Adolf Wenig. Na tylový závěs, oddělující proscénium od jeviště, byly promítány přes několik průměten diapozitivy dokreslující proměny prostředí, ve kterém se utečenci právě nacházeli. Složitá zvuková partitura obsahovala asi dvě stě vstupů z rozličných autentických záznamů, vojenských maršů nebo hudebních motivů z díla Richarda Wagnera a Ference Liszta. Hlavní důraz kladl režisér na herecké výkony. Vedle Jaroslava Marvana jako Jacobowského, Bedřicha Vrbského v roli plukovníka, Marianny Marie Rosůlkové a četníka Radovana Lukavského poutal pozornost diváků „Hrušínského vojenský sluha s rozkošným polským přízvukem, s věčnou ospalostí v pohybech i pohledech, psí věrností a zvířecí oddaností, postava jakoby z ruských předloh odzíraná!“ (*J. TRÄGER, Svobodné slovo 6. 12. 1946*).

Překlad Z. N. Arnoštové konzultoval režisér Pleskot s polskou šlechtičnou, sestrou Bruna Kreiského, která mluvila zkomolenou polskou češtinou. Paní Kreiská dala jazykové úpravě konečnou podobu. Díky tomu docilovaly scény se Szabuniewiczem mimořádného účinku. Způsob jeho mluvy působil potěšení všem zúčastněným. Jaromír Pleskot si na Szabuniewicze zavzpomínal při oslavě narozenin Rudolfa Hrušínského.

Když tě tak vidím, tak si musím vzpomenout na jedno představení, které jsme spolu dělali. Bylo to v roce 1946 na Vinohradech a bylo to představení Werflova JACOBOWSKÉHO A PLUKOVNÍKA. Rudolf Hrušínský tam hrál postavu, která se jmenuje Szabuniewicz, a je to pucflek toho plukovníka. Hra začíná před obsazením Paříže Němci v protileteckém krytu francouzským hlášením — čili jde o situaci. Když do krytu přijde plukovník, tak se ptá, co je nového a co říkali v rozhlase. A tady Szabuniewicz, pucflek, Rudolf Hrušínský, mu na to odpověděl: „Pán povídal: situacija vážná, ale nikoliv beznadějná. Možná ale taky že pán řekl: situacija beznadějná, ale nikoliv vážná.“

J. PLESKOT, Viola, říjen 1985

 Tehdejší situace však byla vážná, příliš vážná. O skutečném stavu věcí nejlépe promlouvá geneze vzniku inscenace, jež se stala mimořádnou událostí poválečného divadelnictví. Poselství dramatické prvotiny Maxe Frische ČÍNSKÁ ZEĎ vyznělo v houstnoucí atmosféře blížícího se převratu víc než varovně. Premiéra se konala 1. března 1947 za účasti oficiálních hostí. Českou stranu zastupovali mimo jiné ministr informací Václav Kopecký a profesor Vysoké školy politické a sociální Ladislav Štoll.

Tehdejší dramaturg, můj přítel Karel Kraus, přivezl o prázdninách roku 1946 ze své cesty po Švýcarsku dramatickou prvotinu naprosto neznámého mladého architekta. Ta hra se jmenovala ČÍNSKÁ ZEĎ a jejím autorem byl Max Frisch. S Karlem Krausem jsme se do té hry zamilovali, já jsem ji chtěl mermomocí režírovat. Jiří Frejka si ji přečetl a z duše se mu nelíbila. Trval jsem na tom, že ji dělat budu, přestože mne varoval, že by z toho mohl být politický malér. Nakonec našemu naléhání ustoupil, a byť nerad, přece jen nám to povolil. Hru jsem tedy nastudoval. Hlavní role hráli Radovan Lukavský, Otomar Krejča, Rudolf Hrušínský, scénu dělal František Tröster. Když bylo po premiéře, Frejka za mnou přišel do šatny. Na moji otázku: „Tak co?" odpověděl: „Tatíčku, voni z toho udělali dílo!" To byla pro mne největší poklona, které se mi od něho dostalo. Ale kvůli tomu to neříkám. Říkám to proto, že ten politický malér z toho skutečně byl. A samozřejmě že to nejvíc postihlo Frejku jako divadelního ředitele. Ale Frejka nikdy necouvl, vždycky za tou hrou i za tou inscenací stál a byl s námi naprosto solidární. Nikdy se nezmínil o tom, jaký měl původně k té hře vztah, což je u divadelního ředitele věc zcela ojedinělá.

J. PLESKOT, Tvorba 1990, č. 4

A tady je pohled člověka z druhé strany — herce Petra Lotara (1910—1986), který byl pro svůj původ nucen v roce 1939 uprchnout do Švýcarska. V roce 1947 se na Vinohrady vrátil jako host doprovázející autora hry Maxe Frische.

Premiéra na mé staré, důvěrně známé scéně v pražském Městském divadle.

Osud mi dopřál toho, abych se zde před útěkem do Švýcarska dožil svých prvních úspěchů. Teď mi tu všechno připadá šedivější a ubožejší, ale na scéně jiskří mladá generace herců, jež přesvědčivě, s nadáním rozených komediantů tlumočí básníkovu vizi: pokušení a hrozbu lidstva — zneužití moci.

To, co v Curychu sklízelo potlesk jako virtuózní výtvor fantazie, se zde stává provokací, výstrahou před tyranidou, jež se právě zase chystá všechno pohltit. Při představení diváci trnou, strkají do sebe, spontánně a hlučně vyjadřují svůj souhlas nebo cynický odpor. Celá hra končí chaotickým výbuchem nadšení i negace.

„Chceme diskutovat! Diskutovat!“ volají. A rozpoutá se živelná výměna názorů. Když pak dlouho po půlnoci zhasnou světla v hledišti, pokračují debaty i v šatnách herců.

Překládal jsem to, co říkal autor, do češtiny, jiní zase překládali pro něho do němčiny. Tlumočníci mezi dvěma světy.

Na jedné věci se shodují všichni: společnost si vyžaduje stálou změnu. Ustrnutí přináší jen upevnění privilegií utlačovatelů. Jak ale změnu uskutečnit? V tom se názory propastně rozcházejí.

Mluvčí protivníků, literární ideolog strany, muž se silnými brýlemi, chladný a ironický, si bere slovo: Zdalipak host ze Švýcarska už sám učinil tu zkušenost, že by se kapitalisté dobrovolně vzdali své moci? Že ne? Pak je ovšem nutno je k tomu přinutit.

Autor: Násilím? Zodpovědnost a důstojnost člověka vyrůstají ze svobodné volby.

Ideolog: Také ze svobody potlačovat druhého? Pak zbývá jen jedna volba: buď zvolit vykořisťování pracujících nebo zavést společenský řád, který to znemožňuje.

Autor: Přejeme si snad stát, který neposkytuje myšlení možnost volby, který nám dokonce zakazuje pochybovat?

Ideolog: Revoluce nemá pochybností.

Autor: Ale násilí. Jak můžeme věřit v něco, co si vynutilo násilí a jen násilím se může udržet?

Ideolog: To, co jmenujeme násilím, je nanejvýš přechodná záležitost.

Autor: Znáte vy příklad pro takový přechodný stav, příklad takové tyranie, která se dobrovolně změnila ve svůj protiklad?

Někdo zavolá: O tom si promluvíme za sto let.

Zazní osvobozující smích. Mně však do smíchu není.

P. LOTAR: Země, kterou ukáži tobě. Kolín n. R. 1989, s. 185—87

ČÍNSKÁ ZEĎ je tragickou fraškou o lidské nepoučitelnosti, o dějinách lidských omylů a zrad, o pravdě, z níž lze tak snadno učinit nástroj demagogie. Pomstychtivý princ Wu Tsiang byl pro Rudolfa Hrušínského rolí do té míry novou, že právem vzbuzovala očekávání, jak se s ní vyrovná. Odvedl naprosto suverénní výkon. Kromě „drsnosti válečníka" (*V. Ř., Práce 4. 3. 1947*) měl jeho Wu Tsiang všechny záporné rysy budoucího diktátora. Pleskotova inscenace ČÍNSKÉ ZDI vyjadřovala životní pocity mladé generace. Ne náhodou ji Ladislav Fikar ve své recenzi označil jako diagnózu poválečného lidství.

ČÍNSKOU ZEĎ inscenuje na Vinohradech Pleskot s arch. Tröstrem. Dali jí charakter moderního prostředí, psychologii moderního člověka a moderního dramatu. Čína se sem vrací jen oklikami, povrchem. Myšlenku hry, že čínský císař sezve svůj dvůr k zahradní slavnosti na počest vítězství, zasadí Pleskot do Tröstrovy moderní kavárny s tlumeně hrajícím jazzem (který podmalovává všechen děj), s neóny, s tlumenými světly, s ubíhajícím schodištěm a terasou za průsvitným závojem, kde matně svítí svícny. Pleskot inscenuje tichý, komorní karneval s historickými maskami, dostává do hry správně silný lyrický přízvuk, fantazii, proměny, atmosféru moderního života. Fischer mu vydatně pomáhá taneční hudbou a hudební ilustrací. (. . .) Představení je sehrané, pevně i básnicky skloubené, básnický dialog je veden hovorovou konverzací, jednotlivé historické masky mají každá pro sebe svůj herecký výraz a půvab, často jemně detailovaný: Hrušínského princ, Záhorského Kolumbus, Kulhánkův

Pontský Pilát, Hodrův Brutus, Nezvalův Don Juan, Jelínkův Filip Španělský, Kleopatra Medřické, Chválová jako Neznámá ze Seiny, Nademlejnská v chudé čínské matce, jaká to přehlídka charakterů a typů!

L. FIKAR, Mladá fronta 5. 3. 1947

Ve Vinohradském divadle pracoval po léta jako rekvizitář ruský emigrant Péťa Grigorjev. Kolem tohoto holohlavého muže impozantního zjevu se sdružovali herci. Rekvizitárna, ve které to vypadalo jako u vetešníka, jim nahrazovala klub, kde by mohli kdykoliv spočinout. Hostitel jim uvařil čaj, připravil jídlo a vyslechl jejich stesky. Patřil prostě k nim. Když byl v roce 1945 pro své smýšlení propuštěn, chodívali za ním do jeho bytu nedaleko divadla. Otevíral jim ve volné haleně, s bílou čepičkou na hlavě a po ruském způsobu se hluboce klaněl. Ke „štráfkumpanii", jak nazval jejich společenství Jaroslav Marvan, náležel také Rudolf Hrušínský. Poté, co se oženil, přestěhovala se část „štráfkumpanie" do Nuslí. A tak se Evě Hrušínské splnilo přání. Zase ji obklopovala velká rodina — velká rodina divadelníků. Nebylo vzácností, že se po premiéře šlo k Hrušínským. Tam se zpívalo a klábosilo, nikdo nikomu nic nezakazoval . . . K těm nejbližším patřili tehdy Salačovi, Pleskotovi, Lukavští, Štochlovi, Smetanovi, Josef Kemr s Evou Foustkovou, Zdeněk Martínek, Marie Rosůlková a Eva Svobodová. V průběhu let se sice společnost proměňovala, ale většina zůstávala. Čestné místo v ní zaujímal Jaroslav Marvan. Když se manželům Hrušínským narodil 5. října 1946 syn Rudolf, toho jména třetí, šel mu Marvan za kmotra. Svou přítomností úplně vyvedl z míry pana faráře, který pokřtil dítě jako Jaroslava. Na dědečkovu žádost bylo vše uvedeno do pořádku a novorozenec i dědeček mohli klidně spát.

Po jedenáct let žili s Hrušínskými pod jednou střechou manželé Prýmkovi. Sestra Helena pomáhala, kde mohla, její muž byl tak trochu patronem všech. Plukovník Václav Prýmek (1908—1981) poznal za války kus světa. Ve Francii vstoupil do cizinecké legie, s nově utvořenou československou jednotkou se účastnil bojů o Anglii, odtud se v roce 1944 přes Palestinu a Persii dostal do Baku a Rostova. Zpátky se vrátil přes Duklu s 1. armádním sborem generála Svobody. Ačkoliv byl za své zásluhy vyznamenán Řádem bílého lva, stal se jednou z četných obětí padesátých let. Po nuceném odchodu z armády pracoval v dolech, odkud byl v roce 1967 poslán do invalidního důchodu. Pro celou rodinu byl nepostradatelným a neocenitelným rádcem a pomocníkem, u něhož nalézali všichni porozumění a povzbuzení. Nade vše miloval děti, jimž se věnoval trpělivě a neúnavně. Rodinné zázemí, jež spoluvytvářel, bylo totiž pro Rudolfa Hrušínského od mládí nezbytným předpokladem tvorby. Doma čerpal sílu, kterou jinde tak marnotratně rozdával.

V roce 1947 uplynulo dvacet pět let od prvního vinohradského provedení Šrámkova MĚSÍCE NAD ŘEKOU. Během krátké doby šlo již o druhou hru, jejíž inscenace byla s pietou obnovena — tou první byla Shakespearova komedie TROILUS A CRESSIDA. Oběma vtiskl svébytný režijní rukopis Jaroslav Kvapil. Po Patroklovi z TROILA A CRESSIDY čekala Rudolfa Hrušínského postava Vilíka, jehož hrál poprvé Vladimír Řepa. Ten se tentokrát představil v roli starého Roškota. Slávce Hlubinové propůjčila Marie Brožová podobu chladné pozorovatelky, která „záměrně potlačuje přímou senzitivnost, hledíc k spodní vrstvě duševního života postavy" (*J. SAJÍC, Lidová demokracie 31. 10. 1947*). O to víc vynikl Hrušínského Vilík, který měl „blíž k lomeným, přistřeným tónům milostného mámení" (*A. M. PÍŠA, Právo lidu 30. 10. 1947*). Zdrženlivost a tlumenost projevů způsobila, že dal Vilíkovi „ještě nejeden chlapecký rys, ale už také náznaky zralosti" (*B. BŘEZOVSKÝ, Národní osvobození 30. 10. 1947*). Oba dva jako by v sobě nemohli potlačit zkušenost poválečné generace, jako by zkoumavě posuzovali šrámkovsky nadechnutý svět. Takže „relativně nejsilněji zapůsobil tentokrát výjev, kde se děti proti vystřízlivělým otcům ujímají vlastního jejich jara, domněle bláhového a rozšafně zamženého" (*A. M. PÍŠA, Právo lidu 30. 10. 1947*). Spolu s Růženkou Dany Medřické dosáhl Vilík Rudolfa Hrušínského jednoznačného uznání.

Jeho Vilík je dobráčtějšího vzhledu, který tlumí klackovitost, již Hrušínský rozehrává spíše v pohybu a gestech. Jeho výkon nabývá na barvitosti a vnitřní složitosti v druhém dějství, takže zvroucňuje Vilíka do opravdu šrámkovských tónů. Je to, vedle vyzkoušené již maloměstsky starostlivé, pečlivé a dobré Hlubinové H. Friedlové nejlepší postava večera.

K. MILOTOVÁ, Práce 30. 10. 1947

Vztah mezi režisérem Frejkou a Rudolfem Hrušínským v průběhu let postupně krystalizoval, až se ustálil na vzájemném respektování. V žádném případě se však Hrušínský nezařadil mezi ty herecké osobnosti, které Frejka prosazoval a k nimž se opakovaně vracel (Otomar Krejča, Vladimír Šmeral, Václav Vydra ml., Vladimír Leraus, Vítězslav Boček aj.). K jejich spolupráci docházelo ojediněle a víceméně náhodně. Kromě nevydařeného Pleusikla v Plautově TLUČHUBOVI, kterého režisér Frejka koncipoval jako „smutnou opici", vytvořil Hrušínský pod jeho vedením „figarovsky mazaného" sluhu Bena v nastudování Lomova BOŽSKÉHO CAGLIOSTRA (*A. M. BROUSIL, Zemědělské noviny 4. 4. 1947*), či Repetilova z Gribojedovova HOŘE Z ROZUMU. Mnohem větší vliv na rozvinutí jeho tvůrčích schopností měla úzká vazba mezi ním a Jaromírem Pleskotem, který ho také obsadil do role dauphina v připravované Shawově SVATÉ JANĚ.

V Anglii, kam krátce nato Pleskot odcestoval ke studijnímu pobytu, slyšel vyprávění Paula Scofielda o jeho práci na roli. Uvědomil si při tom, že si podobnou metodu osvojil také Rudolf Hrušínský, který při studiu role čte repliku po replice tak dlouho, až mu vejdou do krve a ke každé z nich najde citový i myšlenkový klíč.

Po Pleskotově odjezdu převzal režii SVATÉ JANY Jiří Frejka, který „šťastně uvolnil herecké individuality, exponované ve hře, aby zahýřily vlastní fantazií" (*J. M. KVAPIL, Svobodné slovo 17. 2. 1948*). V kostýmu Maria Strettiho — s rezavými, dopředu sčesanými a rovně zastřiženými vlasy, s nosem ve tvaru skoby a převislým rtem — byl Hrušínského dauphin nejuboženejší z ubohých. Nad královským majestátem vítězila špatně skrývaná povaha člověka, jenž sice „byl v moci svých dvořanů, ale myslel si o nich své a byl svým způsobem důsledný v tom, jak především hověl svým soukromým zálibám“ (*H. BUDÍNOVÁ, Kulturní politika 27. 2. 1948*). Frejkovi se podařilo setřít ze Shawovy kronikářské hry prach historie odheroizováním postav. Platilo to stejně pro Janu Jiřiny Štěpničkové jako pro dauphina Rudolfa Hrušínského. Král, kterého Jana oslovovala něžně Karlíčku, „často sedí jako nicka na zemi, míchá si karty, hladí prohnutý nos, pitvoří se a mluví fistulkou, nemohoucně si nosí v ruce korunu“ (*O. POPP, Stráž severu 24. 1. 1948*). Při závěrečné rozmluvě s Janou poposedával dauphin na posteli, když se domýšlivě utvrzoval ve vlastním sebeklamu.

K zajímavému srovnání dospěl A. M. Brousil, který se ve své recenzi zaměřil na postavu dauphina, jak ji v Národním divadle vytvořili Eduard Kohout a Ladislav Pešek.

> (Hrušínský) jej posunul od groteskní bytosti degenerovaného zjevu Kohoutova bezvěkého kralevice, v němž se zrcadlila hloubka tragického šklebu nelidského zmetka, přes Peškovu chlapeckou podobu lidského ubožáka, který budí hluboký soucit k všední realitě nevzhledného a pokřiveného slabocha, který má nejblíže ze všech k obyčejnému člověku, jenž se vzdorovitě ohrazuje proti nástrahám královského údělu do zavilé urputnosti, tvrdosti, drzosti nadnášené sarkastickým humorem. Pekelné záblesky prvého, božský přísvit druhého a zemitý zjev toho třetího dauphina vytvářejí řadu, která v různém stupni znamená tradici této postavy na naší scéně.
>
> *A. M. BROUSIL, Zemědělské noviny 17. 2. 1948*

V Rudolfu Hrušínském se skrývá cosi vznětlivého, co tiše doutná a hrozí vybuchnout. Někdy stačí jen malý podnět k tomu, aby se láva uvnitř uvolnila a zaplavila okolí. On sám však na své vzplanutí brzy zapomene a život jde dál. U osobností tak rozdílných, jako byli Hrušínský s Frejkou, mohlo snadno dojít k výměně názorů, nad jejíž příčinou by oba za jiných okolností mávli rukou. Po jedné takové roztržce opustil Hrušínský neočekávaně vinohradský soubor. Spolu s Růženou Lysenkovou, Marií Nademlejnskou a Vítězslavem Bočkem následoval režiséra Bohuše Stejskala, který se postavil do čela nově vzniklého Divadla Filmového studia. Tento podnik, realizovaný podle sovětského vzoru Divadla filmových pracovníků, se od podzimu 1948 usídlil v pasáži U Nováků (dnešní Divadlo ABC). V tomto problematickém svazku, orientovaném zejména na sovětskou dramatiku, setrval Hrušínský necelou sezónu. Jediným přínosem bylo přátelství s Felixem Le Breux a Rudolfem Deylem ml., jež tam navázal. Deficit, jak se divadlu mezi herci nelichotivě říkalo, zklamal. A tak se Rudolf Hrušínský pokorně vrátil na Vinohrady. Dlužno podotknout, že byl Frejkou přijat bez stínu výčitky. Ačkoliv roli dauphina mezitím převzal nově angažovaný Vlastimil Brodský, celá epizoda skončila smírem. A tak se Hrušínský znovu objevil na scéně právě ve SVATÉ JANĚ. Když ho nic netušící Jiřina Štěpničková spatřila mezi dvořany, s dojetím vydechla: „Karlíčku!“ Svatá Jana opět nalezla svého krále.

V roce 1948 jsem se s Rudolfem nakrátko setkal ve společném angažmá, v Divadle Filmového studia. Rudolf odešel zanedlouho zpátky na Vinohrady, soubor Divadla Filmového studia byl v roce 1951 rozpuštěn. Pracovních příležitostí ubývalo, tak jako přibývalo tzv. „dištancí“, jimiž nás herce z různých důvodů a na rozličně dlouhá období častovala tehdejší vrchnost. Ten nesměl do rozhlasu, ten zas nesměl filmovat, tamten nenacházel divadelní angažmá. K existenčním starostem přibývalo trápení profesní.

Světlým bodem těchto neutěšených let pro mne byla téměř každodenní setkání s Rudolfem a Evou, s níž se přátelila moje žena. Doba Velké Bídy vynesla napovrch zasuté hřivny Rudolfova talentu. Bez minimálních kuchařských znalostí se pouštěl do vaření podivuhodných pokrmů (byli jsme hladoví, tak jsme se do chvály nutit nemuseli), bez jakékoli řemeslnické zkušenosti a takřka z ničeho budoval naše prázdninové příbytky, vždy stylově, vždy svobodomyslně a bez předsudků. Občas zahrál na housle. Krásně a smutně. Tak jako bylo objektivně krásné, že jsme mladí a zdraví, a smutné, že je nám upírána možnost využívat našich sil smyslupleněji.

V. SALAČ, 4. 2. 1990, rkp.

Proti dramaturgii Městského divadla na Vinohradech a jmenovitě jejich uměleckému šéfovi bylo zahájeno tažení, vedené Waltrem Feldsteinem a Erichem A. Saudkem. Ačkoliv Jiří Frejka sympatizoval s únorovými událostmi a sám se zasadil o proměnu vinohradské scény v armádní, jako člověk i umělec byl postupně rozleptáván a nakonec z divadla vyhoštěn. Věc Frejka tím však nebyla zdaleka uzavřena.

Poslední rolí, kterou se měl Rudolf Hrušínský s režisérem Frejkou rozloučit, byl Cherubín v Beaumarchaisově FIGAROVĚ SVATBĚ. K nastudování hry došlo po dohodě s Otou Ornestem, který po přeměně Městského divadla na Vinohradech v Divadlo československé armády (21. 6. 1950) převzal vedení nově ustavených Městských divadel pražských.

V padesátém roce došlo k reorganizaci. Jan Škoda odešel do Národního divadla jako režisér, ředitelem Realistického se stal Karel Palouš a na mne zbylo Divadlo komedie na Václavském náměstí. Všemocný ministr národní obrany Čepička vydal rozkaz k zmilitarizování divadel. Z Divadla na Vinohradech se stalo Divadlo čs. armády, z Déčka Armádní umělecké divadlo s E. F. Burianem v uniformě. Navíc zřídil ještě Armádní operu. A protože jednu armádní komorní scénu už měl, vzdal se Komorního divadla (tehdy pobočné scény Divadla na Vinohradech), a to mi přidali jako neočekávaný dar. Tak vznikla Městská divadla pražská.

O. ORNEST, Scéna 1990, č. 6

Při rozdělování souboru dostali herci právo tajné volby, zda zůstanou ve svém dosavadním působišti nebo odejdou do nově uspořádaných Městských divadel pražských. O některé z nich jevilo vedení Divadla československé armády z popudu generála Alexeje Čepičky eminentní zájem (Jaroslav Marvan), jiným bylo od počátku jasné, že do tohoto úzkého výběru nepatří. Rozhodnutí většiny padlo ve prospěch Komorního divadla a ředitele Ornesta.

Ve Vinohradském divadle byl elitní soubor, který konkuroval Národnímu divadlu. Po jeho rozdělení přešla — řekla bych — ta lepší část do Komorního divadla. Byli to Lukavský, Hrušínský, Beneš, Marvan, Rýdlová, Kulhánek, Boček, Voska, Adamová... Spojili nás s částí souboru Realistického divadla, kterou přivedl ředitel Ota Ornest. Vytvořilo se společenství, které sice ztratilo na oficiálnosti, ale našlo významné porozumění a diváckou oblibu.

M. ROSŮLKOVÁ, Scéna 1991, č. 8

Pokud šlo o Rudolfa Hrušínského, počítalo se s tím, že zůstane na Vinohradech. Protože nebyl při volbách přítomen, nevěděl, pro jaké divadlo se rozhodli kolegové jemu blízcí. Když zjistil, kam se přihlásili, ani na okamžik nezaváhal a přiklonil se na jejich stranu. K tomu dobře sehranému orchestru, jímž se měla znovuzrozená Městská divadla pražská stát.

S Rudolfem Hrušínským jsem pracoval v Městských divadlech pražských po několik let; v průběhu práce, ale i za rozhovorů o jeho jiných rolích, či za přípravy na jeho režijní práci po zkouškách, jimž jsem byl přítomen, a po premiéře jsme se zhusta dotýkali věcí obecných. Pokusím se zachytit, co mi utkvělo v hlavě, v naději, že promlouvám i jeho jménem.

Rudolf Hrušínský patřil mezi herci k převládající většině „samouků" — tj. herců bez diplomu, jejichž školou byly kromě života malé kočovné společnosti. Národní umělec Václav Vydra se o takových umělcích vyjadřoval: „Nebyl to skleníkový květ.“ V těchto a podobných hercích, v této „soli jeviště“ byla i kontinuita plejády herců, kteří tvořili páteř souborů Divadla na Vinohradech a později Národního divadla za éry Jaroslava Kvapila, K. H. Hilara a Jana Bora.

Byli si blízcí po duchu a léta jejich spolupráce vytvořila základní herecký sloh, jímž se každé představení vyznačovalo a který vyplýval z dlouholeté jevištní i životní zkušenosti, z příkladu starých Mistrů, s nimiž začínali, a v neposlední řadě ze spolupráce s výše jmenovanými a několika dalšími osobnostmi režisérskými (Jiří Frejka, František Salzer, Jaromír Pleskot atd.). Repertoár, jímž prošli za léta, jež předcházela roku 1950, kdy se setkali v nové konstelaci MDP, byl pestrý, v nejlepším smyslu slova eklektický. O profesionálních nedostatcích, o čemkoli, co by rozladilo dobře sehraný orchestr, nemohlo být řeči. To také byla hlavní kritéria pro přijímání nových herců od počátku až do konce existence Komorního divadla.

Sehraný orchestr sólistů, z nichž každý měl výrazně odlišné znaky své osobnosti. Tak třeba sám Rudolf Hrušínský: introvertní, plachý, cudný, nesdílný, málomluvný, jakoby plný zábran . . . to vše mimo jeviště, lépe řečeno mimo postavu, již vytvářel. Jakmile se ocitl uvnitř postavy (anebo uvnitř sebe chráněn onou postavou), padaly naráz zábrany, nic lidského mu nebylo cizí, proud emoce všeho druhu byl bezbřehý. Mozek pak už jen kontroloval motivaci, vnější popudy, profesi a souhru (i s obecenstvem). To vše se dělo (a děje) po výtce intuitivně, mechanicky.

O. ORNEST: Pokus o portrét, 1990, rkp.

Beaumarchaisova FIGAROVA SVATBA ANEB BLÁZNIVÝ DEN měla premiéru 15. září 1950 v Komorním divadle. Hraběte Almavivu hrál Miroslav Homola, hraběnku Marie Rosůlková, Figara Radovan Lukavský, Zuzanku Jaroslava Adamová a Bartola Jaroslav Marvan.

Hrušínský v ní vytvořil nezapomenutelnou postavu Cherubína; bylo v ní něco z nyvé touhy němých filmových grotesek a přitom tolik opravdového citu, že za daných okolností bezděčně budil smích; a což ta jeho tklivá písnička! Stejně tklivě, ale především pravdivě zapůsobila i jeho travestie, když jako nevinná dívka mizel ze salónu před hněvem hraběte Almavivy.

O. ORNEST: Pokus o portrét, 1990, rkp.

Po Cherubínovi následovala postava sluhy Juryše z dramatu Leona Kruczkowského NĚMCI, která jedinou replikou odkrývala mravní dilema četníka Hoppeho (S. Sedláček), jenž zastřelil malého židovského chlapce: „Má děti, k čertu! Bolí ho srdce, protože má děti, ale musí, protože má děti!" Po NĚMCÍCH nastudoval režisér Ornest Gorkého VASSU ŽELEZNOVOU se Světlou Amortovou v hlavní roli. Hrušínský hrál svého Pjatěrkina s neobyčejnou vervou, mrštností a s přesnou dávkou smyslnosti, probouzející první pubertální vzruchy v mentálně zaostalé Ljudmile (Alexandra Myšková). Potřetí mu svěřil režisér Ornest hlavní postavu v Molièrově TARTUFFOVI, kde byl jeho výtečným protihráčem Jaroslav Marvan v roli Orgona.

Na samém sklonku první sezóny jsme spolu nastudovali Molièrova TARTUFFA, u něhož se chci na chvíli zastavit, neboť Hrušínského výkon v titulní roli pokládám za mimořádnou událost nejen ve vývoji jeho samého, ale i ve vývoji českého herectví vůbec; stejně jako výkon Václava Vosky, který Tartuffa s Hrušínským alternoval. Různost pojetí této role vyplývala z rozdílnosti jejich osobností a jejich habitu. Zatímco Voska vytvořil pokrytecký obraz jezuitského askety, jemuž „žíněnou košili stahují karabáči" a který „svět ďábla přemáhá", představil se Hrušínský jako bodrý venkovský farář, který je „tlustý, kulatý a červený jak dítě" a „k večeři zbožně sprásk dva páry tučných sluk a půlku selete . . ."; některé jeho dialogy probíhaly za pantagruelského hodování, kdy umaštěnými ústy pronášel své zbožné maximy.

Tartuffe přichází na scénu až v polovině třetího dějství, půdu k efektnímu vstupu mu pečlivě připravili antagonističtí obyvatelé domu, na jedné straně Orgon a Pernellová (Magda Kopřivová), na straně druhé zejména Orgonova manželka Elvíra (Marie Rosůlková), její bratr Kleantes (Radovan Lukavský) a komorná Dorina (Eva Svobodová). Už ve dveřích, když bystrým okem zjistí, kdo je přítomen, promluví. Jeho hlas *nemůže* znít v souladu s požadavkem Coquelinovým, který určuje „chromatickou škálu" hercova hlasu, jenž musí zaznít jinak, hraje-li „milovníka, advokáta, Figara, Juana či Tartuffa, aby je i slepý podle intonace poznal". Tady bylo důležité, aby i slepý uvěřil, že lidé jako Orgon mohou Tartuffovu hlasu podlehnout. V Hrušínského hlase byla ona provinciálně prostá („lidová"), avšak autoritativní laskavost, jež trvá, pokud okolní jsou ochotni souhlasit, jinak běda! Pokora jen o málo okázalejší, než je zapotřebí, nicméně k výhružnosti má jen krůček! Když pak před tváří Orgona obviní Damis Tartuffa z milostných návrhů Elvíře, reaguje pohotově: „Bijte bezbranného! Nešetřte mne, poplivejte mne, bídného hříšníka, ať mají zlí pomlouvači svátek!" A zvítězí.

V příštích dialozích (zejména s Kleantem) zní jeho hlas opět zbožnou laskavostí, ale zároveň neoblomně: nehrajte si se mnou, nebo mne poznáte! Ví také, kdy mlčet. Hrušínského mlčení tu bylo nadevše účinné: ani na okamžik nepřestal ovládat scénu. Pak u něho nastalo naprosté zamlžení vědomí erotickou posedlostí po Elvíře a stejná ztráta orientace, jakou sám způsoboval jiným. A Orgonovo prohlédnutí. Teď už nebylo co předstírat. Namísto Boha se Tartuffe začne ohánět vladařem, státními zájmy, jak by ne! Zničím tě nejen pro svůj prospěch, ale pro svou rozkoš z ničení, znělo to v Hrušínského podání. Mám proti tobě materiál a mohu si tudíž dovolit vydávat největší svinstvo za svou povinnost! Nebylo zapotřebí ani zvýšit hlas, zněl naopak tiše, jenom laskavou bodrost předstírané zbožnosti nahradila osudově ledová, konfidentská věcnost.

Pak se vše v dobré obrátí a objeví se deus ex machina v podobě policejního úředníka, který v nekonečném dithyrambu vychválí královu prozíravost a odvádí Tartuffa do vězení. Pro herce je pak už důležitý jen němý odchod. Vy o mně ještě uslyšíte, řekl pohled, jímž si Hrušínský změřil všechny zúčastněné.

O. ORNEST: Pokus o portrét, 1990, rkp.

Tehdejší kritické ohlasy byly sporé. TARTUFFE nemířil do řad současníků, nehledal mezi nimi sobě podobné – a když, tak jenom „pod maskou světců v buržoazním společenském řádu, jehož základy stavěla právě Molièrova doba“. Hrušínského herecký výkon nemohla však recenzentka přehlédnout.

Rudolf Hrušínský vytvořil Tartuffa sebejistého, ne podlézavého, který dokonale ovládá prostředky své moci nad Orgonem a užívá jich už trochu nedbale, s profesionální lhostejností. Spodní tóny cynismu provázejí všechno jeho počínání a cynismus také otřese divákem ve scéně s Elvírou. Tam působí nejvíce lhostejný úsměv, nezúčastněný hlas, zvyklý pronášet dlouho modlitby stejně jako sprosté urážky. Výkon R. Hrušínského je pozoruhodný tím, že zachytil Tartuffa nejen jak se přetvařuje, ale také a hlavně, jaký ve skutečnosti je, zachytil nezastřenou cynickou podobu této postavy.

A. URBANOVÁ, Svobodné noviny 20. 11. 1951

Komorní divadlo — Komora — jak je herci s láskou nazývali, znamenalo od prvních sezón záruku kvality pro ně samotné i pro publikum. Dramaturgie Městských divadel pražských byla sice nucena umně manévrovat proti proudu, ale v zásadě postupovala tak, aby se nezpronevěřila svému poslání seznamovat diváka s uměleckými díly hodnými toho označení. Vedle zjevných omylů či úliteb, jakými byly např. Mdivaniho komedie KOHO TLAČÍ BOTA, Lichého HORKÁ KAŠE nebo později JANA od Emy Řezáčové, zařazovala repertoár, na kterém se dalo stavět. Ve svěrací kazajce padesátých let, v době procesů a vědomě či nevědomě páchaných křivd, v době, kdy se „řada lidí s dobrými nebo i skvělými mozky oné zkázonosné práce účastnila“ (*J. PLESKOT, Tvorba 1990, č. 40*), přinášela Městská divadla pražská svému obecenstvu nejedno hodnotné drama.

V režii Bedřicha Vrbského, na scéně Adolfa Weniga se Rudolf Hrušínský představil v titulní roli Čechovova IVANOVA, kterou stejně jako Tartuffa alternoval Václav Voska. Hrušínského fyziognomie se proměnila, jakoby zakulatila, hluboké oči vystupovaly z tváře rámované světlými vlasy a bradkou.

O další Hrušínského roli, jež se mi vryla hluboko do vědomí, mohu vydat svědectví jen jako okouzlený divák závěrečných zkoušek a četných repríz. Okouzlený představením jako celkem a Hrušínským jako soudním přísedícím Nikolajem Alexejevičem Ivanovem zvláště.

IVANOV je první Čechovova celovečerní hra, a přestože se už vyznačuje typickou čechovovskou poetikou, má pro herce četná úskalí: co se toho jen sám Ivanov napovídá o své povaze v nekonečně opakovaných samomluvách i dialozích! Rozpitvává svou psychiku nadranc a jeho zpovědi tvoří — na úkor přímého jednání — podstatnou část role. A co o sobě neřekne sám, řeknou o něm druzí. Na první pohled by se zdálo, že herec je tu svázán Ivanovovou bezradností, s níž zapadá hloub a hloub do bludiště, z něhož jediným východiskem je sebevražda. Pro interpreta pak zbývá buď podlehnout od počátku onomu druhu psychiky, z níž se v moderní době zrodila drogová závislost, anebo proti ní od počátku svádět boj, byť marný. Což znamená pronášet sebeobžaloby jako antidoze proti této závislosti; tuto donquijotiádu zvolil Hrušínský jakožto zoufalou cestu za absolutní pravdou, bezohlednou právě tak vůči sobě jako vůči druhým: své nemocné židovské ženě (Alexandra Myšková), svému hraběcímu strýci (Václav Vydra) a nakonec i vůči zamilované Saše (Zdena Procházková), u níž snad mohl najít citové východisko ze stavu, v němž, jak se sám charakterizoval, „ve třicítce jsem starý... s těžkou hlavou, s vyschlou, ospalou duší, unavený, rozervaný, nalomený, bez víry, bez lásky, bez cíle, jako stín se potácím mezi lidmi a nevím, kdo jsem, proč žiju, co chci...“. Takové a podobné sebeobžaloby pronášel Hrušínský bez náznaku lítosti či bolestínství, ale naopak podrážděně; s nesmírným vztekem se vystavoval na pranýř, aby přesvědčil všechny, kdož mu až dosud věřili, že nestojí ani za děravý groš, vždyť citovaná slova říká Lebeděvovi, otci své nevěsty, aby aspoň on měl rozum a vymluvil dceři sňatek; ale nikdo ho nepochopí, nemohou ho pochopit, neboť se vymyká všem konvencím jejich způsobu života.

Hrušínského Ivanov se rval o svou pravdu přímo hamletovsky a před očima diváka tak stál hrdina: neboť lidé dokáží přemoci fyzickou zbabělost a lze je (podle Feuchtwangera) „hnát na smrt klidné a poslušné; je však něco, z čeho mají větší strach než před smrtí, totiž před pravdou". Byl posedlý podívat se pravdě do očí, i když tam nakonec nezahlédl nic jiného než smrt. Takový byl Hrušínského Ivanov: mužný až do morku kostí. Ale takový byl i Vrbského Čechov.

O. ORNEST: Pokus o portrét, 1990, rkp.

Stanoviska recenzentů se v mnohém rozcházela. Inscenaci byla vytýkána nejednotnost a rozkolísanost, režiséru Vrbskému pak nevhodné obsazení doktora Lvova Františkem Miškou. U Hrušínského Ivanova se vzácně shodovali, že jde o postavu jakoby odlitou z jednoho kadlubu.

Alternací R. Hrušínského a V. Vosky v titulní úloze byl vytvořen zajímavý protiklad dvou možných pojetí IVANOVA. Na první pohled by se mohlo zdát, že Voska se blíží víc autorově představě. Pozorujeme-li však domyšlený, celistvý, ukázněný a přesvědčivý výkon Hrušínského, musíme se obdivovat jeho prostotě a pravdivosti, s níž ztělesnil svého Ivanova při vší osobní jedinečnosti jako platný, trvalý typ. Jeho Ivanov je zdánlivě všední, tuctový, ničím zajímavý člověk, snad by se mohlo zdát, že až příliš všední, příliš málo upoutávající — a přece dovede prosytit ovzduší svou rozjitřeností, vnitřním napětím, aniž zvýší hlas, aniž použije sebemenšího efektu.

L. VAŇKOVÁ, Divadlo 1955, č. 1

Soubor Městských divadel pražských nebyl oficiálně protežován, což přinášelo také své výhody. Snad právě v tom lze hledat klíč k tajemství jeho soudržnosti, která se nedá ničím a nikým vynutit. Tím méně ředitelem Ornestem, který sice vyžadoval naprostou kázeň a profesionalitu, ale ani na chvíli nepřestával být člověkem s hluboce demokratickým cítěním. Jen tak se mohlo stát, že si v období tak nelítostném, kdy lidé žili s klapkami na očích, zachoval důvěru ostatních. A byl to právě Rudolf Hrušínský, kdo mu jednoho dne — v čase velkého modloslužebnictví a z něho plynoucího zjednodušování výkladu herecké metody K. S. Stanislavského — přinesl ukázat etudy, jimiž tyto tendence do jisté míry zlehčoval.

JAK HRÁTI NAIVKY:

Naivka dbá přísně na to, aby mluvila pouze přesný autorův text. Tím bude naivní ažaž. Chová se podle poznámek. (Autora, ne obecenstva.)

JAK HRÁTI DĚLNÍKY:

Je bdělý a ostražitý. Je-li tázán, odpovídá citáty. Je tlustý a červený. (Daří se mu dobře.) Z kapsy (levé) vykukuje denní tisk, z kapsy (pravé) dějiny VKS(b). Stále přešlapuje (nemá čas jít na stranu). Proto také mluví rychle, ale rozvážně. Většinou v číslech. Je hrdý. (Vládne si sám.) Mluví-li o stroji, cihlách, lopatě atp., zamhouří oči a chvěje se.

JAK HRÁTI TAJEMNÍKY:

Tajemník všecko ví, ale hodně přemýšlí. Občas pukne. Má dýmku. Sám již netančí, ale rád se dívá a radí. Potřebuje-li od někoho něco, je srdečný, plácá dotyčného po zádech. Upřímně se usmívá, i cigaretu nabídne. Nechce-li dotyčný hned vyhovět, přísně se na něj zahledí a vyčte mu byt, eventuálně státní cenu, kterou mu opatřil. Na to se dotyčný začne optimisticky smát a tajemník má vyhráno. Ještě několikrát pukne a přechází k dalšímu.

JAK HRÁTI ZÁPORNÝ TYP:

Herec se nalíčí mrtvolnou žlutí. (Je to typ, který vymírá.) Paruku černou, velké kouty. Oblečen je přepychově, ale nevkusně. Je hrbatý a kulhá. Obočí černé, srostlé. Usmívá se cynicky a slintá. Občas vyplazuje jazyk. Oči má vypouklé. (Skořápky.) Je-li odhalen, chová se zbaběle. Pláče a třese se. Zvláště otrlý vyhrožuje.

JAK HRÁTI MILOVNÍKY (KLADNÝ TYP):

Milovník tančí již v šatně kozáčka. Stále se směje, což mu propůjčuje duchaplný výraz. Sejde-li se po roce odloučení s dívkou, kterou miluje, nebere ji za ruku. Je to necudné. Přiblíží-li se dívka k němu, odstrčí ji a optimisticky se směje. Občas zatančí. Jinak stojí pevně. Zeptá-li se dívka, má-li ji ještě rád, dotančí až k rampě a hlasitě, aby přehlušil smíšený sbor, zpívající za scénou mohutnou kantátu, řekne zbytkům buržoazní společnosti sedícím v hledišti, že plní plán na 140 procent. Počká na aplaus, tleská s obecenstvem, uklání se a odtančí volaje: „Autor, autor!"

R. HRUŠÍNSKÝ, 1955, rkp.

Příchod režiséra Miroslava Macháčka do Městských divadel pražských znamenal pro herecký soubor, a pro Rudolfa Hrušínského zejména, setkání s dráždivou osobností plnou tvůrčího neklidu. Ze svého působení v Českých Budějovicích si s sebou přivedl osvědčené spolupracovníky — scénografa Joana Brehmse a výtvarnici Ester Krumbachovou, kteří se podíleli na vzniku inscenace, jež se měla stát pro české divadlo mezníkem. Drama Eduarda de Fillipa NEAPOL, MĚSTO MILIONŮ s sebou přineslo kus jižního slunce, v jehož paprscích ztrácel všeobjímající krunýř ideového schematismu na hrozivosti.

V odcizeném prostředí válkou poznamenané rodiny se stal tramvaják Gennaro Jovine tou nejlidštější postavou právě proto, že nedokázal zapomenout na doposud živá traumata společnosti. V rozepnuté košili bez límečku a uniformě příliš těsné se Hrušínského Gennaro pohyboval po jevišti jako stín. „Psychický úraz z války mu dal roztěkaný, neustále nepřítomný pohled a jakousi čistou bezradnost a bezbrannost v pohybu i pohledu, usvědčující mlčky, jakoby provinile, a tím strašněji, chamtivost, zkomercionalizování a mravní destrukci jeho rodiny“ (*S. MACHONIN, Divadelní noviny 18. 5. 1962*). Pravdivost jeho Gennara spočívala v tom, že z něho nedělal „reformátora, spasitele, hrdinu okázalého kothurnu“, ale říkal „své pravdy ztěžka, skromně, s jakýmsi studem, s tím větší však důvěryhodností“ (*F. ČERNÝ, Divadelní noviny 28. 5. 1958*). Stud, který Rudolf Hrušínský Gennarovi dával, byl do jisté míry jeho studem vlastním, o čemž svědčí ohlédnutí Miroslava Macháčka:

> Když jsem dělal NEAPOL, MĚSTO MILIONŮ, tak jsem pořád chodil domů a říkal si: „Ježíšmarjá, ten chlap, on vůbec nic nedělá, jen si tam takhle stojí...“ A pak najednou přišly velké zkoušky, kde získal větší samotu, kterou mu umožnily reflektory a dekorace. Najednou z něj ten stud padal, jako by jej svlékal. A nastávaly ty nejkrásnější chvíle, které jsem s ním zažil, když po všech — někdy i dost ostrých střetnutích — došlo k tomu, že jsem sám intenzívně prožíval něco, co vůbec nelze pojmenovat. Myslím, že to nejlépe vyjádřil Rainer Maria Rilke, když napsal verše, které se na Rudolfa hodí beze zbytku:
>
> Snad jsme tu jenom bychom řekli:
> dům, řeka, most, brána, džbánek,
> strom ovocný, okno a dokonce i
> sloup a věž, ale rozuměj: řekli,
> ó, řekli je tak, jak sama slova
> ani nevěděla, že jsou.
>
> *M. MACHÁČEK, Viola, říjen 1985*

Chvála náležela všem rovným dílem — režisèru Macháčkovi, Daně Medřické jako Amálii, Alexandře Myškové jako Marii Rosarii i dalším. Rudolf Hrušínský Gennarem postoupil na žebříčku vedoucím k jeho vrcholným rolím o další příčku, neboť se „vtělil do neapolského muže z lidu tak beze zbytku, jak se herci dařívá jen v nejpožehnanějších chvílích: jeho návrat domů nebo jeho odpuštění ženě jsou okamžiky hereckého mistrovství, pro něž divák půjde na představení několikrát“ (*J. TRÄGER, Svobodné slovo 24. 2. 1957*).

Tvůrčí nadšení mnohdy přetrvávalo, takže se výměny názorů o pojetí rolí přenášely i na výsostné území rodiny Hrušínských, která se v červnu 1955 rozrostla o syna Jana. Není tedy divu, že se Miroslav Macháček při první návštěvě v Nuslích nenápadně rozhlédl, jestli nemá Eva Hrušínská nad hlavou svatozář. Většinou však k podobným diskusím docházelo v klubu Komorního divadla, který se jim stal nejmilejším lokálem na světě. Herci tam přicházeli po představení, aby si v útržcích vybavili neopakovatelnou atmosféru večera, která v nich ještě doznívala. Mnohdy se takové sezení protáhlo až do ranního kuropění. To, když někdo z nich usedl ke klavíru, aby si zpěvem potvrdili, že „nikdo nic nikdy nemá míti za definitivní". O Rudolfu Hrušínském zlí jazykové tvrdili, že nebere žádný plat, protože v klubu hostí své přátele. Pro nově angažovanou Blanku Bohdanovou se stal v tomto ohledu nedostižným vzorem. Pookřála teprve tehdy, když ji paní u pokladny při výplatě požádala, aby jí doplatila třicet haléřů. Prý si jen povzdechla: „Aspoň v něčem jsem jako ten Hrušínský."

Zcela odlišný charakter postavy, než byl Gennaro, vytvořil Rudolf Hrušínský v Remarqueově POSLEDNÍM DĚJSTVÍ v roce 1958. Oberschauführer Schmidt měl všechny znaky povýšeného nadčlověka, jehož jistota má však své skryté omezení.

Aby člověku bylo všechno jasné, je nutno buď klesnout co nejhlouběji, anebo vyplnit veškerý mozkový prostor normalizovanými norimberskými atrapami. Při přípravě lidského materiálu se osvědčil mj. krunýř uniformy na těle a v ruce zbraň; právě tak vešel Rudolf Hrušínský na scénu jako Otto Schmidt, aby sehrál svůj part v komorním kvartetu s ostatními spoluhráči (Josef Bek, Jarmila Smejkalová, Miluše Zoubková). Protože jako Schmidt neměl zapotřebí o sobě pochybovat, neměl zapotřebí ani pozvednout hlas; své rozkazy jen tak zasyčel a své výslechy vedl se suverenitou a rutinou, která u vědomí naprosté převahy moci dokonce vzrušuje. Když přivedli profesora Kocha a Schmidt ho nutil, aby řekl skutečné jméno a svou profesi: „Tady nejste v koncentráku, člověče!", Koch jako omráčen — takto ho neoslovili už po léta — opakoval vyjeveně: „Člověče?" Pak na naléhání Schmidtovo podal hlášení: „Byl jsem mimořádný profesor doktor filozofie Josef Koch, záložní důstojník, nositel Železného kříže první a druhé třídy. Teď jsem špinavá židovská svině."

Ještě dnes po letech, vzpomenu-li na Hrušínského repliku, mrazí mne z její hrůzné opravdovosti. Jako by vzal nějakým nedopatřením do ruky lidské lejno, sešpulil rty nepřekonatelným odporem u vědomí, že má co dělat se vzdělancem. Ale potřeboval z něho vynutit udání, a tak mu nezbylo než se v tom výtrusu hrabat a překonat odpor: „Tedy jste byl vlastně poměrně vzdělaný člověk, pokud je to u vaší rasy možné."

Systém Gleichschaltung měl jedinou Achillovu patu: někde vespod číhala na stráži starost o vlastní kůži, a tedy za jistých okolností i strach. Hrušínský jako Schmidt přišel v druhém jednání v civilu (nevěděl si s ním rady, ztratil odznak důstojnosti, oblek byl buď velký či opět malý, kdepak, to nebyla uniforma); Berlín padl, vůdce se zastřelil v bunkru, v této čtvrti se ještě čeká na příchod rudoarmějců. Schmidt má falešné doklady, spoustu potravinových lístků a láhev vína — rozhodl se přečkat v tomto bytě jako milenec Anny, která mu včera, aby zachránila Rosse, dávala koketně najevo, že jí není lhostejný. Schmidt má opět přesný plán a jistě jej nevymyslel sám, do poslední chvíle jedná podle přesných instrukcí; a teprve když vidí, že ztratil všechno a že z něho nezbylo nic než terč pro ruské samopaly, začne poprvé řvát. Hrůzou. Schází tím, čím po léta, napojen na centrální mozek, zacházel.

Remarqueova hra s nevšedně pravdivě vypracovanými postavami a stejně nevšední zápletkou má, bohužel, nepřirozeně idylický, happyendový závěr. A tak hlavní memento (kromě nepochybně důležitého „aby se nezapomnělo") je nezvratně sebevědomé Schmidtovo prohlášení: „My se vrátíme."

O. ORNEST: Pokus o portrét, 1990, rkp.

Úroveň českého poúnorového dramatu byla vskutku skličující. Najít cestu z této slepé uličky znamenalo vynaložit značnou dávku důvtipu. Dramaturgii Městských divadel pražských se to podařilo, když požádala Vratislava Blažka, aby pro ně přepracoval scénář komedie TŘETÍ PŘÁNÍ, jejíž filmová podoba skončila v trezoru. Zrodila se satira na konzumní společnost, která v režii Miroslava Macháčka a jednoduché výpravě Ester Krumbachové byla veskrze současná, tak současná, „že už to současněji nejde" (*S. MACHONIN, Literární noviny, 14. 6. 1958*).

V kulaté tváři pohádkového dědečka, jehož hrál v Divadle komedie Rudolf Hrušínský, jiskřila šibalská očička, v nichž se mísila shovívavost s údivem. K tomu, aby vyjádřil jeho podstatu, nepotřeboval takřka nic. „Jen se tak volně šoural po jevišti, s hlavou nakloněnou, v ruce něco převaloval. A proměňovat se uměl — jako kouzelný dědeček —, ve všech profesích byl doma, ať byl hlídačem, párkařem či návštěvou z venkova docela ruralistického" (*M. SMETANA, Divadelní noviny 25. 6. 1958*). Zrod této postavy nejlépe přiblížil režisér Macháček.

Bývá ze začátku skoro vždycky nejistý. Dlouho má k roli zvláštní stud. Obrací se zády. Potřebuje čas. A odkudsi a přitom nepozorovatelně shromažďuje spoustu věcí k postavě. Teprve potom začne najednou vydávat. Jde pak daleko za to, co mu režisér k postavě řekl. Když studoval v Blažkově TŘETÍM PŘÁNÍ, zjistili jsme na jedné zkoušce zčistajasna, že mu dal pokulhávající šmajdavou chůzi. A rázem bylo nemyslitelné představit si dědu jinak, bez toho šmajdání. Najednou to byla nevývratná jistota volby, jako by sáhl přesně do rezervoáru podvědomí, do něhož se mu tak dlouho ukládaly představy o postavě.

M. MACHÁČEK, Divadelní noviny 10. 5. 1962

O tajemství herectví Rudolfa Hrušínského hloubalo mnoho povolaných, ale on sám je vysvětluje velmi jednoduše.

Všechno musí mít přesnost. Tak jako některý tesař umí zatlouct hřebík. Přesně, dokonale, jednou ranou. Aby zajel do dřeva. Je málo herců, kteří tuto opravdovou profesionalitu mají. Ale není také mnoho dobrých tesařů. Záleží ovšem také na kvalitě materiálu, z kterého je hřebík udělán. Člověk najednou zjistí, že i uznávaní mistři nedovedou přejít jeviště tak dokonale, že je rázem vyloučena představa, že by se dalo přejít jinak. Viděl jsem významné herce, kteří se chovali na jevišti ve večerním úboru velice směšně, ačkoliv šlo o vážnou hru, a nedávali ani důraz na předložky. A to prý se má.

R. HRUŠÍNSKÝ, Divadelní noviny 10. 5. 1962

12. březen 1959, kdy se konala v Komorním divadle premiéra ÚTĚKU, se stal dnem návratu dramatické tvorby Michaila Bulgakova na naše jeviště. Od roku 1933, kdy Jan Bor uvedl na Vinohradech DNY TURBINOVOVÝCH (Bílá garda), tak došlo k prvnímu pokusu prolomit ideologický val, za nímž se Bulgakovovo dílo skrývalo. Přímý podnět k jeho tabuizaci dal v roce 1929 J. V. Stalin, když o ÚTĚKU napsal, že jde o „pokus vyvolat útrpnost, ne-li sympatie k jistým vrstvám protisovětské emigrantštiny — tedy pokus omlouvat nebo téměř omlouvat bělogvardějství. ÚTĚK v té podobě, jakou má, je protisovětský jev" (*M. BULGAKOV: Útěk, Praha 1964, s. 89*).

Spornou postavou se jevil především generál Chludov, který prochází ve hře vývojem a kromě Korzuchinové a Golubkova se dobrovolně vrací do sovětského Ruska, ačkoliv ví, že bude potrestán. V tomto ohledu projevila jedna z kritiček dojemnou shodu se Stalinem, když se pozastavila nad tím, že dal Bulgakov postavě Chludova rysy chybujícího, ale přece jen člověka.

V té chvíli se ti chce pro Bulgakova užít charakteristiky „sovětský Dostojevský". Avšak právě to je paradox! Nemůže být přece sovětský Dostojevský! Takto chápaná morálka křesťanského vykoupení je nám cizí! Ať chtěl nebo nechtěl, zidealizoval nakonec Bulgakov generála Chludova, nejvýraznější, a proto ústřední postavu svého dramatu. Chludova, prasprostého válečného zločince, „muže silné povahy", který vsadil a prohrál. Co počít s jeho pokáním? A co s uměleckou pravdou, která chtíc nechtíc stojí proti zájmům života a v divákovi vzbuzuje úzkost?

D. ŠAFAŘÍKOVÁ, Práce 19. 3. 1959

K tvůrčímu týmu, který si režisér Macháček zvolil, patřila kromě hudebního skladatele Evžena Illína výtvarnice Ester Krumbachová.

Lidská intuice je něco jedinečného. Nikdy se nemýlí. A i když vede zdánlivě k pocitu náhodnosti, kdesi ve vzdálené budoucnosti člověk ke svému překvapení zjišťuje, že o tom dávno věděl, že mu to kdysi bylo oznámeno.

Když jsem kdysi poprvé uviděla ve výloze knihkupectví knížku se jménem autora Bulgakova, pro mne tehdy neznámého, něco ve mně zahřmělo, a když jsem si knihu přečetla, stal se autor pro mne kýmsi nepostradatelným, s nímž jsem byla natrvalo spojená. Jung pro podobné náhody, jako bylo moje předvídané rozrušení před výlohou, stanovil diagnózu „významná shoda".

Když byla mnohem později v roce 1959 zařazena do repertoáru Komorního divadla v Praze hra Michaila Bulgakova ÚTĚK, kdesi z hlubin se mi znovu vynořila ta kniha, a když mě Miroslav Macháček pověřil úkolem scénografky a návrhářky kostýmů, téměř jsem se zhrozila toho, že mi byl Bulgakov souzen, že to tak prostě muselo být.

Chaotické nadšení, prostřídané strachem a současně pocit vyznamenání, jaký zápas musím podstoupit.

Rudolf Hrušínský měl hrát hlavní roli bělogvardějského generála Chludova.

Rudolf Hrušínský. Romantické příjmení z konce století. Jenomže jeho lidská osobnost byla jediným varovným návěstím: Pozor! Nebezpečí!

Byl nedílnou součástí divadelního klubu, který, jako každý jiný klub, má své zákony, variace na známé téma, bezpečnou půdu navyklého terénu. Kolem stolu, kde sedával Rudolf, byla jakási zrádná hloubka, jakési ticho, tam končilo bezpečí.

Sedával naprosto mlčenlivě, jako by ho úplně přestalo zajímat, co před dvěma hodinami vytvořil na jevišti, kouřil, pil koňak, pohrával si s krabičkou zápalek, poťukával s ní o desku stolu a jeho pohled byl lhostejný, bez jakéhokoliv zájmu o okolí, plné bublajícího šumění pochval nebo pomluv — tak, jak to divadelní mraveniště s sebou přirozeně a zákonitě přináší, čím existuje, baví se a žije.

Někdy — nějaká ta sklenka navíc a Vladimír Salač, obdivovatel a nejuctivější ctitel Rudolfa Hrušínského, zasedl ke klavíru anebo — když ji s sebou měl — začal hrát na kytaru (velmi líbezně) a Rudolf začal zpívat. Měl lahodný a vábivý a vespod drzý hlas, nebo snad lépe, provokující; se sklenicí a s cigaretou v ruce zpíval potichu a líně, jako by se třela kočka o nohy, až z toho šel mráz po těle.

Nejpřitažlivější se mi zdála stará francouzská balada o krásné lazebnici, která žije v Paříži, a tři mladí páni se do ní zamilují a osloví ji „bradýřko krásná“, a jestli je nechce oholit, a ta kráska se rozmarně vychlubuje „španělského já krále holím“, a pak ten první pán zbledne, když je holen tou skvělou ručkou, a zbledne proto, že myslí na to, jak by ji chtěl milovat . . . atakdále, atakdále, tekla sloka za slokou jako řeka pod odvěkým mostem milování a bylo to všechno ne kdysi, ale *teď*. Tak to zpíval Rudolf.

A staré pražské písně a odrhovačky z časů dobrého vojáka Švejka — s gustem a rozmarem, který z něj sršel jako magické jiskry, zpíval Hrušínský s ostatními — a pak někdy zničehonic přestal zpívat, vrátil se ke svému stolu a kouřil a pil a poťukával si krabičkou zápalek.

Ohromující suverenita bez pózy, rychlá změna nálady, bezohledný odchod.

Bylo něco přímo hmotně zdrcujícího a surového v tom, jak ničil ideály a mýty o sobě a svém hereckém umění. Ničil je stejně nelítostně jako mýty vzniklé v totalitě. Jeho Múza měla přimalovaný černý zub, brejle a fousy a jeho oblíbené a šokující téma — sex —, to byla jediným rozmachem nezřízeného štětce zformovaná holá zadnice, trčící výhružně do řad obdivovatelů jeho umění.

Ze všech těchto ukazatelů a souvislostí jsem začínala chápat nebo objevovat, kdo asi bude generál Chludov v Hrušínského podobě, jak asi bude vypadat a v jakém asi prostoru se bude pohybovat.

Rudolf Hrušínský potřebuje svobodu jako zvíře. Nemůže bez ní žít. Jen proto se mohlo stát, že žargon roku 1959: bělogvardějský generál = netvor, odporný, negativní atd. — zmizel jako ušmudlaná utěrka na politické nádobí a člověk v hledišti toho bělogvardějce sledoval s napjatým rozčilením. Jeho Chludov v sobě odkopával to, nač se díval s hnusem, a nechtěl s tím mít nic společného. Svobodné rozhodnutí podrobit se trestu smrti, to byla osobní karta Rudolfa Hrušínského, mít i tu nejmizernější svobodu volby, ale mít ji skutečně. Právě proto vytvořil postavu nepopsatelným způsobem za hrobového ticha v hledišti. Všichni tomu rozuměli, bohužel i političtí činitelé, kteří po třiadvaceti reprízách představení zakázali. Lépe by bylo říct: zavraždili. Mám dojem, že podlehli panickému strachu a že jejich zákaz je důkazem o telepatické síle svobody a svobodné tvorby.

V čase před započetím práce, kdy jsem to v sobě musela utřídit, ten myšlenkový chaos, co si počnu se scénou, jsem často chodívala tajně po představení na prázdné jeviště osvětlené nouzovým světlem vzadu, sedla jsem si na hromadu lan někam do rohu, abych si — tak nějak bych to označila — očmuchala jevištní prostor, který se mi zdál být neúnosně malý. A jak tak jednou sedím, přichází tam Rudolf Hrušínský. Potichu se prošel sem a tam, a tam a sem, velice pomalu, chvílemi postával, cosi z něj vyzařovalo, jenže to neřekl nahlas, a pak zase odešel.

To, myslím si, nebyla náhoda, to byla taky Jungova „významná shoda", protože mně toto nezvyklé setkání připravilo okamžitě půdu pod nohama, věděla jsem, že Hrušínský přistoupí na moje představy, a taky ano! Když jsem mu ukázala skicy a detaily fantómu postavy, zdůvodnila a vysvětlila svůj záměr, přijal to. Přijal černou paruku, dámské černé řasy, podlíčené oči, černý knír, černé netvorné rukavice, aby ruce byly jakoby zmrzačeny, bizarně pojatou uniformu, zdánlivě vyhlížející jako skutečná uniforma, a s elegancí kočky zmizel v paruce a uniformě a *byl* to generál Chludov, kterého jsem z Rudolfa Hrušínského tak a nejinak pochopila a chtěla mít.

Na scéně, za napjatým šedým tylem před celým jevištním prostorem nebylo nic než několik kusů nábytku, které symbolizovaly prostředí — všechno ostatní byla práce světla a hudby.

Vlastně jsme všichni vzdali poctu Michailu Bulgakovovi.

V knize Ecclesiastes stojí psáno: „Je čas rozmetávání kamení a je čas sbírání kamení."

Tehdy byl čas rozmetávání kamení.

V jeho zhoubné činnosti planula postava generála Chludova Rudolfa Hrušínského jako nejzářivější hvězda v souhvězdí *Herectví.*

E. KRUMBACHOVÁ, 13. 9. 1991, rkp.

V Chludovovi se Rudolf Hrušínský uchýlil k výrazovým prostředkům, jimiž dodává svým postavám na věrohodnosti. Třebaže se — z určitého úhlu pohledu — jednalo o záporný typ, zdůraznil jeho složitost a nejednoznačnost.

Chludov Rudolfa Hrušínského, na němž myšlenkové vyznění inscenace do značné míry závisí, zachovává si tu subjektivní klady postavy — sílu, vůli, chytrost, pochopení situace a nenávist k nadřízeným, jimiž byl do ní zavlečen, ale zároveň mají jeho činy natolik objektivně odpuzující smysl, že jej divák sice může pochopit jako člověka, ale musí nenávidět jako zjevného nepřítele.

L. SUCHAŘÍPA, Divadelní noviny 15. 4. 1959

Mohlo se tedy zdát, že tím, jak sloužil Bulgakovově nejednorozměrné postavě, dosáhl pravého opaku a zlidštil ji natolik, že Chludov skutečně vzbuzoval soucit a sympatie.

Vzpomeňme si na Chludova v Bulgakovově ÚTĚKU, na toho filozofujícího cynika, jehož cynismus má bolavě lidský rub, v němž s krutostí k jiným narůstá zároveň nemilosrdný soud nad sebou samým. Byla to otřesná studie výjimečné osobnosti, v níž však Hrušínský přímo alegoricky nesnášel nalomenou zápornou polohu, až se mu nakonec stalo, že snahou po lidské plnosti a postižení celé rozlohy Chludovova nitra celou postavu změkčil, ubral jí na dramatické rozpornosti.

S. MACHONIN, Divadelní noviny 10. 5. 1962

Macháčkova inscenace Bulgakovova ÚTĚKU byla vskutku ojedinělá. Nemalý podíl na jejím výsledku nesli Ester Krumbachová se skladatelem Evženem Illínem.

Obrazy se střídají, je jich osm, jeden naléhavější druhého a každý z nich jako zlý, horečnatý sen. Oka sítě, promítané na gázový závěs, se stále zmenšují. Past se uzavírá.

E. TURNOVSKÝ, Lidová demokracie 15. 3. 1959

Také po herecké stránce byla inscenace velmi vyrovnaná. Vedle Chludova Rudolfa Hrušínského upoutal Svatopluk Beneš v roli Golubkova, Blanka Bohdanová jako Serafina — a dále scény „Bekovy karetní partie s Korzuchinem, Dubského monolog o síle dolaru, Homolův výstup v roli přednosty stanice“ i jiné (*E. TURNOVSKÝ, Lidová demoracie 15. 3. 1959*).

O několik měsíců později se sešlo stejné tvůrčí seskupení, aby nastudovalo satirickou komedii Ilfa a Petrova ZLATÉ TELE. Tlusťoučký Ostap Bender v bílém obleku a rubašce, takový malý parazit sovětské společnosti z období NEPu, jehož očka zarostlá tukem lišácky poměřovala možnost zisku, uzavřel galérii postav, které Rudolf Hrušínský v souboru Městských divadel pražských vytvořil.

V Městských divadlech v podstatě dozrál a v určitém ohledu se stabilizoval Hrušínského herecký typ na tom, co jej vymezilo už na Vinohradech. Hrušínský se především dál vyhranil jako osobnost: zmužněl, zesílil, svůj osobní projev propracoval, odstínil a prohloubil na řadě dospělých mužů, jimiž definitivně přesáhl svůj původní typ moderního chlapce. Leccos, co bylo dříve bezprostředně impulzívní, proměnilo se tu ve vnitřní napětí mezi projevovou totalitou (někdy až pudovostí) a vyzrálými (takříkajíc chlapskými) volními zábranami, do nichž se transformoval původní stud. Hrušínský dále prohlubuje svou příznačnou úspornost gesta: jako by neustále sváděl skrytý zápas s hmotou a vítězil v něm svou mužnou a navenek až drsnou sebekázní. Cosi chlapeckého zůstává už jen v nezvyklé intonaci jeho hlasu, který přes svou zdánlivou šedivost vždy znovu upoutává elementární pravdivostí vylučující každý falešný tón. Jeho herecká osobnost se ještě víc „stahuje do sebe" a nabývá na jevišti zvláštního přídechu jakési trpkosti — snad právě skrze ni má každá Hrušínského postava vždy v sobě kus tajemství, nějaký nevysvětlitelný přesah. Příznačná vyjadřovací sebekázeň přitom vždy jen úzkou štěrbinou propouští něco z lidského obsahu postavy a nikde nedovoluje projevit se naplno: herec nikdy nenavazuje přímé a jednoznačné vztahy s ostatními postavami, jeho pohled je většinou kosý, málokdy zabloudí druhému do očí, a když do hercovy tváře pronikne něco z utajovaných pocitů postavy, rychle, až trochu nervózně se otočí nebo odstoupí. Tato vyhraněná osobnost, připomínající v něčem ruské herce — se zdá být přitom pořád ve střehu, jako by měla někde hluboko v sobě neustálý stín nedůvěry v okolní svět a komplex obrany, zastíraný často náhlým výpadem.

V. HAVEL—J. PROCHÁZKA, Divadlo 1961, č. 8

Uzavřel také nejplodnější etapu Rudolfa Hrušínského, na niž i po letech rád vzpomíná. Stejně jako jeho kolega a přítel Radovan Lukavský . . .

Milý brácho, staří bohatýři si někdy přísahali věrnost a obřadně se pobratřili výměnou kapky krve a byli z nich „pobratimové“. My jsme žádní valní bohatýři nebyli, když nás vzali v pětačtyřicátém na dva měsíce na vojnu a oblékli do uniforem vzor 38 — k přísaze jsme se ani nedostali, kapku krve neuronili —, a přece tu bylo něco, proč jsme si začali říkat „bráchové“. Nebylo to sice tak vznešené, ale zato nám to vydrželo a oslovujeme se tak dodnes.

Oslovení bych tedy měl — a teď co dál? Opakovat trochu jinými slovy, co ti tu přejeme všichni společně, je snad zbytečné — a tak jsem nalistoval ve svém „curriculu vitae“ něco, co se týká jenom nás dvou a o čem se mezi „bráchy“ zrovna nemluví. Myslím, že každý máme někde v podvědomí — nebo ve svědomí? — takové nevyřízené účtenky s nadpisem „má dáti — nedal“, nebo tedy „měl jsem říct — a neřekl“, „měl bych poděkovat — nepoděkoval jsem“. Jsou tu zkrátka věci, za které bych ti rád aspoň jednou v životě poděkoval — nebo snad abych ti aspoň řekl, za co jsem ti vděčný.

Tak třeba za svůj první velký zážitek z moderního divadla, jehož jsi byl spolustrůjce, když jsi u E. F. Buriana hrál Kohouta ve VĚŘE LUKÁŠOVÉ. My přijeli do „Déčka“ jako venkovští studenti a viděli jsme tě pak i před Mozarteem, vyšel jsi v takovém tralaláčku, ve svrchníčku, zapálil sis cigaretu, ještě Kohout ze hry a už Rudolf Hrušínský, mladší než my — a už Někdo. A cítili jsme, že to nezáleží na věku, ale na tom, co kdo umí — a i to je impuls, který může mít pro mladé lidi svou cenu.

Pak už jsem tě potkal až ve Vinohradském divadle — já tam přišel jako „kandrdas“, ty už jsi tam byl herec. Situace začátečníka je v takovém souboru vždycky svízelná, a tak jsem byl pochopitelně vděčný za každé vlídné slovo či gesto, za přátelský pohled, a dodnes mám v paměti takovou účtenku „nemusel dáti a dal“. Vždycky rád vzpomínám třeba na to, jak se k nám nováčkům choval Jaroslav Marvan, a samozřejmě i na to, co to pro mne znamenalo, že ty jsi mě tenkrát přijal za kamaráda. A navíc, že jsem se na tvou práci mohl teď dívat zblízka.

A když už tu vzpomněl Pleskot na tvého Szabuniewicze

z Werflova JACOBOWSKÉHO A PLUKOVNÍKA, všechno, co řekl, „můžu potvrdit jakožto účastník“. Taky jsem koukal, jak si při zkouškách chodíš „jakoby nic“, jako že ses na tu roli ještě ani pořádně nepodíval, že si s ní zatím jen tak nezávazně pohráváš — až jsi to najednou takzvaně „rozbalil“ a všechny nás „odbou-ral“ svým vpravdě švejkovským výrazem, nadzvednutím tvrďás-ku, jemně popolštělou výslovností svých replik, zakončených většinou památnou větou: „To všecko mohu potvŕdit jakóžto odbórnik.“ A to všechno s takovou lehkostí a samozřejmostí, že jsem ti záviděl. „Marná sláva,“ říkal jsem si, „někomu to jde sa-mo, někdo se zas musí víc napnout.“

Jenomže — snad se nebudeš zlobit, když se teď dopustím malé indiskrece — přišel jsem jednou k vám, Evička mi otevřela a vedla k tobě do pokoje, ty jsi seděl u psacího stolu a na něm jsi měl plno vlastnoručně popsaných archů papíru a říkals mi jaksi málem omlouvavě, že si děláš nějaké poznámky k nové ro-li, aby sis to trochu srovnal v hlavě, a že „vono je to docela dob-rý, když si to člověk takhle hodí i na papír“. A tak jsem tě viděl i doma při studiu role, při něčem pro tebe velmi intimním.

Ale proč o tom vůbec mluvím: před časem při generálce NA-SREDINA v Tylově divadle seděli v řadě přede mnou nějací stu-denti DAMU — sem tam po sobě mrkli a uznale špitli: „To je, co! Čóveče! Světový! Vidíš to, jo? Jak von nic nedělá! No, to je vono!“ S napětím a obdivem sledovali tvůj herecký výkon, který zase budil dojem, jako že si s rolí jen tak lehoulince pohráváš, nic pro ni neděláš a jde ti to zkrátka samo. A já si vzpomněl na ten tvůj stůl plný popsaných papírů, na tu tvrdou, ale skrytou práci na roli, a říkal jsem si: „Jen abyste si, hoši, nevzali jako je-diné poučení ten klamný dojem, že hrát ‚světově‘ znamená ‚nic-nedělat‘ — prostě přijít a dát tomu vůli, co to udělá samo —, abyste se pak jednou nedivili, že ‚furt‘ nic neděláte — a díru do světa jste pořád ještě neudělali.“ Je dobře, že v tobě mladí vidí svůj herecký vzor, jen by snad měli vědět, že k herecké osob-nosti se nikdo neprolenoší — a že její podstatnou složkou je i charakter. Ten se ovšem projeví i v jiných situacích než jen na jevišti.

Vzpomínám třeba na tu situaci, kdy se Vinohradské divadlo rozpůlilo vedví a my se mohli tajným hlasováním rozhodnout, kdo zůstane v Městských divadlech pražských, a tedy odejde do Ornestina, jak jsme tehdy říkali — a kdo přejde do armádního divadla, a tedy zůstane na Vinohradech. Řadě herců dalo ovšem armádní divadlo najevo, že o ně stojí, tys byl samozřejmě mezi nimi. Ale něco jsi tenkrát filmoval, na hlasování tě přivezli s malým zpožděním, a potkali jsme se, až když jsi vycházel z ředitelny. Ptal jsem se tě, jak ses rozhodl, a tys odpověděl: No, řekli mi, že tu prakticky všichni zůstáváme, tak to zkusíme, ne?" Když jsem ti řekl, kdo nezůstává — a byl to celý ten přátelský okruh lidí sobě blízkých, s Jaroslavem Marvanem, Sváťou Benešem, Mírou Homolou a dalšími —, otočil ses na podpatku, vletěl jsi zpátky do ředitelny a já slyšet až na chodbu, jaks řekl: „Vraťte mi ten papír, já jsem si to rozmyslel!" A bez zaváhání jsi před všemi výhodami, které ti nabízelo armádní divadlo, dal přednost hrát divadlo s přáteli. A takové rozhodnutí je už, myslím, skutečně věcí charakteru. Odchod do Komorního a spojení s Divadlem komedie, to bylo tenkrát pokládáno za určitou degradaci — a ještě jsme zdaleka netušili, že nás tam čekají nejkrásnější léta našeho hereckého života.

Pak přišel — už několikrát zde vzpomenutý — OBCHODNÍK S DEŠTĚM. Dostal jsi režii a mně jsi dal roli Starbucka. Přestože ti to mnozí rozmlouvali. I já sám jsem ti říkal, aby sis to rozmyslel, že jsem takovu roli ještě nehrál a že se na ni ani necítím, že bych si v té hře docela rád zahrál třeba takového Filla — je to menší, ale je mi to bližší. Ale ty jsi na tom s úsměvem trval. Nezbylo mi, než ti uvěřit, že mi věříš. A tím jsi vlastně se mnou udělal to, co v té hře Starbuck udělal s Lízou, když do té bytosti, která sama sebe si příliš necenila, nalil potřebnou sebedůvěru — to, co může dokázat jen člověk s velkým srdcem. A jestli se mi to pak na jevišti poštěstilo udělat s trochou věrohodnosti, pak asi jen proto, že jsem to právě zažil sám na sobě. Vím, že nikdo jiný by to byl se mnou neriskoval. Už tenkrát jsem ti za to samozřejmě „měl poděkovat — ale nepoděkoval" — a tak ti aspoň dnes chci říct, jak jsem ti za to byl — a jsem — vděčný.

Byla to nejkrásnější práce, jakou jsem v těch letech u divadla zažil, a pro mne jedno z těch „šťastných setkání herce s rolí", jak já tomu říkám, ale i šťastné setkání s nádhernými partnery — v čele s královnou večera, nezapomenutelnou Danou Medřickou, a nakonec, ale vlastně už na začátku: šťastné setkání herce s režisérem, kterým to všechno bylo podmíněno.

Setkali jsme se tak i potom v Národním divadle, naposled za vzrušujících okolností při ZKOUŠCE OHNĚM — něco jsem o tvém přístupu k režii už i napsal, ale rád bych tu připomněl, za co jsme ti byli všichni vděčni: že u tebe nedocházelo k rozdvojení osobnosti, že z tebe ta nadřízená funkce nedělala nadřazeného člověka, že jsi nebyl někdo jiný jako herec a někdo jiný jako režisér, ale pořád týž kolega, prostě režírující herec — kamarád! Ostatně právě taková spolehlivá stálost základních vztahů a postojů je také rozpoznávacím znamením charakteru.

O našem osobním vztahu tu nebudu mluvit — to je konec konců naše věc. A tak už jen vzpomenu na jednu prázdninovou historku.

V těch prvních letech jsi pokaždé při rozchodu na dovolenou říkával: „... přijeď k nám ... Chytím ti rybu, uděláme si voheň... a bude to prima!" Až jsme jednou skutečně trávili prázdniny na Podolsku blízko vás, takže jsme se denně vídali — a sám osud tě tedy vzal jaksi za slovo. Každý den jsi měl nahozené dva pruty, ale jako z udělání ryby tehdy nebraly a nebraly. Večer jsi líčil pod skálou na velkého sumce, který se ti už jednou urval i s háčkem — a pořád nic. Až tam jednou na neděli přijela taková povykující parta rekreantů, samý halas a křik, a ti si jen tak z rozvernosti nahodili taky na rybu — a toho sumce zřejmě nenapadlo, že by v tom kraválu chtěl někdo chytat ryby, a tak jim sežral návnadu a zabral a oni ho dostali a pak jako na výsměch ho vozili v síti za loďkou kolem tvých prutů. A tobě splávek nezaťukal a nezaťukal. A tak jednoho podvečera jsme seděli zas na břehu — a ve svahu nad námi na polní cestě se objevil stříbrný filmařský vůz — a v nás obou hrklo, protože oba jsme měli něco rozfilmováno a věděli jsme, že jednomu z nás právě teď končí prázdniny. Vystoupil řidič a zavolal s úsměvem: „Pane Hrušínský!“ Řekl jsi bez úsměvu něco hrozně šťavnatého a začals uklízet nahozené pruty. A vtom jsi znovu strašně zaklel, ale přece jen v jiné tónině – a začal jsi horečně pracovat, popouštět a přitahovat vlasec, zápasit s čímsi neviditelným, dělat celou tu krásnou práci rybáře, až jsi vytáhl štiku. Hodils mi ji k nohám do trávy a řekls: „Tady máš tu slíbenou rybu — abys viděl, že nekecám — jen ten voheň si už musíš udělat sám.“

Proč na to vzpomínám — jako na příklad rybářské trpělivosti, která umí vyčkat, až se dočká! A tuhle tvou rybářskou trpělivost si na tobě život vyzkoušel už i jinak — a já ti přeju, aby tě nikdy neopustila, abys měl pořád všechny pruty „nahozený“ a zažil ještě nejednu velkou radost z toho skutečného i z toho „hereckého rybolovu“ — a aby ses dočkal i toho svého velkého sumce, který ti patří — a zkrátka abys . . . abys . . . abys . . .

R. LUKAVSKÝ, Viola, říjen 1985

NÁRODNÍ DIVADLO — 1960—1992

Náhlý exodus, který zaznamenala Městská divadla pražská ve druhé polovině padesátých let, způsobil tomuto citlivému organismu nemalé umělecké ztráty. Po Radovanu Lukavském, Daně Medřické a Miroslavu Macháčkovi opustil svazek Městských divadel pražských také Rudolf Hrušínský. Příčinou jejich odchodu nebyla nespokojenost se stávajícími poměry, ale nabídka, které se nedalo tak snadno odolat. Nabídka angažmá v činohře Národního divadla, jejímž uměleckým šéfem se stal na jaře 1956 bývalý kolega z vinohradského souboru Otomar Krejča.

Vlastnímu angažování devětatřicetiletého Rudolfa Hrušínského předcházelo jeho hostování v Karvašově PŮLNOČNÍ MŠI, kterou se jako režisér na jevišti Tylova divadla (Stavovského) představil Miroslav Macháček. Aby si upevnil půdu pod nohama, obklopil se napoprvé důvěrně známými lidmi — výtvarnicí Ester Krumbachovou, Danou Medřickou v roli Angely a Rudolfem Hrušínským jako Mariánem. Všem tak do jisté míry usnadnil přechod z komorního prostředí na velkou scénu.

Při Karvašově PŮLNOČNÍ MŠI, jejíž děj se odehrává o vánocích, jsem do prázdného prostoru postavila jen vánoční stromeček a kolmo k divákovi prosklené dveře, na nichž byly kliky a krajkové záclonky. A protože se překrývaly, nebylo vidět, kam kdo vchází. Tehdy mi při nějaké schvalovačce řekl se smíchem Karel Höger, že jsem pro svoji první výpravu na Národním divadle zvolila systém telefonních budek, a to se mi velmi líbilo.

E. KRUMBACHOVÁ, Tvorba 1990, č. 51

Karvašovo drama PŮLNOČNÍ MŠE útočilo podobně jako Kunderovi MAJITELÉ KLÍČŮ na „pyšný nemyslící konformismus, na tupou přizpůsobivost, která je mentální oporou každého fašismu" (*M. KUNDERA: Majitelé klíčů, Praha 1964, s. 11*). Hra náležela k těm nemnoha dílům socialistické éry, vyznačujícím se odvahou „pozvednout, unést, zmoci kruté téma kolaborantského fašismu ve Slovenském štátě" (*S. MACHONIN, Literární noviny 12. 12. 1959*).

Oproti upjatému a přezíravému Schmidtovi z Remarqueova POSLEDNÍHO DĚJSTVÍ působil Hrušínského Marián na první pohled změkčileji. Když se tomuto žoku, napěchovanému v tmavé uniformě ľuďáckého bratrstva, rozvázal šampaňským jazyk, tatam byla slovanská holubičí povaha. Mariánův „lidský bankrot, hrůza výčitek svědomí, které se snažil odehnat" (*M. SMETANA, Večerní Praha 6. 12. 1959*), se projevil v plné míře. Oslněn úspěchem „vybuchoval brutálně, pyšnil se tak hulvátsky a nezakrytě tím, jak je konečně uznán a oceněn. Ale bylo v tom chvílemi zároveň tolik naivity a v opilé scéně tolik té staré urážky z dětství, která v něm vypěstovala komplex inferiority, že ho hlediště muselo chápat jako člověka tragicky zvrhlého, jako děsivý nástroj, ale i jako obžalobu fašismu" (*S. MACHONIN, Divadelní noviny 10. 5. 1962*).

PŮLNOČNÍ MŠE měla premiéru 4. prosince 1959. Téhož měsíce — k 1. lednu 1960 — uzavřel Rudolf Hrušínský trvalou smlouvu s vedením Národního divadla, zastoupeným ředitelem Bedřichem Prokošem. Než se tak stalo, zamíchala karty osudu rozmarná paní Náhoda. Cestou do Národního se Hrušínským porouchalo auto. Čas kvapil a doba podepsání smlouvy se nezadržitelně blížila. Auto odmítalo poslušnost, kletby jiskřily, nezbývalo než někoho požádat o pomoc. První, kdo ochotně zastavil, byl řidič pohřebního vozu. Kdo ví, jak by si v této absurdní situaci poradil někdo jiný, Rudolf Hrušínský však bez váhání nastoupil. A tak se nový člen Národního divadla vydal na místo určení v doprovodu neznámého nebožtíka, který tiše odpočíval za jeho zády. Ke Zlaté kapličce dorazili včas!

 Mezi členy činoherního souboru měl Rudolf Hrušínský mnoho dobrých známých z dřívějška — Jiřinu Šejbalovou, Eduarda Kohouta, Františka Kreuzmanna, Jaroslava Marvana, Ladislava Peška . . . Ale i u ostatních se setkal s vřelým přijetím. Úcta, kterou si herci prokazovali, byla vzájemná.

Velice jsem si rozuměl, přestože jsem byl mladší, se starou gardou Národního divadla. Měli jsme se rádi se Štěpánkem, Pivcem, Rašilovem, Högerem . . . Díval jsem se na ně s velkou úctou a dívám se tak na ně dodnes. Přijímali mne jako svého parťáka, a to byl příjemný pocit.

R. HRUŠÍNSKÝ, Scéna 1990, č. 21

Přes varování, kterého se Rudolfu Hrušínskému na poslední chvíli od osudu dostalo, přicházel do Národního divadla pln očekávání. Krejčova osobnost, která utvářela umělecký profil činohry po stránce dramaturgické i inscenační, mnohé slibovala. Neměl tedy důvod ke skepsi. Zvláště když mu režisér Krejča vzápětí nato přidělil roli Boleslava v připravované Tylově DRAHOMÍŘE. Možná si plně neuvědomoval, že se tak definitivně uzavřela ona kapitola života u divadla, po níž se mu později častokrát zasteskne. Už za několik let poté odpověděl na otázku, zda vzpomíná na Městská divadla pražská, takto:

Velmi. TARTUFFE, IVANOV . . . ale nejvíc na Bulgakovův ÚTĚK v Macháčkově režii. To bylo představení. Nebo De Filippova NEAPOL, MĚSTO MILIONŮ, těžko všechno vyjmenovat. Já si teď myslím, že to bylo jedno z nejbohatších období mého života, tam jsem si zahrál.

R. HRUŠÍNSKÝ, Svobodné slovo 23. 2. 1964

Otomara Krejču přivedl k režii Jiří Frejka. Z jeho popudu přistoupil Krejča na podzim 1948 k nastudování Gorkého FALEŠNÉ MINCE, která vyzněla v předvečer oslav sedmdesátin generalissima Stalina poněkud pochmurně. Snad právě proto byla hra po sedmé repríze z repertoáru stažena. Spolu s ní zmizel ze scény Komorního divadla také Hrušínského „věčně na mol opilý koncipient Glinkin“ (*-jer, Práce 5. 11. 1949*). Na přelomu padesátých a šedesátých let inscenoval Krejča v Národním divadle se značným ohlasem Hrubínovu SRPNOVOU NEDĚLI, Topolův JEJICH DEN a Čechovova RACKA. Tylova DRAHOMÍRA náležela ke druhé linii Krejčovy dramaturgie, jak ji spolu s Karlem Krausem prosazovali, k linii dramatu, jehož základem nebyl „vzrušující příběh, ale teze“ (*J. GROSSMAN, Acta scaenographica, říjen 1960*).

V Krejčově pojetí DRAHOMÍRY A JEJÍCH SYNŮ s Marií Vášovou v hlavní roli na jeviště „nepřicházeli nepatrní lidé, ale herci historie, kteří jdou celým svým životem bojovat za svůj nezměnitelný názor“ (*J. CÍSAŘ, Tvorba 23. 6. 1960*). Na ozářené ploše scény, jejíž dominantu tvořily tři velké obdélníkové stěny, se tak odehrávalo drama českého národa sužovaného mocenským zápasem protichůdných sil, zastoupených knížetem Václavem (Radovan Lukavský) a jeho bratrem Boleslavem (Rudolf Hrušínský). Jak se ukázalo, právě zde se skrýval rozpor. Sošná monumentalita ostatních postav způsobila, že se od nich oba bratři do jisté míry lišili.

Bohužel, dvě další z hlavních postav jsou rozestaveny v plánu inscenace falešně. Netýká se to herců individuálně — Radovana Lukavského ve Václavovi a Rudolfa Hrušínského v Boleslavovi. Zejména Lukavský neudělal nic, čím by Václava znevážil, hledá naopak, a každou reprízou úporněji, vnitřní pravdu své postavy. To hledání trpí však tím, že nemá vedle sebe Boleslava, jak jej stvořil Tyl: člověka krásné životnosti, energie, síly, moře činu a horoucí krve; pozemšťana každým coulem a pohybem; prchlivého a ctižádostivého, ano, ale i veselého, život lačně hltajícího; se vším tím živým individualismem, v němž tkví svými kořeny i jeho státnická myšlenka a pro níž je Drahomířiným vyvolencem. Většina těch vlastností se Hrušínskému rozplynula, jistě z vůle režisérovy, jemuž patrně záleželo na tom, aby konfliktem bratří nepřikryl drama Drahomířina svědomí.

J. KOPECKÝ, Divadelní noviny 28. 9. 1960

Lišili se i tím, že jejich představitelé hráli o poznání „civilněji, komorněji, s daleko větším důrazem na detail pohybu a gesta“ a vědomě tak zdůraznili jejich lidskost.

Na druhé straně se však právě z těchto postav ozývá to, co jinak chybí celé inscenaci: důvěrná blízkost vztahu dvou jedinců. Krejčova snaha vybudovat představení monumentální myšlenky zmenšila totiž možnosti zahrát i osobní intimní tóny v psychologii a vtiskla představení chladnou strohost.

J. CÍSAŘ, Tvorba 23. 6. 1960

Rudolfu Hrušínskému bylo pak vytýkáno, že oproti Tylově záměru „přespříliš ztajuje otevřený výbušný temperament“ (*S. MACHONIN, Literární noviny 1960, č. 26*) a že „klade všechen důraz na jeho sžíravou závist a pocity nespravedlivého zneuznání“ (*J. HÁJEK, Plamen 1960, VIII*). Skoro se zdálo, jako by byli bratři předem „zbavováni majestátu a blížili se ve svých projevech spíše Shawovým historickým postavám, nazíraným shovívavě a ironicky v chybách, slabostech a vášních lidí dnešních“ (*V. BĚHOUNEK, Práce 21. 6. 1960*).

Ani Krejčova následující inscenace Hrubínovy KŘIŠŤÁLOVÉ NOCI se nesetkala s jednoznačným přijetím. Zatímco v SRPNOVÉ NEDĚLI autor útočil podle kritika především „na slepé pasažéry socialismu“, v KŘIŠŤÁLOVÉ NOCI „si vzal na mušku ty, kteří se na novém životě aktivně podílejí“ (*J. KOPECKÝ, Večerní Praha 24. 4. 1961*). Víc než inscenace sama vyvolávala však zamyšlení Hrubínova netrpělivě očekávaná hra, která měla sice „proti ukrytému dramatismu SRPNOVÉ NEDĚLE prudce vyhrocený dramatický konflikt“ (*J. ČERNÝ, Lidová demokracie 30. 4. 1961*), ale oslavou socialistického člověka se rozhodně nestala. Tím těžší pozici měl Otomar Krejča.

Krejčovo představení odhaluje sílu zla, které ještě v naší společnosti působí. Ale latentní melodii důvěry v člověka, jež mi zní z Hrubína přes všecku zdánlivou i faktickou převahu stínů, jeviště nejen nerozvinulo, ale citelně oslabilo, téměř do neslyšitelnosti. Ukazuje se, že dnes musí umělec sebrat daleko víc odvahy k tomu, aby dokázal stranit dobru, než k tomu, aby pomohl vymetat špatnost.

J. KOPECKÝ, Večerní Praha 24. 4. 1961

Jediným evangeliem stárnoucího, osamělého předsedy JZD Jendy Struny, kterého hrál Rudolf Hrušínský, zůstala bez ohledu na společenské proměny práce. Sám o sobě říká, že má srdce z tvarohu. Daň, kterou za to zaplatil, není malá. Je jako ten pahýl zlomené větve, který v závěru přináší ze sadu. Jenda Struna byl Rudolfu Hrušínskému blízký typem i naturelem. Jako by celé Jendovo já zakódoval do málomluvnosti a rozpaků. V tmavé košili obepínající kulaté bříško, s dvojitou bradou, se ani trochu nepodobal kladnému hrdinovi, ačkoliv jím ve skutečnosti byl. Neproměňoval se, zůstával nehybný v té smršti výčitek a tvrdých slov, která se kolem něho strhla. Takže se mohl objevit i názor, který mu tento postoj vytkl, když konstatoval, že „mohl o Jendovi říci více, než jen že je únavou otupělý, i zachytit náznak jeho vývoje“ (*J. OPAVSKÝ, Rudé právo 28. 4. 1961*).

Na podzim 1961 převzal po Otomaru Krejčovi funkci uměleckého šéfa činohry náměstek ředitele Národního divadla Josef Maršálek. Hrušínského čekalo období relativně vyrovnané a naplněné, třebaže DRAHOMÍROU a KŘIŠŤÁLOVOU NOCÍ jeho spolupráce s Krejčou předčasně skončila. Ani roli Smrťáka v Topolově KONCI MASOPUSTU, ani nabídku angažmá v nově založeném Divadle Za branou, nemohl už ze zdravotních důvodů přijmout. Ale zkušenost, kterou si oba uchovali, potvrzovala, že se při práci nesešli nadarmo.

Ptáte se, s kým v divadlech raději pracujeme, jestli se staršími, zkušenými, nebo s mladými, nepopsanými. Já pracuju nejradši s talentovanými, kteří jsou vědomě oddáni společné věci. Takovou společnou věcí nemá být jen inscenace, která se právě zkouší. Nejraději mám takové herce, kteří ve mně svým charakterem (uměleckým, nikoli osobním) už při přípravě inscenace budí strach. Vím, že jim svůj záměr musím dokázat, zdvíhají mi laťku co nejvýš. I když před každou novou inscenací tak jako tak máme být všichni stejní začátečníci. Hrušínský neumí na prvních zkouškách víc než Tříska (i když si vždycky umí poradit). Ale Třísku umím podvést, Hrušínského ne. Teprve když na dobře udělaném půdorysu inscenace začíná herecká *tvorba,* starší Hrušínský rychle omládne a mladistvý Tříska začne občas lapat po dechu. Ale to už má režisér vlastně po práci, to už jemu padla. Pak mám nejradši ty, kteří mi na dohodnutém prostoru dovedou uletět co nejdál.

O. KREJČA, Divadlo 1964, č. 7

Kromě Otomara Krejči působili v Národním divadle hned dva režiséři, kteří byli Rudolfu Hrušínskému blízcí po duchu — Miroslav Macháček a Jaromír Pleskot. Souběžné cesty, jimiž se oba ubírali, vedly v případě Macháčkově od Karvašovy ANTIGONY A TĚCH DRUHÝCH přes Sofoklova OIDIPA VLADAŘE, Słomczyńského OSAMĚNÍ, Schisgalovu komedii A CO LÁSKA? až k Dürrenmattově NOVOKŘTĚNCŮM, v případě Jaromíra Pleskota od Brechtova KAVKAZSKÉHO KŘÍDOVÉHO KRUHU a Shakespearových VESELÝCH WINSDORSKÝCH PANIČEK k Frischově dramatu ANDORRA a Holbergově komedii JEPPE Z VRŠKU. Každá z těchto inscenací byla spojena se jménem Rudolfa Hrušínského, který se nacházel na vrcholu tvůrčích sil.

Hrušínský je prý šťasten nad splávkem s rybářským prutem. Umí mlčet a dívat se ve společnosti, zavíjet se do sebe a nasávat svými vnitřními radary neustále člověčinu. Kdykoliv se dívám na další postavu, zdá se mi, že ji má v sobě uloženu jako zvláštní, teplé a tmavé fluidum, které žije opravdu jako tajemství svébytným životem a jen nerado, vyprovokováno, začíná měkce vzlínat, stoupat, růst a žít ještě dlouho předtím, než nabude podoby gesta, pohybu a slova.

Tomuto herectví je nutně protivné a nepotřebné cokoliv vnějšího, halasného, rozmáchnutého, ilustrativního. Hrušínský má v sobě ponorné řeky. Pracují v něm, má dar vyprávět divákovi o jejich plynutí střídmě, neokázale, cudně a mužně. Vždycky se ztajeným, něžně lidským chvěním. A zdá se mi dokonce — nevím, jestli je to jen můj trvalý pocit — dokonce s jakýmsi neustále přítomným odstínem smutku. Tichého, smířeného a moudrého.

S. MACHONIN, Divadelní noviny 10. 5. 1962

O to víc vyzněla jako výsměch skrytá ironie slov, jimiž Rudolf Hrušínský komentoval převzetí pamětní medaile k osmdesátému výročí znovuotevření Národního divadla.

Osmnáctého listopadu 1963 jsem převzal přímo z rukou svého ředitele, zasloužilého umělce Bedřicha Prokoše, laureáta státní ceny, jubilejní pamětní bronzovou medaili. Přiznám se vám, že tato pocta přišla v pravý čas. Začínal jsem o sobě pochybovat. Trápilo mne, že jsem za celých třicet let, co jsem u divadla, nebyl schopen dosáhnout hereckého mistrovství převážné většiny svých kolegů. Až udělením jub. pam. bronz. med. jsem se mohl přesvědčit, že nejen moje chování, ale i má třicetiletá práce pro veřejnost byla bedlivě sledována a nakonec oceněna. Dnes už si bez medaile ani nedovedu představit svůj umělecký život. Doma jsem si do ní provrtal dírku, a kdykoli o sobě začnu pochybovat, pověsím si jub. pam. bronz. med. na krk, stoupnu si před zrcadlo a hledím na sebe se zalíbením. Dívám se na sebe tak dlouho, až zase jako nositel jub. pam. bronz. med. nabudu potřebné sebejistoty. A pak už jde všechno lehce.

R. HRUŠÍNSKÝ, Divadelní noviny 20. 5. 1964

Za režijního vedení Miroslava Macháčka vytvořil Hrušínský v rychlém sledu za sebou tři postavy, jimiž potvrdil své oprávnění být členem činohry Národního divadla. Po „robustním, drsném a spontánním“ heftlingovi Zárišovi z Karvašovy parafráze antického dramatu ANTIGONA A TI DRUZÍ (*J. OPAVSKÝ, Rudé právo 31. 1. 1962*) a Láiově sluhovi v okázalém nastudování Sofoklova OIDIPA VLADAŘE, kde se Hrušínský „jako jediný vyrovnal Vejražkově výkonu" v hlavní roli (*O. BLANDA, Svobodné slovo 18. 1. 1963*), mu režisér Macháček přiřkl postavu Jang Čaa v Słomczyńského OSAMĚNÍ. Tato hra pronikla na naši první scénu sedm let poté, co byla v překladu Mojmíry Janišové otištěna časopisem Divadlo. V roce 1957 nemohla být uvedena z důvodů víc než pochopitelných – vyvolávala nepříjemné asociace. Předmětem její otevřené kritiky se totiž stali členové komunistické strany těžící ze svého výlučného postavení. Tomuto dramatickému příběhu polských námořníků, zajatých poblíž ostrova Tchaj-wanu Čankajškovými vojáky, se sice dal vytknout „naruby obrácený schematismus" (*J. KOPECKÝ, Rudé právo 24. 1. 1964*), jak to také mnozí učinili, ale podstata problému zůstávala. Hrušínského korektní vyšetřovatel Jang Čao si zachovával při své „zcela zamerikanizované kulantní noblese" melancholické „závany čínské obřadnosti" (*J. ČERNÝ, Lidová demokracie 18. 1. 1964*) a s chladným odstupem poměřoval možnosti svých protivníků. Zejména ve scénách střetnutí Jang Čaa s Petrem Lešniakem (Václav Voska j. h.), jiskřících intelektem obou zúčastněných, vyjádřil charakter postavy „s minimem vnějších výrazových prostředků jako muže, který určitě dovede být nelítostný a krutý, který však umí vše tohle mistrně skrýt za masku orientální moudrosti a zdvořilosti" (*Z. ROUBÍČEK, Mladá fronta 18. 1. 1964*).

Jako protipól této zdařilé herecké studie, v níž Rudolf Hrušínský zavítal do dalekého Orientu, lze s trochou nadsázky označit selského chrapouna Jussupa z Brechtova KAVKAZSKÉHO KŘÍDOVÉHO KRUHU. Zatímco v Jang Čaovi sešněroval svůj zjev pyknika kázní a sebeovládáním, uvolnil v Jussupovi veškerou živočišnost. Jak se tak povaloval v posteli, aby unikl odvodům, a za asistence potulného mnicha přijímal poslední pomazání zároveň se svatební smlouvou, jak se tak posléze nechal obskakovat nebohou Grušou (Blažena Holišová) a peskoval ji s lakotností sedláka, pro něhož je žena majetkem, který je nutno zúročit, pronikalo napovrch jeho opojení životem. Když se tak rozkošnicky nořil do škopku s vodou, svou písničku mu k tomu přizvukovala oddaná matička (Olga Scheinpflugová).

Od Jussupa nebylo už daleko k dvojctihodnému panu Velebovi ze Shakespearových VESELÝCH WINSDORSKÝCH PANIČEK, které nastudoval Jaromír Pleskot s Janem Pivcem jako Sirem Falstaffem. Světlo, které vyzařoval „Hrušínského farář Veleba s tváří jako měsíček, a až dětskou naivitou, hravostí a žravostí v tlustém těle" (*O. POPP, Večerní Praha 12. 6. 1962*), nemohla zastínit ani jeho zmrzačená mluva, jak ji „s jakýmsi ostychem" vydechoval „celý mastný dobrým bydlem" (*J. ČERNÝ, Lidová demokracie 16. 6. 1962*). Při celkovém hodnocení členů činoherního souboru Národního divadla před blížícím se jubileem připomněl Milan Lukeš Hrušínského Velebu s jeho „medovým úsměvem na bezelstné tváři" (*Divadelní noviny 4. 7. 1962*) jako příklad ukázněného hereckého projevu. Ten ostatně vzápětí osvědčil také v Pleskotově jevištním ztvárnění Frischovy ANDORRY, kde se zaskvěl nevelkou rolí „zbaběle pokryteckého Hostinského", jenž vše vidí „na vlastní oči" a svou podlost skrývá v anonymitě davu" (*O. BLANDA, Večerní Praha 1. 4. 1964*). Domnělého Žida Andriho, jehož obyvatelé Andorry vydají napospas zlovůli Černých, hrál Jan Tříska, jeho sestru Barblin Jaroslava Tvrzníková.

Rozžhavené žárovky, obrácené do hlediště, hned na začátku donutí diváky sklopit oči. Od prvních replik Tvrzníkové a Brabce, Filipovského, Vejražky, Hrušínského, Högra vládne jevištěm vysoké napětí. Pomalý rytmus. Doznění na pohled bezvýznamných vět, v nichž jen lehce zadrhne občas slovo „Žid", je věnován čas. Dopadají do ticha. Je tu dokonalá herecká souhra, jemné a přesné vzájemné reakce, drobné akce jednotlivých postav do sebe zapadají s obdivuhodnou přesností. Souhra je důležitá pro kompozici myšlenkového záměru hry — ze souhry a rytmu je vytvořena konkrétně, skoro hmatatelně na jevišti vězeňská mříž kolem Andriho. Vražedná jednota malosti, sobectví a hlouposti — každé Andriho gesto, každá naděje na život se o ni roztříští. Ve shodě s Frischem tu není tragický příběh jen popsán, ale je prosvícen, je z oblasti pouze racionálního vysvětlení přeložen do oblasti emocionálního zobrazení.

A. URBANOVÁ, Kulturní tvorba 9. 4. 1964

Toužebné přání režiséra Pleskota setkat se jednou s Rudolfem Hrušínským při práci na velké psychologické roli se mu nesplnilo. V tomto ohledu chybělo oběma štěstí, míjeli se a podle Pleskota neměla žádná z postav, které Hrušínský pod jeho vedením vytvořil, takzvané právo první noci. Částečné odškodnění mu tedy přinesla vlastní úpravu Holbergova JEPPE Z VRŠKU. Tuto variaci na téma staré dánské komedie napsal totiž právě pro Rudolfa Hrušínského.

Studentská taškařice mladého barona a jeho kumpánů, kteří se pobavili na účet opilého cháma, jehož nalezli spícího v talutě a přenesli do zámku, voněla nefalšovanou „lidskostí, co si nezískává sympatie tím, že je na správné straně morálních hodnot, ale tím, jak je neumořitelná ve svém elánu užívat darů existence“ (*J. ČERNÝ, Lidová demokracie 25. 2. 1965*). Osud si s Jeppem pohrával jako on s věčně prázdnou lahví, ale nebyl k němu zlý, neboť mu dovolil nahlédnout dál než na špičku nosu. Dobromyslný Jeppe Rudolfa Hrušínského byl „z počátku zoufale ospalý, utahaný a omrzelý životem“ (*P. GRYM, Divadelní noviny 17. 3. 1965*). Pookřál teprve tehdy, když se dostal z dosahu své hašteřivé ženy Nily (Blažena Holišová) a když mu žilami opět koloval blahodárný mok. Poté, co se proměnil v pána, nabyla „Hrušínského komika drsnosti a cynismu“ (*V. PROCHÁZKA, Rudé právo 6. 3. 1965*). Nyní mohl plně vychutnat slast, jakou přináší moc. A po vzoru sobě podobných si nejdříve vyřídil účty s těmi, jimž se doposud hluboce klaněl. Hnojiště, na kterém se záhy probudil, ho však rychle přivedlo k rozumu. Zvláště když mu k tomu dopomohla žena s všudypřítomným karabáčem. A když se — souzen a odsouzen — domníval, že smrt je nedaleko, lehce se přehrál „do polohy meditativní a lyrické“ (*V. PROCHÁZKA, Rudé právo 6. 3. 1965*).

Nejeden z recenzentů „chodil houštinami umění Rudolfa Hrušínského, pln úžasu a pokory“ (*S. MACHONIN, Literární noviny 6. 3. 1965*) ve snaze zachytit růst postavy.

Přesnou herecko-režijní výstavbou role vytvoří si pak několik uzlových okamžiků, kdy postavu dramaticky umocní a tím podtrhne její výrazovou sílu. Takovým místem je zmíněná pasáž předposledního obrazu hry, asi nejsilnější místo Hrušínského výkonu: po omluvě baronově nasadí hořce útočný tón své repliky o cti — a pak se odvrátí, ruce složeny na prsou. Baronův sáček nepřijme, nechá si ho jen položit na složené paže, a stoje zády, nechá zrozpačitělé šlechtické panáčky opustit scénu s pozdravem: „Buď hodně zdráv." Ještě okamžik zůstane tak — čekáte výbuch uražené hrdosti — prudký obrat a rozjařený a spokojený Jeppe třese v ruce váčkem tolarů: „No, proč bych nebyl zdráv!"

J. ČERNÝ, Lidová demokracie 25. 2. 1965

Zdaleka už nešlo o pouhé vytvoření postavy, ale o vytvoření ojedinělého hereckého stylu.

Nic není Hrušínskému tak vzdáleno jako nadsázka. Spíš jsem míval vždycky dojem, jako by Hrušínský stahoval všechny své role do nejúspornější formy výrazu. A právě v Jeppem dokazuje Hrušínský, že to byla vědomá a správná cesta k vytvoření osobního hereckého slohu. Vynikne jmenovitě v konfrontaci s expresívním hereckým podáním Josefa Kemra (hostinský Jakub). Hrušínský patří mezi ty herce, kteří jsou schopni nahradit patetickou křeč prostým zdvižením obočí, aniž by přišli o účinek. Sledujme Hrušínského tvář. Kolikerou proměnou projde během představení, a přece jak málo je chtěných grimas. Nic není zvnějšku, všechno jako by se promítalo do té tváře z nitra. Herec ví, že nehraje jenom jakéhosi komického Jeppeho, ale že žije na jevišti podivný život člověka všech dob, člověka, který je bit.

V. HEPNER, Večerní Praha, 25. 2. 1965

Rudolf Hrušínský musel jako Jeppe na scéně setrvat nepřetržitě takřka tři hodiny. Srdce nevydrželo nadměrnou zátěž, jíž bylo soustavně vystavováno, a vypovědělo poslušnost.

(220) Točil jsem tehdy v Praze nějaký film s Angličany. Ve dne. Na noc mě vozili do Blatné, kde jsem zase s Podskalským točil BÍLOU PANÍ. Takhle jsem to provozoval týden a spal jsem v autě. V pátek jsem jel na chatu. Věděl jsem, že přes víkend mám volno a odpočinu si. No, a cestou mě to vzalo.

R. HRUŠÍNSKÝ, Mladý svět 1. 3. 1988

Při natáčení BÍLÉ PANÍ se Hrušínský spřátelil s Milošem Kopeckým, jemuž se podařilo zblízka nahlédnout do tajemné herecké kuchyně svého kolegy. Před vánoci se Kopecký znenadání objevil v redakci Divadelních novin, aby tam odevzdal článek Pět nečasových ctností Rudolfa Hrušínského. Možná to pro Rudolfa Hrušínského znamenalo víc než oficiální pocta. Téhož roku totiž obdržel hned dva tituly — laureát státní ceny a zasloužilý umělec.

Přestože nemá narozeniny, svátek, jubileum, aniž cokoliv podobného, a přestože jsou vánoce, je to pravá chvíle vzdát hold některým dobrým a vzácným vlastnostem.

1. ŠŤASTNÁ LÁSKA. Rudolf Hrušínský miluje divadlo a umění, ale takových nás je! Jenže umění miluje Rudolfa Hrušínského, a takových je jako šafránu. Je to oboustranná láska: ta krásná věc. Kolik lidí miluje hudbu nebo poezii nebo divadlo, ale ony nemilují je! V takových lidech je něco zarputilého, jakási úporná posedlost a nezměrná píle i ctižádost. Nemusí to být vždycky lidé neúspěšní, naopak, někteří z nich dosahují úctyhodných výsledků: věří, že umění, nedá-li se už ukecat, dá se dobýt, dá se aspoň, jako některé ženy, umlátit růžemi, lichocením, péčí nebo pozorností, a nakonec jako ony, unaveno, klesne do náruče a vzdá se. I to je jistě velmi obdivuhodné. Ale co naplat, není to ta pravá láska.

2. SOULAD A JEDNOTA. Jasná inteligence si vesele trůní nad pudovým základem osobnoti. Nemá ctižádost být považován za intelektuálního herce, protože dobře cítí, že je to skoro urážka. I ten nejinteligentnější výkon, a dokonce právě ten, by měl působit jako téměř animální.

3. STŘÍDMOST, KÁZEŇ, PROSTOTA. Růžová zahrada pověr. Často je život ve svých projevech mnohem bujnější, než nám předvádějí někteří střídmí. Jako je přehrávání, je i nedohrávání. Miluju sebeovládání plnokrevného koně, který je pevně držen na uzdě: týž stupeň temperamentu je mi směšný, je-li to vrcholné vzepětí slaboučké nátury. Samy o sobě kázeň, střídmost a míra neznamenají ještě nic: jsou to brzdy platné jen tam, kde se dá také pořádně šlápnout na plyn. A Hrušínský je jako přetopený kotel, to dobře cítíte. Proto je to ta pravá uměřenost: pod ní se neklidně chvěje zdravý komediantský temperament.

4. CTNOST MUŽNOSTI. Nikdy nemluví (ani nepíše) o své práci. Taky za to jeho práce velice dobře mluví o něm. On umí: ale to by ještě nebyl sám. Ale on to umí neokázale, jako ti největší, ale i jako poslední klaun v cirkuse nikdy vám nedovolí zahlédnout svůj pot a únavu. Protože — co je vám do toho: a já si myslím, že Rudolf Hrušínský by řekl, že i co jemu je do toho. Platí o něm v mnohém smyslu slovo Chestertonovo, že dělání vědy z umění je nemoc, které podléhají amatéři: umělci velké a zdravé životnosti se zbavují svého umění poměrně lehce a nic jim už nebrání být dál obyčejnými a přirozenými lidmi. Že nemůže být většího projevu člověka, který je skutečně velkým umělcem, nad fakt, že může pustit umění z mysli: že si může při vhodné příležitosti přát, aby umění vzal kozel. Hrušínský bude vždycky působit, jako by dělal levou rukou: což je to pravé ořechové. I ten nejtěžší a nejnamáhavější výkon, a dokonce právě ten, by měl působit téměř nedbale. Také nikdy nepředstíral skromnost.

5. PRAVÁ MODERNOST. Být samozřejmý i pravdivý: to je nad všemi ismy a proti všem ismům. Bez falešného lyrismu a citu-plnosti a bez naturalismů. Je dobrý psycholog a neomylně se orientuje ve složitém lidském nitru. Má dosti humoru, abyste mu věřili i tragédii. Ale nikdy nepředstírá hloubky, kde nejsou. Netváří se, že si máte domyslit něco, co on sám neví. Nenaznačuje, že doba je tak těžká nebo okolnosti tak nepříznivé, že se nemůže vyjádřit naplno. Není hlubokomyslný, protože je hlubo-

ký. Je to prostě poctivá hra a hubená pastva pro snoby. A to je dost.

M. KOPECKÝ, Divadelní noviny 29. 12. 1965

Zatímco si mnozí lámali hlavu nad uměním Rudolfa Hrušínského, lámal si Rudolf Hrušínský hlavu nad problémy mnohem přízemnějšími. Dokonce velmi přízemními.

Promiňte prosím, velice se omlouvám, ale já skutečně nechtěl nic psát a vím dobře proč: protože na to nemám čas, protože ve volných chvílích, které nemám, musím podle jakéhosi nařízení zametat kromě chodníku také veřejné schody spojující ulici Pod vilami s jakousi hromadou děr, která kdysi bývala ulicí V luhu, a nést za tyto nedostatečně osvětlené veřejné schody odpovědnost „trestně i civilně právní", protože odborníci, kterých se dříve podobné práce týkaly, byli patrně pověřeni jinými úkoly. Pravděpodobně v kultuře.

V takovém případě by ovšem nebylo vhodné a ani správné, abych psal, třeba o televizi, já. Proč taky. Obyčejně jsou z toho jenom nepříjemnosti. Tak proč mám znečistit takový kus sice ne docela kvalitního, ale přece jen čistého papíru ošklivými, i když logickými úvahami. Jako že by například bylo celé lidské společnosti daleko prospěšnější, kdyby každý z nás dělal pouze to, co dovede. A na co stačí. A tak.

Jestli někdy v budoucnu nastane taková situace, že nebudu muset při své — promiňte prosím — namáhavé a vyčerpávající práci v divadle, filmu a televizi přemýšlet třeba o tom, do které kanceláře mám nostit věci, které na veřejných schodech nalézám, velice rád napíši článek s titulem Já a televize. Velice rád.

R. HRUŠÍNSKÝ, Československý rozhlas 8. 12. 1965

Na počátku října 1965 uvedla činohra Národního divadla v režii Miroslava Macháčka komedii amerického dramatika Murray Schisgala A CO LÁSKA?, v níž autor parodoval motivy a tvůrčí postupy absurdního divadla. Pro českého diváka, který se teprve nesměle seznamoval s díly Eugèna Ionesca,

Samuela Becketta a Edwarda Albeeho, byla zařazena poněkud předčasně, „neboť my jsme v těch uplynulých šestnácti letech byli ‚posedlí' vším možným, ale určitě ne existencialismem, psychoanalýzou, absurditou, frustrací nebo hrůzou z ‚netečné koexistence' člověka vedle člověka" (*J. ČERNÝ, Lidová demokracie 5. 10. 1965*). Nicméně hra přinášela tolik potřebné uvolnění tváří v tvář všem, jimž se stal strach z vlastního bytí programem nebo módní pózou a kteří „nosí čerň pro čerň" (*W. KERR*).

Oproti oběma zhrzeným intelektuálům — Harry Berlinovi, jenž si nechává říkat Dostojevský (Josef Kemr), a Ellen, poletující mezi dvěma muži (Blanka Bohdanová) — vypadal Milt Manville Rudolfa Hrušínského ve své džínové čapce jako bodré ztělesnění amerického zázraku. Jeho postava byla „založena na póze člověka, který si vysoce cení, že ‚udělal' sebe sama" (*Z. ROUBÍČEK, Mladá fronta 7. 10. 1965*). Střídmost prostředků, s nimiž Hrušínský pracoval, nevedla ke komediální nadsázce, takže Milt působil o něco věrohodněji než postavy jeho partnerů.

Bezpečnou jistotu orientace v psychologických dimenzích postavy (polaritě radosti a bolesti), jak ji předvádí a „prociťuje" Rudolf Hrušínský v postavě Milta, je největším přínosem inscenace. Hrušínského bezprostřední, nevykonstruované, intuitivně spontánní uchopení role přesně postihuje autorův úmysl: stavět postavy tak, aby předstíraly ve vší vážnosti druhým to, čím ve skutečnosti nejsou. U Hrušínského vyrůstá koncept postavy z propracovaných detailů, které nejsou výsledkem přehrání (problém Kemrova přístupu k roli, kde režisér pasívně přejímá cennou hercovu spontánnost a živelné komediantství bez usměrnění!), ale přísně kontrolovaného vnitřního zapojení, kde herec nevypadává z role, neglosuje své jednání vnějšími ilustrativními špílci, ale věří mu bez ohledu na absurdní proměnu situací.

J. GILLAR, Acta scaenographica 1966, č. 10

Po pětiletém zakotvení v Městských divadlech pražských (A. P. Čechov: ŠVÉDSKÁ ZÁPALKA; G. Neveux: ZLODĚJKA Z MĚSTA LONDÝNA; N. V. Gogol: ŽENITBA; R. Rolland: HRA O LÁSCE A SMRTI aj.) se do Národního divadla vrátil režisér Alfréd Radok. Jako by chtěl dostát známému úsloví „do třetice všeho dobrého i zlého". Po předchozích zkušenostech s touto scénou (listopad 1948—červenec 1949, 1954—1959) ho provázela pověst umělce, jehož nevšední výsledky práce se nedaly ničím popřít. Příčinou toho, že se tak často stěhoval z divadla do divadla, byla kromě zvláštní nesmiřitelnosti ke všemu vžitému a polovičatému také jeho schopnost ohromovat a tím i pobuřovat. Za každý umělecký čin zaplatil tvrdou daň. „Vždycky se někde vynořil, něco skvělého udělal, a pak zase záhadně zmizel (totiž byl odněkud vypuzen), aby se po čase jako brouk potápník vynořil zase někde jinde a zase něco jiného a stejně výborného udělal." (*V. HAVEL, O divadle I 1986, samizdat, s. 175.*) Nebylo toho málo, na co mohl být Alfréd Radok po právu hrdý. Kromě toho, že stál spolu se svým bratrem Emilem a arch. Josefem Svobodou u zrodu Laterny magiky, měl za sebou celou řadu režií, pro něž byla příznačná určitá magičnost. „Prvek iracionality. Přítomnost tajemství a smyslu pro tajemství. Odvaha nechat se vést podivnými a nevysvětlitelnými impulsy a nápady podvědomí a fantazie." (*V. HAVEL, O divadle I 1986, samizdat, s. 179.*)

Rudolf Hrušínský a Alfréd Radok vedli nezávisle na sobě závod s časem. V době, kdy přišel Radok jako asistent k E. F. Burianovi, hrál už Hrušínský na Vinohradech. V době, kdy Radok nastoupil do Městských divadel pražských, byl už Hrušínský členem Národního divadla. Nyní se tedy konečně sešli pod jednou střechou. A stálo to skutečně za to.

V listopadu 1965 režíroval Alfréd Radok v mnichovském Komorním divadle Gorkého POSLEDNÍ. Po příchodu do Národního divadla se rozhodl nazkoušet hru v jiných podmínkách, s jinými herci. Přeložil mu ji Jan Zábrana. Výpravu navrhl Josef Svoboda, hudbu složil Oldřich F. Korte.

Zkušenosti z Mnichova mnoho věcí usnadnily, i když česká verze si vyžádala nutně mnohé změny a nový přístup. V každém případě hrají v pražské inscenaci podstatně lepší hudebníci. Radokova fantazie a práce na jevišti mě fascinuje už dvacet let. Vidět to zblízka je nezaplatitelné dobrodružství ducha, intelektu a srdce.

O. F. KORTE, Divadelní noviny 5. 10. 1966

Tohoto dobrodružství se Hrušínský účastnil jako suspendovaný policejní komisař Ivan Kolomijcev, který se poté, co se stal terčem atentátníka, vrátil k rodině sžírané pochybnostmi.

Drsný, vyděšenými hřbety sloužících vroubený obdélník dveří se rozlétne jako brána do tmy a do prázdného, zešeřelého pokoje vpochoduje energie a jistota usazená v lehkém kroku, vzpřímené hlavě a strohé uniformě Ivana Kolomijceva. Dravým, rozhodným pohybem přivolá sluhy pro plášť, čepici a rukavice, velitelsky je pošle pryč a nadechne se k údivu: není očekáván — je dotčen. Uražený údiv se rozburácí domem, dere se z rozkročených nohou, rukou složených na zádech a brady vyvalené z límce bojovně vzhůru jako z rozkuráženého kohouta, který nemá dost na opakovaném křiku z chvástavého volete a popobíhá celý vzedmutý, plácaje nesmyslně ztučnělými křídly. Zaskočen ironickou poznámkou rozevře chřtán, aby ji přehlušil, načepýří a nafoukne se z plných plic a ustane. Chlubivé peří dovedlo pro sebe zůstat vítězem.

H. SUCHAŘÍPOVÁ, Divadlo XI, 1966

Posledními nebyla v Radokově pojetí míněna dožívající vrstva ruské aristokracie, ale dospívající děti — Petr (Miroslav Saic) a Věra (Klára Jerneková), kteří si jako jediní z početné rodiny zachovali ještě nějaké iluze. Ale i oni poznávají svého otce v pravé podobě jako člověka úplatného a farizejského.

Když Hrušínského Kolomijcev přijímá Sokolovovou, obleče si uniformu a řády, sráží podpatky a korektně říká „milostivá paní", hraje si na přísný, leč zdvořilý úřad. Když hovoří s dětmi, zaujímá vladařské postoje a snaží se o velebnou důstojnost — hraje si na otce. Ale všechno je to jenom zdání. Pod tím je naprosto dutý vnitřek člověka, jenž existuje jenom proto, že v rodině i ve společnosti má mocenské postavení.

J. CÍSAŘ, Rudé právo 15. 9. 1966

Součástí složité struktury Radokovy inscenace POSLEDNÍCH byla filmová projekce, která vnášela „do tíživě pustého prostoru jeviště, zabydleného jen skrumáží nábytku v rohu a uzavřeného kamuflovanou promítací stěnou s vyříznutou balustrádou pro vojenskou kapelu" (*J. ČERNÝ, Lidová demokracie 17. 9. 1966*) cosi nevypočitatelného a účinného. V kontrapunktu hudebních a filmových motivů se jevily jednotlivé postavy jako nositelé charakteristických vlastností.

Jen s malou licencí lze prohlásit, že Rudolf Hrušínský hraje Pozérství, Marie Vášová Trpící ženství, Klára Jerneková Naivitu, Martin Růžek Vypočítavost, Jaroslav Mareš Samolibost, Luděk Munzar Zhýralost, Josef Kemr Idealismus, Jana Hlaváčová Lačnost apod.

M. LUKEŠ, Literární noviny 8. 10. 1966

Pro Alfréda Radoka se stal Hrušínský hercem, který splňoval jeho přestavy „o rezonujícím herectví" (*A. RADOK, Svobodné slovo 10. 9. 1966*).

Hrušínský má dokonalou vnitřní a vnější techniku, rozumí tomu, co je to dnešní psychologie. To znamená, že v každou chvíli jeho postava, kterou na jevišti vytváří, ví, co chce, jakého cíle chce dosáhnout, a tím je v každém okamžiku dynamická. Hrušínský pracuje s úspornými vnějšími prostředky a z toho vychází intenzita jeho vnitřního jednání. Hrušínský však ví ještě něco dál. Ví, co je to skutečná práce. Věřte, že jsem se ještě nesetkal s hercem, který by nemluvil o své práci jako o práci. Ale Hrušínský skutečně ví, co je to herecká práce. Pro něho je to práce velmi namáhavá, nepřetržitá a usilovná, a proto může dojít k výsledkům zaručujícím silný divácký zážitek. A ještě něco. Hrušínský přijímá pokorně svůj úděl herce. Zkouší někdy bez přestávky tři až čtyři hodiny a ani na okamžik si nesedne, ačkoliv se z něho pot jen lije, a je notně unavený, zatímco jeho mladší kolegové si sednou, aby si odpočali.

A. RADOK, Květy 5. 11. 1966

Od režiséra, který přiváděl herce často na pokraj zoufalství, aby je vyprovokoval k výkonu, jímž by „rozbil krunýř všech vyzkoušených, tisíckrát použitých a tisíckrát ověřených návyků a grifů“ (*V. HAVEL: O divadle I 1986, samizdat, s. 176*), zněla tato slova jako skutečný hold Hrušínského umění. Když byl Hrušínský následujícího roku hospitalizován s infekční žloutenkou, poslal mu Alfréd Radok dopis, ve kterém uvažoval o jejich budoucí spolupráci. Nebyla jim však souzena. Na podzim 1968 emigroval Radok do Švédska, odkud se už nevrátil.

Praha 21. dubna 1967

Vážený, milý pane Hrušínský,

mám radost, že to, co Vás teď trápilo, pěkně odchází, a já Vám držím palce, abyste ještě všechny ty nepříjemnosti trpělivě přenesl přes ten kousek času do úplného Vašeho uzdravení. Proč musíte být právě Vy dokonale zdráv, jsem Vám už mnohokrát „kázal“, a je to tak.

Chci Vám ještě říci: píši teď takovou metodiku o novém, věcném a systematickém vztahu „režisér—herec“, o tom, co je to vlastně herectví, tak jak jsem se ho učil poznávat například na Vaší práci. A chci Vás požádat, abyste mi pomohl: názorem, radou, kritikou. Tak to až Vám bude zase úplně dobře, ale já už dnes prosím a už teď se těším na shledanou. Pozdravuji Vás i Vaši paní (vím, že Vás navštěvuje).

Váš Alfréd Radok

 Ještě po letech si v dalekém Göteborgu zavzpomínala na Kolomijceva Rudolfa Hrušínského paní Marie Radoková, která stála při vzniku POSLEDNÍCH po boku svého muže jako asistentka režie.

Viděla jsem spoustu velice dobrých hereckých výkonů, ale proč zrovna tato role se mi vryla do paměti, nevím. Domnívám se, že to naprosté spojení psychofyzického jednání, ta schopnost na jevišti „existovat", nikoliv něco předstírat, vytváří určitou sílu (energii), která otevře v divákově pocitové paměti něco zasutého — a takové naprosté spojení herce s divákem je něčím výjimečným. Snad to bylo tím, že herec Hrušínský má schopnost na jevišti vymazat civilního každodenního Hrušínského; v Kolomijcevovi nalezl všechny změny, které vytvořily naprosto jedinečnou charakteristiku carského policajta.

Z dopisu M. RADOKOVÉ M. VALTROVÉ 27. 11. 1991

S rostoucí popularitou Rudolfa Hrušínského rostl i zájem o jeho soukromí. Kdo jiný mohl všem obdivovatelům zprostředkovat takové setkání na zapřenou než nějaký žurnalista? Vojtěchu Měšťanovi, který se tohoto úkolu zhostil s důsledností zaměstnance statistického úřadu, se nicméně podařilo zachytit pravdivý obraz všedního dne Rudolfa Hrušínského. Ani dnes se jeho způsob života, rytmizovaný pracovními povinnostmi, ve své podstatě nezměnil — jenom čas posunul všechno dál, rodina se rozrostla o další členy, manželé Hrušínští se přestěhovali do podkroví a místo foxteriéra Sonnyho pobíhá domem psí slečna Fany. Dejme však slovo Vojtěchu Měšťanovi.

Požádal jsem Rudolfa Hrušínského, abych s ním mohl strávit tři dny. Vůbec ho to nepřekvapilo a nic nenamítal. Přijal to klidně. Ty tři dny byly dny spíš víkendové, nikoliv pracovní. Nebyly typické. Nezavinil jsem to však já, ani Rudolf Hrušínský. Měly zato jednu výhodu. Dalo se v nich hovořit o ledačems, o čem se při typickém dnu hovořit nedá. Nebyly typické, a přesto měly mnoho společného se dny předcházejícími a následujícími. Trvaly dvaasedmdesát hodin jako všechny ostatní, a protože si myslím, že nebyly nezajímavé, vydávám o nich toto svědectví:

DOMOV

Byty hvězd jsou opředeny nejrůznějším kouzlem. Asi proto, že o nich vyprávějí povětšinou nezasvěcenci, kteří v nich nejen nikdy nebyli, ale navíc nevědí, kde ta či ona hvězda vůbec bydlí.

Rudolf Hrušínský bydlí na rozhraní Nuslí a Pankráce, zhruba v místech, kde se o několik ulic níž nalézá Nuselská radnice. Má čtyřpokojový byt, což je na první pohled dost na občana, po zjištění skutečnosti, že tu bydlí s manželkou, dvěma syny ve věku 21 a 13 let, s babičkou, o níž neví, kolik jí je, a psem Sonnym, zase dost málo, protože Rudolf Hrušínský je přece jenom Rudolf Hrušínský.

Jenže tohleto nikoho nezajímá, a tak když Rudolf Hrušínský junior začne hrát na harmoniku, musí Rudolf Hrušínský senior zabalit roli, ať je z Národního nebo z Barrandova a třeba číst noviny, protože v tomhle se učit nemůže. Na druhé straně zase nemůže říkat synovi, hele, nech toho hraní, víš, že jsem v Národním . . .

JÍDLO

Pokud není Rudolf Hrušínský na natáčení v exteriéru, jí doma. Když je na natáčení v exteriéru, kdy se jednou denně vrací domů, jí doma, a na natáčení to, co mu manželka připravila do ešusu. Když jde o exteriér déletrvající, jí první den to, co má z domova v ešusu, druhý den to, co má v pytlíku, třetí den nejí téměř vůbec, čtvrtý si něco koupí a pak se už stejně jede domů. Není tomu tak proto, že by byl skrblík a nechtěl jít do restaurace, ale kvůli tomu, že měl v dubnu, květnu a červnu žloutenku, po níž se musí držet dieta. Takže na natáčení nedrží dietu, ale spíš hladovku.

Co se týče vlastního jídla . . . Během dvaasedmdesáti hodin vypil celkem osmkrát kávu.

Dvě snídaně se nekonaly, ke třetí měl dvě housky s máslem

a sýrem. K obědu jedl jednou hovězí s octovým křenem, podruhé něco, co zapomněl během deseti minut, potřetí smaženého kapra. Večeře se odbyly podobným způsobem. Na jednu muselo stačit přesně patnáct minut — později se dozvěděl, že zbytečně, ke druhé dostal doma halušky s masem a třetí se nekonala, protože Rudolf Hrušínský spěchal do divadla na režijní dozor.

Kromě výše uvedeného nesnědl za celých dvaasedmdesát hodin nic, jenom dvě kuličky hroznového vína, které ukradl při natáčení televizního vysílání podstatně méně honorovanému herci Karlu Richterovi z Divadla Jiřího Wolkra.

Zvláštní kapitolou jsou — cigarety. Ve zmíněném čase jich vykouřil přes sto dvacet, což je víc než jedna a půl za hodinu. Vzhledem k tomu, že v této době také spal, je to dost. Na mou námitku se Rudolf Hrušínský ospravedlňoval tím, že když píše, musí, na rozdíl od hraní, kouřit stále.

CESTY

Protože se bohužel žádná z filmových rolí Rudolfa Hrušínského netočila v jeho bytě a svatostánek činohry je pod Dětským domem, musí denně, kromě vlastního soukromého vyřizování, podnikat spoustu cest po Praze, čemuž čelí zase několikerým způsobem. Za prvé vlastním vozem, který řídí zásadně jeho manželka, za druhé vozem filmu, který právě natáčí, za třetí používá k přepravě taxíků, za čtvrté jezdí tramvajemi. Chodí také pěšky.

Za nejrychlejší, nejbezpečnější, nejpříjemnější, nejpohodlnější považuje Rudolf Hrušínský jízdu s manželkou vlastním vozem. Co se týče tramvají, je toho názoru, že jezdí neuvěřitelně pomalu, strašně skřípou, škubou a jezdí pokaždé jinudy.

Konkrétně: Během tří dnů jel s manželkou celkem sedmkrát. Z toho jednou na schůzku do Filmového klubu, jednou do nemocnice v Krči na vyšetření, jednou z nemocnice v Krči do divadla, jednou do televizního studia Skaut na Karlově náměstí, jednou pro něho přijela manželka do Filmového klubu, jednou ho odvezla do divadla na režijní dozor a po divadle zase zpět. S vozidly štábu filmu ROZMARNÉ LÉTO, který právě natáčí, jel jenom jednou, a to hned ve druhé hodině těchto tří dnů. Ráno, o druhé hodině, když ho vezli z natáčení domů. Taxík použil jenom jednou, a to k cestě domů z informativní schůzky kvůli natáčení pořadu pro televizi. Na tuto schůzku v Obecním domě šel z Filmového klubu pěšky, protože jsme dospěli k názoru, že to bude nejrychlejší. Rovněž tak šel pěšky ze studia Skaut do Filmového klubu, protože Jungmannovou ulicí už trolejbusy nejezdí. Tramvaj použil jenom jednou — z divadla v poledne domů. Tento výčet je však zkreslující, protože jde právě o netypické dny. Při typických dnech, kdy se točí na Barrandově od šesti ráno, kdy má Rudolf Hrušínský od desíti dopoledne zkoušku, kdy točí od dvou dál a večer od půl osmé hraje, při těchto dnech se jeho přeprava Prahou zrychlí, zhutní a zmnoží, takže na její zvládnutí je zapotřebí rozehrát škálu dopravních prostředků. Tramvaj jako dopravní prostředek je v takovém případě nepoužitelná, protože se hodí jenom pro oddychové jízdy a pobavení cestujících.

FILM

Rudolf Hrušínský natáčí rád, o čemž svědčí skutečnost, že byl filmován ve všech československých městech, hradech a snad i hospodách. Množství jeho filmových rolí je tak nepřeberné a rozmanité, že jenom scénáře z posledních několika let představují kus domácí knihovny. Zabírá mu to mnoho času, myslím tím času volného, protože právě na filmování se používá čas volný. Na druhé straně mu zase filmování mnoho času uvolňuje v tom případě, že se filmování z toho a toho důvodu nekoná, do čehož však prakticky herci nic není.

V těch dvaasedmdesáti hodinách věnoval filmu z produkcí naplánovaných sedmnácti hodin pouze dvě, protože ostatní byly produkcí odřeknuty. Jednou těsně před okamžikem, kdy měl pro Rudolfa Hrušínského přijet vůz a odvést ho na natáčení do Hostivaře, jednou za hodinu a půl poté, co už měl být na natáčení. Důvodem byl odjezd spoluvystupujícího herce, o němž štáb ostatně věděl. V prvém případě věnoval volný večer Rudolf Hrušínský televizi, na kterou měl ostatně stejně chuť, druhý případ ho rozladil poněkud víc, protože jel domů taxíkem, aby to stačil, shltal večeři a pak mohl přesně devadesát minut chodit od jednoho okna ke druhému a čekat, až se doví, proč vůz nejede. Zatelefonovat nemohl nikam, protože v kumbále, kde se za bojových podmínek převléká a líčí a upravuje s celým komparsem, telefon není. Že by byl daleko raději, kdyby mohl říci manželce, dneska večer budu doma, nikam nejedu a budu dělat tohle a tohle, není třeba podotýkat.

Když jsem se Rudolfa Hrušínského potom zeptal, co by udělala v takovém případě Liz Taylorová, odpověděl: Asi by jim řekla něco ošklivého. Na otázku, co udělal on, odpověděl: Řekl jsem jim něco ošklivého. Rozdíl je však bohužel v tom, že třeba taková Taylorová má smlouvu na natáčení filmu přesně v délce dvou měsíců a za každý natáčecí den přes platí producent tak velké penále, že odpovídá zhruba celé smlouvě na roli. Díky tomu se pak nemůže stát, aby byla vyhlášena pauza zrovna ve chvíli, kdy po třech dnech čekání zalezlo slunce za mraky tak, jak ho právě režisér potřebuje.

To, že Rudolfu Hrušínskému stačila v takové situaci na uklidnění vždy jedna káva, je otázkou herecké rutiny. Naše herecké smlouvy na celovečerní filmy jsou přibližně na rok, takže brát to po technické stránce doslova, točí herec jeden film ročně a čeká, až si štáb vzpomene.

DIVADLO

Jinak hraje Rudolf Hrušínský také divadlo a nutno předestřít, že rád. Vytvořil mnoho rolí, má je spočítané, ale zájemcům jejich hodnotu neuvádí, protože lidé jsou zlí a mohli by říkat, že je hamoun . . .

O tom, že není, svědčí proti tomu skutečnost, že se nedávno převtělil do těla režiséra a režíroval na půdě Tylova divadla. Líbilo se mu to a hodlá v tom pokračovat, i když i tohle má své vroubky. Třeba takové, že při představení nesmí myslet jenom na sebe, ale na všechny ostatní, kteří v jeho režii hrají. A od toho musí na taková představení koukat, anebo je alespoň poslouchat, protože má režijní dozor.

O divadle a Rudolfu Hrušínském a opačně by se toho dalo napovídat podstatně víc. Potíž je však v tom, že divadlo v těchto třech dnech sehrálo tak malou roli, že se dá nazvat jedině komparsní záležitostí.

KONÍČKY

Jako každý člověk má i hvězda své koníčky. Rudolf Hrušínský jich má hned několik. Jeden z nich však není koníčkem, ale koněm. Jsou to ryby, které plavou okolo jeho chaty v Plané. Kdyby už nikdy nemohl nic dělat, asi by chytal ryby. Anebo by se věnoval druhému koníčku, který dosud spí spánkem Růženčiným a jenom občas se na něčí přání probudí, aby trochu zaržál. Je to psaní. Během tří společných dnů mu věnoval Rudolf Hrušínský, díky tomu, že nezkouší v divadle, protože situace činohry není díky adaptacím Smetanova divadla nejrůžovější, a díky odvolaným natáčením filmů — dvanáct hodin. Právě na přání režiséra Filipa z televize vymýšlel ČERNOU HODINKU a lámal si hlavu tím, aby nemusel nikoho poučovat a řekl přitom právě to, co chce. Chtěl už ji udělat před rokem, ale tehdy z ní sešlo. Teď se pokouší trochu rozebrat vztahy lidí mezi sebou. Zamýšlet se nad vzájemnou nenávistí na každém kroku.

Vymýšlí, píše, stylizuje, večer mu manželka to, co naškrábal přes den tužkou, přepisuje na stroji a Rudolf Hrušínský jí diktuje. Možná, že kdyby mu jednoho dne někdo řekl, že už nikdy nebude točit a hrát, že by začal psát. Určitě. Jednou už to zkusil s Radovanem Lukavským. A líbilo se mu to. Teď na to nemá čas. Ale kdyby se do toho pustil, byla by to situační komedie. Ze dvaasedmdesáti hodin věnoval psaní dvanáct. Byly to příjemné hodiny. Zajímavé je to, že dosud žádný scénárista nepožádal Rudolfa Hrušínského, aby s ním napsal scénář.

MANAŽER

Myslím si, že by Rudolf Hrušínský měl mít manažera. Aby se to nevykládalo špatně, dodávám, že by ho neměl mít jenom Rudolf Hrušínský. Díky jemu by měl asi podstatně víc volného času, v němž by se mohl věnovat třebas lepšímu studování té a té role, i když při vší úctě k němu musím říci, že jsou perfektní. Ale i tak, protože by ho třeba tohle bavilo určitě víc než různá telefonování. Angličané — konkrétně největší anglická agentura AC Parker Ltd. se sídlem v Londýně, která zastupuje mimo jiné třebas Oliviera, o tom uvažovala, nabídla Rudolfu Hrušínskému zastoupení pro Spojené království Velké Británie a severního Irska. Jaký by to mělo význam pro Rudolfa Hrušínského, není třeba podotýkat. Co by to mohlo znamenat pro naši kinematografii a eventuálně i divadlo, lze si domyslet. Smlouva však leží bohužel víc než rok na Pragokoncertu a nikdo ji nepřeložil. Potíž je v tom, že nikdo jiný než Pragokoncert nemůže tuto věc u nás vyjednat. A Pragokoncert nechvátá. Asi proto, že houfně zavádí esperanto. Jinak by byl takový manažer dobrý třeba také k tomu, aby vyjednal v Československé televizi všechno za Rudolfa Hrušínského. Protože k tomu, aby takový herec, jako je právě on, musel strávit šest hodin celkem ve dvou dnech jenom proto, aby mohl říci do televizní kamery čtyři věty, je víc než neekonomické. Jestli si takový přepych můžeme dovolit, pak beru svou připomínku zpátky.

Za třetí by asi vyjednal Rudolfu Hrušínskému před několika lety menší bolestné a větší finanční odškodnění za úraz, při kterém si při natáčení TARZANA vyrazil všechny přední zuby. Dali mu je sice v nemocnici zpátky, zadlahovali, sdrátovali a já nevím co ještě, ale nikdo ze zúčastněných korunu nepustil. Asi bych se o tomhle jinak nedověděl, protože Rudolf Hrušínský o podobných věcech nemluví. Smůla byla však v tom, že právě jeden z těchto kdysi postižených zubů celých dvacet hodin bolel. Manželka mu jej potírala nějakou vodičkou — nikoliv alkoholem —, protože k lékaři neměl, díky čtyřem větám v televizi — čas jít. Ve zbývajícím čase odpovídal Rudolf Hrušínský na dopisy, kterých mu chodí domů zhruba tak pět denně a na něž nemůže okamžitě odpovědět. Pak také přemýšlel, proč ho lidé v tramvajích plácají po zádech, tykají mu a říkají — my tě máme rádi, i když ve filmu v podstatě není nikdy „sympaťákem". A proč to dělají právě vždycky ve chvíli, kdy jede tramvají třeba jenom proto, aby mohl přemýšlet. Pokud se týče pražských chodců, občas si na Hrušínského ukazují prstem. Hrušínskému to nevadí, protože je Hrušínský. Kdyby nebydlel v Praze, chtěl by bydlet v Plané, kde má chatu. A kdyby nebydlel v Plané, co má chatu, chtěl by bydlet někde ve Francii.

V. MĚŠŤAN, Divadelní noviny 20. 12. 1967

Novináři se na Rudolfa Hrušínského obraceli stále častěji s přáním, aby jim vysvětlil tajemství svého herectví. Obvykle jim odpovídal příměrem.

Jde stonožka, potká ji brouk a povídá: „Poslouchejte, to je nádherný, jak vy těma nohama pletete, to máte na to asi nějakej systém, že jo? Když se ta první noha nadzvedne, ta druhá pokrčí, třetí se narovná, čtvrtá dopadne, pátá se zkřiví . . ."

A ta stonožka se na něj podívá a říká: „Počkejte, jak jste to povídal? První se nadzvedne, druhá se pokrčí . . ." — prostě začala o tom přemýšlet a od té chvíle neudělala ani krok. To je asi všechno!

R. HRUŠÍNSKÝ, Záběr 13. 11. 1969

Není mnoho herců, kterým se podařilo pokořit televizní obrazovku. Způsobit, že se v jediném detailním záběru odvíjí „celé zprávy o cestách myšlenky, o hmotných pohybech a proměnách vědomí" (*A. RADOK, Divadlo III, 1967*). Rudolf Hrušínský k nim od počátku náleží. Od prvních inscenací, jimiž se zapsal do srdcí miliónů diváků, je k jeho „televizním rolničkám" zdánlivě daleko. A přece nelze zapomenout na jeho Šikovatele z Řehákovy ZAHRADY KRÁLOVNINY, krejčího Lindemana z Hubalkova NEBEZPEČNÉHO ČLOVĚKA, velmistra Čentoviče z Radokovy televizní reportáže, natočené podle novely Stefana Zweiga ŠACH MAT, Alfreda Trapse z Dürrenmattova MALÉRU, strýčka z Havlíčkova NEVIDITELNÉHO, či Napoleona z Šotolova WATERLOO. Když s ním na podzim 1967 připravovala televize ČERNOU HODINKU, předložil Rudolf Hrušínský vlastní scénář.

(236) PÍSEŇ O ROSE (JIŘÍ SUCHÝ)

Takhle nějak bych si asi představoval černou hodinku. Že si někdy večer sednu někam do koutka. Samozřejmě potmě, nejspíš sám, a že se velice potichu pokusím nad něčím zamyslet. Nemám na mysli nic konkrétního — prostě nad něčím. Pravděpodobně nad tím, co mně bude momentálně vrtat hlavou, co mě bude tížit nebo možná těšit. Ale spíše tížit. Že si k tomu pustím muziku a že si třeba něco přečtu, něco pěkného — nebo lépe — moudrého. Ale co? To by člověk nevěřil, že tolik moudrých lidí napsalo tolik moudrých věcí v tolika tlustých spisech, a tolika tenkých brožurkách a tolika různých úvodnících. Něco, co má bohudík nebo bohužel pořád platnost. Ale protože tahle černá hodinka vlastně není žádná hodinka, ale — řekněme — tak třicetiminutovka, bylo by nejvhodnější zamyslet se nad něčím, co bylo sice napsáno dávno velice stručně, ale i velice výstižně. Velice výstižně.

Tohle je například KAREL ČAPEK: BAJKY A PODPOVÍDKY. A tam se třeba na stránce 62 dočteme, co si už v roce 1934 myslela —

— SVINĚ O PERLÁCH: Brr. Co mně to dali do mých pomejí za svinstvo!

— Nebo — VRABEC O SLAVÍKOVI: To toho je — slavík! To nás vrabců je víc!

— Nebo — USCHLÉ BLÁTO: Jen tvrdý kámen obstojí. Já jsem totiž kámen.

— Nebo — KRTČÍ KOPKA: Ta modrá špička na obzoru? To nic není. Říkají tomu Mont Blanc.

— PLOŠTICE: Abyste věděli, já páchnu jménem všech ploštic.

— OSEL: Fuj! Taková vážná doba, a třešeň se nestydí kvést.

— KVĚT: Že voním? Že lákám hmyz? Ach, vidíte, o tom já ani nevím.

— ROPUCHA: Pokrok? To se rozumí, že je pokrok. Například já jsem bývala pouhý pulec.

— SIRKA: Pohleďte, já jsem věčný oheň!

— ŠTĚNICE: Nežila jsem nadarmo. Nechávám po sobě řadu potomků . . . A samé štěnice! Samé štěnice!
— KUKLA: Slyšte, nastal věk kukel!
— HADR NA HOLI: Točit se po větru? To ne, ale musí se jít s duchem doby.
— TYRAN A FILOZOFOVÉ: Já budu dělat činy a vy pro ně budete hledat zdůvodnění.
— OTROK: Poslouchat, to znamená mít podíl na moci svého pána.
— OVCE: Ať mě zabijí, jen když mě vedou.
— JEDEN Z USMĚRNĚNÝCH: To je báječný pocit, že také já jsme MY.
— STROM: Daleko vidět: to se musí vysoko vyrůst.
— KAPR: Žádný tvor nemůže žít ve vzduchu.
— OPUKA: My opuka neuznáváme žádný křemen.
— OBLÁZEK: Dopracoval jsem se vnitřně až k tomu být oblázkem.
— KOPŘIVA: Že je ta zahrada zpustlá? Ani bych neřekla.
— HLEMÝŽĎ: Například přímka je nesprávná, jelikož to není spirála.
— DŘÍVKO NA VODĚ: Mně bude takový pstruh povídat, jak se má plovat! Takový nedouk! Vždyť on plove proti proudu!?
— VRABEC: Že má skřivan pravdu? Vyloučeno. Pravda je jen jedna, a to vrabčí.
— ROPUCHA: Tydlety ptáky pozavírat. A zpívat budu já!
— PLCH: Je tré tříd tvorstva: plchové, zvířata a rostliny.
— VŮL: Tak si říkám, k čemu jsou vlastně na světě jeleni?

No. A tenhle výrok jsem například slyšel nedávno v tomto roce. V nepatrné obměně. Nevyslovil to vůl, ale člověk. A nevrtala mu hlavou oprávněnost existence jelenů, ale umělců. Všech. Bez výjimky.

Tohle je BEETHOVEN: ÓDA NA RADOST.

GOYA.

AŠKENAZY: ČERNÁ BEDÝNKA.

Tohle všechno přece známe a spousty dalších krásných věcí.

Říkáme si přece — nebo známým říkáme —, to je ale krása. To se nám líbí nebo to nás dojímá. Ale co dál? Bylo už vytvořeno tolik uměleckých děl ve všech oblastech umění — pro naše pradědečky, dědečky, tatínky, maminky, pro nás, pro naše děti — a co se vlastně stalo? Co se v nás vlastně změnilo uvnitř? Přece když slyším krásnou muziku nebo přečtu krásnou knihu nebo vidím krásné představení, film, krásný obraz, sochu — východ nebo západ slunce — nebo housátko, kuře, dítě — přece se pokaždé znovu ujišťuji, že budu lepší. Prostě jiný. Že nebudu třeba malicherný, závistivý, že nebudu tak často vraždit, že budu všechny lidi milovat, že budu prostě nový, krásný člověk. A v takovém rozpoložení vyjdu na ulici a potkám jiného krásného člověka, který si přímo loudí o to, aby byl zavražděn, aby ho každý nenáviděl a aby mu každý záviděl třeba tu jeho bohorovnost a tupost.

A tak mi vrtá hlavou, co asi četl ten nový člověk? Co viděl naposled v divadle, v biografu, na jaké obrázky se to díval, nebo jakou hudbu to slyšel, než vyšel na ulici znepokojovat jiné nové lidi? Budit v nich strach, deprese, komplexy, nenávist, chuť k zabíjení a různé jiné nízké pudy.

A přitom je mi naprosto jasné, že ten člověk, který se na mne tak upřímně usmívá, si myslí přesně totéž.

A obávám se, že plným právem.

A v takových chvílích je mi obyčejně strašně líto, že stát — myslím každý stát — má sice mnoho různých možností zavřít nás na různá místa — někdy více, někdy méně odpovědná, někdy více, někdy méně příjemná —, ale nemá už třeba možnost zavřít nás preventivně — samozřejmě také na státní útraty, třeba do Louvru, do Prada nebo jiného střediska, prostě někam, kde se sám smeká klobouk, a nechat nás tam všechny mezi krásou tak dlouho, až by nám zašla chuť chovat se k sobě navzájem jako neandrtálci, až by nám zašla chuť podceňovat jinou práci, než je právě ta naše, až by nám zašla chuť ukazovat svou pochybnou moc, zneužívat svého postavení a povyšovat se z moci svých úřadů nebo funkcí nad svého přece plně rovnoprávného a plně rovnocenného partnera — spoluobčana.

Tohle je JAROSLAV SEIFERT: PRSTÝNEK.
To je obrázek JIŘÍHO TRNKY.

Chtěl jsem jenom říct, že jsme si — možná — zapomněli v tom překotném tempu našeho krátkého života, že jsme si asi zapomněli naplánovat čas potřebný k tomu, aby krása — ať už jakákoliv — měla možnost na nás nějakým způsobem zapůsobit. A to je, myslím, škoda.

To je MOZART.
A tohle je výrok, který jsem nedávno někde četl a na který si vždycky, když slyším nebo vidím něco krásného, musím, ať už chci nebo nechci, vzpomenout:
Mně je milejší metrák vepřovýho než celá rota umělců.

R. HRUŠÍNSKÝ, 30. 9. 1967

Ohlas, který ČERNÁ HODINKA vyvolala, byl mimořádný. K těm nejcennějším projevům uznání, jichž se Rudolfu Hrušínskému dostalo, náležel tento dopis:

25. 1. 1968

Milý pane Hrušínský,
říkal jste pěkně mé veršíky při své Černé hodince. Děkuji Vám. Ale to není to nejdůležitější z toho, co Vám chci říci. Bylo to opravdu několik krásných minut a povídal jste to vše tak upřímně, že Vám chci aspoň takto přátelsky stisknout ruku. Jednou mi říkal milý přítel Kemr, že jste nejen znamenitý herec, ale i krásný člověk. To první jsem věděl, to druhé jsem poznal v úterý.

Váš
Jaroslav Seifert

V Národním divadle se mezitím schylovalo k významné události — k premiéře Dürrenmattových NOVOKŘTĚNCŮ v režii Miroslava Macháčka. Koncem padesátých let se sice Alfréd Radok chystal k nastudování NÁVŠTĚVY STARÉ DÁ-

 MY, ale od svého úmyslu musel upustit. Tak se stalo, že dílo tohoto světového dramatika proniklo na naši první scénu poprvé na jaře 1968. Autorův záměr zobrazit prostřednictvím komedie divadlo světa zdůraznil architekt Svoboda výpravou ve tvaru obrovitého glóbu. Neúspěšný herec Bockelson, jehož vytvářel Rudolf Hrušínský, měl mnoho společného s Kolomijcevem z Gorkého POSLEDNÍCH. Krom přetvářky, jež prostupovala jeho tělesnou schránku a uváděla ji do pohybu, také nezřízenou poživačnost a touhu po moci. Zatímco Kolomijcev začínal a končil své proslovy prázdnými gesty, přibral si Bockelson do svého arsenálu to, co mu bylo nejbližší — citáty z her, v nichž si nikdy nezahrál. Ověnčil jimi tirádu vlastní výmluvnosti a dokázal tak celému Münsteru, že právě on je tím vyvoleným, který dovede novokřtěnce ke spáse. Co na tom, že si jejich učení upravil k obrazu svému.

Jsou-li NOVOKŘTĚNCI možností velkého dramatu, je i Macháčkova inscenace možností velkého představení. Její rozpornost reflektuje — s mírným posunem — rozpornost textu; Hrušínského Bockelson, Högerův měšťan Knipperdollinck, Štěpánkův biskup Valdeck, Lukavského prorok Matthison, Munzarův císař Karel V., — toť přehlídka různých postupů a přístupů: zevnitř i zvenčí, groteskní stylizace i psychologismu, úsporné črty i bohaté kresby, přizpůsobení postavě i přizpůsobení postavy. Odpověď na otázku po nejvhodnějším přístupu sotva může mít větší než subjektivní váhu: osobně dávám přednost Hrušínského řešení Bockelsona, toho šmíráckého samozvance, groteskní zrcadlo nastavené géniu podprůměrnosti: řešení, které — společně s takovým Boháčovým Kardinálem, vojevůdci Záhorského a Růžka — vymezuje nejpřiměřenější vztah herce a postavy, jakož i žánr dramatu, nejdürrenmattovějšího tam, kde vážné věci nahlíží z nevážného úhlu.

M. LUKEŠ, Literární listy 28. 3. 1968

Po žloutence ztratil Hrušínský nadváhu, vypadal „jakoby omládlý, pohybově uvolněný“ (*M. SMETANA, Divadelní noviny 17. 3. 1968*). V přístupu k postavě měnil „dva extrémní způsoby Bockelsonova jednání. Civilní, mírně pobavený tón dobrého kumpána a rozmáchlá gesta diletantského tragéda“ (*sd, Lidová demokracie 6. 3. 1968*). Friedrich Dürrenmatt se účastnil první reprízy. Na Hrušínského pojetí si cenil nejvíce toho, že jeho postava zůstávala především hercem (*F. DÜRRENMATT, Divadelní noviny 27. 3. 1968*). Když se druhý den sešel se členy souboru v Klubu Národního divadla, všiml si také představitele Bockelsona, který ho zaujal.

Dürrenmatt byl tak šťastný, že se s námi šel děkovat na jeviště. Pak jsme s ním byli na obědě a já měl takovou vínovou kravatu. Naklonil se ke mně a povídá: „Vy jste komunista?“ Řekl jsem: „Ne, to mám k ponožkám!“

R. HRUŠÍNSKÝ, Scéna 1990, č. 21

Dlouho před uzavřením osudné Mnichovské dohody napsal Jiří Mahen úvahu o tom, že by tato země potřebovala ne jednoho, ale deset tisíc Don Quijotů. Na jaře 1968 se mohlo zdát, že se jich mezi námi najde mnohem víc. Jan Procházka psal svou Politiku pro každého a politika tehdy zdánlivě každému patřila. V prohlášení Dva tisíce slov varoval autor textu, spisovatel Ludvík Vaculík, před nebezpečím, které ohrožuje socialismus s lidskou tváří. Prozíravost, s jakou dokázal odhadnout záměry protivníků, byla obdivuhodná.

Čas, který nastává, bude rozhodující pro mnoho let. Čas, který nastává, je léto s prázdninami a dovolenými, kdy se nám po starém zvyku bude chtít všeho nechat. Vsaďme se však, že naši milí odpůrci si nedopřejí letního oddechu, budou mobilizovat své zavázané lidi a budou si už teď chtít zařídit klidné vánoce.

L. VACULÍK, Rudé právo 27. 6. 1968

(242) Letního oddechu si opravdu nedopřáli. Přišel 21. srpen a s ním vojska „spřátelených" armád. O pojmu přátelství si Rudolf Hrušínský mohl zapřemýšlet v jednom z fejetonů, které psal pro Mladou frontu.

CO MÁM RÁD.

Mám rád návštěvy lidí, které jsem si pozval. Nebo které pozvala moje žena nebo některý z mých synů. Máme společné přátele. Nikdo nás k tomu nenutil. Nikdo nám neřekl, že třeba s těmi nebo těmi lidmi se snad musíme stýkat, ne. Tato přátelství vznikla jaksi sama od sebe. Jsme si prostě sympatičtí. Vzájemně. Každé takové setkání nás nějak uklidňuje. I když po celou dobu našeho setkání promluvíme jen několik slov, je mezi námi jasno. Nemusíme se ujišťovat o svém přátelství. Připadalo by nám to směšné a nenormální. Možná podezřelé. Respektujeme vzájemně určitá pravidla, která nemáme nikde písemně zachycena. Ani nebyla nikdy vyslovena, a přece nedošlo k jejich porušení. Jsme částečně civilizovaní. Částečně proto, že náš civilizační vývin se — ne naší vinou — v posledních letech poněkud zpomalil. Ale pokračoval. Jsme už tak daleko, že nás ani nenapadne — když přijdeme na návštěvu — přestavovat svým přátelům nábytek podle svého vkusu nebo snad rozbít v jejich domově obraz, který se nám nelíbí, — ne — jsme už tak daleko, že se snažíme pochopit vkus svých přátel. Když chceme na návštěvě u svých přátel otevřít okno — nerozbíjíme je. Požádáme prostě o trochu vzduchu. Známe svoje klady i svoje zápory a mluvíme o nich otevřeně. Sami mezi sebou. Někdy zvýšeným hlasem, někdy docela tiše, ale otevřeně a upřímně. A tak se pomalu poznáváme více a více. A cítíme podivné uspokojení z toho, že jsme přátelé.

Zrodil se termín normalizace. A spolu s ním první zákazy. Lidé se stávali mlčenlivějšími, opatrnějšími. Ale Rudolfu Hrušínskému to nedalo . . .

Včera mne na ulici zastavil neznámý pán, podal mi ruku a povídal, abych nechodil v rozhalence, že už je prosinec a že je mu zima, když se na mne podívá. Slíbil jsem mu, že se polepším, a najednou mi přišlo líto, že ten Mikuláš u nás letos prošel jaksi bez povšimnutí a že je to asi škoda.

Pomaloučku mizí jeden krásný dojem za druhým a čert ví kam a čert ví proč. Asi na krásné dojmy nemáme náladu. Nebo jenom stárneme? Navzdory svým rozhalenkám? To asi také. To jistě také. Stárneme a nemáme náladu. A proč taky. Nemůžeme si to dovolit — podléhat jakýmsi náladám. Už jsme dospělí a nemáme na to čas. A nemáme tolik kapesníků. Nebo slz? Asi kapesníků. Ten pán už dávno odešel a mně je zima. Měl strašně tvrdou ruku. Studenou a velikou. Asi to byl dělník. Nebo rolník. Nebo pracující inteligent? Proč se vlastně rozdělil národ na dělníky, rolníky a inteligenci? Nebo se nerozdělil? Sám? Asi ne. Myslím, že ne. Asi byl někým rozdělen. Ale proč? Znám přece spoustu inteligentních dělníků a spoustu inteligentních rolníků. Také znám spoustu inteligentů, kteří se stali dělníky. Nebo rolníky. Ale pořád zůstali občany. Občan. Asi to byl občan. To nezní špatně. Když si k tomu představíme občanské povinnosti a zároveň občanská práva. Protože občan bez občanských povinností není občan, ale nesmysl. A ještě větší nesmysl je občan bez občanských práv. Ještě nedávno jsme u nás měli určitý druh občanů bez občanských práv, ale s občanskými povinnostmi. Ještě nedávno byla taková doba. Ještě v tomto století. Ale ta doba už je snad pryč, protože inteligence — jak se zdá — přibylo. A zdá se, že stále přibývá. Mezi dělníky, mezi rolníky a dokonce i mezi vedoucími představiteli. A to je jistě dobře, i když se asi na to mělo přijít už dávno. Alespoň o něco dříve, protože v lidském životě je škoda každého ztraceného dne. Ale co si proboha počneme, až bude celý národ inteligentní? Asi nám zase někdo přijede na pomoc. Jestli ovšem — jak řekl — asi trochu opožděně a v jiné souvislosti v jednom ze svých projevů soudruh Husák — jestli ovšem připustíme, aby si někdo dělal korzo z našich hranic.

R. HRUŠÍNSKÝ, Mladá fronta 15. 12. 1968

(244) Dneska je 25. prosince. Kolem Měsíce krouží krabička stvořená a obsazená lidmi a tady dole, na zemi, se jiní lidé ptají jiných lidí, kdo z nich stojí za kým, nebo za čím, a lidé lidem odpovídají, že stojí za tím, nebo za tím a mnohý z nich už neví proč a neví ani, jestli vůbec stojí také někdo za ním. A proč.

A tak pořád hledám člověka, který by stál sám za sebou. Za tím, co si myslí, co říká, a za tím, co dělá.

Našel jsem mnoho lidí, kteří dělají něco úplně jiného, než co říkají, a našel jsem mnoho lidí, kterým to vůbec nevadí a kteří k tomu dokonce přikyvují, jako by to bylo naprosto samozřejmé. Přikyvují, myslí si, že je to svinstvo, říkají, že je to realita, a dělají, co se jim nařídí. A tak mne zase začala trápit otázka, kdo my to vlastně jsme a co vlastně od koho chceme a jakým právem. Nemohu se zbavit nepříjemného pocitu, že už asi máme poněkud zdeformované myšlení, nebo usměrněné, nebo zmrzačené. Někdo z nás více, někdo méně, ale do určité míry asi všichni, protože nás to příliš nevzrušuje. Protože už to ani nevidíme, nebo to prostě nechceme vidět. Jistě je to tak pohodlnější a snad i bezpečnější. Ale určitě to není normální. A normalizace se poslední dobou tvrdě vyžaduje. Na nás. Měli bychom se nad tím asi zamyslet.

Svého času nás velice vzrušil tragický případ matek, které pod vlivem jakýchsi chemikálií přiváděly na svět zmrzačené děti, a celý svět se otřásl. Ale celý svět mlčky přihlíží tomu, jak pravda je prohlašována za lži a lži jsou vydávány za pravdu. Celý svět mlčky přihlíží tomu, jak jsou pomalu a tiše mrzačeny lidské mozky. Bez chemikálií. Celý svět až na několik jedinců. Jaký je to vlastně svět a co od nás chce. A jakým právem, jestliže zmrzačený mozek pokládá za menší tragédii, než je zmrzačené tělo.

Dneska je 25. prosince. Kolem Měsíce krouží krabička stvořená a obsazená lidmi a tady dole, na zemi, posílají lidé lidi do vyhnanství, protože se jejich mozky bránily usměrnění, a tak byla narušena doprava na jednom světovém náměstí.

R. HRUŠÍNSKÝ, Mladá fronta 25. 12. 1968

A přišel leden. Přišel sám, nikdo ho nezval, ale každý věděl, že zase přijde, jako vždycky přichází, a střídá teplo s chladem, horko se zimou, pláč se smíchem a radost s bolestí.

Nemám zimu rád od té doby, co žiji ve městě. Každou zimu počítám dny, počítám hodiny, minuty, vteřiny. Kolik jich ještě uběhne, než přijde jaro? A kdy už přijde léto? Kdy už bude slunce hřát a svítit naplno? Kdy už se zazelená tráva na loukách i na hrobech? A bude vůbec tráva ještě někdy zelená? Nebo bude červená? A bude vůbec ještě někdy Slunce hřát? Bude svítit? A bude ještě vůbec? A jestli bude, budeme ještě my? A k čemu budeme? A komu?

Ruce mám jako led a před očima mi hoří Člověk. V srdci mi hoří Člověk jako strašlivý a nesmyslný protest proti strašlivé a nesmyslné době. Člověče! Žij!

Vždyť je to hrůzný, tragický omyl. Nejsi to ty, kdo se měl upálit. Nejsi to ty, kdo žije zbytečně. Nejsi to ty! Můj drahý Člověče, žij! Žij i tento život a věř, tak jako věřím já, že přijde jaro. Nikdo je nebude znát, ale každý ví, že přijde, jako vždycky přichází, a bude střídat teplo s chladem, horko se zimou, pláč se smíchem a radost s bolestí. A přijde léto. A Slunce bude hřát a svítit naplno. A tráva bude zelená. Na loukách i na hrobech. Bude zelená, můj drahý Člověče, i kdyby všichni barvoslepí tohoto světa tvrdili opak.

V 15 hodin 30 minut Jan Palach odešel. Ten večer vysílala stanice Vltava pro své přátele v Československu taneční hudbu.

R. HRUŠÍNSKÝ, Mladá fronta 19. 1. 1969

Napsal mi pan Stehlík. Václav Stehlík, Praha-Žižkov. Nevím, jestli se tak jmenuje a jestli tam skutečně bydlí. Zapomněl napsat, ve které ulici a ve kterém čísle. Asi věděl ten čtverák, že bude velice obtížné hledat jednoho stehlíka v tak veliké kleci. Právě tak obtížné, jako s ním v jedné kleci žít. Napsal mi pan Stehlík:

Pane Hrušínský, byly doby, kdy jsem si vás vážil jako herce. Ne jako člověka, protože v tom mi bránila znalost zákulisí Vašeho soukromí.

Po přečtení rozhovoru, který jste vedl s redaktorem Klevisem pro Svět práce, odhodlal jsem se Vám napsat. Obdivuji Vaší politickou moudrost, protože té obecné moudrosti jste nikdy mnoho neměl. Dále pak Váš politický přehled. Dospěl jsem k závěru, že kdyby u nás existoval klub politických prostitutek, určitě by s Vámi museli počítat za předsednický stůl.

Je o Vás všeobecně známo, že na tom nejste se zdravím dvakrát dobře. Něco vypitýho, dále pak srdce, čemuž se při Vaší váze nelze divit. Nyní, jak se ukázalo, přidala se ještě křivice páteře. No, to se zpravidla dostavuje před koncem života. Z toho si nic nedělejte. O překrásnou řeč nad rakví se Vám postarají lidé typu Kantůrek, Škutina, Werich, Drda, Volný, Goldstucker a jiní. Určitě se ozve i Sviták.

Jo, když jste měl těžký život, nechť je Vám lehká země.

Václav Stehlík, Praha-Žižkov

Ale fuj, pane Stehlík Paha-Žižkov. Co kdyby se mi po přečtení Vašeho dopisu páteř skutečně zbortila a srdce znovu puklo? Nebyla by to vražda, pane Stehlík? Co myslíte? A Vy neumíte nic jiného než vraždit? Nic jiného Vás nenaučili? Kdo Vás to vyučoval? Který odborník Vás naučil tak málo? A kdo vyučil jeho? A čím teď asi je?

Promiňte, prosím, trochu jsem odbočil, ale nenechte se zviklat a vražděte dál, stehlíci. S rovnou páteří.

Vražděte uvědoměle, s hrdým přesvědčením, že tím třeba posílíte mír, uspíšíte normalizaci a budete v klidu a hojnosti košatět. Vražděte dál, stehlíci, a povyšujte se sami mezi sebou třeba na havrany. Nebo na tučňáky. Na co chcete.

P. S. Goldstucker se, pane Stehlík, správně píše Goldstücker. Prof. E. Goldstücker. To „Prof.“ znamená profesor.

R. HRUŠÍNSKÝ, Mladá fronta 26. 1. 1969

Byl jednou jeden domeček, v jednom krásném koutku jižních Čech. Tiskl se ke stráni u řeky, na kraji lesa a tvářil se, jako by se té samoty bál, jako by byl opuštěný odjakživa a neměl na celém světě vůbec nikoho, ale nebyla to pravda. Měl pana Růžičku. Pan Růžička byl málomluvný, smutný Jihočech. Bydlel s rodinou na kraji vesnice, protože ten jeho domeček byl odsouzen k smrti utopením. Okamžitě, jakmile bude dokončena nedaleká přehrada. Chodíval jsem o prázdninách na ryby kolem odsouzeného domečku a díval se na řeku, která jednoho dne opuštěného odsouzence pohltí.

Pan Růžička se také chodil dívat na řeku. Každý den, každou volnou chvilku. Ráno, v poledne nebo večer. Tři kilometry tam, tři kilometry zpátky. A tvářil se jako jeho domeček. Jako by se bál samoty, jako by byl opuštěný odjakživa a neměl na celém světě vůbec nikoho. Tak jsme se seznámili. Pokusil se o úsměv, já taky, posadil se do kamení, koukal do vody a mlčel. Každý den. Hodinu, dvě — seděl v kamení, koukal a mlčel. Potom vstal, pokusil se o úsměv, já taky, plivnul do vody a šel. Tři kilometry tam, tři kilometry zpátky.

Jednoho dne se z komína opuštěného domečku vyvalil kouř. Bylo to poslední léto před zaplavením údolí. Polední slunce pálilo na malá zaprášená okénka, zakrytá zevnitř koňskými houněmi a petlice na dveřích visela volně. Zaklepal jsem a ve dveřích stál pan Růžička. V krátkém zimníku, s kloboukem na hlavě. Stál ve dveřích, díval se na mne, mlčel a já měl podivný pocit, že jsem něco pokazil nebo zničil, ale pan Růžička ustoupil do tmavé chodby, řekl „pojďte dál", zasunul závoru, přiložil do rozpálených kamen a ukázal na jednu ze dvou židlí, které stály u stolu. Na stole zářil ozdobený vánoční stromeček, pod stromečkem malá lahvička tuzemského rumu, na stěně petrolejová lampička a dva obrázky vystřižené z časopisů. Masaryk, Stalin a vedle nich zažloutlá fotografie mladého chlapce. A tak jsme s panem Růžičkou mlčky vypili pod vánočním stromečkem sklenici tuzemského rumu, pan Růžička odstrčil závoru, řekl „stavte se zase" a já vyšel do prudkého letního slunce. Stál jsem v té výhni a slyšel, jak za mnou závora zapadla. V noci se ještě z komína kouřilo.

Proč jsem si na pana Růžičku dneska vzpomněl.

Četl jsem v novinách výňatky z jakéhosi projevu. Četl jsem tam cosi o „zkrocení lidí". A tak mě napadlo, co asi ten pán, který se takovým způsobem o lidech vyjadřuje, o lidech vůbec ví.

A pokusil jsem se o úsměv.

R. HRUŠÍNSKÝ, Mladá fronta 14. 2. 1969

Poslední z fejetonů již tiskem nevyšel:

A přišel březen. Kolem Čínského velvyslanectví na Vrabčích horách procházejí zástupy pohoršených občanů s transparenty a hrozí do mlčících oken. A jak by také ne. Cožpak je to možné, aby si v tomto století, v tomto civilizovaném světě mohl někdo dovolit takovou nehoráznost? Aby někdo — zničehonic — překročil hranice suverénního státu a choval se tam jako doma? Se zbraní v ruce a bez pozvání? A střílel tam lidi? Kde bychom to byli? To ne, přátelé. To se snad mohlo dít ve středověku. Ale dneska? Když už máme skoro definitivní definici agrese? Kampak bychom to došli?

Jenom se kolem sebe rozhlédněte, přátelé drazí. Rozhlédněte se po tom našem starém, dobrém světě. Kdepak jste něco podobného viděli? Kdopak vás to naučil, takovou ošklivost? Porušovat hranice suverénního státu se zbraní v ruce je možné pouze z čistého přátelství a jenom v tom případě, že bychom tam hledali kontrarevolucionáře. Ale musí jich být alespoň čtyřicet tisíc, jinak je porušení hranic zmateční.

V případě, že by bylo kontrarevolucionářů více, řekněme tak kolem čtrnácti milionů, máte už právo vydávat Zprávy, v Drážďanech dostanete k dispozici vysílačku Volhu nebo Dněpr, záleží na tom, jak se v Drážďanech usnesou — a můžete si zažádat o cenu míru.

Na cizím území pak můžete chodit na schůze s kulturními vložkami. Abyste duševně nekrněli. Nesmíte ovšem zasahovat do vnitřních záležitostí spřáteleného státu. To by asi nešlo, starý dobrý svět by se asi zlobil. Ale kdopak ví? Kdopak ví, co se starému, dobrému světu bude právě hodit?

Je březen, kolem Čínského velvyslanectví na Vrabčích horách procházejí zástupy pohoršených občanů a na Václavském náměstí v Praze, pod sochou svatého Václava, si jakýsi zemědělec osázel záhumenek.

R. HRUŠÍNSKÝ, 9. 3. 1969

Na podzim 1968 začal Rudolf Hrušínský vyučovat na DAMU herectví. V profesorském sboru se sešel s dobře známými kolegy — Vlastou Fabianovou, Alexandrou Myškovou, Otou Ornestem, Otou Sklenčkou, ale i Janem Císařem, Leo Spáčilem, Vladimírem Stachem, Vítězslavem Vejražkou a Jaroslavem Vostrým. K žákům, které dostal během svého krátkého působení ve škole na starost, patřili kromě dalších: Pavel Havránek, Jiří Lábus, Kateřina Macháčková, Lenka Machoninová, Zuzana Ondrouchová, Tomáš Töpfer, Eva Trejtnarová, Petr Vaněk, Eva Vosková a Jiří Wohanka. O smyslu jeho práce a jeho výsledcích nebylo pochyb, přestože se i tady projevilo, že je Rudolfu Hrušínskému přílišné teoretizování cizí. Když ho jednou studenti žádali o radu, zamyslel se a pak jim s úsměvem vyprávěl svou oblíbenou skazku o stonožce, která přestala chodit, když začala o své chůzi přemýšlet. Umělci jeho ražení, kterého navíc po celý život provázel sen mít vlastní divadlo, přinášela činnost pedagoga jistě mnohem víc než pouhou možnost uplatňování vlastních zkušeností. Nicméně — ani to netrvalo dlouho. Když došlo na DAMU přičiněním nově jmenované docentky Světly Amortové k „velkému třesku“, dostalo se Rudolfu Hrušínskému té cti, že musel jako jeden z prvních opustit profesorský sbor. Pracovní poměr mu byl ukončen ke 30. září 1970. Nepochybně se jednalo o důsledek toho, že se hned po svém příchodu na DAMU připojil k těm, kteří odsoudili srpnovou invazi a byli poté postupně propouštěni.

Také v Národním divadle se poměry změnily. Šéfem činohry se měl v sezóně 1969—1970 stát dramatik František Pavlíček, který však tuto nabídku nepřijal. Dosavadní ředitel Josef Urban pověřil jejím vedením 1. srpna 1969 členy uměleckého souboru Jiřího Dohnala, Čestmíra Řandu, Martina Růžka a Rudolfa Hrušínského. Ne na dlouho. Po třech měsících je vystřídal Bedřich Prokoš, kterého si povolal na pomoc nově ustavený ředitel Národního divadla Přemysl Kočí. Sám se vidí takto:

> Spadlo to jako nečekaná bomba, když jsem byl v polovině října roku 1969 jmenován ředitelem Národního divadla. Překvapeni byli všichni stejně jako já, když jsem se z kompetentních míst dověděl, že *jedinou možností*, nechci-li nadále dělat ředitele programu v Čs. televizi, je převzetí funkce ředitele v Národním divadle.
>
> *P. KOČÍ: Dobrý den, živote. Praha 1986, s. 121*

V posledním rozhovoru, který poskytl Rudolf Hrušínský Divadelním novinám před jejich zánikem, si posteskl, že divadlo ztrácí svou vůni. A důvod?

> Zbavuji se teď bohužel toho, čeho jsem si nejvíc cenil ve venkovských společnostech nebo ještě v Komorním divadle: že jsem se těšil na představení a viděl, jak se celé divadlo soustřeďuje k svému nejvlastnějšímu cíli — k představení. Po pětatřiceti létech praxe s podivem zjišťuji, že jsou asi mnohem důležitější věci než představení, ke kterému má vše mířit. Zdá se mi, že tenhle trend rok od roku sílí, že pravé poslání divadla se ztrácí, že zodpovědné činitele obtěžuje nejvíc právě samo představení. Může se zdát, že přeháním, ale tak tomu skutečně je, všechno je daleko důležitější — vždyť kolik lidí se například stará o provoz, o chod, o kádrování, a přitom nikde nic neklape, jejich „starání" se vzájemně ruší. Vyplývá z toho strašně nepříjemný pocit, že divadlo ztrácí vůni.
>
> *R. HRUŠÍNSKÝ, Divadelní noviny 14. 1. 1970*

Nebyl sám, kdo takto vnímal skutečnost. 5. února 1970 oslavil pětašedesátiny Jan Werich, k němuž Hrušínský občas zaskočil na partičku licitovaného mariáše. Na blahopřání Rudolfa Hrušínského odpověděl Werich z Vídně, kam se uchýlil, aby přemítal o tom, co bude dál.

Wien, 14. 2. 1970 (251)

Milý pane Hrušínský,

děkuju Vám.

Já bych Vás měl rád, i kdybyste si na mě nevzpomněl, protože umíte, a já jsem fanda na lidi, co uměj, a seru na ty, co neuměj — i když některých je mi líto.

Jan Steinbeck (teď se chlubím) mi jednou řek, že se mu líbí, co jsem o něm napsal, protože jsem ho chválil. „A já mám rád, když jsem chválenej," dodal.

Když Steinbeck, tak proč já ne?

Takže Vás teď mám ještě radši.

Ahoy.

Váš Jan Werich
(2 sedmy bez fleku)

Období, které Rudolf Hrušínský prožíval, připomínalo biblické podobenství o sedmi tučných a sedmi hubených kravách, které vystoupily na břeh Nilu, aby se napásly. Nejdříve šly ty dobře krmené, na něž bylo radost pohledět. Za nimi se vlekly ty vychrtlé a zbídačelé. Sedm hladových se vrhlo na spokojené družky a sežralo je, ale na jejich vzhledu se tím vůbec nic nezměnilo. Zůstaly stejně šeredné a vyzáblé.

Já prožil sedm ošklivých let, kdy jsem občas hrál v divadle, ale jinak nic. Ani jedna role v televizi nebo filmu. Režiséři mi říkali, že mě chtěli obsadit, ale pokaždé dostali zákaz. Tak jsem jim navrhoval, ať si to nechají potvrdit písemně. Jenže na papír jim to nikdy nikdo nedal. Všechno se vyřizovalo telefonicky.

R. HRUŠÍNSKÝ, Mladý svět 1. 3. 1988

Ne, všechno ne. Všechno se telefonicky nevyřizovalo. Začátkem června 1972 požádal Hrušínský vedení Národního divadla o souhlas k pohostinské režii ve Večerním Brně. Dostalo se mu promptní odpovědi přímo od ředitele Přemysla Kočího. Do jaké kategorie si Kočí Rudolfa Hrušínského zařadil, se můžeme jen domnívat. Jak sám ve svých vzpomínkách uvádí, rozlišoval po příchodu do Národního divadla tři typy herců. K těm prvním patřili „rutinéři kumštu, kteří si tzv. hleděli svého, funkcím se vyhýbali, a proto se vždy a *za všech* ‚vlád' měli dobře". Druhou skupinu tvořila hrstka „pomýlených", kterýžto termín „se objevil v politické terminologii krátce po zvolení soudruha Gustáva Husáka do vrcholné stranické funkce". Přemysl Kočí jej považoval „v převážné většině za velmi přesný". (*P. KOČÍ: Dobrý den, živote, Praha 1986, s. 122.*) A konečně — kategorie třetí:

> K jednoznačným spojencům od samého počátku patřili nový šéf činohry Bedřich Prokoš, jeho náměstek Jaroslav Hanka a samozřejmě takoví staří kamarádi, jakými byli odedávna např. Josef Mixa, Jiří Dohnal, Václav Švorc nebo Eva Klenová-Chalabalová, Jiřina Petrovická, Jarmila Krulišová, Lída Plachá a několik dalších.
>
> *P. KOČÍ: Dobrý den, živote, Praha 1986, s. 123*

Purkmistr Sadílek ze Štechova TŘETÍHO ZVONĚNÍ ani hostinský z Vejražkovy úpravy románu Antonína Zápotockého VSTANOU NOVÍ BOJOVNÍCI nebyli těmi pravými postavami, jimiž mohl Hrušínský navázat na zpřetrhanou nit předsrpnového období. A Jago? Neposloužil tak trochu jako alibi, jako odpověď na němou otázku mlčící většiny, kam se poděl jeden z nejoblíbenějších herců? Ale dejme slovo Přemyslu Kočímu.

> V Praze dne 19. června 1972
> Vážený pane Hrušínský,
> v platném provozním a pracovním řádu Národního divadla v § 2 odst. 1 je mimo jiné psáno, že „pracovníci první reprezentační scény ČSR nesou odpovědnost za své *společenské a politické* vystupování jak v Národním divadle, tak i mimo Národní divadlo". (. . .)
> Dovolte mi tedy, abych z těchto kritérií vycházel v odpovědi

na Vaši písemnou žádost, kterou jste mi poslal dne 7. června t. r. a v níž mne žádáte o souhlas k pohostinské režii v divadle Večerní Brno.

Vedení Národního divadla — tedy nejen sám umělec, člen Národního divadla — je pochopitelně odpovědno za to, že tyto základní podmínky budou beze zbytku respektovány a dodržovány. Aby tuto zodpovědnost mohlo nést, musí k tomu mít určité záruky. A ty mu musí poskytnout člen Národního divadla sám. O těchto zárukách nejsme právě u Vás přesvědčeni.

Obecně je přece celé naší veřejnosti známa Vaše politická pasivita až do roku 1968. Využil jste v letech 1945—1968 všech možností na nejrůznějších úsecích naší kultury, jež Vám byly socialistickým zřízením *bohatě a více než jiným* poskytovány, ke svému uměleckému růstu a kumštýřské seberealizaci.

Jak si máme však vysvětlit s přihlédnutím k létům 1945—67 Vaši intenzívní a výraznou *politickou angažovanost* ve prospěch pravičácké a antisocialistické politiky v letech 1968 a 1969 i Vaše chování do dnešního dne?

Od prohlášení 2 000 slov, které jste zřejmě z hlubokého přesvědčení podepsal a jež je zcela oficielně charakterizováno jako kontrarevoluční výzva, jste se například dodnes nedistancoval. Za dobu téměř tří let jste se ani jednou nepokusil veřejně vystoupit a vyvrátit všechny ty nesmyslné řeči o Vaší *politické a existenční diskriminaci a perzekuci* v Národním divadle, o nichž přece jistě víte, že ve veřejnosti kolují.

Neudělal jste sám ze své vůle vůbec nic, aby jméno Národního divadla nebylo vláčeno a špiněno zdivočelými měšťáky, a přitom reklamujete pro sebe neustále *právo*, aby pro Vás Národní divadlo udělalo maximum. Domníváme se, že tři roky jsou dostatečně dlouhá doba, v níž jste si mohl vše dobře a hlavně objektivně promyslet. Zřejmě jste však o správnosti svých názorů a postojů v letech 1968 a 1969 přesvědčen i nadále, protože o *žádném konkrétním důkazu* z Vaší strany, který by nasvědčoval o opaku, nevíme.

Poslední Vaše vystoupení na aktivu činohry svědčí zcela jednoznačně o tom, že nás pokládáte za lidi s krátkou pamětí.

(254) S bezpříkladnou bezostyšností — promiňte tuto charakteristiku, ale na rozdíl od Vašeho úsudku o nás, my Vás za nevědoucího hlupáčka nepokládáme — jste si troufal tvrdit, že jste v práci Národního divadla odstavován, ač jste musel počítat s tím, že tato dokazatelná nepravda nemůže zůstat bez odpovědi. S šéfem činohry jsme Vám museli připomenout, že jste to byl Vy, kdo vrátil *v poslední chvíli* roli Kuchaře v MATCE KURÁŽI v roce 1970. Dal jste se zdravotně z toho důvodu zneschopnit, ale v pracovní neschopnosti jste přitom chodil točit film na Barrandov, a to až do doby, než jsme na to Čs. film upozornili! Uvolnili jsme Vás pro práci ve filmu v r. 1971 na půl roku, museli jsme za Vás zajistit přeobsazení a *hned po návratu* jste byl obsazen do jedné z největších rolí světového repertoáru, jakou je Jago v OTHELLOVI a Vy se přitom nestydíte mluvit o diskriminaci!? Když Vám byly Vaše nepravdy vyvráceny, utekl jste se k tvrzení, že jste měl na mysli činnost *mimo* Národní divadlo. Jak se to ale srovnává s Vaším příjmem jenom za *mimodivadelní* uměleckou činnost, který v roce 1971 je roven čtyřnásobku ročního platu ředitele Národního divadla?

Slova našeho stranického a státního vedení, že nejsou zastánci smrtelných hříchů a že si každý z nás píše svůj vlastní kádrový posudek, byla míněna naprosto vážně, jak ukázala praxe. Je mně líto, že při Vaší inteligenci jste to dosud nepochopil. Nemůžete přece pořád počítat s tím, že Vám všechno projde, že se Váš minulý i dosavadní postoj bude mlčky tolerovat, když přece dobře víte, jak si chování a kulturně politického vystupování špičkových umělců v našem státě celá veřejnost velmi bedlivě všímá a jak značná její část byla neblaze před nedávnem jím i ovlivňována. Umělce Vašeho jména, postavení i nositele státních titulů a vyznamenání zavazuje víc než kohokoliv jiného, aby svým vlivem a postojem právě v těchto letech byl příkladem v zodpovědnosti k státnímu a společenskému zřízení, které mu umožnilo takový rozkvět tvůrčích sil a tak ho bohatě odměňovalo. (...)

Pohostinskou režii ve Večerním Brně Vám proto nemohu povolit a jsem povinen Vám sdělit, abyste počítal s tím, že od nové sezóny, t. j. od 28. srpna 1972 Vám nebude až na další dáván souhlas k mimodivadelní činnosti.

S pozdravem

Přemysl Kočí

Rudolf Hrušínský uvedl ve své odpovědi na pravou míru jednotlivá nařčení a doplnil dopis písemnými doklady vyvracejícími tvrzení, že v době pracovní neschopnosti natáčel film. A pokračoval:

Jistě jsem za svoji práci dostával plat. Přesně podle platných vyhlášek. Ani o haléř více. Jestliže plat ředitele ND je o tolik menší, že pokládáte za vhodné mi to připomenout, je to jistě politováníhodné. (. . .) Pokud jde o Vaše tvrzení, „že jsem sám, ze své vůle neudělal vůbec nic, aby jméno ND nebylo vláčeno a špiněno zdivočelými měšťáky", dovolte prosím, abych Vás upozornil na skutečnost, že od samého počátku, na všech zájezdech, při každé příležitosti a z vlastní vůle vyvracím všechny ty nesmyslné řeči o mojí politické a existenční diskriminaci a perzekuci — a jistě bych je z vlastní vůle vyvracel i nadále. Poněkud mi v tom ovšem brání Váš zákaz mojí mimodivadelní činnosti. (. . .)

R. HRUŠÍNSKÝ P. KOČÍMU, 25. 6. 1972

Ovšem. Přemysl Kočí nebyl sám, kdo udílel podobné příkazy. Takoví lidé se našli všude — u filmu, v televizi, v rozhlase. Většina z nich se skryla v anonymitě byrokratického aparátu. Anebo alespoň za stěží postižitelnou bublinou slov, jakými odpověděl ústřední ředitel Československého rozhlasu Ján Riško na dotaz Rudolfa Hrušínského, proč je mu znemožňována další činnost.

Vedení Čs. rozhlasu jednoznačně orientuje program rozhlasového vysílání v souladu s politikou KSČ a socialistického státu a přispívá tím k plnění závěrů XIV. sjezdu KSČ. Orientuje v tomto novém a náročném programu také dramaturgii Hlavní redakce literárně dramatického vysílání. Je přirozené, že k jeho naplňování si vybírá i mezi umělci a herci v duchu socialismu angažované představitele pro hry a ostatní pořady, které vysílá.

J. RIŠKO, 22. 7. 1971

K tragikomickým situacím docházelo, když se rozšířily nějaké nepravdivé fámy. Po Praze kolovala zvěst, že Rudolf Hrušínský pracuje jako taxíkář. Skutečně, našel se jeden muž jemu podobný... A tak si Hrušínského zavolali, aby to veřejně popřel. Jeho synům nabízeli role za to, když se zřeknou svého příjmení. Takový nátlak člověka nutně poznamená.

Nejtěžší bylo asi období, kdy jsem nesměl pracovat. Když jsem seděl doma a měl čas myslet na různé nepříjemné věci. Pro mě — když se tak na to dívám s odstupem času — to znamenalo něco jako psychickou vraždu.

R. HRUŠÍNSKÝ, Scéna 1990, č. 21

Vedle režisérů Macháčka a Pleskota, kteří nebyli zařazeni do stranické nomenklatury a neměli tedy prakticky právo toto povolání vykonávat (*J. PLESKOT, Tvorba 1990, 40*), se začal prosazovat Václav Hudeček, jenž přišel do Národního divadla v roce 1970. Po vstupním TŘETÍM ZVONĚNÍ si zvolil za prubířský kámen svých schopností Shakespearova OTHELLA v překladu Břetislava Hodka.

V Hudečkově pojetí nebyl Jago (Rudolf Hrušínský) titanem zla, stojícím proti Othellovi (Radovan Lukavský) jako ztělesnění symbolu čistoty a zklamané důvěry. Tento „usměvavý, klidný, solidní kariérista“, který nebyl „snadno k prohlédnutí“ a o němž všichni říkali, že je to „takový slušný člověk“ (*J. BENEŠ, Práce 10. 2. 1972*), nesloužil žádným vyšším cílům, pouze svým přízemním pudům. Hrušínského Jago měl ovšem navíc cosi, čeho se nedostávalo Othellovi — srdce na pravém místě. Když vzal do náruče mrtvou Desdemonu (Klára Jerneková), svou něhou a soucitem zastínil Othellův žal i jeho prchlivou lásku.

Po Jagovi přicházely role menšího významu. Přesto je Hrušínský svým herectvím posvěcoval natolik, že o nich nemohla mlčet ani ta chudokrevná a veskrze skoupá kritika let sedmdesátých. Ať už to byl opilý Dikoj v Ostrovského BOUŘI, který se před vdovou Kabanovovou (Marie Vášová) proměnil „ze zupáckého, samolibého, hamižného, věčně rozkřičeného, sprostého kupce" v člověka „hledajícího spřízněnou duši" (*L. KOPÁČOVÁ, Svobodné slovo 12. 1. 1973*), nebo „neodolatelně křupanský obejda — sluha Grumio" (*B. ŠTĚPÁNEK, Mladá fronta 23. 2. 1973*) ze Shakespearova ZKROCENÍ ZLÉ ŽENY. Nezapomenutelnou postavičkou byl jeho podivínský mlynář Ďadin z Čechovova LESNÍHO DUCHA, který kroužil se zlatavým věnečkem z pampelišek na hlavě kolem půvabné Jeleny (Jana Hlaváčová) a se svým monotónním „Žasnu, já prostě žasnu" se prožvatlal celou scénou. V Janě Hlaváčové nalezl Rudolf Hrušínský rovnocennou partnerku, která ho provázela po celé dlouhé údobí od Čechovova LESNÍHO DUCHA přes Višněvského OPTIMISTICKOU TRAGÉDII, Shakespearovu komedii MNOHO POVYKU PRO NIC až k pozdní VĚCI MAKROPULOS. Také jeho Napoleon v Ansimovově dramatizaci Tolstého VOJNY A MÍRU si „infantilně pohrával s maketami vojáčků a ‚trůnil' mezi domečky a chrámy dobyté Moskvy" (*M. KŘOVÁK, Svobodné slovo 7. 5. 1975*).

> Scéna, kdy Napoleon pochopí nad plánem bitvy, že prohrál, okamžik, kdy dojde k tomuto zdrcujícímu vnitřnímu prožitku, se nedala měřeno fyzikálními metodami opravdu zaznamenat. Nicméně z toho druhého balkónu jsem ten okamžik přesně poznal. Šel jsem na to představení několikrát a dával jsem si pozor, abych přesně tento okamžik viděl, jak to Hrušínský dělá. Nevím.
>
> *J. LORMAN, Viola, říjen 1985*

Nedaleko Národního divadla, napříč přes ulici, se skrývá vinárna, jejíž ženské jméno ji předurčilo k tomu, aby si podmaňovala své příznivce poezií. Na její malé pódium vstoupil Hrušínský poprvé 22. března 1973, aby přednesl verše francouzského básníka Jacquesa Préverta. Nezaměnitelný hlas Rudolfa Hrušínského zazněl tam, kde mu naslouchali. Nedaleko Národního divadla.

S přibývajícími roky si stále častěji uvědomuji, jak málo znamenají velká slova, ve kterých není nic, jak málo záleží na rozměrech jeviště, když máme co povědět, a jak je potřebné vážit si práce, která má smysl. Velmi si vážím každého večera ve Viole. Nejsou to večery zbytečné.

R. HRUŠÍNSKÝ, Smena 27. 7. 1978

Nezůstalo jen u Préverta. Na večeru věnovaném Janu Zrzavému zazněla v jeho podání závěrečná část Máchova MÁJE, která podnítila Vladimíra Justla k vytvoření samostatného pořadu.

Svého času projevil umělecký vedoucí Violy dr. Justl přání zařadit Máchův MÁJ do kmenového repertoáru Violy a požádal mě, abych se tohoto úkolu ujal. Byl jsem poněkud na rozpacích, obával jsem se, že diváci, zejména mladí, asi těžko vydrží po celý večer poslouchat báseň, kterou většině z nás mírně zošklivila povinná nezáživná školní četba, jako se obvykle a zákonitě ošklivi mladým lidem všecko, co je povinné. Ale již po prvním představení Máchova MÁJE jsem s podivem a určitým pohnutím zjistil, že jsem se mýlil. Že se nám tenkrát asi nezošklivila báseň, ale různé rozbory některých našich češtinářů a hlavně jejich názory na její recitaci a recitaci vůbec. S podivem a pohnutím jsem pozoroval a při každém dalším představení pozoruji, s jakým nevšedním zájmem a pozornosti sledují diváci různého věku v naprostém tichu Máchovu báseň, a tak mám velice příjemný pocit, že snad ta povinná školní četba nebyla přece jen tak docela zbytečná, že tento skutečný klenot naší poezie zůstane trvale zapsán i v srdcích dalších generací.

R. HRUŠÍNSKÝ, Svobodné slovo 1. 5. 1986

Jak ostře kontrastovala s poezií, která se klene nade vším jako duha, špína doby, kterou tak výtečně charakterizoval ve svém citovém místopisu Mým národům výtvarník Adolf Born.

Když se zamyslím nad naší minulostí, která byla rovněž mou minulostí — neboť v roce 1948 mně bylo osmnáct let a to je doba, kdy člověk začíná neobratně vylétat do okolního světa —, vybavují se útržky zážitků, které ovlivňovaly a vytvářely naše mládí a náš život: nesnášenlivost, nenávist, popravy straníků i nestraníků, zavírání kněží, tupení velkých mužů našeho národa — T. G. Masaryka, Karla Čapka. Inflace fízlů, udávání. Boj proti hodnotám v umění — proti Picassovi, Kleeovi, expresionistům, surrealistům. Uzavření hranic. Nikdo si neumí představit, jak intenzívně jsme chtěli vidět Paříž, Vídeň. Vyřazení knih z knihoven, které jsme chtěli číst: Sartre, Černý, Patočka, Teige, Freud, Kafka. Zákaz všech směrů jazzu, který jsme tak rádi poslouchali. Zákaz koled. Prodejny luxusního zboží pro výše postavené straníky. Sanopz — zdravotní péče pro vybrané. Odstraňování křížů a obrázků svatých z Ladových akvarelů použitých na pohlednice. Zákaz výstav mladých moderních výtvarníků. Záplava kýčů v populární hudbě a úpadkového folklóru. Totální ztráta hodnot. Ničení soch — uzavírání obrazů v depozitářích. Destrukce kapliček a kostelů. Živé mumie v uniformách chrastící záplavou vyznamenání nikoli za statečnost. Političtí šéfové s obličeji, jimž se chytrost vyhnula na hony. Speciální cestovní pasy pro zlatou mládež z těchto kruhů. Auta zahraničních značek pro žáby dřepící na prameni. Učitelé, ochotni zasypávat dítka ve školních škamnách hromadami lží. A mezi tím démanty: Smolík, Hrušínský, Hrabal, Suchý, Patočka, Tichý, Zrzavý, Havel a další a další.

A. BORN: Mým národům, Praha 1990, s. 69—70

Adolf Born se s Rudolfem Hrušínským seznámil právě ve Viole. Z náhodného setkání se vyvinul přátelský vztah.

Vzpomínám si, že jsem se chtěl seznámit s Rudolfem Hrušínským, protože jsem ho dávno měl rád jako umělce i jako člověka. Pan provozní vedoucí ve Viole to udělal jednou originálním způsobem. Když mu moje žena naznačila diskrétně mé přání, vzal z pod ruky Rudolfa Hrušínského talíř polévky, položil ho na náš stůl a suše podotkl: „Seznamte se." Od té doby, a je to již mnoho let, jsme nejlepšími přáteli.

A. BORN: Mým národům, Praha 1990, s. 62

Ačkoliv se Rudolf Hrušínský přiznal, že dává při poslechu přednost hudbě před mluveným slovem, s jeho jménem je spojováno mnoho vynikajících nahrávek. Nepočítám-li tu první, kdy jako dítě natočil tatínkovi pro potěšení u jedné soukromé firmy monolog Cyrana, nebo záznamy z divadelních představení, jakým byl třeba dialog Jeníka a Aničky ze Šrámkova STŘÍBRNÉHO VĚTRU, je jich pěkná řádka. K těm nejznámějším podobám, které zrcadlí černý kotouč gramofonové desky, patří mistr Důra z Vančurova ROZMARNÉHO LÉTA, doktor Galén z Čapkovy BÍLÉ NEMOCI, Tulák z dramatu bratří Čapků ZE ŽIVOTA HMYZU, kardinál Richelieu z Dumasových TŘÍ MUŠKETÝRŮ nebo Mefistofeles z Goethova URFAUSTA. Jedním dechem bychom mohli pokračovat v nekonečném výčtu postav, které vznikaly v rozhlasovém studiu — od předválečného Chlestakova z Gogolova REVIZORA přes gestapáka Williho z Aškenazyho BYLO TO NA NÁŠ ÚČET, výběrčího ze stejnojmenné hry Milana Uhdeho, Oberga z Lustigova ČLOVĚKA VE VELIKOSTI POŠTOVNÍ ZNÁMKY až po Jidáše ze Sidonova DVOJÍHO ZÁKONA. Kde jinde hledat společného jmenovatele všech proměn, než právě v lidství Rudolfa Hrušínského.

Říká se, že je to prostě herectví „od pánaboha". Ano, Hrušínský má génia, kterým se zmocní pudově jádra každé postavy, i té nejintelektuálnější, a uchopený hlavní článek jako by sám přinášel chůzi, gesta, tón. Je tu úděsně mrazivý monolog VÝBĚRČÍHO z Uhdeho odměněné, dlouho nepovolované a pak nenápadně odvysílané rozhlasové hry; sadističtí Němci z válečných her s nehybnou tváří nasazenou na límec uniformy, krutí, policajtští. POSLEDNÍ a všichni ti ostatní příslušníci carstva tmy, zosobněného Hrušínským, se náhle před námi objevili jako jedna strana mince vytepaná palčivou nenávistí. Na druhé straně ti lidští lidé, důvěřiví, veselí a vroucí, nechápavé oběti těch prvních, neapolský Gennaro, Sancho Panza, Jeppe z Kopečku, Švejk, všichni, kdo vyrostli z vroucí lásky. Tato dvoustranná mince je ražena z jednoho kovu, a tím je bolest člověka našich dnů. Bolest — snad už lze tohoto adjektiva užít — českého člověka. O to hlubší, oč szíravější je nenávist ke všemu, co lidství láme, ponižujc a dcptá, oč bytostnější je láska k tomu drcenému, nezmarně přirozenému a láskyplnějšímu. K tomu prvnímu patří moc a násilí, k druhému umění. Láska a nenávist. City. Ale ty jsme vytušili. Hovořilo k nám hercovo hoře z rozumu.

O. SRBOVÁ, Divadelní noviny 14. 2. 1968

O přátele neměl Rudolf Hrušínský nikdy nouzi. Jenže těch opravdových časem ubývalo. Na Štědrý den chodíval navštívit Jana Wericha. Neopomněl se také zastavit u Záhorských, jimiž byl každý host vítán. Bohuš Záhorský zdědil po babičce, která byla farskou kuchařkou, recept na úpravu šneků. Babička mu vštěpovala, že k vaření patří akuratesa, láska, něha a péče. A on se tím vskutku řídil. Když vařil, zapomínal na celý svět. Ale mlsní návštěvníci nezapomínali.

To byl vždycky veliký souboj mezi Werichem a Bohouškem. Ale Werich, ten měl přísně „pánskou jízdu", kdežto sem byl přístup oběma pohlavím. Jednou taky od Wericha přišel už dost pozdě Ruda Hrušínský a měl tak strašně smutný pohled a říkal: „Už ani jeden nezbyl? Dovolte mi, abych alespoň ty plechy vyškrábal . . ." A hnal se do kuchyně. Když jsem ho tak viděla, musela jsem přiznat, že jsem jich pět schovala Bohouškovi na zítra. A ty smutné oči se rozzářily a on zaprosil: „Aspoň tedy těch pět, aspoň tři . . ."

V. FABIANOVÁ, Svobodné slovo 24. 12. 1984

(262) Když jeho přátelé odešli, zůstala vzpomínka. A malé zamyšlení o pravém smyslu vánoc.

O vánocích bylo napsáno snad skoro všechno. O šťastných dětských očích, o nepříjemně překvapených očích kapra, o vánočním stromku, o dárcích pod ním, o lidech kolem, kteří se najednou — z ničeho nic usmívají, najednou — z ničeho nic jsou jaksi jiní než po celý rok — ohleduplní, laskaví, tolerantní, prostě jaksi jiní. Možná takoví, jací jsou v podstatě po celý život a snad — z jakéhosi ostychu, to skrývají a tají a projevují se a ukazují v pravém světle jediný den v roce — na Štědrý den. Možná. Ale možná že je to všechno jinak.

A tak je mi vždycky trochu líto, že ty vánoce přejdou tak rychle a že každý den v roce není Štědrý. Ale možná že je to tak správné, že je to dobře, protože všeho moc škodí a Štědrý den by nám mohl zevšednět, a to by asi bylo škoda.

Ale přeci jenom si tak myslím, jestli bych s tou ohleduplností, tolerancí a laskavostí k lidem neměl začít letos o něco dříve — třeba už začátkem prosince, ale nevím. Asi bych se do té laskavosti, ohleduplnosti a tolerance musel nutit, a to by asi nebylo ono. To by asi nebylo to pravé. Nemyslím tím domov. Doma se naštěstí do ničeho nutit nemusím. Naštěstí. Jenomže — nemohu pořád sedět doma. Přece jen občas musím vyjít ven, mimo domov a setkávat se s různými lidmi, kteří si tu svoji laskavost, ohleduplnost a toleranci šetří až na ten jediný den v roce. Na Štědrý den. A to se s nimi nesetkám, protože na Štědrý den, od chvíle, kdy odešel Jan Werich, bývám pravidelně celý den doma, a tak vlastně ani nevím, jací ti lidé ve skutečnosti jsou. Nevím, jak vypadají, když jsou usměvaví, ohleduplní, laskaví a tolerantní, a asi to nikdy vědět nebudu. Možná že je to tak správné, že je to dobře, ale možná že je to všechno trochu jinak. Asi to přece jenom příště zkusím, a začnu se usmívat na lidi o něco dříve. Třeba od prvního prosince. Nebo možná od čtvrtého. Možná že si toho někdo povšimne a možná, že se začne usmívat také o něco dříve než obvykle, i když možná pouze několik málo dní před Štědrým večerem. Ale každý den je dobrý. V každém případě to příště zkusím. Sám se sebou.

R. HRUŠÍNSKÝ, Svobodné slovo 24. 12. 1985

Po postavách, jakými byli starý Glembay v Krležových PÁNECH GLEMBAYÍCH, Dogsborough v Brechtově ZADRŽITELNÉM VZESTUPU ARTURA UIE a Nasredin v Kainarově NEBOŽTÍKU NASREDINOVI, kde se naposledy setkal v partnerské dvojici s Danou Medřickou, se Hrušínského herectví ustálilo do dnešní podoby: řeč mlčení, řeč těžkých víček, která se stěží pozvednou, nepostižitelný pohyb svalů ve tváři, přesně zacílené úsporné gesto. S těmito prostředky pracoval i u následujících rolí — jako baron Krüg v Macháčkově polemické inscenaci Čapkovy BÍLÉ NEMOCI i jako otec ve Williamsově KOČCE NA ROZPÁLENÉ PLECHOVÉ STŘEŠE. Když bylo Rudolfu Hrušínskému pětašedesát let, popsal tři z jeho souběžně vznikajících postav divadelní kritik Jindřich Černý:

T. WILLIAMS: KOČKA NA ROZPÁLENÉ PLECHOVÉ STŘEŠE. Prem. 10. 6. 1982. Režie: Ladislav Vymětal

Podsaditý muž se zarputilou buldočí tváří, s rozvázaným motýlkem kolem límečku rozhalené bílé košile nevypadá na smrtelně nemocného pětašedesátníka. Pomalost jeho pohybů je spíš nedbalá a vyjadřuje nezájem o dění kolem něho. Rozvalí se ostatně hned na pohovce a lhostejně se probírá v časopisech. Vyruší ho až decibely magnetofonu. Rázně si zjedná klid. Ještě nějakou chvíli bude trvat, než vyžene společnost a osamí se synem Brickem. Párkrát se mezitím arogantně vmísí do zábavy, stane se otráveným středem narozeninového rituálu — ale stále je v tom mumraji sám, sám se sebou, sám se svým tajemstvím. Nemůže ho spustit s očí. Přezíravá lhostejnost je plná napětí, je číhavá jakýmsi dovnitř obráceným směrem a jako do víru strhuje za sebou všechno dění kolem. Pak to postřehnete: grimasa, tisk ruky na břicho. Bolest! Hrušínského herectví je snadné. Nepodává se v podtržených akcentech, je jako lupa, která paprsky soustřeďuje do jediného žhavého bodu. Gesto nepodtrhuje slovo, ale významově ho zmnožuje. Vzpomeňme na závěr hry, když Margareta „prozradí", že čeká dítě. Prudce zdvižená ruka k ráně se mění v pohlazení. Jako by řekl: Lžeš a děkuji ti.

J. HUBAČ: STARÁ DOBRÁ KAPELA.
Prem. 18. 4. 1984. Režie: Ladislav Vymětal

Pokud si ještě vzpomínáte na žlučovitého, zatrpklého Nedbalova Šánu z televizních Nezralých malin, musí vám Hrušínského Šána připadat jako jiný lidský typ. Vkulhá nonšalantně na scénu s kufrem na řemeni přes rameno, zbrázděná tvář s nedůvěřivě zvídavýma očima, které se od nepříjemných objektů odrážejí jako unavené míče. Někudy z jeho postojů, pohledů, sporých gest proniká mladé rošťáctví, s kamarádem Ádou si ťukne flaškou piva o brejle, a když Hermína později rozčileně líčí Ádovo nahaté dobrodružství s cikánkami v zatopeném lomu, Šána, který se jinak nezajímá o nic, co se netýká jeho, piva a karet, najednou zpozorní, povstane a větří jako pes pach života. Ano, je škodolibý, tvrdohlavý, prolhaný, sobecký a cynický, ale jediný z těch vzpomínajících dědků má pábitelskou odvahu k hazardu života. Jediný z nich tu v karetní hře o Marušku Kurandovou s hlubokou, zoufalou intenzitou prožije drama boje a vítězství. Tato scéna je vrcholem Hrušínského Šány. Závěr, čekání na Marušku a zprávu o její smrti, prožije v opilém útlumu, z něhož se neprobere ani v rozhovoru s Piňďasem, v rozhovoru, který vlastně není usmířením, ale rezignací.

A. N. OSTROVSKIJ: VÝNOSNÉ MÍSTO.
Prem. 13. 6. 1985. Režie: František Laurin

Na scénu vstoupí starý, unavený muž v županu. Hlas, kterým vyčítá své ženě nelásku a chlad, se bortí v rezignaci. Blíží se k ní skoro štítivě velkým obloukem, svěšené ruce jen tu a tam propuknou do neznatelného gesta. Když před ní padne na kolena, je směšný; ví o tom a jeho jednání je přiškrceno vztekem. Ani úřední pancíř uniformy, epolet a řádů nevnese v další scéně do jeho jednání pánovitý dril. Člověk, zlhostejnělý mocí, omrzelý jejími dary, které mu nic nedaly. Na Žadovovy ideály shlíží spatra své vyhaslé duše, vysmívá se mu bez úsměvu, bez rozkoše z toho, že ho pokořuje: jako by předem věděl, že se Žadov pokoří sám. Dramaticky přitlumený výkon Rudolfa Hrušínského roste vlastně do závěrečného výstupu s odprošujícím Žadovem. Nad rozepnutým, zlatem krumplovaným frakem komicky svítí holá lebka. Krok znejistěl, dlaně svěšených rukou se kroutí v křečích. Prohra ho zbavila lhostejnosti: hlas přechází do křiku, gesta v afektu vystřelují: „A já ti včřil, a dokonce jsem se vás bál. A teď se ukazuje, že čestní jste jen do chvíle, než se vám začne život komplikovat. Udělals mi radost, chlapče. Ne, vy ani nestojíte za nenávist. Vámi mohu jen pohrdat."

J. ČERNÝ, Národní divadlo informuje, říjen 1985

5. prosince 1985 měla na Nové scéně premiéru Čapkova VĚC MAKROPULOS s Janou Hlaváčovou jako Emilií Marty a Rudolfem Hrušínským jako Haukem-Šendorfem. Z okázalého celku Hudečkovy inscenace se svou opravdovostí vydělovala strhující scéna setkání této dvojice, jiř spojilo dávné milostné dobrodružství. Hauk-Šendorf Rudolfa Hrušínského se podobal polykači ohně, který necítí žádnou bolest. Mlčky si zabořil hlavu do Emiliina ramene a nechal se stravovat znovu probuzenou vášní. V jeho naprosté odevzdanosti nebylo jen roztoužení, ale i zoufalá snaha zachytit cíp unikajícího okamžiku, vyhrát závod s časem. Tanec, při němž s Emilií Marty splynuli, končil hlubokým záklonem, po kterém klesli v opojení na zem. Samozřejmost, s jakou si Hauk-Šendorf vzápětí přinesl zavazadlo na cestu do Španělska, sveřepost, s níž se domáhal toho, aby ho Emilie doprovázela, promlouvaly víc než o náhlém zatemnění mysli o síle osobnosti Hauka-Šendorfa. Ve srovnání s ostatními se tento zestárlý diplomat zachoval jako jediný muž hodný toho označení.

Jana Hlaváčová je skutečně ideální představitelkou Emilie Marty a dává jí všechnu sílu a krásu svého umění i herecké osobnosti. (. . .) Její výstupy s Haukem-Šendorfem Rudolfa Hrušínského jsou místy, kdy se i zkušenému divákovi tají dech nad jejich vynikajícím hereckým mistrovstvím a nad obrovskou hloubkou a silou těchto scén.

L. KOPÁČOVÁ, Tvorba 1986, č. 52

O každém herci si lidé utvářejí představu podle toho, co jim sám předkládá k věření — svými postoji, svým chováním, oblékáním, maskou, kterou si nasazuje na veřejnosti. Každý má jiné ochranné zabarvení — jeden vystupování žoviálního elegána, druhý ušlechtilého milovníka všeho krásného, třetí jurodivého božího prosťáčka . . . Ale jejich skutečná podoba?

Když dostal Rudolf Hrušínský v dubnu 1988 titul národního umělce, nikdo nepochyboval o tom, že se tak stalo právem. Vlastně se tím vůbec nic neměnilo, neboť umělcem vpravdě národním dávno byl. Svědčily o tom nejen výsledky rozličných diváckých anket, z nichž nejpřesvědčivější byly „televizní rolničky", ale i četné dopisy, které mu den za dnem přicházely a v nichž se pisatelé chtěli s Rudolfem Hrušínským podělit o to, co vyvolalo jejich sdílnost, co jitřilo jejich mysl. Pro všechny, kteří se na něho obraceli, byl *panem* Hrušínským — s důrazem na slůvko pan — tedy člověkem, který si podobně jako *pan* Werich zasloužil jejich úctu a obdiv nejen pro své herecké umění, ale i pro své lidské kvality. Čím je přitahoval tento zachmuřený muž, skoupý na slovo i úsměv, čím si získával jejich důvěru? Co se skrývalo za jeho úporným mlčením? Moudrý odstup nebo jen plachost venkovského chlapce od divadla, který ani po letech nepřivykl tomu, že je středem pozornosti, nedokázal se druhým zcela otevřít a plnými hrstmi přijímat plody popularity? Nebyl právě toto důvod, proč se tak rád uchyloval do samoty a celé hodiny proseděl nad nahozeným splávkem? A nebyla přízeň, kterou mu diváci tak vděčně vyjadřovali, mimo jiné také projevem revolty proti systému, který jejich milovanému herci upíral právo svobodné tvorby? Ať už to bylo jakkoliv, Rudolf Hrušínský nezůstal nikomu nic dlužen.

Nevšední divadelní událostí sezóny 1988—89 se stalo uvedení dramatizace vrcholného prozaického díla Bohumila Hrabala OBSLUHOVAL JSEM ANGLICKÉHO KRÁLE Činoherním klubem. Příběh Jana Dítěte, který je příběhem malého českého člověka vrženého pod kola dějin, režíroval Ivo Krobot. Aby postihl složitý vývoj postavy, obsadil ji hned třemi Rudolfy Hrušínskými. Nešlo jen o dobrý nápad, ale i vzácnou příležitost, která se mu nabízela. Rodová tradice slavila svůj triumf.

Nejostražitější pozornost však k sobě poutalo unikátní vystoupení tří pp. Rudolfů Hrušínských v roli Jana Dítě, postupně pikolíka, vrchního, hoteliéra, vězně a cestáře. Zatímco vnuk, právě jinošskému věku odrůstající, by se měl zřejmě za pomoci magnetoskopického přesvědčiti, neztráceje ze zřetele projevy svého nepochybného talentu, že má se ještě čemu přiučiti, jeho otec s dědem excelují bezvýhradně. Otec zasahuje vnímavé duše v parteru i na galérii temperamentem, mnohotvárností a vynalézavostí své kreace, děd naproti tomu kraluje prostým kouzlem své osobnosti a hlasu, kouzlem již důvěrně známým, a přece pořád naše nitro rozechvívajícím. Pohne brvou a jako by jiný k zemdlení hovořil.

L. BENIAK, Mladý svět 27. 6. 1989

Konec života každého z nás se ve své podstatě neliší od jeho počátku. Člověk toho moc nepotřebuje. Střechu nad hlavou. Trochu jídla. Klid. K tomuto závěru dospívá Jan Dítě po všech peripetiích svého štědrého osudu. V holínkách, vatovaném kabátě, sám.

Opuštěný, se vším smířený, sám, jen se svými vzpomínkami je z lágru propuštěn. Ledy se pohnuly, lágr se ruší. Ocitá se kdesi ve venkovské díře jako cestář. Má doma koníka, kozu a psa. Už

(268) jen vypráví. Jemným gestem doprovodí měkkost vyprávění, v němž cítíme hercovo osobní zaujetí. Bouře, vášně, touhy, všechno skončilo, už není co hrát a předvádět, z byvšího slavného života zbyl frak a trojbarevná šerpa od habešského krále. Rudolf Hrušínský odhodí cigaretu, stáhne obličej. Mlčí.

A. FUCHS, Dramatické umění 1990, č. 1

Szabuniewicz (F. Werfel: Jacobowsky a plukovník) — s B. Vrbským

Krištof (G. B. Shaw: Pekelník, 1946)

Vilík Roškot (F. Šrámek: Měsíc nad řekou, 1947) — s V. Řepou

Wu Tsiang (M. Frisch: Čínská zeď, 1947) — s J. Adamovou

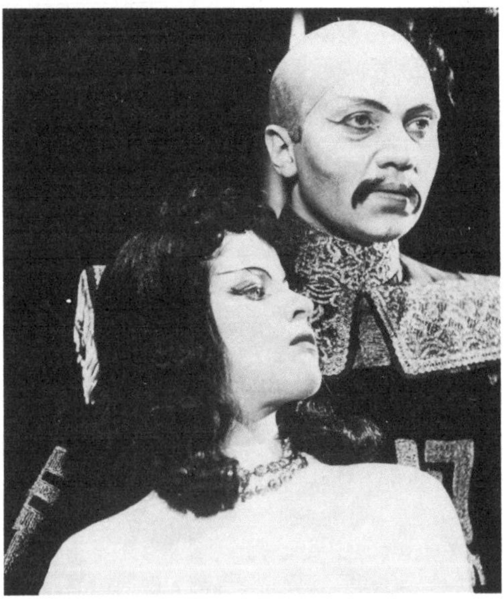

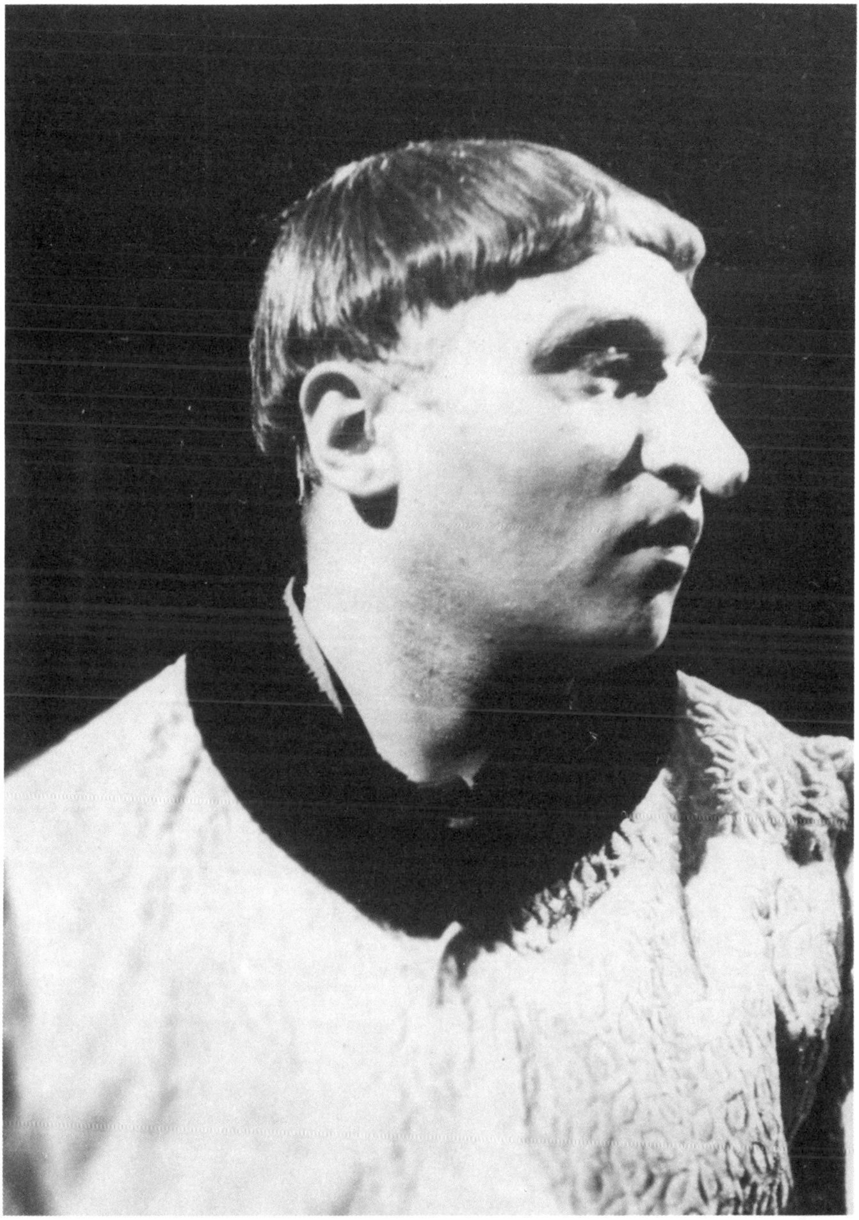

Dauphin (G. B. Shaw: Svatá Jana, 1948)

Tartuffe (Molière: Tartuffe, 1951) — s J. Marvanem

A. Fredro — Panenské sliby — režie R. Hrušínský, 1952 (I. Kačírková se Z. Procházkovou)

Ivanov (A. P. Čechov: Ivanov, 1954)

Gennaro (E. De Filippo: Neapol, město milionů, 1957)

Premiéra Obrácení Ferdyše Pištory, 1957 — uprostřed František Langer s režisérem Hrušínským

R. N. Nash: Obchodník s deštěm — režie R. Hrušínský, 1957 (R. Lukavský a D. Medřická)

Dědeček (V. Blažek: Třetí přání, 1957)

Schmidt (E. M. Remarque: Poslední dějství, 1958)

Chludov (M. Bulgakov: Útěk, 1959)

Ostap Bender (I. Ilf—J. Petrov: Zlaté tele, 1959)

Režisér Otomar Krejča — 60. léta

Marián (P. Karvaš: Půlnoční mše, 1960)

Boleslav (J. K. Tyl: Drahomíra a její synové, 1961) — s M. Vášovou

V divadelní šatně při představení Antigony (1962)

Jang Čao (M. Slomczyński: Osamění, 1964)

Milt (M. Schisgal: A co láska, 1965) — s M. Macháčkem, B. Bohdanovou a J. Kemrem

Režisér Alfréd Radok — 60. léta

Režisér Jaromír Pleskot — 60. léta

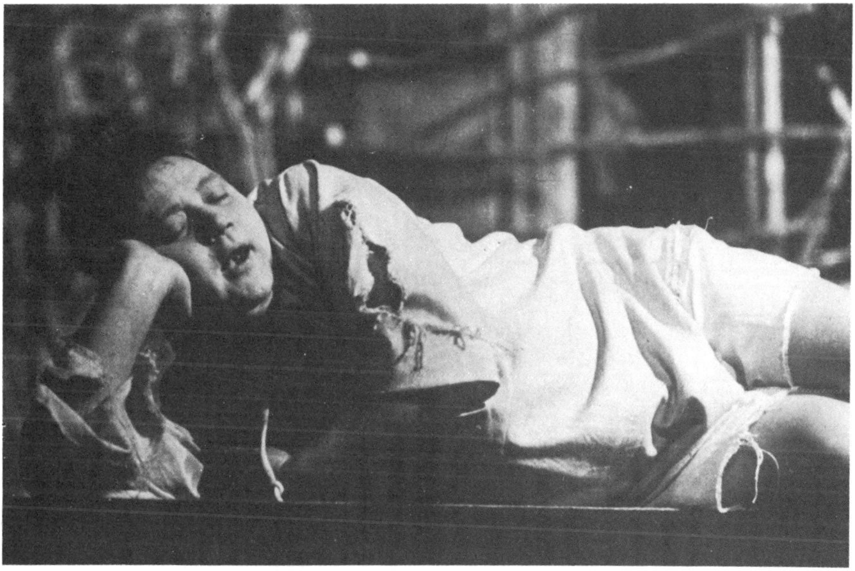

Jeppe (L. Holberg: Jeppe z vršku, 1965)

Jeppe (L. Holberg: Jeppe z vršku, 1965)

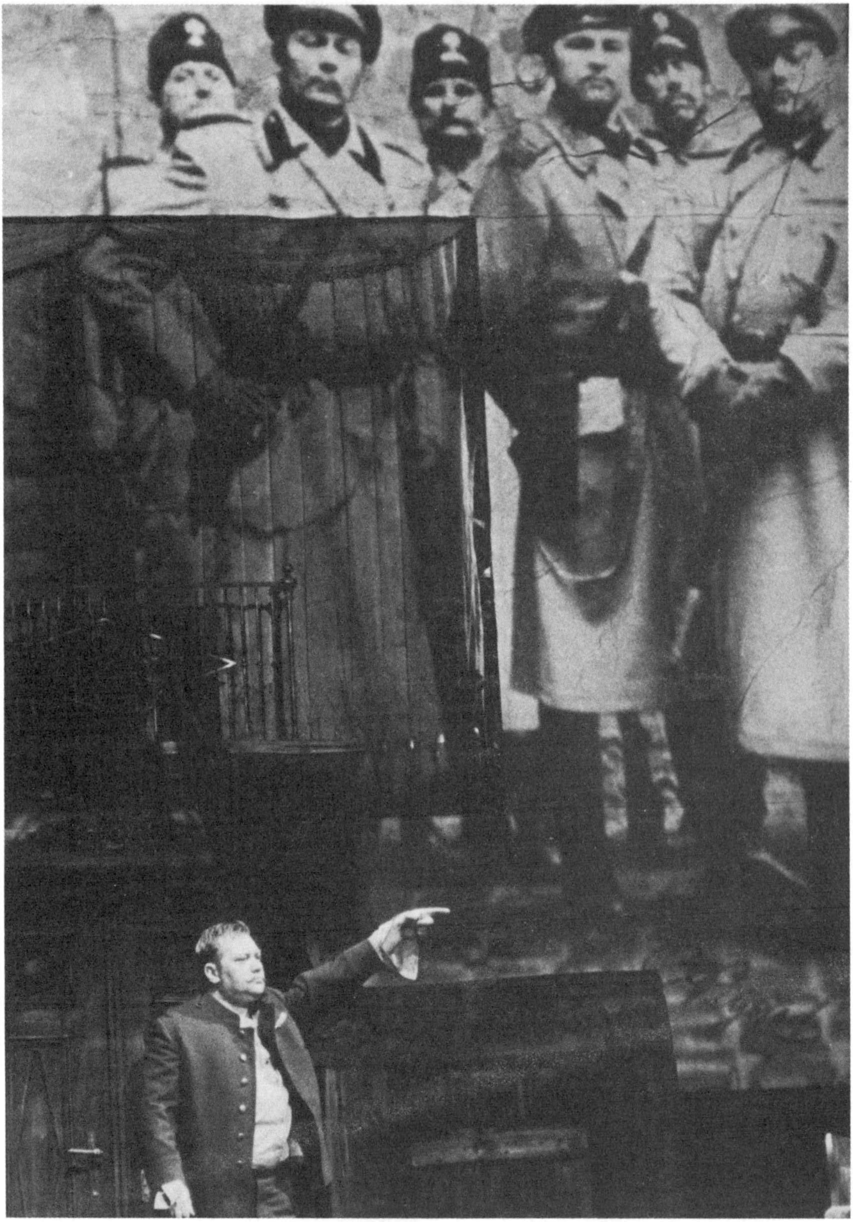
Kolomijcev (M. Gorkij: Poslední, 1966)

Kolomijcev (M. Gorkij: Poslední, 1966)

J. Giraudoux: Bláznivá ze Chaillot — režie R. Hrušínský, 1965 (B. Waleská, V. Fabianová, M. Burešová)

Režisér Miroslav Macháček

Bockelson (F. Dürrenmatt: Novokřtěnci, 1968)

Krapp (S. Beckett: Poslední páska, ČT 1968)

A. Miller: Zkouška ohněm — režie R. Hrušínský, 1968 (R. Lukavský)

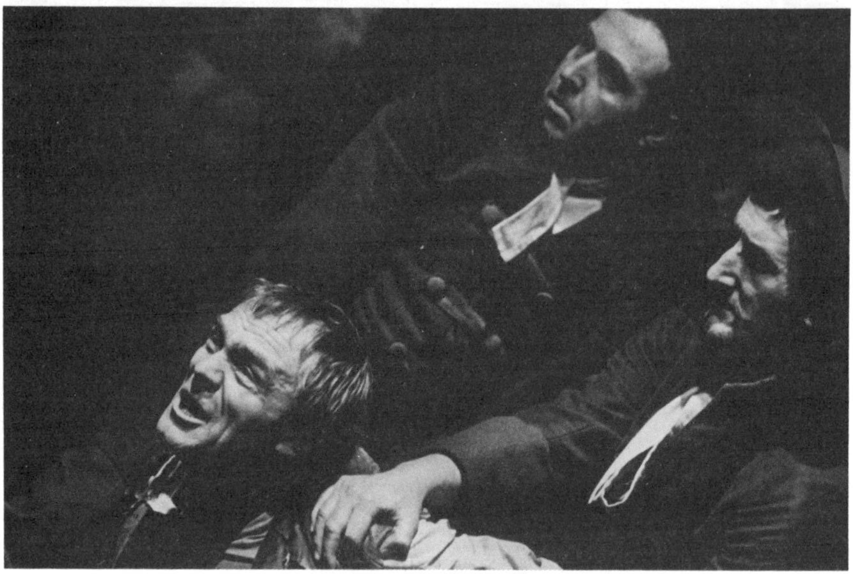

Jago (W. Shakespeare: Othello, 1972) — s R. Lukavským

Napoleon (L. N. Tolstoj: Vojna a mír, 1976)

Nasredin (J. Kainar: Nebožtík Nasredin, 1979) — s D. Medřickou

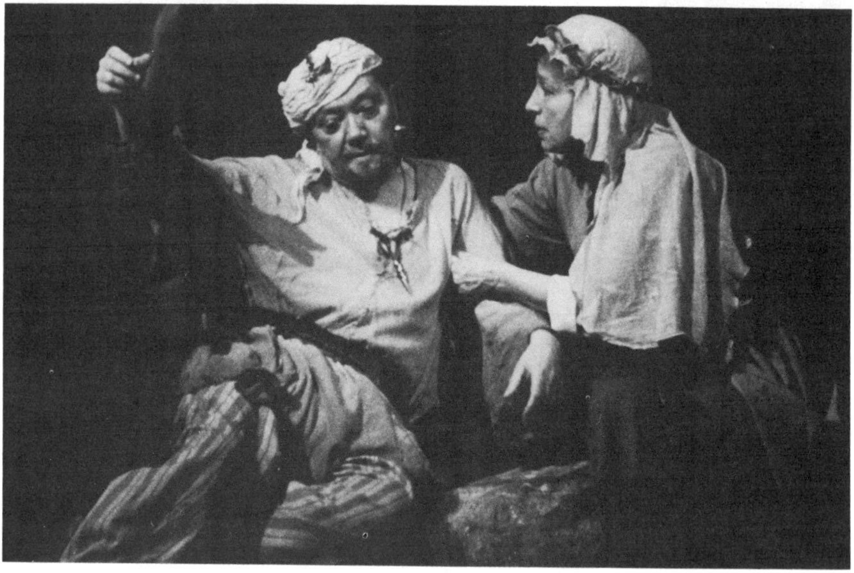

Vodník Ivan (A. Jirásek: Lucerna, 1983)

Otec (T. Williams: Kočka na rozpálené plechové střeše, 1982)

Šáňa (J. Hubač: Stará dobrá kapela, 1984) – s V. Brodským, M. Růžkem a J. Kemrem

Hauk-Šendorf (K. Čapek: Věc Makropulos, 1985) — s J. Hlaváčovou
a P. Štěpánkem

Falstaff (W. Shakespeare: Král Jindřich IV., 1987)

DIVADELNÍ REŽISÉR: MĚSTSKÁ DIVADLA PRAŽSKÁ. DIVADLO ABC. ROKOKO. NÁRODNÍ DIVADLO

V květnu 1942 nastudoval Rudolf Hrušínský se společností své babičky vlastní detektivní hru PRVNÍ PŘÍPAD, v níž sehrál roli novináře Asberka. V témže roce uvedla společnost v jeho režii Coolenova CIZINCE, kde vytvořil postavu Petra Berga. Od těchto prvních režisérských krůčků vedla jeho cesta dál k provedení Šaldova DÍTĚTE a Michaelisovy REVOLUČNÍ SVATBY. Když vezmeme v úvahu jeho odvážné pokusy o filmovou režii, dospějeme ke zjištění, že se jednalo o vědomý a nikoliv zanedbatelný zájem, který Rudolfa Hrušínského provázel už od mládí.

Počátkem padesátých let přizvalo Hrušínského jako režiséra ke spolupráci kolínské Městské oblastní divadlo, které připravovalo Šrámkovo LÉTO. Tento lyrický text zcela podnítil jeho fantazii. Doma prohlašoval, že by hrál nejraději všechny role sám. A dodával: „Já bych snad chtěl hrát i Stázu!“ Po předchozích zkušenostech, kdy si ověřil obtížnost spojení dvou profesí, ustoupil jako herec do pozadí. Jako režisér si však pozvolna osvojoval metodu práce, kterou později formulovat takto:

> Na divadle jsem režíroval poměrně málo, ale pokud režíruji, snažím se, aby se herec necítil znásilněn. Samozřejmě vést ho jistým směrem je vždycky určitým znásilněním, ale záleží na způsobu a zacházení. Většinou jsme velice přecitlivělí, a tak je třeba hledat vhodnou formu, jak ho přimět k tomu, co vzhledem k celku chcete — to také stojí při zkouškách nejvíc času.

Vždycky mě velmi zajímá hercův názor na roli, tím spíše, že by měl být v mnohém předurčen už obsazením. Když má člověk možnost někoho vybrat, volí přirozeně toho, u koho předpokládá maximum podmínek pro roli i celkový výsledek. Proto bych si netroufal hrát ve vlastní režii — kontrola z hlediska celku je, myslím, nesmírně nutná.

R. HRUŠÍNSKÝ, Divadelní noviny, 14. 1. 1970

15. září 1954 měla v Divadle komedie premiéru romantická komedie polského dramatika Alexandra Fredra PANENSKÉ SLIBY ANEB MAGNETISMUS SRDCÍ, kterou režíroval Rudolf Hrušínský. Navázal tak na tradici, na jejímž počátku stál ve druhé polovině minulého století herec-režisér Josef Šmaha.

V padesátých letech pracovaly v Městských divadlech pražských četné režisérské osobnosti, jež dokázaly plně využít hereckého souboru, jaký měly k dispozici a na jehož skladbě se i podílely: Karel Svoboda, Miroslav Macháček, pravidelně hostující Karel Dostal, Alfréd Radok . . . Mezi ně patří — s výsledky stejně hodnotnými — i dva herečtí režiséři: Bedřich Vrbský a Rudolf Hrušínský. Termín „herecký režisér" není v těchto dvou případech přesný, neboť obě profese byly u nich přísně odděleny; jako herci se s plnou kázní podřizovali režisérově koncepci, jako režiséři přistupovali k práci z vnitřní potřeby vyjádřit se skrze autora a herce, jež si obsadili; nikdy ve svých režiích sami nehráli. Vycítili svým talentem a svými zkušenostmi styl, atmosféru a rytmus představení a pak s maximální náročností dokázali pracovat s autorem či překladatelem, s výtvarníkem, skladatelem či choreografem stejně jako s hercem.

Jestliže jsem poukázal na to, jak je zhola nemožné chtít od herecké osobnosti druhu Rudolfa Hrušínského, aby analyzoval způsob své práce a zdůvodňoval ji, aby pro budoucnost vyslovil jakýsi kánon své pracovní metody, pak to pokládám za ještě méně možné u jeho práce režisérské — a po pravdě řečeno u práce kteréhokoliv režiséra. Dejme slovo klasikovi! Louis Jouvet, typ herce-režiséra nikoli nepodobný našim hereckým režisérům v Městských divadlech pražských, napsal o své profesi tato nesmrtelná slova:

Chci pouze dokázat, oč snadnější je odvést práci, než o ní psát či mluvit. Nevěřím na teorie a neexistuje teorie, jež by pokryla režijní práci na hře. Teprve výsledek práce můžeme podrobit teoretizování.

Nicméně později shrnul veškeré režisérské řemeslo do jedné — tolik výstižné — poučky:

Být režisérem znamená dbát na prospěch dramatika a brát současně v úvahu momentální potřeby divadla: vytvořit současně představení pro jediný večer i pro věčnost.

A přece — o čem jiném mluví divadelníci mezi sebou, když si sednou po práci v klubu za stůl zvaný „formanka", či u Zlaté husy u piva, či v Plané nad Lužnicí o prázdninách, než o tom, čemu se navždy upsali jako hadu z ráje? Pamatuji se, jak jsme za jedné takové příležitosti s Rudolfem konstatovali, že dnes už prakticky vymizel onen druh herců, kteří se „předvádějí" — způsob zcela běžný ještě mezi dvěma válkami. Herec jako veliký mim ukazoval „jak se to hraje". Na rampě jako operní árii podával svůj monolog zcela oproštěn od všeho, zejména od spoluhráčů. Toto exhibicionistické bravado se snad zachovalo u některých herců komického či spíše fraškovitého charakteru; rozhodně, jak jsme tehdy usoudili, však dodnes tento exhibicionismus, strhávání divákovy pozornosti na vlastní osobu *mimo* integritu představení, existuje u režisérů, zejména takových, kteří parazitují na výsledcích práce skutečných režisérských osobností moderního divadla.

Rudolf Hrušínský byl i tady pokorným služebníkem divadla. Byl ve všem i za vším, co se na jevišti dělo — a nebyl nikde. Jeho představení hýřilo fantazií, všechno však vycházelo z autora textu, či z toho, jak režisér tento text přečetl.

Jak to u divadla a vůbec v životě bývá, došlo k první Hrušínského režii „neobvyklou shodou okolností". Nepočítali jsme s ním jako s režisérem a nikdo z nás ho jako režiséra neznal. Byly to spíše naše besedy, jako ona výše zmíněná, jež mne vyprovokovaly, abych mu umožnil vyzkoušet si názory na divadlo v praxi. Kromě toho jsme s uměleckou radou, jejímž byl členem, po „předváděcích" zkouškách analyzovali každou inscenaci a jeho soudy byly pronikavé a přesné, citlivé i nelítostné, odhalil každou faleš a nepravdu, každou levnost na jevišti i každou zpronevěru žánru hry: byl to zkrátka profesionál každým coulem.

Na programu byl právě Alexander Fredro. Jeho DÁMY A HUSARY jsem uvedl už v Realistickém divadle a jako první inscenaci v Divadle komedie jsem nastudoval vlastní překlad MUŽE A ŽENY. Tentokrát šlo o PANENSKÉ SLIBY ANEB MAGNETISMUS SRDCE, opět v mém překladu (za jazykové spolupráce Mojmíry Janišové). Tento autor, jehož díla patří k největším pokladům polské klasiky, byl na české scéně prakticky neznám a kromě jmenovaných her ho neuvedlo za posledních padesát let žádné pražské divadlo.

Nemohl jsem se tehdy ujmout režie a ostatní režiséři se hrou jaksi nenadchli — a nehoří-li režisér, jak má zapůsobit, aby planuli herci? A tak jsem dal text přečíst Hrušínskému s oportunistickým odhadem, že režisér debutující není dramaturgicky tak náročný jako jeho zkušení kolegové. Jenže Hrušínský se pro PANENSKÉ SLIBY doslova zapálil, a zapálil tudíž i vynikající hereckou partu (Irena Kačírková, Zdenka Procházková, Magda Kopřivová, Václav Voska, Jaromír Spal, Josef Beyvl); jeden starší dvorný pár a dva mladé, ještě téměř dětské, ale vše se v nich už probouzelo k velikým citům, jimž nic lidského nebylo cizí. Mužští byli mužští a žádné slečinky, a ženy byly krev a mléko, nic bledničkovitého. Rýmovaný verš — věc tehdy na jevišti výjimečná — zněl pod Hrušínského taktovkou jako dokonale sehraný sextet. Jako MUŽ A ŽENA, i toto představení dosáhlo včetně zájezdů na dvě stě repríz.

Odpovědní činitelé a divadelní referenti přijali ovšem — jak bývalo u Městských divadel pražských zvykem — představení chladně, s ukazováčkem zdviženým. Jak by ne! Na jedné pražské scéně tehdy vystupovali v hereckém ztvárnění Gottwald se Zápotockým, na druhé právě vstali noví bojovníci, v Koreji zuřila válka a my si hrajeme nezávaznou romantickou komedii o velké lásce! Vzpomínám si, jak jeden kritik proti nám použil dokonce i Fredrova haličského zemanství a uvedl, že „v Městských divadlech pražských zasedl na trůn hrabě Fredro". Tímto třídním pohledem určitě nesmírně vylepšil svůj kádrový profil.

Pokládám za prospěšné tyto skutečnosti uvést, abych varoval historika, jenž ke studiu vývoje českého divadla padesátých let a pak s malými přestávkami dále použije divadelních referátů, že je to materiál značně zkreslený, jehož odsudky i oslavné pajány znamenají často pravý opak. Vždyť i po nejslavnější Hrušínského inscenaci OBCHODNÍK S DEŠTĚM mi jeden z vůdčích ideologů, který nám dokonce (alespoň naoko) přál, řekl varovně: „Je to krásné představení, ale hrát to dnes, to je zatracený luxus!"

O. ORNEST: Pokus o portrét, 1990, rkp.

Přes jistou nepřízeň zaznamenala inscenace PANENSKÝCH SLIBŮ mimořádný divácký ohlas a byla mnohokrát reprízována. A tak se Rudolf Hrušínský chopil vzápětí další příležitosti, třebaže vůbec nic neslibovala. Bouře, která se strhla po jedné z repríz Solodarova ŠEŘÍKOVÉHO SADU (1955), hudební komedie ze současnosti, ukončila málem nadějné vyhlídky Hrušínského-režiséra.

Na jednu z repríz ŠEŘÍKOVÉHO SADU se dostavil autor, který projížděl Prahou. Po představení jsme s ním besedovali v klubu. Byl to celkem prosťáček, divadelní živnostníček, který se hlavně chlubil tím, že mu hru uvedlo na osmdesát sovětských divadel. K našemu představení neřekl v podstatě ani slovo, zato nám podrobně líčil „špílce" z moskevského provedení. Třeba ten, jak se dva záletní milenci skryli v podrostu a oba hlavní komici se právě nad jejich hlavami vymočili. Pozoroval jsem Rudlu, jak postupně brunátní, a tušil jsem, že bude zle. A bylo! Povstal a promluvil asi v tom smyslu, že hra, tak jak jsme ji dostali, si zasloužila, aby se na ni nejen vymočili. Jenže on a herci si s ní chtěli pohrát a ukázat, z čeho dokáží uplést bič. Nevím, jak tento idiom zní v ruštině, ale autor zesinal. Besedy se účastnil i divadelní referent Večerní Prahy, který na místě Hrušínského veřejně pokáral za to, jak se chová k sovětskému hostu. A nezůstalo jen u toho; v příštích dnech se na zámku Roztěž konala konference kritiků, kde zmíněný referent plamenně vystoupil jako žalobce. A protože na místě byli ideologové z Ústředního výboru, znamenalo to pro Hrušínského první sankce.

O. ORNEST: Pokus o portrét, 1990, rkp.

Krátce nato zasedala v Mánesu komise, aby posoudila celý případ. Předsedal jí Vítězslav Vejražka, jejími členy byli Eva Vrchlická, Vladimír Šmeral, Jaroslav Marvan a Václav Vydra ml. Hrušínský věděl o tom, že bude předvolán, od Jaroslava Marvana, a očekával to nejhorší. Ale nenašel se jediný, kdo by mu chtěl zjevně ublížit. Jen Václav Vydra ml. se přimlouval za to, aby mu herectví nezakazovali, že zcela postačí, když mu nepovolí režie. Ani k tomu však nedošlo, a tak odtud odcházel částečně zproštěn viny.

Když Rudolf Hrušínský režíroval GAZDINU ROBU Gabriely Preissové, právě se natáčely OSUDY DOBRÉHO VOJÁKA ŠVEJKA. Na zkoušky ho vozili přímo z filmových ateliérů, kam se pak musel znovu vracet. Zůstával proto v kostýmu i masce Švejka. Přesto neztrácel autoritu u herců, k nimž přistupoval jako rovnocenný partner, a víc než kdokoliv jiný jim rozuměl.

Když jsem režíroval — já totiž v padesátých letech v angažmá v Městských divadlech pražských začal režírovat — a na zkoušce to zoufale nešlo, pořád jsme se motali po jevišti, pořád to nebylo ono a já už nevěděl, co s tím, řekl jsem „Koukejte, kluci, vykašleme se na to, půjdeme na decku do klubu a v klidu si popovídáme.“ A pomohlo to.

R. HRUŠÍNSKÝ, Mladý svět, 1. 3. 1988

GAZDINA ROBA měla premiéru 30. září 1955 v Komorním divadle. Scénickou výpravu navrhl Adolf Wenig, hudbu napsal Josef Smetana.

GAZDINOU ROBOU Gabriely Preissové zněla hudba stylizovaných lidových písní, která nebyla náhražkou, naopak dotvářela osud hlavních hrdinů (Mánek — Josef Bek, Samko — Radovan Lukavský, Eva — Alexandra Myšková v alternaci s Janou Koulovou) do tragičnosti poetické, v níž byla katarze všeliké lásky a všelikého utrpení.

O. ORNEST: Pokus o portrét, 1990, rkp.

Ve skutečnou tragickou postavu vyrostl Lukavského Samko, jehož vynikající herecký výkon silně zapůsobil na mnohé z recenzentů. Přestože se jednalo o představení v mnohém ohledu výjimečné, ani tentokrát se neopomněl jeden z kritiků zmínit o „krizi souboru Komorního divadla", která podle jeho soudu pramenila „z nedostatku občanské bojovnosti tohoto kolektivu" (*Z. BLÁHA, Divadlo, 1956, č. 2*).

Na další režii si musel Rudolf Hrušínský rok počkat. Nečekal marně. Pokud jde o poválečnou historii, nebyl to totiž rok ledajaký. Po XX. sjezdu KSSS se sice zdaleka neotevřela brána demokracie dokořán, ale i ta skulinka znamenala mnoho. Jen tak se mohla na scéně Komorního divadla objevit „inscenace, s níž se vrátilo do českého divadelního světa moderní drama americké" (*J. ČERNÝ, Dana Medřická, Praha 1965, s. 55*). Nevrátilo se však jenom moderní drama americké, vrátilo se především působivé básnické podobenství „o velkých citech obyčejných lidí" (*V. JELÍNEK, Večerní Praha, 18. 5. 1957*). Stalo se tak zásluhou bystré dramaturgie Městských divadel pražských, která neváhala přijmout Lukešův překlad romantické komedie Richarda N. Nashe OBCHODNÍK S DEŠTĚM, a probudit tak k životu inscenaci, jejíž význam přesáhl dobu vzniku.

Inscenace této komedie se stala jedním z nejoblíbenějších večerů na jevišti Komorního divadla. V neefektně, ale i brilantně režírovaném představení bylo vytvořeno jemné předivo souhry mezi postavami, onen mihotavý, ale přitom věcně reálný citový kontakt, po němž naše divadlo tak prahlo. Herecky vyrovnanému představení dominoval „obchodník s deštěm", Starbuck Radovana Lukavského, a „ošklivá, staropanenská" farmářská dcera Líza Curryová Dany Medřické.

J. ČERNÝ: Dana Medřická, Praha 1965, s. 55

Myšlenkově bohatému příběhu obchodníka s iluzemi Billa Starbucka, který čirou náhodou zavítal do farmářské rodiny Curryových, aby tam vnesl tolik potřebné lidské teplo, dokázal Rudolf Hrušínský vtisknout „životní pravdivost postav i prostředí, ale zároveň i rozehrát citlivě a s vkusem onu strunu pravého životního optimismu, která zní pod celým příběhem" (*Z. ROUBÍČEK, Mladá fronta, 8. 5. 1957*). Se záměrem autora, který umístil děj „do bytelného domu zámožného statkáře" (*M. LUKEŠ, Divadlo, 1958, č. 8*), se poněkud míjela scéna Adolfa Weniga, sroubená z prkenných stěn. Jinak předčila Hrušínského inscenace OBCHODNÍKA S DEŠTĚM očekávání všech.

V Komorním divadle je OBCHODNÍK S DEŠTĚM představení vzácné čistoty, plného zvuku, uhrančivého kouzla. To kouzlo začíná už u talentovaného, jemného překladu Milana Lukeše a rozžívá se dál pod rukama režiséra Hrušínského i herců. Hrušínskému se podařilo zahrát příběh OBCHODNÍKA S DEŠTĚM na první pohled jako zábavnou, jemnou, inteligentně rozvíjenou a pointovanou historku ze života — a teprve když divák uvěří té hmatatelné prostotě gramofonu, vajíček k večeři, Jimově modřině pod okem a žízni ze sucha, zjistí, že je už dávno opředen uměním, zatažen do jiného režisérova záměru i do zázraku deště, který přijde v doslovném i symbolickém významu — proti vší logice, proti všem rozumným předpokladům rozumných lidí. Do podobenství, do poezie OBCHODNÍKA S DEŠTĚM. Proto se déšť nakonec spustí, dávno očekáván divákem. A proto už dávno žije sen v té prozaické světnici u Curryů.

Herci k tomu přispěli rozhodující měrou. Rád bych řekl, že nejvíc Medřická — to je úchvatné umění, velká kázeň a střídmost, mnoho poezie v pohybu, v přimhouřených očích —, ale ublížil bych hned ostatním. Lukavskému především, který pochopil a objevil nám OBCHODNÍKA S DEŠTĚM, jako básník objevuje poezii tam, kde ji jiní nevidí. Kemrovi, jehož Jonáš na mne zapůsobil tak sugestivně, že jsem se na něho zlobil, a bylo mi to zároveň líto ještě při děkování.

S. MACHONIN, Rudé právo, 8. 6. 1957

Aby dosáhl přesné charakterizace postav, pracoval Hrušínský „s řadou drobných hereckých akcí“ (*P. GRYM, Lidová demokracie, 8. 5. 1957*) a množstvím detailů, zdůrazňujících jejich povahové rysy a zvyky. Zatímco Jonášova „přehnaná starostlivost o chod hospodářství i osudy rodiny je vyjádřena i výborným detailem kostýmu: těžký opasek zabezpečují ještě prozaické kšandy“, potlačovanou ženskost Lízy Curryové zdůraznila Dana Medřická „širokým dupavým krokem a hrubým gestem, nedostatek vnějšího půvabu vyznačuje hmouřivým pohledem a zakyslým obloukem úst“ (*M. LUKEŠ, Divadlo, 1957, č. 8*). Za nejkrásnější byla označena scéna chvilkového sblížení Starbucka s Lízou, kdy zůstala stát „jako zmatená hezká holčička, protože v tom svém zmatku zapomněla na to, že hezká není“ (*J. ČERNÝ, Dana Medřická, Praha, 1965, s. 57*).

Jako Starbuck nalezl Radovan Lukavský v Rudolfu Hrušínském režiséra, který mu pomohl „dospět k vzácné syntéze“, vycházející „z obou zdrojů Lukavského interpretačního umění: i z toho, z něhož se napájely jeho postavy charakterové, i z toho, z něhož čerpaly postavy filozofující“ (*H. SUCHAŘÍPOVÁ: Radovan Lukavský, Praha, 1963, s. 17*). O skutečnosti, že si Lukavský význam spolupráce plně uvědomil, svědčí jeho zamyšlení o herecké režii.

K základním zážitkům práce režiséra s hercem patřila v tom prvním období i Hrušínského režie OBCHODNÍKA S DEŠTĚM. V kontrastu k frejkovskému typu ryzího režiséra-neherce jsem se tu potkal s něčím, co dodnes pokládám za čistý typ skutečně „herecké režie“.

Poznal jsem předtím i potom režiséry, kteří občas ještě také hráli, a herce, kteří občas také režírovali. Ale většinou v každém z nich režisér a herec byly dvě oddělené kategorie. Často se to projevovalo už na změněném chování, někdy dokonce na pracovní morálce, kterou týž člověk jako herec bere s určitou tolerancí, ale jako režisér je nekompromisní. Zkrátka nemyslím, že se dá mluvit o herecké režii pokaždé, když jde o spojení herce a režiséra v jedné osobě, protože dotyčný sám to třeba cítí jako dvě stavovsky odlišné společenské role.

Je pochopitelné, že režisér, který jinak taky hraje, čerpá i ze svých hereckých zkušeností. Ty mu mohou práci s hercem usnadnit, ale i znesnadnit, když se sám vidí v hercově roli a žádá na něm, aby ji vytvářel ne ze svých, ale z jeho prožitků, podle jeho hereckého modelu. A pak nezáleží na tom, jestli herci roli předehrává nebo mu ji slovy vnitřně konstruuje ke svému obrazu — nátlak, i když možná nepřiznaný a podvědomý, je pořád stejný nátlak. Jiná věc je, jak jeden herec takový cizí vnitřní model ochotně přejímá, jiný se podrobuje a třetí se uvnitř nebo i nepokrytě brání, jenže toho všeho se může dopustit nejen režírující herec či hrající režisér, ale i zakletý herec v režisérovi, který sám nehraje. Je tedy termín „herecká režie“ velmi vágní. A přesto si myslím, že jsem něco takového poznal.

Byl tu herec — kolega — přítel. Pro své nesporné herecké kvality všemi uznávaný, pro své lidské vlastnosti a kamarádské vztahy všemi oblíbený. Byl mimo podezření, že si chce režírováním vykompenzovat svůj herecký komplex či neúkoj, natož snad osobní účty. Takové tedy byly ideální předpoklady pro vzájemné pracovní vztahy.

Navíc nás Rudolf Hrušínský pozval do rolí, v kterých viděl jednoho každého z nás a nikoli sám sebe. Musel mě dokonce přesvědčovat, že si mě jako Starbucka dovede představit — protože já měl pocit, že to není role pro mne, že je mimo můj rozsah či nad mé síly a možnosti.

Během práce zůstal i jako režisér jedním ze souboru, nestal se jediným nad souborem. Nepodlehl tíži či vztlaku režisérské funkce. A jestli ji přijal jako roli, hrál ji tak přirozeně, nenásilně a znamenitě jako všechny své ostatní role.

Neměl snad zvláštní režijní metodu, ale měl zanícený vztah ke hře a s radostným zájmem sledoval práci svých kolegů, protože tu režii vzal sobě pro radost a ne z profesionálně zaměstnanecké povinnosti. A taky se nepokrytě radoval z každé vydařené scény a kdykoli herec dosáhl nějakého pokroku. Jemné ostruhy nasazoval slovy: „... a ještě — ještě by možná bylo krásnější, kdyby se ti podařilo ...“ O všem mluvil s herci jako s kolegy, takže jsme vlastně ani nepozorovali, jak nás režíruje, spíš jsme měli pocit, že nám při společné práci upřímně a vehementně fandí. Jistěže jeho úsměv někdy posmutněl, nešlo všechno pořád jako po másle, ale nikdy nehnal věci do konfliktů a krizových situací, nikdy se nesnížil k tomu, aby z pozice režiséra ponižoval herce. Citlivě upozorňoval na psychologické nuance v roli a psychologicky přesně uvolňoval v hercích na jevišti cestu silnému a pravdivému citu. A nejraději svým lyrickým gestem rozmáchlých paží, rozkošnicky se vlnících přes uvolněná zápěstí, až do konečků prstů, jako by dirigoval a milostně modeloval dynamiku a rytmický spád jednotlivých scén a celého představení, které prožíval komplexně, silným herecko-režijním prožitkem.

Takovou mám tedy od té doby představu o herecké režii. Herec, který spolu s herci vytváří společné dílo jako primárius se svými hudebníky, neodcizen pohledem od režisérského stolu a z režisérské lóže. Herec, který ve funkci režiséra pracuje a jedná s herci tak, jak si přál, aby se s ním jako s hercem jednalo a pracovalo.

Vychází-li tedy herecká režie z hereckého vztahu režiséra k hercům, projeví se to už při obsazování rolí. Hrušínský nás do rolí neobsadil — úředním fermanem —, ale pozval — v osobním rozhovoru.

Obsazovací praxe má mnoho otazníků a tohle je jeden z nich. Proč by nemohl režisér v divadle nabídnout herci roli a text hry k přečtení a pak se s ním dohodnout — jak se to dělá ve filmu a v televizi? Proč se má čelný herec dovídat pokoutní cestou nebo až z vývěsky, že mu byla přidělena role? Proč se někdy dva režiséři tahají o jednoho herce, ale nikdo se nezeptá toho herce, kterou z těch rolí nebo s kterým režisérem by radši hrál? Zdeněk Štěpánek se jednou v šatně právem rozhorlil: „To je pořád cavyků, jestli tenhle režisér tyhle herce chce nebo nechce, ale kdo se jednou zeptá nás, jestli my chceme toho režiséra? Na stupnici hodnot stojí někdy zralý herec opravdu výš než dejme tomu začínající režisér, ale ten přesto má právo o něm rozhodovat. Je správné, aby hierarchii hodnot nahradila či dokonce zpřevracela hierarchie funkcí? Jsou tu přece i dobré zkušenosti, které ukazují, že obojí může být v souladu."

Vím, jak trpký chleba má herec u režiséra, který ho obsadil do role ne proto, že ho v ní „viděl" a že se na něho těší, ale proto, že nedostal herce, kterého chtěl, a tak z toho či onoho důvodu ho „vzít" musel. Přátelská nebo aspoň korektní dohoda na základě určité dobrovolnosti vytváří pro práci režiséra s hercem přece jen lepší předpoklady.

R. LUKAVSKÝ: Viděno z druhé strany rampy. In: O české režii, Praha, 1981, s. 87—88

Večer po premiéře OBCHODNÍKA S DEŠTĚM seděli herci jako obvykle v klubu Komorního divadla a povídali si o představení — když zazvonil telefon. Z dálky, kterou si nelze ani při troše dobré vůle představit, se ozval hlas. Rudolfu Hrušínskému volal z Ameriky Richard N. Nash, který se dověděl o uvedení OBCHODNÍKA S DEŠTĚM od své agentury, aby mu osobně poděkoval za režii. Nebyl to hlas z andělského kůru, ale určitě to tak v onu chvíli vypadalo.

O Hrušínského režii Nashova OBCHODNÍKA S DEŠTĚM bylo napsáno i řečeno zaslouženě mnoho. Mně zbývá dodat, že to byla jedna z nejúspěšnějších inscenací za celou třiadvacetiletou éru *našich* Městských divadel pražských a že výkony Radovana Lukavského, Dany Medřické, Josefa Kemra, Jaroslava Cmírala a Karla Pavlíka patří k vrcholům jejich životní kariéry. Nemůže být pro režiséra vyšší ocenění, byť, podle Cyrana, „hrou jiní stoupali si pro polibek slávy".

O. ORNEST: Pokus o portrét, 1990, rkp.

K sedmdesátinám dramatika Františka Langera nastudoval Rudolf Hrušínský s herci Městských divadel pražských jeho komedii OBRÁCENÍ FERDYŠE PIŠTORY. Slavnostní premiéry se účastnil autor, jemuž přišel blahopřát František Smolík, který se jako první představil rolí starého Pištory v roce 1926. V divadelním programu ke hře se režisér Hrušínský — patrně zasažen přílivem italského neorealismu k nám — neubránil prohlášení, že „jde skoro úplně o neorealistickou hru“. Tato proklamace se jako bumerang vzápětí vrátila a dopadla na jeho hlavu. Ani tak velký příznivec umění Rudolfa Hrušínského, jakým byl divadelní kritik Josef Träger, nepřešel tato slova mlčením.

Bohužel v Divadle komedie z Lazarské ulice zamířili na Žižkov a Vinohrady přes neorealistickou Itálii, hodně zbavili hru jejího domácího koloritu a inscenovali ji bezmála jako ukázku cizího repertoáru.

J. TRÄGER, Svobodné slovo, 21. 12. 1957

Nehledě na to vzniklo představení divácky úspěšné, ve kterém nechal Rudolf Hrušínský plně vyznít „vynalézavost individuální herecké akce, režisérem bezpochyby silně podmíněnou, herecký temperament, zjevnou chuť, s níž tu herci vytvářeli bodré figurky periférního střihu“ (*P. GRYM, Lidová demokracie, 22. 12. 1957*). Také tentokrát patřil herec na první místo.

Režisér Rudolf Hrušínský dal na původní scéně Adolfa Weniga hře ostrý rytmus, vzal, jak se říká, věc řízně do ruky a bez zbytečných prodlev a hledání toho, co ve hře není, ukázal divákům barvitý staropražský obrázek, plný lidového humoru i smutku. Zásluhu o skvělý účin měl Bekův Ferdyš, který, i když ne periférně střižen, podal vedle Josefa Beyvla (starý Pištora) a Alexandry Myškové (sestra Tereza) znamenitý výkon. Byl to i zdařilý prof. Kosterka Lubomíra Lipského, ale i postavy slabší, jako zidealizovaný kníže, Dostálka aj.

jer, Zemědělské noviny, 29. 12. 1957

(282) Šaldova sociálně laděná hra DÍTĚ nebyla Rudolfu Hrušínskému v době jejího zařazení na repertoár Komorního divadla jako režisérovi zcela neznámá. Poprvé mohl poměřit své síly s nároky, které na něho Šaldův text kladl, v roce 1943 u Budínského společnosti. Jako při předchozích inscenacích zůstal v přístupu k dramatu věren svým představám o poslání režiséra.

Režisér má podle mne sloužit autorovi, myšlence hry. Nemám rád, když někdo přistupuje k textu se základním režijním nápadem — jen abych to proboha neinscenoval, jak je to napsáno. To si radši vyberu rovnou jinou hru, ne?

R. HRUŠÍNSKÝ, Květy, 31. 3. 1988

Režijním záměrem Rudolfa Hrušínského bylo očistit Šaldovu hru od přemíry sentimentu a dát jeho postavám psychologickou hloubku.

Když se v Komorním divadle zvedne opona, zdá se, že režie Rudolfa Hrušínského půjde stopami E. F. Buriana. Slibuje to scénický rozvrh Adolfa Weniga, kuchyně je tu středem, obtočeným východy a pokojovými zákoutími, ostrůvkem vzdáleným realistickému dějišti. Také herci pronikají víc pod povrch, ulpívají na poněkud monotónním přednesu a snaží se vystihnout básnivost typicky šaldovskou.

J. TRÄGER, Svobodné slovo, 5. 4. 1958

Hrušínskému bylo na jedné straně přiznáno, že umí „vyjádřit náladu okamžiku", na druhé straně mu tentýž recenzent vytkl, že Šaldovu „komedii výrazných kontrastních barev utlumuje a ladí do sladkobolné lyriky" (*J. OPAVSKÝ, Rudé právo, 12. 4. 1958*). Jako jedna z nejpůsobivějších scén byla označena ta z počátku druhého dějství, ve které režisér „potlačil všechno kolem a vyloupl nečekaně ze všeho jen Františku a hlas jejího rozbolavělého nitra" (*J. OPAVSKÝ, Rudé právo, 12. 4. 1958*). Nepochopena zůstala závěrečná scéna, v níž zatvrzelá paní Kostarovičová rozbíjí ve vzteku Ríšovu sklenici. V provedení Milady Želenské nevyzněla jako akt vzdoru, ale jako gesto symbolizující rozpad rodiny. Kromě Františky Jany Koulové, jež byla „jak z venkovských povídek Boženy Němcové, s půvabem čistoty a tklivé něhy, bezbranná, a přece plná síly, když z ní mluvil cit", nejvíce zaujal Alexandr Kostarovič Josefa Kemra, který dal „melancholický obrys postavě starého mládence, jako by po paměti kreslené podle autorova profilu" (*J. TRÄGER, Svobodné slovo, 5. 4. 1958*). Spornou otázkou, která vyvolala kolem celé záležitosti neúměrný rozruch, se stala i Hrušínského záměna houslisty Aleše Kostaroviče za klavíristu.

Hrušínského inscenace Šaldova DÍTĚTE je zajímavá i jako obraz doby. Bylo zapotřebí menší textové úpravy, protože dialog zněl vyumělkovaně. A cílem režiséra bylo opět oprostit a zlidštit postavy do nejvyšší míry, polidštit i tak ďábelské letory jako Kostarovičovou (Milada Želenská) a jejího syna Ríšu (Václav Voska), současně pak zbavit didaktičnosti strýce Lexu (Josef Kemr) a uplakané slabošské velkodušnosti Aleše (Jaroslav Cmíral). Nejlíp Šaldovi vyšly obě venkovské dívky, nešťastná Františka (Jana Koulová) a hubatá Anča (Růžena Lysenková). Hrušínský šel ve snaze zmužnět Aleše tak daleko, že jeho lkající houslové kadence nahradil energickými klavírními etudami.

Podle nařízení putoval každý definitivní text na Národní výbor hlavního města Prahy ke schválení. Tam seděl jakýsi bdělý a ostražitý funkcionáříček (na jménu nezáleží, ale i ono bylo jakýmsi deminutivem), jehož bdělost se ještě zakalila, když zjistil, že režisérem je Hrušínský: to by v tom byl čert, aby ten něco nezosnoval! Srovnal text s originálem a udělal objev: Hrušínský zaměnil housle za klavír! Co to má znamenat? Vyhlásil poplach. Byla jmenována komise, aby vyšetřila „tento hrubý zásah do originálu". Hra už byla dávno na repertoáru, a jak bylo tehdy v kraji zvykem, každý od toho dával ruce pryč, nikdo si nechtěl vzít nic na odpovědnost, ale komise nakonec kapitulovala. Při závěrečném jednání jsme zjistili, že se onen funkcionáříček (který pak za normalizace udělal závratnou kariéru, byl prorektorem filozofické fakulty a hlavním ideologem a arbitrem Svazu spisovatelů) ani nenamáhal, aby představení zhlédl.

O. ORNEST: Pokus o portrét, 1990, rkp.

Ve snaze oživit repertoár Městských divadel pražských komedií ze současnosti přijala dramaturgie hru venkovského advokáta Jana Říhy CHCETE SE ROZVÉST?, která řešila stále aktuální problémy generačních sporů mezi rodiči a dětmi. V roli Zdeňka se tu jako host objevil dlouholetý přítel Rudolfa Hrušínského Vladimír Salač.

Každý divadelník ví, co znamená herecký půst. Odchází jistota a ta část sebedůvěry, která člověku dovoluje vystoupit na jeviště před diváky. Kromě jiného. Po letech živoření, které potkalo i mne, byla Rudolfova nabídka role ve hře CHCETE SE ROZVÉST? neuvěřitelným štěstím, šancí, záchranou. Ale vědom si toho, že nesmím zklamat, jsem se začal hrozně bát. Následky lze snadno předvídat: studium hry se stalo hotovým utrpením. Pro mne svázaného trémou z toho, jak jsem se úporně snažil, pro Rudolfa proto, že mě všemi dostupnými (i když ne nejlaskavějšími) způsoby chtěl z toho křečovitého „snažení“ dostat. Proháněl mne, sekýroval, mučil. Určitě měl tehdy vztek, proklínal mě, ztrácel trpělivost. Já se střídavě potil, styděl i bouřil. Ale podařilo se. Zlomil má vnější gesta, narovnal mě uvnitř.

V. SALAČ, 4. 2. 1990, rkp.

Po Říhově komedii CHCETE SE ROZVÉST?, v níž herci „i režírující Hrušínský přesvědčivě dokázali své právo na závažnější úkoly“ (*J. ČERNÝ, Divadelní noviny, 7. 1. 1959*), padl los na Shakespearovu KOMEDII PLNOU OMYLŮ. Pro Hrušínského ji upravil a texty písní naplnil Ota Ornest, hudbu složil skladatel Jan F. Fischer. Snahou inscenátorů bylo umístit komedii mimo čas a prostor a zbavit ji všeho, co by připomínalo, že se jedná o námět antický. Také návrhy kostýmů Ester Krumbachové sledovaly tento společný cíl, a tak se po scéně pohybovaly postavy „v moderních svetrech se starobylými doplňky" a muži měli na hlavách „pastelově zbarvené buřinky (*jer, Zemědělské noviny, 20. 5. 1959*). Začátkem léta se KOMEDIE PLNÁ OMYLŮ přestěhovala z Divadla komedie, kde měla premiéru 14. května 1959, do Valdštejnské zahrady. Až na několik hlasů, kritizujících drastické zásahy do textu nebo potlačení romantických motivů, dostalo se této podívané upřímného obdivu. Dejme však slovo spolupracovníkům Rudolfa Hrušínského, kteří se na výsledku podíleli rovnou měrou.

Do Hrušínského režisérské „kuchyně" jsem nejblíže nahlédl, když jsme spolu dělali Shakespearovu KOMEDII PLNOU OMYLŮ. Dohodli jsme se, že je to ideální předloha pro hudební komedii, jež měly v Městských divadlech pražských dlouholetou tradici. Malou etudu pro takovou spolupráci jsme absolvovali za Hrušínského režie Solodarova ŠEŘÍKOVÉHO SADU. Tentokrát jsme si stanovili přesný plán, podle něhož jsem pak pracoval nejen na textech písní, ale i na celkové úpravě překladu Jaroslava Krause. Jednou ze zásad bylo častější střídání veršovaných částí (lyrických či vladařsky vznešených) s dialogem prozaickým, který k pasážím „na kothurnech" vytvářel nenucený, ale ostrý kontrast. Za příklad by tu mohla sloužit hned první scéna, kdy efézský vévoda určí syrakúskému kupci Egeonovi, který se opovážil tajně vniknout do Efezu (podle Hrušínského koncepce zde byl spoutaný Egeon konfrontován s vévodou, jehož sluhové právě koupali ve vysoké kádi), pokutu tisíc dukátů, jež však Egeon nemá. Nahý vévoda v kádi hřímal blankversem:

Od dob, kdy tvoji zpupní krajané
povstali proti nám, tu rozhodly se
vysoké rady — vaše jako naše —
styk mezi městy navždy přerušit.

Na to se docela prozaicky a prakticky zeptal: „A vážně nemáš těch tisíc dukátů? To je ale smůla! Řekni sám, co teď s tebou?"

V tomto prolínání — daleko častějším a kontrastnějším než v originále —, jež často vyvrcholilo písní, byla hlavní zásada úpravy, neboť vytvářela pravidla pro rytmus představení. Stanovili jsme si tři hlavní cíle inscenace: 1. Ukázat kocourkovskou nenávist efézského a syrakúského „vlastenectví". 2. Každý z nás po celý život hledá kromě lásky ženy taky lásku bratrskou.

Vždyť všichni jdem
tím světem den co den
a každý hledá bratra,
jenž by mu byl podoben.

3. Omyly jsou kořením tvůrčí práce a práce vůbec:

Ten, kdo se nemýlí,
nemá svou hlavu,
a proto omyly
dělat jsme v právu!

Spád představení, s nímž dramaturgická úprava musila počítat, byl dán i scénickým řešením založeným na točně, která umožňovala střihové střídání prostředí a vířivý pohyb, jenž chvílemi vyústil do karnevalového reje. A tak výprava Adolfa Weniga, kostýmy Ester Krumbachové a zejména hudba Jana F. Fischera byly v této pestré a neobyčejně úspěšné podívané složkami rovnocennými s hereckými výkony Lubomíra Lipského a Jaromíra Spala v rolích Antifolů, Josefa Kemra a Miroslava Homoly v rolích Dromiů, Alexandry Myškové v roli Adriany, Jany Koulové v roli Luciany a všech ostatních.

K jisté aktualizaci (opět z iniciativy režiséra) tu došlo v písni, již „o tom ženském plemeni" zpívali Antifol a Dromio efézští: píseň se skládala z titulů tehdejšího povážlivého repertoáru pražských divadel.

Tento ojedinělý způsob spolupráce jsem kromě Hrušínského zažil pouze u Alfréda Radoka. Oba měli ještě jedno společné: dokázali, bylo-li třeba, z velice problematického, ba chatrného textu vykřesat vynikající podívanou. Někdy jako by je takový text přímo dráždil. Naplnili jeviště životem s jeho rubem i lícem a postavami plnými protikladů.

O. ORNEST: Pokus o portrét, 1990, rkp.

Aktualizace písňových textů a nápěvů připomínala svou formou písničky revuí Osvobozeného divadla. Na jejich zhudebnění, ale i na další setkání s Rudolfem Hrušínským vzpomíná skladatel Jan F. Fischer.

Je to už dost dávno. Jednou jsme seděli tři skladatelé u stolu se sklenicí piva a taky s hudebním kritikem-historikem. „Hergot, chlapi," vystřelil najednou ten, co místo not psal písmenka, „tak dělejte něco! Co mám o vás psát? Seděl dvacet let za stolem a psal noty. To mi vydá sotva na dva řádky, i když to natáhnu!" Ujistil jsem ho tehdy, že nepůjdu vyloupit Anglickou banku jen proto, aby mu to vydalo pár řádek navíc. Vzpomněl jsem si na tu scénu dnes, když jsem usedal, abych napsal o Rudolfu Hrušínském, jak jsme spolu dělali v divadle. Tož dělali, ale v pohodě. Teď se mi chce zavolat: „Hergot, Rudolfe, tak se se mnou hádej, ať mi to vydá pár řádek navíc!" O potížích a hádkách se vždycky líp píše a hlavně čte. Jenže já si nemohu pomoci.

S Rudolfem jsme dělali hlavně v mladších letech a nikdy mezi námi nelítala neslušná slova. Potkávali jsme se většinou v inscenacích, kde on hrál a já psal noty. Už brzy po válce na Vinohradech ve Frejkově inscenaci Shawovy SVATÉ JANY nebo Lomova DĚVÍNA či BOŽSKÉHO CAGLIOSTRA, na Národním pak v Pleskotově inscenaci Frischovy ANDORRY. Z těch dalších bych vyzvedl hlavně tři: Nestroyovu frašku TALISMAN, kterou do podoby téměř singspielové upravil Ota Ornest a režíroval Jan Fišer. Rudolf tam hrál (střídavě s Jiřím Vršťalou) ústřední postavu Víta a moc se nazpíval. Ta inscenace se v tehdejším Divadle komedie (dnes je tam Semafor) hrála tak dlouho a tak důkladně, že už se začaly rozpadat kulisy. Ty druhé dvě inscenace, na které rád vzpomínám a ve kterých vytvořil titulní postavu, byl Holbergův JEPPE Z VRŠKU a Kainarův NEBOŽTÍK NASREDIN, obě inscenace v Tylově (Stavovském) divadle v režii Pleskotově. Hlavně v Holbergovi jsem mu byl vděčen, jak dovedl zazpívat Píseň o bílé cestě — a vůbec jak ovládal jeviště.

Když jsme se sešli na Shakespearově KOMEDII PLNÉ OMYLŮ (v úpravě Oty Ornesta, který z toho udělal komedii plnou zpívání), byla to už od počátku spolupráce s Hrušínským jako režisérem. Nebyla to hudební komedie, kterou by skladatel napsal a pak zadal divadlu, tuhle hudbu jsem psal v úzkém dotyku s režisérem, na jeho pojetí i, pokud to šlo, hercům na tělo. Byla to taková italská muzika střižená do současna, neboť i texty si tu a tam zašilhaly do tehdy aktuálních problémů.

Asi by vypadalo způsobně, kdybych teď vylíčil, jak jsme v potu tváře a z posledních sil zápasili o styl a hledali těch „prvních osm taktů" (to byl termín Jiřího Frejky a s ním hledat těch prvních osm taktů byla někdy dost lopota), ale to bych přeháněl. S Rudolfem jsme si rozuměli, práce šla v krásné pohodě a dodnes mne pohladí, když si vzpomenu, jak hercům domlouval: „Poslouchejte tu muziku a bude vám to jasné!" No a prostě se vymýšlelo, vymýšlelo, zkoušelo a pak inspicient pan Herzán cinkl, dirigent Smetana spustil orchestr a začala premiéra. A to je pohádky konec. S režisérem jsme přátelé dodnes.

Takže: Rudolfe, prosím tě, příště se se mnou hádej, ať mi to vydá pár řádek navíc!

JAN F. FISCHER: Pár řádek navíc, 1991, rkp.

K poslední režii, kterou se Rudolf Hrušínský rozloučil se souborem Městských divadel pražských, si zvolil psychologické drama z černošského prostředí HROZINKA NA SLUNCI od Lorraine Hansberryové. Jednoznačný úspěch OBCHODNÍKA S DEŠTĚM se sice neopakoval, ale i tak se režisérovi podařilo proniknout k podstatě hry. „Kromě soucitu, jejž tento příběh nezbytně vzbuzuje, vložil do představení i aktivizující prvky vzpoury, ovšem učinil to velmi jemným způsobem" (*P. GRYM, Lidová demokracie, 5. 3. 1960*). Přes exotičnost tématu se herci (Marie Rosůlková – matka Youngerová, Josef Kemr – Walter Lee, Alexandra Myšková – jeho žena Rút, Zdenka Procházková – Beneatha, Eduard Dubský – George

Murchison aj.) přiblížili svým postavám natolik, že dokázali vyvolat „iluzi, že divák pozoruje opravdu svět černých lidí“ (*J. SCHNABBEL, Mladá fronta, 5. 3. 1960*).

Rudolf Hrušínský má jako herec i režisér dokonale vyvinutý cit pro všechno, co se na jevišti děje. Říkával vždycky, že pořádný režisér má mít na všechno nos, jinak mu erudice není nic platná. Nos — nebo taky čich: vyjadřoval to vždycky tím, že palec a ukazováček pravé ruky přiblížil k nosním dírkám. Když jsme byli v divadle společně a zjistili, že režisér představení neměl ponětí o stylu hry, že třeba dělal Molièra jako Goldoniho nebo Wilda jako Nestroye, tu, když jsme se potkali, zacpal si dvěma prsty nos a oba jsme věděli své. Vídám nyní přečetná představení, ale Rudolf už dávno se mnou ve hledišti nesedí. Často, přečasto si na něho vzpomenu a v duchu ho vidím, jak si zacpává nos.

O. ORNEST: Pokus o portrét, 1990, rkp.

Ani jako člen činohry Národního divadla se Rudolf Hrušínský režírování nevzdal. V roce 1962 uvedlo Divadlo ABC, v jehož čele stáli umělecký šéf Jan Werich s administrativním ředitelem Jiřím Jahnem, hned dvě komedie v jeho režii. Tou první byla nehluboká veselohra ze současnosti TY A JÁ maďarské dramatičky Kláry Fehérové, tou druhou proslulá PODIVNÁ PANÍ SAVAGEOVÁ Johna Patricka. V Divadle ABC se Hrušínský setkal s novými tvářemi, což nebylo na škodu věci. Zvláště v PODIVNÉ PANÍ SAVAGEOVÉ, jejíž děj se odehrává v soukromém nervovém sanatóriu, nalezl vděčnou předlohu k rozehrání veskrze lidské komedie o chvále bláznivosti. Do hlavní role nezištné milionářky, jejímž snem je zřídit fond pro uskutečňování tajných přání, obsadil Elenu Hálkovou a Natašu Gollovou. Obě byly spíše „vlečeny rytmem okolního dění, nevytvářejíce potřebnou dominantu představení“, takže kritik dal „přednost suverénní pevnosti výkonu Hálkové před křečovitými mimickými proměnami Nataši Gollové, jež by možná — technicky zvládnuty — lépe odpovídaly charakteristickému ‚podivínství‘ paní Savageové“ (*J. ČERNÝ, Lidová demokracie, 20. 6. 1961*).

Při zkouškách dovedl Rudolf Hrušínský přesně vycítit náladu, která mezi herci panovala. Když někdo z nich, zaujatý jen vlastní postavou nebo určitou scénou, plně nechápal, jak k roli přistupovat, vzal si ho stranou, aby mu vysvětlil další vývoj postavy a hrál ji tak a tak. Ale i trpělivost měla své meze:

Poblíž Divadla ABC, v Palackého ulici, je malé uzenářství. Ranním hostinám, které zavedl Jan Werich, se říkávalo „malé štěstíčko“. Jednou po ránu se před zkouškou na PODIVNOU PANÍ SAVAGEOVOU herci sešli nad zvláště dobře upečenými vepřovými ocásky. Když se objevil režisér, všichni se poslušně přesunuli na jeviště, ale praskali ve švech, líní a otupělí. Hrušínský je z hlediště dlouho mlčky pozoroval — a pak zařval. Vepřové ocásky se rázem rozplynuly jako obláčky a herci se pustili do práce.

Kolem uvedení PODIVNÉ PANÍ SAVAGEOVÉ se rozvinula polemika dovedená ad absurdum. Jeden z recenzentů nasadil káravý tón:

> My dnes máme na dramatické dílo daleko vyšší požadavky než mají v buržoazním světě. U nás dnes samoúčelný humor bez optimismu, založeného na vědomí společenského pokroku na jevištích, je trapným a zbytečným přežitkem.
>
> *O. DANĚK, Svobodné slovo 20. 6. 1961*

PODIVNÉ PANÍ SAVAGEOVÉ optimismus nechyběl. Nechyběl ani inscenaci Rudolfa Hrušínského, jež pro Divadlo ABC znamenala návrat ke zdařilé komedii typu Kesselringových JEZINEK A BEZINEK.

> V peripetii tohoto boje vytváří autor situace, jež vyjadřují ústřední myšlenku komedie: že šílenství tohoto světa nezosobňují lidé za zdmi sanatoria, ale ti „normální“, úspěšní, zdraví senátoři, advokáti a samičky z horních deseti tisíc.

K zřetelnému vyslovení této myšlenky je také vedena přesná inscenace Hrušínského, která zároveň silným kontrastem, místy až s trochou sentimentality, akcentuje hluboké lidské souručenství chovanců ústavu a paní Savageové. Celý příběh by se jistě mohl odehrávat v civilnější rovině — rozhodně neprospěla výprava uzavírající interiér vězeňským mřížováním —, ve vedení herců k tvořivé charakterizaci však režisér dosáhl obdivuhodných výsledků. Obrodila se herecká tvář Otty Lackoviče (Hannibal), Jaroslavy Adamové (Florence) i Stanislava Fišera (Jeffrey). Alena Vránová se citlivě převtělila do mile ošklivé Fairy May, jež se vyjadřuje jen v překotných nárazech hlasu, gesta i pohybu, s rozpačitou trapností vprostřed přiškrcených. I standardní výrazové prostředky Stelly Zázvorkové se tu ukázaly schopny sdělit lidskou tragiku postavy paní Paddyové.

J. ČERNÝ, Lidová demokracie, 20. 6. 1961

Úzkou lávku, po níž musel režisér Hrušínský přejít z divadélka Rokoko, jemuž vládl Darek Vostřel, do Národního divadla, tvořily tři drobné polské aktovky. KRISTÝNA Jeremi Przybory, VELKÝ MILENEC Jaroslava Abramowa a krutá hříčka NA ŠIRÉM MOŘI, jíž na naši scénu poprvé pronikl Sławomir Mrożek, nesly společný název TROSEČNÍCI. Po této úzké lávce se Rudolfu Hrušínskému nepodařilo projít zcela bez úhony. Příčinou nebyla ani tak vlastní režie aktovek jako nesourodé připojení meziher, jejichž základem se staly skladby Cole Portera a George Gershwina. A tak nebyl divadelní kritik Jan Císař daleko od pravdy, když předpokládal, že se „hledalo jakési pouzdro, obal, v němž by se všechno najednou dalo prezentovat“. Tento paradox vedl ke zjednodušení, které poznamenalo celý výsledek.

V jevištní realizaci hrané a zpívané složky je však nepřekonatelný rozpor. Hostující režisér R. Hrušínský vede herce — s využitím všech jejich předností — k tomu, aby hráli s minimem gest, s maximálním soustředěním na slovo, na jeho logickou sdělnost. Scéna je vlastně naprosto prázdná, rekvizity jsou minimální, svítí se střídmě: všechno usiluje být jednoduché a prosté. (. . .) Jakmile se však začne zpívat — tak se doslova čaruje. Zpěváci se objevují v rafinovaných pozicích — jednou Pilarová v křesle s cigaretou, podruhé zase Štědrý zpívající svému stínu či obrácen zády k obecenstvu. A kolem se míhají všelijaké barevné světelné skvrny, pozadí se zbarvuje různými pastelovými tóny. Na rozdíl od hraných částí nejde o prostotu, ale o rafinovanost, která má vtíravou podobu přepychově zabalené bonboniéry. Každá z těchto částí jde jinam, potírají se a ztrácí se tak i ona jednota aktovek.

J. CÍSAŘ, Rudé právo, 16. 3. 1963

Roku 1965, v poněkud nepřehledné situaci, v níž se nacházelo Národní divadlo poté, co je opustil režisér Otomar Krejča a co se ve funkci ředitele vystřídali Bedřich Prokoš s Josefem Urbanem, dostal Rudolf Hrušínský nabídku, aby režíroval komedii Ivana Sergejeviče Turgeněva MĚSÍC NA VSI. V Národním divadle ji v roce 1928 poprvé uvedl ve vlastní úpravě nadějný režisér Vladimír Gamza. Pro Rudolfa Hrušínského ji znovu přeložil Vladimír Horáček.

Chtěl jsem vidět, co vše je v Turgeněvově původním textu. Turgeněv měl neštěstí, že žil v době silnějších dramatiků, a jeho komedie ukazuje, že byl v první řadě beletristou, třeba jen oněmi dlouhými líčeními a monology, dnes už asi stěží únosnými. Pokusil jsem se o úpravu sám. Rád bych, aby jasně vynikla celá myšlenka komedie o pokusu lidí uniknout z prohraných životů, prorazit ten bludný kruh i za cenu horšího dalšího života . . . Odehrává se sice ve čtyřicátých letech minulého století, ale snažili jsme se ji posunout k dnešku. Ani její ruské prostředí nějak silně neakcentujeme a při vší realitě respektujeme její poezii. Je to ostatně i pro jiná divadla hra zajímavá. Tak například v Anglii bude hrát v její inscenaci Ingrid Bergmanová a Michael Redgrave v oněch úlohách, které u nás vytvoří Fabianová a Höger. Ale až po nás, v červnu.

R. HRUŠÍNSKÝ, Lidová demokracie, 9. 5. 1965

Na otázku Jana Weniga, zda hraje v MĚSÍCI NA VSI sám, odpověděl Rudolf Hrušínský připomínkou svých zásad.

Já sám jsem dělal už v Komorním celou řadu režií. GAZDINU ROBU, OBCHODNÍKA S DEŠTĚM, DÍTĚ, KOMEDII OMYLŮ, ŠEŘÍKOVÝ SAD, HROZINKU NA SLUNCI a jiné. Ale v žádné jsem sám nehrál, podobně jako v případě komedie Turgeněvovy. Myslím, že v takovém případě režisér, zapojený i herecky do hry, ztrácí přehled přes její půdorys. Pochopitelně že nejsem proti hereckým režiím. Domnívám se totiž, že herec patří na první místo v kterékoliv inscenaci. Mám totiž i dojem, že hereckou režií se často zabrání sklonům k režisérismu, který někdy u nás oživuje více, nežli je zdrávo.

R. HRUŠÍNSKÝ, Lidová demokracie, 9. 5. 1965

Poprvé se při práci setkal s jevištním výtvarníkem Josefem Svobodou, ten mu navrhl scénu plně vystihující „atmosféru skleníkově dusného, fádního prostředí, v němž unavení lidé na Islajevově statku vedle sebe hluše vegetují, aniž jsou schopni navzájem se pochopit“ (*J. OPAVSKÝ, Rudé právo, 31. 5. 1965*). Z pohledu režiséra Hrušínského byla viděna takto:

První a čtvrté jednání je zdánlivě konvenční pokoj, nezabydlený, jen s nejnutnějším nábytkem, skoro symbolický, do jehož základního, impresionistického fialového ladění proniká ze zahrady prudce slunce. Druhé jednání, exteriér, je vytvářeno projekcemi, třetí, původně bezútěšnou skladištní chodbu, jsme nahradili prázdným skleníkem, na jehož skleněnou střechu prší. Vše na nakloněné ploše. Kostýmy navrhla Jindřiška Hirschová.

R. HRUŠÍNSKÝ, Lidová demokracie, 9. 5. 1965

Jako student Běljajev stanul na jevišti Národního divadla naposled před odchodem do Krejčova Divadla Za branou Jan Tříska, kterého alternoval Josef Abrhám. První příležitost dostaly v Hrušínského inscenaci herečky Jaroslava Tvrzníková a Jaroslava Obermaierová, jimž přiřkl roli Věry. Ale i ostatní obsazení bylo svědectvím toho, jaký důraz režisér kladl na práci s hercem.

> MĚSÍC NA VSI si zaslouží pozornost už pro řadu velkých hereckých výkonů, především Högerova, Nedbalova a Filipovského. (Těžká hlasová indispozice Třískova na premiéře nedovoluje seriózně posoudit ústřední postavu hry, mladého učitele Běljajeva.) Höger vytváří platonického milence statkářky Islajevové jako přirozeně noblesního, až odtažitého pozorovatele své vlastní citové prohry, člověka úžasné vnitřní sebevlády, který naléhá a táže se jen s upřenou důrazností vztyčeného pohledu a ani v důvěrném okamžiku, když Běljajevovi svěřuje svou nejniternější životní zkušenost, kdy se vlastně hroutí a kapituluje před svým sokem, nedokáže víc než zrušit svůj distingovaný postoj a s rukama v kapsách, kamarádsky, s nechtěným odstínem hořkosti hovořit o prokletí „každé, i šťastné lásky". Nedbalův doktor Špilgelský, jehož role je režijní úpravou hry akceptována, je vlezlý, vulgární „paprika" s věčným šklebem smíchu na tváři, šklebem, který je jako otřískaná porcelánová maska žoviality, pod níž se řine cynická nemytost závistivé malosti. Filipovského německý učitel Schaaf, ošuntělý človíček s koňskou nohou, vytvořil ve scéně se služkou Káťou jedno z nejsilnějších míst představení (rozsah této scény ovšem narušuje proporce inscenace). Z ostatních postav zasluhuje zmínky Lukavského Islajev, Natalja Vlasty Fabianové, Anna Jiřiny Šejbalové a Lizaveta Ljuby Skořepové. Mladé herečky (J. Tvrzníková j. h. a Eva Sirotková) nejsou ještě v tomto představení rovnocennými partnerkami.
>
> *J. ČERNÝ, Lidová demokracie 15. 5. 1965*

Ačkoliv autor recenze v souvislosti s inscenací Hrušínského MĚSÍCE NA VSI vyslovil domněnku, že se v ní vrací „atmosféra čechovovské dramaturgie Krejčovy, a to nejen v textu, ale i ve scénickém řešení a hereckém obsazení", nemohl pominout její hodnotu, která spočívala v režisérově schopnosti vcítit se do vnitřních proměn postav zdánlivě nehybných.

Turgeněvův MĚSÍC NA VSI ožil v neobyčejně čistém a jemném představení na Národním divadle. Je to zásluha režiséra Hrušínského, všech herců i Horáčkova překladu. Hrušínský se vypracovává v režiséra s vzácným, skoro bolestným citem a sluchem pro nejtišší hnutí v člověku. Jako by chtěl právě tato hnutí chránit proti neurvalosti a lhostejnosti, která je tak často v našem životě nebere na vědomí, jako by chtěl diváka zastavit ve spěchu za povrchem života a snadno dosažitelnými úspěchy za cenu vnitřní okoralosti a odcizení uprostřed moderní civilizace. Hledá si hry, které nepoutají a nenapínají vnějším dějem. Spatřuje dobrodružství umění v odhalování tajemství a ticha uvnitř lidí. Právě tak zkoumá v Turgeněvovi nejskrytější místa hrdinů. Nic se vlastně nepohne v panském sídle Islajevových, hladina jeho života se sotva zčeří příchodem a odchodem mladého učitele Běljajeva. Ale pod hladinou se posunuly bolesti, trpkosti, beznaděje a únavy. A v tom, jak se to stalo, se vyjevila cena lidí a jejich věčná naděje v dobrý a možný život.

S. MACHONIN, Literární noviny, 19. 6. 1965

Jak už bylo řečeno, byla to především služba dramatu, která určovala další směřování Rudolfa Hrušínského. Tam, kde herec nenásilně a oduševněle sestupoval ke svým postavám, pronikal režisér k prazákladům skutečnosti. Na jedné straně stál Čechovův IVANOV, na straně druhé Nashův OBCHODNÍK S DEŠTĚM, jak je vytvořil v Komorním divadle, dva milníky na téže cestě za uměleckým dílem. Patrickova PODIVNÁ PANÍ SAVAGEOVÁ se mu stala etudou, na níž si cvičil prstoklad k nastudování hry Jeana Giraudouxe BLÁZNIVÁ ZE CHAILLOT. V krátkém rozmezí několika let se jako režisér podruhé setkal s postavou, jejímž jediným lékem na všechny neduhy světa je láska k člověku. V činoherním souboru Národního divadla pro ni měl ideální představitelku — Olgu Scheinpflugovou.

Myslela jsem si, že se vyznám v kouzlech aristokrata francouzské literatury, protože mi bylo dopřáno hrát tři vedoucí role v jeho hrách, Alkménu v NOVÉM AMFITRYONU, Izabelu v INTERMEZZU (Jiří Frejka ji inscenoval pod názvem IZABELA NA ROZCESTÍ) a NOVOU ELEKTRU. Giraudoux v nich útočí nádhernými vodopády filozofických argumentů na svědomí lidstva, byla tedy velice aktuální v hodině dvanácté před druhou světovou válkou. Někdy člověku pomůže všechno, a jindy zase nic, ani největší zkušenost — stanula jsem před BLÁZNIVOU jako před Mont Blancem, který mám zlézt bez okovaných bot a bez záchranných lan, ale co zlézt, vytančit nahoru se zátěží tisíci myšlenek v hlavě, které mi naložil text. (. . .)

Hned po Giraudouxovi je pro mne největším potěšením a překvapením Hrušínský jako režisér. Chlapecky a mužně opojen látkou, čte tento nejtěžší rukopis lehce jako dětskou knížku. Neunikne mu nic z jeho jiskření i stínů, každé větě ponechává její sladkost, hořkost, nakyslost i vůni. Životní strach chudáků ukrývá za blaženství úsměvů, kterým neomalenci říkají bláznivé, bídu odívá do slovní elegance a škůdce ukazuje jako dobře oblečené trhany. Nic mu neutíká do snu, všechno je skutečnost, hlasitá nebo němá, řvoucí či zakřiknutá, a lidé jsou tu jen diváci, jen čumilové na osud druhého, neochotní či neschopní řešit, čímkoli, třeba nedůležitým, si pomoci k zlepšení života. Všichni hledáme s ním a jsme šťastni, když v tom ohňostroji nápadů nacházíme člověka, ne jednoho, ale sto a celé zástupy. Giraudoux v BLÁZNIVÉ zatracuje zlo, a po jeho zániku ponechává ulice bláznům, žebrákům, hadrářům, zpěvákům, psům a kočkám, i stromy jsou pro něho cennější než lidé, kteří zpustli bezcitností a kořistnictvím. Hrušínský vyklizuje ze světa špatnost, jako by na zemi vyvětral, aby nevinní trochu nabrali dech. Nechává diváka věřit, že je-li člověk bezmocný a nemá-li vliv na uspořádání světa, může si aspoň podržet své sny o lidské důstojnosti, svůj citový pořádek, a může mít vždycky v moci své vidění života.

Tato zdánlivě ironická hra je přeplněna soucitem s každým, kdo je postižen údělem, že musí žít, ale režisér, stejně jako Giraudoux, nezkrášluje ani postavu své divadelní básně. Proto zobrazujeme všichni člověka tak, jak vypadá, ubohý či bestiální, hlasitý na veřejnosti či zalezlý do sebe, hrnoucí se arivisticky kupředu s vlnami času i frází, nebo zašantročený do tmy svého podivínství, zaprášený a maniákalně lpící na minulosti, i když ho živí jen vyschlými kořínky zvadlých vzpomínek. Je to maškaráda, kde je každý převlečen za někoho jiného, aby propašoval svou ohavnost nebo ubohost. V takovém světě je možno žít jenom tehdy, když si hraješ na blázna a sám sobě namluvíš, že bída je blahobyt, opuštěnost láska a lidská bestie milující bližní. Moudrost se tu potuluje mlhou času jako žebračka hrající si na hraběnku, odsouzená k posměchu, aby nakonec porazila blázny zdravého rozumu, ty, co si myslí, že mohou beztrestně ničit životní podmínky ostatních. Bláznivá, vykonavatelka tvrdého ortelu, zavede klidně lidskou škodnou pod zem, ačkoli ani do kanálu nehodí nic špatného, jen květiny, a to ještě dřív, než zvadnou. Není to dobrá víla ani zlá čarodějnice, říká nakonec sama o sobě: „Stačí jedna rozšafná žena, aby si na ní bláznovství světa vylámalo zuby." (. . .) Je nadána optimismem bláznů, věří, že s nemocí světa je to stejné jako s lidskou nemocí, „až zmizí, nikdo nebude věřit, že vůbec byla, a lidé budou jednou slušní, počestní a nebe čisté".

Nevím ovšem, a přiznávám se, že to nebudu a nechci vědět až do poslední reprízy, věří-li v to Giraudouxova hrdinka opravdu, není-li to v jejích starých ústech jenom útěcha pro ty, kteří neunesou skutečnost. Tato hra se dá přece vyložit co nejjednodušeji i co nejsložitěji, je třeba režisérovi i hercům rozmotat sta smotků básníkových hedvábných vláken a utkat z nich hladké předivo nápadů a myšlenek, urovnat zdánlivý chaos jeho obrazových smyků a asociací. U tohoto dramatika není slepých ulic, každá se jen tak tváří, ale vždycky někam vede.

O. SCHEINPFLUGOVÁ, Divadelní noviny 16. 11. 1966

Při hodnocení BLÁZNIVÉ ZE CHAILLOT se nabízelo srovnání s Krejčovou inscenací Giraudouxova INTERMEZZA, jež bylo krátce předtím uvedeno Divadlem Za branou na nevšední scéně Josefa Šímy. Poezii, tryskající z Giraudouxova textu, se podařilo Krejčovi zachytit s větší lehkostí. Oproti

(298) INTERMEZZU dostala BLÁZNIVÁ ZE CHAILLOT „svěrací kazajku jakéhosi realismu“ (*J. ČERNÝ, Lidová demokracie, 2. 12. 1966*). Tato okolnost způsobila, že bylo její provedení přijato „spíš v jednotlivostech, než v celku“ (*J. PATOČKOVÁ, Divadlo, 1967, č. IX*). Určitou „statičnost jevištního obrazu, vysušení Giraudouxovy surrealismem napojené fantazie do scénické věcnosti“ (*J. ČERNÝ, Lidová demokracie, 2. 12. 1966*), vyvažovala ta místa představení, „kde končí ‚obhajoba‘ kořistníků a začíná znamenitě inscenovaný, bizarně přízračný, směšný i dojemný tanec Bláznivých“ (*J. OPAVSKÝ, Rudé právo, 5. 12. 1966*).

Režisér Hrušínský kolem sebe soustředil vynikající osobnosti. Z herců to byly kromě Olgy Scheinpflugové, s níž alternovala Blanka Waleská, především další představitelky Bláznivých — Marie Vášová, Marie Burešová a Vlasta Fabianová. Číšníka Martiala hrál osmdesátiletý Jiří Steimar, proslulý svými frakovými rolemi, Barona Eduard Kohout, Hadráře Radovan Lukavský, Čističe kanálů Josef Kemr . . . aj. Scénu navrhl Josef Svoboda. Hudba k inscenaci vznikala za zvláštních okolností. Evžen Illín ji skládal na elektrickém pianu v nemocnici, kam ho chodíval Rudolf Hrušínský navštěvovat. Výsledek byl mimořádný.

Hrušínského inscenace BLÁZNIVÉ ZE CHAILLOT si uložila z možných přístupů k Giraudouxově textu, zdá se, ten nejtěžší: vyjevit to nepojmenovatelné, nezvažitelné, básnicky zázračné, co je skryto ve slovesné struktuře, co tak omamuje při čtení (čistý inteligentní překlad M. a J. Tomáškových) a je tak těžko převeditelné do situací, aranžmá a dialogů. Ionesco tuto vlastnost BLÁZNIVÉ ZE CHAILLOT charakterizuje brilantní metaforou: „Giraudoux tak klade lehké bomby, ovázané stuhou jako velikonoční vajíčka, a ty pak graciézně vybuchují, aniž by lidé pocítili, že byli zasaženi.“ O premiéře hlediště zřetelně rozeznávalo, kde se Hrušínskému daří a kde se mu zatím nepodařilo přivést ty skryté bomby k explozím. Zdá se, že se to podařilo zejména tam, kde je spolu s herci našel v hnutích duše, v jemných a tajemných výpravách do prostorů bolesti a dětské radosti v člověku, tam, kde objevovali stopu po zmarněné kráse nebo poslouchali křik, který nemá hlas a z kterého se krvácí dovnitř. Je to až na několik míst v celém výkonu Olgy Scheinpflugové, která se pro svou Bláznivou vzdala přísně čehokoliv vnějšího, atraktivního nebo bizarního, co se tak vděčně nabízí, a odevzdala se její vnitřní existenci v sobě. A jako by v ní bloudila jako v říši divů, v čistotě a svobodě, jakou mají děti, které ještě nepotřebují a neumějí lhát. Ale někde za tou pravdomluvnou logikou, za tím bláznovstvím pravdy člověk cítí hoře a samotu, z jaké se přichází o rozum. Jinde je podobná tichá exploze uložena ve výkonu Kláry Jernekové — v pohybu, v zapažených rukou připomínajících poraněného ptáka, v tom, jak se propadá do svých vizí. Nebo ve výkonu tří bláznivých, zvlášť v úchvatné studii lidské bezbrannosti, jíž zazářil talent Marie Burešové, i v silném výkonu Vlasty Fabianové. Stejně ryze zní inscenace v Lukavského Hadrářovi — připadlo mi, jako by do sebe vbíral další a další uražené a ponížené a ve scéně „obhajoby" jako by se v něm na celý svět rozehřměla jejich spravedlnost.

Zdá se, že takto vyšly výkony všude tam, kde Hrušínský našel polohu pohádky, zázraku, úžasu. Kde mu unikla do realistické pravděpodobnosti, klesá, je neohrabaná a nudí. Přesnější polohu pro tyto postavy našli zejména Soběslav Sejk v roli Burzovního agenta a Eduard Kohout. V druhé polovině přibývá hluchých míst a závěru, který ztratil všechnu poezii a tajemství, ještě přitížilo neorganické poetizování filmem a alegorickým živým obrazem triumfu s mávátky.

Hrálo se na Svobodově promyšlené scéně, v kostýmech Jindřišky Hirschové, navržených s fantazií a vtipem. Výbornou hudbu napsal Evžen Illín.

S. MACHONIN, Literární noviny, 3. 12. 1966

BLÁZNIVÁ ZE CHAILLOT byla poslední velkou rolí, kterou na scéně Národního divadla vytvořila Olga Scheinpflugová. Na jaře roku 1968 podlehla srdeční slabosti. Nedočkala se mravního vzepětí sil onoho roku, ale ani jeho následného potupení, zrady, rozčarování.

(300) Podpis Dvou tisíc slov, jímž stvrdil Rudolf Hrušínský své přesvědčení, se podobal ortelu, který vynesl nad sebou samým. Ani režie Millerovy ZKOUŠKY OHNĚM, která měla premiéru 21. prosince 1968, mu však neměla být přičtena k dobru. Dotkla se totiž problému natolik ožehavého, jakým byl hon na čarodějnice, konaný v roce 1692 v severoamerickém Salemu. Hon na čarodějnice, jak jej zažili američtí intelektuálové začátkem padesátých let v období takzvaného maccarthysmu, měl s tím salemským společný „hřích veřejného teroru", který spočívá v tom, že „olupuje člověka o svědomí, o něho samotného (*A. MILLER*). K novému honu na čarodějnice se v Čechách právě schylovalo.

Před premiérou poskytl režisér Hrušínský rozhovor, v němž se vyjádřil k tomu, proč se rozhodl Millerovu ZKOUŠKU OHNĚM inscenovat.

Je to Millerova asi nejlepší, a bohužel asi také nejaktuálnější hra. Sám jsem si ji ovšem nevybral, to je práce dramaturgie, ale přesto si myslím, že je to hra v dnešní době potřebná. Ostatně byla v dramaturgickém plánu už před srpnem, ten jen podtrhl její aktuálnost. S jinou Millerovou hrou SMRT OBCHODNÍHO CESTUJÍCÍHO ji spojuje snaha poznat sebe sama, i když se takové poznání často platí smrtí.

ZKOUŠKA OHNĚM se odehrává v roce 1692. Výběrem překladu, který záměrně archaizuje, i celým představením bych chtěl jen podtrhnout, že se od té doby mnoho nezměnilo. Myslím, že není na škodu lidem tyhle pravdy připomínat. Ne že by po zhlédnutí téhle hry byli naráz jiní, chtěl bych jen, aby se alespoň na chvíli zamysleli. Ptáte se proč? Mottem našeho představení je písnička Petera Seegera:

Proč? Proč? Proč?
Proto! Proto! Proto!
Sbohem. Sbohem. Sbohem.

R. HRUŠÍNSKÝ, Večerní Praha, 17. 12. 1968

Patos hry podnítil patos inscenace, která od počátku útočila na diváka prudkým nasazením. Způsobil, že „hlas, gesto a pohyb" měly „jakoby exaltovaně znásobený rozměr a intenzitu", takže atmosféra zhoustla natolik, že se podobala „jedinému zoufalému křiku, horečnatému pohybu vášně a hysterie" (*J. OPAVSKÝ, Rudé právo, 10. 2. 1969*). Veškeré snažení režiséra i herců směřovalo k vyjádření konfliktu dvou protichůdných sil — nařčených obětí a jejich soudců —, mezi nimiž stál jediný člověk, vedený zdravým selským rozumem — Jan Proctor.

Millerův tragický hrdina Jan Proctor jde třetí cestou: označí celý proces se salemskými „čarodějnicemi" za pustý podvod, ačkoli ví, že ho to bude stát krk. Radovan Lukavský v této roli nenosí hrdinskou aureolu ani tragický patos, je to obyčejný sedlák, má své starosti a slabosti, nepříjemnostem se ctihodnými pány by se raději vyhnul — prostě stojí pevně rozkročen na své zemi a vůbec nemá sklony podléhat fanatické víře, svíjet se v křečích náboženského šílení, zapřít vlastní rozum a černé poslušně označovat bílým. V důsledku minulých styků s Abigail (Blanka Bohdanová nehraje jen efektní vnějšek této postavy, ale i jádro člověka, který své zoufalství z tohoto světa chce léčit naplněním velké vášně) je vtažen do situace, v níž se zmíněné dispozice stávají uvědomělým životním postojem. Je postaven před volbu mezi životem za cenu lži, ztráty svého svědomí, sebe sama — a hrdinskou smrtí. V nezapomenutelné, protože naprosto „nehrdinské" scéně plné opravdového citu (Dana Medřická v roli jeho ženy Alžběty zde překrásně uzavírá složitou křivku jejich vztahu), volí druhou alternativu. Tím, že zvolil smrt, stal se uvědomělým soudcem své doby. A nejen své doby.

J. BENEŠ, Práce, 2. 1. 1969

Také tentokrát vzniklo pod vedením Rudolfa Hrušínského „typické herecké divadlo s maximem prostoru pro individuální vyjádření" (*M. URBÁNKOVÁ, Zítřek 15. 1. 1969*). Názorným příkladem se stala postava Jana Habeho, jak ji vytvořil Miroslav Macháček.

Jeho Jan Habe přichází do Salemu s mírným a nebezpečným úsměvem zprostředkovat lidem spasení i proti jejich vůli. Sugestivně, jak je Macháčkovi dáno, pak postupně přetváří počáteční jistotu v napětí pochyb a nakonec v hrůzu poznání, že se mýlili ve víře, i ve víře i službě, že neexistuje nic vyššího, co by ospravedlnilo postavy nevinných — jako by Haba toto poznání i fyzicky nesnesitelně škrtilo.

A. URBANOVÁ, Divadelní noviny, 15. 1. 1969

V závěru představení se nad hlavami herců objevila slova suše vypovídající o tom, že oběti salemských procesů byly rehabilitovány. Derniéra Millerovy hry proběhla v tichosti 16. ledna 1970 — v den prvního výročí úmrtí Jana Palacha, který dobrovolně podstoupil „zkoušku ohněm“.

Labutí písní režie Rudolfa Hrušínského se měla na dlouhou dobu stát inscenace Čapkova LOUPEŽNÍKA s Martinem Štěpánkem v hlavní roli, Karlem Högerem jako Profesorem, Vlastou Fabianovou jako Fankou a Klárou Jernekovou jako Mimi . . . Tam, kde zůstával Hrušínský naprosto reálný, dařilo se mu. Tam, kde popustil uzdu fantazii, narazil na vzdorující Čapkovu předlohu. Také tentokrát využil k zesílení účinku projekce. Přicházející diváky vítal už zdálky osvětlený nápis Národ sobě a na Hynaisovu oponu vržený stín mříží. Symbolika promlouvala dostatečně jasně a její smysl nebylo zapotřebí nikomu vysvětlovat.

Nové představení v režii Rudolfa Hrušínského, na scéně Květoslava Bubeníka a se scénickou hudbou Miroslava Ponce se rovněž usilovně snaží zharmonizovat vnitřní rozpory textu, a myslím si, že cesta, kterou režisér zvolil, je v zásadě správná. V prvním, lyrickém dílu setkání Mimi s Loupežníkem hledá možnosti humorného nadhledu a naopak v druhé části se chrání svůdné a obvyklé komediální nadsázky. Hledá se tedy řešení v jednotném hereckém přístupu k rolím. Škoda že se to všude nepodařilo uskutečnit. Mám na mysli zejména Fanku Vlasty Fabianové, která je nečapkovsky drsná a tvrdá v projevu i výrazu.

Okamžiky, kdy její životem zkornatělá slupka roztává, se pak jeví jako nelogické, neorganické. Loupežník Martina Štěpánka je nepochopitelně zlyričtěn, pouze pasívní objekt Mimina vzplanutí, a ze hry mizí její nejvlastnější téma, pro něž má právě Štěpánkův herecký typ všechny vrozené předpoklady — svatokrádežné, vzpurné loupežnictví mládí. V představení doslova září především dva herecké výkony. Mimi Kláry Jernekové je nejkrásnější Mimi, jakou jsem kdy viděla. V každém okamžiku tu nahlížíme do nesmírného citového zápasu, který před našima očima vede s emocionální vroucností, silou a přesvědčivostí Mimi-dítě s probouzející se ženou-Mimi. V křehkém hlasu a rozpačitém gestu je půvab i plachost, strhující emotivní síla i prostinká něha. Jako mimóza reaguje herečka na sebemenší detail, v jediném okamžiku umí vyjádřit vazbou různých výrazových prostředků obě polohy Mimi. Ten druhý herecký výkon je Šefl Bohuše Záhorského. A to je jedna z postav, které nejvíc svádějí k tomu, čemu se říká figurkaření. V Záhorského interpretaci je pytlák Šefl filozofická postava, v níž jako by se neustále tiše smála moudrá zkušenost přírody a historie všem těm, kteří nad Loupežníky slaví svá dočasná vítězství.

A. STRÁNSKÁ, Svobodné slovo, 31. 10. 1969

Neméně zajímavá než výsledek sám byla cesta za výsledkem. LOUPEŽNÍK opět potvrdil, že se velikost režiséra Hrušínského skrývá v práci s hercem. Blanka Bohdanová vzpomíná na to, jak si dlouho nevěděla rady se svou Lolou a stále měla pocit, že se do ní nedokáže vžít. Stačila jediná lakonická věta: „Blaničko, vemte to vo cihlu níž!“ — a postava se narodila. Pro Kláru Jernekovou se stal pro změnu nezapomenutelným zážitkem způsob, jakým Hrušínský předehrával postavu Martinu Štěpánkovi. Zdálo se jí, že už nikdy neuvidí lepšího představitele Loupežníka. Neméně silně na ni zapůsobilo, když jednou neočekávaně zaskočil za herce, který v roli venkovana přihlížel tomu, jak Mimi políbí Loupežníka. Všichni přítomní její polibek nejen zaznamenali, ale i komentovali. Rudolf Hrušínský prošel po celé délce jeviště, zvolna se otočil k Mimi a pak něžně vydechl: „Poupátko!"

Jak už bylo řečeno, mříže na Hynaisově oponě se neobjevily náhodou: v soumraku, který se snášel nad českým divadelnictvím na přelomu šedesátých a sedmdesátých let, se postupně ze stránek odborného tisku i deníků vytratila jména Sergeje Machonina, Milana Lukeše, Jindřicha Černého, Jany Patočkové, Aleny Stránské, Jana Kopeckého, Jaroslava Opavského, Aleny Urbanové, Pavla Gryma i dalších. Nastoupila nová garnitura recenzentů.

O Rudolfu Hrušínském je známo, že není přítelem velkých slov. Tím méně pak úvah o vlastní tvorbě. Takže jeho odpověď na otázku, na kterou ze svých režií vzpomíná nejraději, je spíš než proklamací vyznáním:

> Já bych řekl, že na všechny, protože ve všech režiích, právě tak jako ve všech rolích, které jsem odevzdal, zůstalo kousek mého srdce, takže dneska je už velmi opotřebované.
>
> *R. HRUŠÍNSKÝ, Scéna, 1990, č. 21*

Při oslavě narozenin Rudolfa Hrušínského roku 1985 ve Viole pronesl její umělecký šéf Vladimír Justl přání, aby zase jednou visela u vchodu do Národního divadla cedule, na níž by stálo: režie — Rudolf Hrušínský. Uplynulo dlouhých sedm let, než se toto přání vyplnilo. Když přicházeli 22. února 1992 diváci do Národního divadla na premiéru Shawova PYGMALIONU, mohli na ceduli číst kýžená slova: režie — Rudolf Hrušínský.

Pod siluetami věží westminsterského paláce se odehrává drama malé květinářky. Prudký lijavec zahnal hlouček lidí na schodiště, kam se uchýlila také Líza Doolitlová. V tlustých černých punčochách, botách ke kotníkům, kabátku, ze kterého je na první pohled patrné, že jejím módním salónem je vetešnictví, v klobouku s ptačím pérem, zpod něhož blýská zlověstně očima. Tak vypadá Líza v úvodní scéně, kdy se seznámila s profesorem Higginsem.

Do hlavních rolí obsadil režisér Miluši Šplechtovou jako Lízu, Františka Němce jako profesora Higginse, Blanku Bohdanovou jako paní Higginsovou, Vladimíra Brabce jako Pickeringa, Janu Preissovou jako paní Pearceovou a Bronislava Poloczka jako popeláře Doolitla. Výpravu navrhl Josef Svoboda, kostýmy Ester Krumbachová.

Shawův PYGMALION byl v Národním divadle poprvé uveden v režii Karla Muška v prosinci 1913. Hlavní roli vytvořila Anna Sedláčková, kterou později alternovala Jarmila Kronbauerová. Podruhé v roce 1946 v režii Vojty Nováka s Jiřinou Šejbalovou jako Lízou. Hrušínského PYGMALION se hraje o ponížení, o nedostatku citu, taktu, o zahledění do sebe sama. Také v jeho pojetí zůstává závěr otevřený. Kdo ví, jestli může Líza nadále žít po boku zaslepeného Higginse. Ta Líza, která si uvědomila, že ve chvíli, kdy přestala být pouhou holkou z ulice, ztratila svobodu. Ta Líza, která v závěru hry žaluje na svůj osud:

Proč jste mě nenechal na ulici,
proč jste mě odtamtud tahal?
Co ze mě bude? Co ze mě bude?

FILMOVÉ ROLE: 1945—DOSUD

11. srpna 1945 podepsal prezident Československé lidově demokratické republiky dr. Edvard Beneš dekret o znárodnění kinematografie. Hned po skončení války začaly pracovat tzv. očistné komise, které prověřovaly morální postoj jednotlivých filmových pracovníků v době okupace. Pro své styky s Milošem Havlem měl být před disciplinární komisi povolán také Rudolf Hrušínský. Než se tak stalo, obdržel dopis následujícího znění:

V Praze dne 14. VII. 1945

Pan
Rudolf Hrušínský-Böhm ml.
Praha XII.
Horní Stromky 10

Předseda Svazu českých filmových pracovníků rozhodnutím ze dne 13. VII. t. r. zamítl ve smyslu odst. II Směrnic pro řízení před disciplinární radou Svazu českých filmových pracovníků návrh, aby proti Vám bylo zahájeno řízení ve smyslu cit. směrnic, poněvadž nebylo shledáno důvodů pro zahájení řízení.

Za Svaz filmových pracovníků

Dr. Hába
tajemník disciplinární rady

Po uvedení filmu PANCHO SE ŽENÍ v roce 1946 se jméno Rudolfa Hrušínského objevilo v tisku až v souvislosti s natáčením Cikánovy komedie ALENA a Vávrova filmového přepisu novely Marie Pujmanové PŘEDTUCHA. V paměti diváků uvízl nadlouho Hrušínského nesympatický tramp Toufar, jemuž dal podobu „správně zkaženého klacka dnešní zlaté mládeže“ (*A. M. BROUSIL, Zemědělské noviny, 23. 10. 1947*). Jeho půvabnou oběť Jarmilu hrála Nataša Tanská, která pronikla na filmové plátno jako Barunka v Čápově adaptaci BABIČKY; její rodiče představovali Marie Brožová s Františkem Smolíkem. Pro Hrušínského znamenala PŘEDTUCHA rozchod s postavami milovníků, jimž dal definitivně vale.

Rok nato převzala Komunistická strana veškerou moc ve státě a její kulturní oddělení vzneslo na filmaře dva požadavky: 1. většina filmů má být ze současnosti; 2. všechny filmy musejí zdůrazňovat výchovné aspekty uměleckého díla, musejí mít propagační hodnotu. Filmaři se podle této richtlinie pustili do práce s takovou vervou, že už za dva roky (1950) muselo předsednictvo Strany, vidouc následky, vydat Prohlášení. V něm se pravilo, že *je třeba všechny problémy brát nikoli ze schematických pouček, ale ze skutečného života*. Což by bylo hezké, kdyby zároveň v praxi nebyly závazné právě ty schematické poučky, jimiž se vždy poměřovaly jakékoli „skutečné problémy“ — pokud by je nějaký šílený odvážlivec napsal do scénáře. A kdyby vše nemuselo projít sítí schvalovacích orgánů, jež si dramaturgii pletly s cenzurou.

J. ŠKVORECKÝ: Všichni ti bystří mladí muži a ženy, Praha 1991, s. 48—49

„Dnes se nemělo čas, mělo se důležitější věci na starosti,“ vymlouvá se jeden z bratří ve filmové komedii HOSTINEC U KAMENNÉHO STOLU, kterou natočil Josef Gruss podle humoristické prózy Karla Poláčka. A na vysvětlenou dodává: „Asi se zapomnělo, že se jede na návštěvu.“ Tomáše a Spytihněva, kteří si osvojili tuto svéráznou mluvu, si s chutí zahráli Svatopluk Beneš s Rudolfem Hrušínským. Sluníčko, dobrá parta, ryby ve vodě, ryby na stole . . . nic nescházelo. A z rozvaděných filmových bratří se ve skutečnosti stali přátelé.

A tak jsme vyjeli do Rychnova a ubytovali se v malém hotýlku na náměstí. Herecká sestava byla jedinečná — paní Růžena Šlemrová, dvě půvabné Dáši — Sedláčková a Frýbortová —, Saša Rašilov, Jiří Plachý, Stanislav Neumann, Franta Černý, Rudolf Hrušínský a další. Kraj oplýval mlékem a strdím, jak by řekl praotec Čech, a my jsme toho pilně využívali. Díky skvělé kuchařce Jiřině Šejbalové se na našem jídelníčku objevovaly báječné pochoutky. Její manžel nás zásoboval lahodným vínem značky Piesporter, které dovážel z Prahy. Bylo jako stvořené k tomu, aby bylo podáváno k darům, které nám příroda poskytovala nejčastěji — pstruhům a rakům. Těmi se to v místních vodách jen hemžilo. A přitom stačilo přivázat na provázek kousek páchnoucího masa a rak byl náš. Na jejich chytání byli odborníky Gruss s Hrušínským, který se tomuto primitivnímu způsobu lovu shovívavě usmíval. Lákal mne, abych zkusil pravý rybářský zátah, čemuž jsem zprvu tvrdošíjně odolával, ale pak ve slabé chvilce svolil. Rudla připravil cajk a vyrazili jsme k rybníku Peklo. Nevím, proč takový hezký kousek světa dostal tak nelichotivý název. Byl vlahý letní večer a nikde ani živáčka. Loďku jsme zakotvili uprostřed rybníka. Rudolf mi dával poslední instrukce a před námi se vznášely dva splávky. Dlouho jsme mlčky seděli — Rudolf toho nikdy moc nenamluví — a čekali. Jen nějaký ten komár přizvukoval a občas nám připomněl, že se o nás ví. Skoro jsme zapomněli, že máme nahozeno. Bylo nám tak dobře, že by nám ani nevadilo, kdybychom nic nechytili. Najednou se můj prut prudce ohnul. Propadl jsem panice. „Klíííd, klíííd a zasekni!“ vydal Rudolf povel svým nevzrušeným hlasem. Trhl jsem prutem a ucítil tah. Zdálo se mi nemožné, aby měla ryba takovou sílu. Jak se ve vodě převalovala, připadala mi obrovská. Konečně jsem ji přitáhl k lodi. Rudla stál s podběrákem a vzápětí se na jejím dně plácal v záři zapadajícího slunce takový, ne *takový* zlatý kapr. Rudla mu jen vyháčkoval udici a lakonicky poznamenal: „Máme večeři . . . ale k tomu bude pivo!“ Potutelně se na mne podíval, jako by si v duchu pomyslel: To by v tom byl čert, abych tě na tu rybařinu nenachytal! Druhý den ráno jsem s Rudlou marně cloumal. Asi spal na vavřínech, protože ze mne udělal rybáře. Proč to však všechno vyprávím? Abych vám přiblížil náladu, za níž film vznikal a díky které se HOSTINEC U KAMENNÉHO STOLU stal jednou z nejúspěšnějších veseloher. Svou úsměvností jej připomínají díla Jiřího Menzela. A pokud vím — i on má tento film velmi rád.

S. BENEŠ: Být hercem, Praha 1992, s. 81—82

Krejčíkova VES V POHRANIČÍ, která byla uvedena do kin v únoru 1948, se od úsměvného HOSTINCE U KAMENNÉHO STOLU lišila neskrývaným úsilím naplnit oba výše zmíněné požadavky — tedy volání po filmu ze současnosti se zřetelnými výchovnými aspekty. Hrušínský hrál Josefa Pavlase, „představitele nebojácného a mravně pevného mládí" (*A. M. BROUSIL, Zemědělské noviny 17. 3. 1948*), který se neohroženě postavil bývalému esesmanovi, intrikujícímu proti novým osídlencům (Jan Pivec). Nebyl sám, kdo si uvědomil rozdílnost mezi filmovým pojetím pravdy a skutečností.

Účinnost příběhu pohraničních osídlenců tady byla nehorázně oslabena, nevím, zda autorem, naší kinematografií či perfidními zásahy úřadů. Nemusím snad zdůrazňovat, že problém pohraničí nepřestal být dnes o nic méně žhavý, než jím byl před dvěma lety. Tu žhavost redukoval film na teplotu velmi snesitelnou všem, které by mohla zapálit.

J. BRDEČKA, Svobodné noviny 22. 2. 1948

Na přelomu čtyřicátých a padesátých let došlo k výraznému poklesu filmové výroby, která se omezila jen na témata nejpotřebnější. Takovým se jevila kupříkladu budovatelská hra Vaška Káni, která posloužila ke vzniku Hofbauerovy KARHANOVY PARTY. Při natáčení nedržel Hrušínský jazyk za zuby a byl pro rozvracení kolektivu zproštěn role. Následný postih neměl sice dlouhodobé trvání, ale způsobil, že se mu nadále dostávalo převážně záporných charakterů. Do jejich katagorie náležel svůdce Syrovátko z HAŠKOVÝCH POVÍDEK ZE STARÉHO MOCNÁŘSTVÍ, kariérista Kurzweil

(310) z Fričova TAJEMSTVÍ KRVE, násilník Havránek z Vlčkových KOMEDIANTŮ, proradný účetní Šram z BOTOSTROJE, syn kulaka v Gajerově filmu PŘICHÁZEJÍ Z TMY, překupník Kalčík z detektivního příběhu NA KONCI MĚSTA, podvodník Vocílka z filmové adaptace Tylova STRAKONICKÉHO DUDÁKA i opilec Mlčoch z Helgeho ŠKOLY OTCŮ. Mimoděk se tak ubránil nebezpečí, že bude obsazován do rolí mnohem šablonovitějších, které se „proměňovaly v samoznaky s konstantními vlastnostmi: třídně uvědomělí dělníci, chápaví partajní funkcionáři, kolísající drobní rolníci, intelektuálové zprvu reakční, ale brzo neomylně přijímající Pravdu“ (*J. ŠKVORECKÝ: Všichni ti bystří mladí muži a ženy, Praha 1991, s. 51*). Svým způsobem byly pro něho záporné typy přijatelnější.

Většinou byly daleko lépe napsány než ty kladné. To je to, o čem jsem mluvil před chvilkou, že mne velice zajímalo hledat v záporných postavách kousek kladu. A naopak.

R. HRUŠÍNSKÝ, Scéna 1990, č. 21

Čím víc se Hrušínskému dařilo odstínit povahové rysy jednotlivých postav, tím nápadněji vystupovala na povrch schematičnost celku — jako v případě Cikánova filmu NA KONCI MĚSTA.

Jako hlavní, nejbarvitější a v podstatě i nejsympatičtější postava vychází z filmu bývalý překupník a drobný makléř Kalčík, výtečně sehraný typ pražského floutka (hraje ho Rudolf Hrušínský), postava tak zábavná a vybavená tolika kladnými povahovými vlastnostmi, že se přirozeně stává nejsympatičtější postavou filmu: stěží lze očekávat, že ji divák odsoudí za všechny její hříchy tak, jak by si zasloužila. Vedle ní pak ostatní postavy, a zejména ty nejkladnější (Kovář, Válek, příslušníci bezpečnostních orgánů aj.), vycházejí zjednodušeně, šedivě, chudokrevně.

A., Rudé právo 17. 3. 1955

Když se v roce 1956 rozhodl Karel Steklý zfilmovat Haškovy Osudy dobrého vojáka Švejka, měl za sebou dvacetiletou praxi scenáristy a jako režisér jediný prokazatelný úspěch — SIRÉNU, která získala na Mezinárodním filmovém festivalu v Benátkách roku 1947 velkou cenu Zlatého lva. Podobně jako Otakar Vávra se Steklý při volbě námětů obracel především k tvorbě českých spisovatelů. Ke zpracování rozsáhlého Haškova románu dospěl poté, co natočil TEMNO, ANNU PROLETÁŘKU a STRAKONICKÉHO DUDÁKA. Pokud jde o Švejka, nebyl zdaleka první, kdo sáhl po této nadmíru přitažlivé, ale ošidné látce. A nebyl patrně ani poslední, komu na tento literární Matterhorn nestačily síly. Jestli si přesto získala jeho dvoudílná epopej DOBRÝ VOJÁK ŠVEJK a POSLUŠNĚ HLÁSÍM své příznivce, bylo to zásluhou některých herců, jimž se podařilo povznést nad pouhou ilustraci předlohy a vytvořit nezapomenutelné postavy — Miloše Kopeckého jako feldkuráta Katze, Svatopluka Beneše jako nadporučíka Lukáše, Jaroslava Marvana v roli strážmistra Flanderky, Miloše Nedbala jako generálmajora von Schwartzburg, ale i Josefa Hlinomaze jako hostinského Palivce. Zatímco DOBRÝ VOJÁK ŠVEJK vycházel z prvního dílu románu nazvaného V zázemí, líčícího Švejkovy příhody od okamžiku, kdy mu paní Müllerová přinesla zprávu o atentátu na arcivévodu Ferdinanda až k jeho přeložení do Českých Budějovic, druhá část — POSLUŠNĚ HLÁSÍM — sledovala putimskou anabázi, končící odvelením na haličskou frontu.

Rudolfa Hrušínského, jenž prošel vítězně konkursním řízením na obsazení hlavní role, čekal nelehký úkol. Josef Švejk, tento „neocenitelný typ při destrukci", který „v nebezpečných situacích reaguje paradoxní reakcí", se v našich zemích dočkal kultu, jímž „jsme poněkud překročili žádoucí míru" (*V. VONDRÁČEK: Fantastické a magické z hlediska psychiatrie, Praha 1972, s. 188—189*). Navíc splynul s podobou, kterou mu vtiskl ilustrátor knihy Josef Lada a již se nepodařilo z mysli čtenářů zcela vymazat ani Karlu Nollovi, ani Sašovi Rašilovovi z předchozích filmových adaptací. Hrušínský stál tedy před nutností dát postavě Švejka nový výklad, a také to učinil.

Rudolf Hrušínský měl nesporný smysl pro karikaturní nadsázku, pro vtip, ale přesto stvořil poněkud chtěně chytrého Švejka, stojícího tak trochu nad postavou, bez oné přirozené bezelstnosti a lidové mazanosti, která tak okouzlovala diváky u Nolla a do značné míry i u Rašilova.

M. FRÍDA, Kino 11. 1. 1977

Ale i toto tvrzení je relativní. Obecenstvo, které nepoznalo herecký výkon Karla Nolla ani Saši Rašilova, si Hrušínského vychytralého Švejka zamilovalo. A on sám?

Švejk je nesmrtelná knížka a bude mít vždycky své oprávnění. Jenže se lépe čte než hraje. V němých filmech to bylo jednoduché, když šlo do tuhého, hodil se titulek a ledacos se překročilo a jelo se dál. Kdežto ve zvukovém filmu se musí dělat všechno a film asi nikdy nepředstihne knihu. Nejlepší Švejk, kterého jsem kdy viděl, byl Trnkův — loutkový.

R. HRUŠÍNSKÝ, Československý rozhlas 5. 3. 1979

Švejkovu uniformu si Hrušínský oblékl ještě jednou jako vojenský sluha Strašlipka v Ozerovově VELKÉ CESTĚ, inspirované pobytem Jaroslava Haška v revolučním Rusku. Spolu s Josefem Abrhámem v roli Haška vytvořili „kontrastní obraz, připomínající klasickou dvojici Dona Quijota a Sancha Panzy" (*J. OZEROV, Svět sovětů 1. 8. 1962*). Po Strašlipkovi, který stál Haškovi modelem ke Švejkovi, se Hrušínský k této postavě už nevrátil. Z plánovaného projektu Jiřího Menzela natočit s Rudolfem Hrušínským seriál pro německou televizi sešlo.

Ve druhé polovině padesátých let vzniklo několik filmů, jejichž novum „spočívalo ne v nějakém experimentování s formou (jak to dávno před nimi dělal Radok), ale v tom, že se na skutečnost podívaly realisticky. Bylo to důležité, neboť v dané situaci šlo o to pravdu objevit — třeba archaicky. A jak historie ukazuje, pro umělce je vždycky důležitější pravda o tom, čím lidé trpí, než o tom, co je v pořádku. Oslavné básně psali odjakživa spíš senilní laureáti nebo šplhouni“ (*J. ŠKVORECKÝ: Všichni ti bystří mladí muži a ženy, Praha 1991, s. 59*). Takovým prvním příslibem do budoucnosti se stala Helgeho ŠKOLA OTCŮ, v níž hrál Hrušínský surového otčíma Mlčocha. Úspěch byl překvapivý, snímek obdržel státní cenu. Povzbuzen oficiálním uznáním natočil Ladislav Helge VELKOU SAMOTU, v níž ještě rozvinul téma jedince vyvrženého společností. Předsedu družstva Kalába, proti němuž se postavila celá vesnice, vytvořil jedinečným způsobem Rudolf Hrušínský. Také VELKÁ SAMOTA byla navržena na cenu České filmové kritiky, ale na zákrok zvláštní komise k jejímu předání už nedošlo. Konečný verdikt vyslechl režisér v projekční kabině, kam se schoval. Trauma, které si odtud odnášel, poznamenalo jeho další tvorbu.

> Bylo to hrozné, měl jsem pocit, že snad nemohu ten večer dojít domů, že na mne někde určitě čekají, vždyť slovo „protistranický“ byl asi vůbec nejněžnější termín, kterého se tam použilo. Časem mě přesvědčili, že je třeba přetočit závěr. Původně zůstane hrdina filmu sám a rozpláče se. Místo toho je ve filmu paskvil, který mne dodnes nepřestal mrzet: družstevníci si pro předsedu přijdou a odvedou si ho mezi sebe . . .
>
> *L. HELGE: In: J. Škvorecký: Všichni ti bystří mladí muži a ženy, Praha 1991, s. 60*

Tou dobou patřil Hrušínský k nejvíce zaměstnávaným hercům. Jen na přelomu padesátých a šedesátých let měl na svém kontě téměř dvě desítky filmových postav. Od těch komických, jakými byli například sládek Pandrhola ve Fričově pohádce DAŘBUJÁN A PANDRHOLA nebo farář z Capartic z Machovy veselohry FLORIÁN, až k úskočným nositelům zla, k nimž se řadili Huppert z Vávrova NOČNÍHO HOSTA a komisař Böhm z REPORTÁŽE PSANÉ NA OPRÁTCE.

Bylo by tak možno pojmenovat každou postavu, čerstvě třeba filmového Hupperta v Aškenazyho NOČNÍM HOSTU, na kterém je zvlášť dobře patrné, jak objev lidství nebrání Hrušínskému ve vyslovení velmi přesného, konečného soudu. Hraje Hupperta světácky, bonvivantsky, velkoryse, elegantně, ale zároveň s odstínem cesťácké přisprostlosti a s několika jakoby neuhlídanými tvrdými gesty a pohyby nacistické brutality a potlačovaného „nadlidství", které vypovědí divákovi všechno o tomto člověku a vyvolají v něm odpor a nesmiřitelný hněv.

S. MACHONIN, Divadelní noviny 10. 5. 1962

V roce 1955 zveřejnil Milan Kundera oslavnou poému o Juliu Fučíkovi Poslední máj. Také kinematografie měla splatit dluh tomuto mýtu. Ztvárněním REPORTÁŽE PSANÉ NA OPRÁTCE byl pověřen režisér Jaroslav Balík. Hrušínský zbavil komisaře Böhma „mefistofelství, onoho filozofického nadhledu svým způsobem přeceňujícího posluhu nacistů" (*S. ZVONÍČEK, Kino 1962, č. 1*). Nebylo jeho vinou, že Fučíkova REPORTÁŽ „svůj filmový ekvivalent nenašla" (*A. J. LIEHM, Literární noviny 13. 1. 1962*).

Ilja Racek dal Fučíkovi svou tvář. Snažil se v duševní kresbě dát mu všechno to, jak Fučíka známe. I patos, i humor. A přece to není ono ... Já vím, že tohle není žádná kritická formulace. Jeho výkon má všechno, co má mít, jeho gestu nemohu nic vytýkat, ale přesto ten Fučík není dost živý, spíše je blízký národním buditelům, jak je líčily naše filmy tak před pěti lety, než tomu „veselému, statečnému chlapci" (to je Fučíkova formulace, z jedné polemiky o komsomolcích, ale formulace, která mi zároveň přesně vystihuje Fučíka) ... A ovšem Böhm. Jsou nerozlučně spjati v tomto příběhu. Režisér musí vědět, že růstem jednoho roste i druhý, a tak a jenom tak že se zvyšuje síla a důraznost Fučíkova vítězství. Hrušínského Böhm je velmi dobrou studií toho zvláštního typu „hodného" gestapáka, je dobrou figurou z českého okupačního filmu. Ale zase jen tolik a zase nic víc. Jak větší a přesnější, jak nebezpečnější a hroznější je Böhm Kunderův, vyjádřený několika verši. A jak potom může vyrůst Fučík, když tohoto Böhma poráží!

J. BOČEK, Kultura 11. 1. 1962

Slova, slova, slova. REPORTÁŽ PSANÁ NA OPRÁTCE nebyla ničím víc než pouhou úlitbou bohům, třebaže si to mnozí nechtěli připustit. Neplatilo to jen o režisérovi, přirozeně.

Všichni tvůrci této ur-vlny padesátých let byli členové komunistické strany; proto jim také otázky společenského svědomí ležely na srdci víc než bezpartijním, kteří neměli takové zásluhy na revoluci, ale také ne takovou odpovědnost za její méně příjemné následky. Třebaže někteří si později — pod vlivem Nové vlny — zaexperimentovali i s formou, šlo jim vždycky především o to CO, ne tak o to JAK.

J. ŠKVORECKÝ: Všichni ti bystří mladí muži a ženy, Praha 1991, s. 59

Po náročné dvojroli, kterou tvořily postavy Tarzana a mladistvého vynálezce Bruna v Balíkově groteskním podobenství TARZANOVA SMRT a BLBEC Z XEENEMÜNDE natočeném podle vědecko-fantastických povídek Josefa Nesvadby, se Rudolf Hrušínský setkal s látkou svého srdce. Byl jí Lucin z Kachyňovy NADĚJE.

Rudolf Hrušínský se mi pro postavu Lucina vybavil hned při prvním slovním náčrtu Jana Procházky. Myslel jsem si, že by to byla pro něho báječná figura. Promluvil jsem s ním. Roli přijal. A tak Jan Procházka už ve scénáři myslel na jeho herecké možnosti.

K. KACHYŇA, Kino 23. 5. 1963

NADĚJE se podobně jako předchozí filmy režiséra Kachyni, na nichž spolupracoval s Janem Procházkou — POUTA, TRÁPENÍ, ZÁVRAŤ —, zabývala do té doby opomíjenou tematikou lidských vztahů.

Vybrali jsme si dva poznamenané. Nejsou to lidé špatní, to je pouze omyl našeho pohledu, jenom my se domníváme, že jsme lepší. A pravda bývá často opakem. To pouze my „mravní" jsme své myšlení upravili do určitých kategorií. To jenom my jsme se naučili, že dobří jsou ti oficiálně dobří, ti bez vnějšího škraloupu . . .

K. KACHYŇA, Filmový přehled 16. 12. 1963

Ani Magdalena (Hana Hegerová), která „měla v očích tisíc a jednu noc" (*J. PROCHÁZKA: Naděje, Divadelní noviny 20. 2. 1963*), ani alkoholem rozleptaný Lucin rozhodně nepatřili ke zdravému jádru dělnické třídy. A přece právě v této dvojici, nesoucí cejch čehosi nepatřičného, „postupně, dramaticky a nikoliv jednoduše krystalizuje citový vztah, který mobilizuje to nejlepší v nich, protože ona ani on neklesli tak hluboko, aby ztratili schopnost vzájemně očišťujícího citu" (*J. PITTERMANN, Kino 30. 1. 1964*).

Exteriéry filmu byly natáčeny ve velkolomu Čertovy schody na Berounsku. Hned první sekvence, sledující partu mariášníků v kantýně, vypovídají nejen o charakteru postavy, ale i o náročnosti role, s níž se musel Hrušínský jako herec vyrovnat.

OBRAZ 72 — U kantýny — Exteriér — Noc. 324 — PD — PC — panorama: Vylítl jako vystřelená koule z děla na prostranství před kantýnou. Rozplácl se jako žába a na konci se převrátil na záda. Nohy mu vylétly nahoru . . .

Ve chvíli, kdy Rudolf Hrušínský podle onoho záběru 324 vylítl jako vystřelená koule z děla před kantýnu, vyjela ze zátočiny z lomu kolem kantýny stojedenáctka. Řidič zachytil do záběru očí ještě méně než kamera. Zaklel „to bude zas ostuda", přidupl plyn, ujížděl na Tmáň, naložil okrskáře a řítil se ke kantýně. Když se okrskář, rozhodnutý chránit život herce Hrušínského před zuřivostí chlapů z lomu, vřítil dovnitř, byli už herci zase v rodinné pohodě a popíjeli horký čaj. Tohle bylo mimo scénář.

Divák neuvidí ani pětatřicet sklouznutí a pádů, upřímných ozembouchů Rudolfa Hrušínského, které musel udělat, než byl záběr 301 — PC — C takový, jak jej vyžadoval režisér Karel Kachyňa.

(kář), Svoboda 20. 2. 1964

Magdalena našla Lucina ležícího na zemi a odvedla ho do svého domku, který se jako nedostupné skalní hnízdo vznášel nad lomem.

Pokoušela se u sporáku krájet třísky, vypadalo to, že se co nevidět řízne. — Počkej — řekl jí. — Di vod toho. Ukaž, já to nařežu! Dřepl k litinovému sporáku, vzal nůž z její dlaně, začal štípat dřívka. Pokaždé když zarazil střenku nože do polínka, bouchl na tupou stranu střenky dlaní. Šlo mu to jako mašina. Stála nad ním, opírala se v předklonu oběma rukama o kolena, hleděla, jak to šikovně dělá. V huňatém křiklavém županu, s těmi uhlazenými vlasy kolem gotického obličeje vypadala spíš jako náčelník Siouxů než jako milostnice.
— Kam vybíráš popel?
Přinesla kbelík.
Když měl na roštu hraničku třísek, dal pod ně chuchvalec papíru, vytáhl zapalovač, cvakl, přidržel plamínek u okraje papíru. A díval se, jak se rozlézá, syčí. Pak zavřel dvířka sporáku, ale v podřepu zůstal. Ruce měl napjaté před sebou, hleděl otvory pro průchod vzduchu na praskající oheň. Vůbec se nepohyboval, jako by v podřepu zkameněl. Podívala se na něho od stolu.
— Modlíte se, aby to chytlo? — ironicky se otázala. Několik okamžiků mlčel. Potom k ní otočil hlavu.
— Měli sme doma ty samý dvířka, řekl. — Taky litiňáky. Taky s těma čtverečkama a tady s touhletou mřížkou.
Zastavila se uprostřed nějakého pohybu.
— Cože? — nechala otevřená ústa.
Ale on už vstal. Už se k ní otočil celým tělem. Ta vteřina už tu nebyla. Lucin Šavla se tvářil normálně, mírně bezcharakterně.
— Už to hoří. — řekl. — Co budeme mít k večeři?

J. PROCHÁZKA: Naděje, Divadelní noviny 20. 2. 1963

 Tím silnějším, ale zároveň zranitelnějším byla Magdalena. Právě ona pomáhala Lucinovi překlenout vzdálenost mezi minulostí a budoucností. Lucin se podvědomě vzpíral představě, že by měl začít znovu. Teprve hádka, za niž Magdalena málem zaplatila životem, mu otevřela oči.

Hrušínský vytvořil v NADĚJI typ „vyřazeného a znovuvzkříšeného" člověka, jakého jsme v našem filmu dosud neviděli. Je neohrabaný, nemotorný až na mez komiky, kterou ale nikdy nepřekročí, lumpáctví mu kouká z očí; jak však tento člověk zjemní a zjihne, když nese Magdaleně první dárek nebo strojí v baráčku už v listopadu vánoční stromeček, aby zvětšil iluzi domova, jak se umí zcela jinak rvát za důstojnost svou i Magdaleny, když jim ji parta v hospodě chce upírat.

V. VONDRA, Práce 16. 1. 1964

Mlčenlivost se u Rudolfa Hrušínského pojí s uměním dívat se. Dojmy, které po léta vstřebává a jež se v jeho nitru ukládají jako v klenotnici, obohacují postavy, jimž dává tvar, čímsi nefalšovaným, ryzím. Když se ptali Hany Hegerové, jak se jí s Rudolfem Hrušínským hrálo, odpověděla:

Hrušínský je výborný herec: nejen v divadle, ale i ve filmu. Zná dokonale techniku herecké práce před kamerou — to, co já znám mnohem méně, protože těžiště mé práce bylo v posledních letech především v divadle, v písničkách, šansonech . . .

Hrušínský hrál v NADĚJI svou sedmdesátou filmovou roli. Já vlastně druhou, nepočítám-li epizodní postavy ve třech filmech. Snad mi trochu pomáhala praxe z televize, ale ani tam nebývám často. A tak si myslím, že největší pomocí byl vedle režie právě můj herecký partner.

H. HEGEROVÁ, Práce 18. 11. 1963

NADĚJE svou psychologickou kresbou sestupovala hlouběji, než bylo doposud zvykem. Áčkoliv se jí dostalo čestného uznání Čs. filmu a Svazu čs. divadelních a filmových umělců „za smělý pokus o zpracování tematické oblasti, jíž se naše umění v posledních letech vyhýbalo, a za to, s jakým humanismem dovede hovořit o lidech, kteří se ocitli na periférii života“ (*Š. BARTOŠKOVÁ—J. BARTOŠEK: Filmové profily I, Praha 1986, s. 177*), a Kachyňovi Ceny za režii na Mezinárodním filmovém festivalu v Buenos Aires roku 1964, bylo režisérovi z mnoha stran vytýkáno, že „příběhu chybí sociální zakotvenost“ (*R. BLECH, Smena 1. 2. 1964*). Další z recenzentů dospěl při srovnání NADĚJE s Pasoliniho neorealistickým filmem MAMMA ROMA k tomu, že se Kachyňa „obrazu reality už dlouho úzkostlivě vyhýbá“, a poukázal na to, že se „omezila jen na vyprávění zajímavého příběhu, aniž za ním objevila současnou realitu jednoho úseku života jedné socialistické země roku 1962“ (*A. J. LIEHM, Literární noviny 30. 11. 1963*). Ozvaly se i takové hlasy, které celou záležitost uváděly na pravou míru.

Procházka s Kachyňou nám tentokrát vyprávějí o lidech z periférie společnosti. Někteří už pochybují, zda je to ještě vůbec společnost naše. Argumentují tím, že prý dnes u nás není myslitelné, aby zápas, o kterém nám nový Kachyňův film vypráví — zápas jednoho muže a jedné ženy o nalezení takových hodnot v životě, jejichž pomocí by se oba odpoutali ze společenského dna — probíhal bez aktivní, a samozřejmě pozitivní, účasti nějaké instituce, která je povolána naplňovat mravní ideály našeho uspořádání. Zkrátka, chybí tu jakýsi socialistický deus ex machina anebo alespoň plamenný meč socialistického anděla strážného, který nikdy nedopustí, aby došlo k nejhoršímu.

V. BYSTROV, Film a divadlo 7. 1. 1964

Po veřejném nařčení Jana Procházky z protistátní činnosti se NADĚJE stala na dlouhá léta jedním z nežádoucích filmů.

Karel Kachyňa si ovšem uchoval náklonnost k umění Rudolfa Hrušínského i nadále a on mu za to oplácel veskrze lidskými postavami z masa a krve, jakými byli lékárník v LÁSKÁCH MEZI KAPKAMI DEŠTĚ, převozník Prošek v televizním a filmovém zpracování povídek Oty Pavla ZLATÍ ÚHOŘI a SMRT KRÁSNÝCH SRNCŮ i bacilonosič Prepsl ve filmu POZOR, VIZITA.

S nástupem nové vlny, která se nestala „žádným izolovaným jevem, žádnou zázračnou filmovou květinou, vyrostlou z obecné kulturní pouště“, ale přirozeným důsledkem vzdorování a četných pokusů o znovunastolení vlády zdravého rozumu, jenž by „nahlodával glazuru oficiózního socrealismu ve všech uměleckých odvětvích“ (*J. ŠKVORECKÝ: Všichni ti bystří mladí muži a ženy, Praha 1991, s. 67*), začínalo pro Hrušínského nadmíru příznivé období. Dříve než došlo k oboustranně plodnému setkání s Jiřím Menzelem, přistoupil Hrušínský na návrh režiséra Petra Schulhoffa, aby ztělesnil vyšetřovatele Kalaše v jeho detektivním triptychu STRACH, VRAH SKRÝVÁ TVÁŘ a DIAGNÓZA SMRTI. A protože se neuzavíral před žádnými podněty, tím méně před komediálním žánrem, vyměnil krátce nato žoviální tvář majora Kalaše za profesionálně licoměrnou masku předsedy MNV v Podskalského BÍLÉ PANÍ. Zároveň s BÍLOU PANÍ natáčel s Jiřím Weissem společenskou moralitu TŘICET JEDNA VE STÍNU. Jak sám říkal, pracoval průměrně sedmnáct hodin denně. A výsledek? Na otázku, kdy odpočívá, odpověděl:

> Naposledy jsem si odpočinul ve strakonické nemocnici — ten měsíc, co jsem tam ležel s infarktem. A to byl nejkrásnější odpočinek v poslední době... Nikdo mi nic nezáviděl. Nikdo mne nepoučoval. Nikdo tam neříkal fráze. Nikdo se nevytahoval. A vidíte — přesto mne uzdravili.
>
> *R. HRUŠÍNSKÝ: In: J. Lederer: Tak tedy přijďte, Praha 1991, s. 121*

Pak přišla z Hollywoodu nabídka od agentury zastupující zájmy režiséra Normana Jewisona, který chtěl Hrušínského obsadit do své komedie o ztracené ponorce RUSOVÉ PŘICHÁZEJÍ. Jako mnohé další skončila v koši.

Spolu s Olmerem jsme dostali konkrétní nabídku točit v americkém filmu RUSOVÉ PŘICHÁZEJÍ. Ten film získal později sedm Oscarů a měl krásný scénář. Kvůli tomu si mne zavolal hrabě Auersperg, který seděl na kulturním výboru ÚV KSČ. Tak jsem vzal Olmera s sebou, hodinu jsme ho přesvědčovali, že nás to jeho škádlení s prezidentem Johnsonem nebaví, protože on říkal, že oni dva jako státníci mají mezi sebou nějaké nesrovnalosti. Ale on tam měl na stole nějaký přípis z ministerstva zahraničí, že to nepřichází v úvahu.

Byl to příběh ruské ponorky, která omylem přistane u amerických břehů. Měl jsem tam hrát kapitána ponorky a Olmer měl hrát jednoho důstojníka. Ten film podával Rusům ruce, nebylo to nic, co by je nějakým způsobem ponižovalo nebo urážělo.

Pak mne pozvali do Anglie. Londýnská agentura Al Parker, která zastupovala všechny slavné anglické herce, mi nabídla zastoupení pro Spojené království. Ta smlouva dodnes leží na Pragokoncertu, protože ji nikdo nepřeložil. Originál mám tady a tam se to někde válí.

Ještě jsme měli dělat s Moskalykem ve Švýcarsku MISTRA KAMPANA, kde jsem měl hrát hlavní roli. Tady to zarazili. S Menzelem jsme měli dělat třicet šest dílů ŠVEJKA pro západní Němce. Zarazili.

R. HRUŠÍNSKÝ, Scéna 1990, č. 21

Režiséru Jiřímu Weissovi, s nímž Hrušínský právě spolupracoval, se kinematografie jevila jako „košatý strom, na kterém musí být místo — promiňte — pro Jasného i pro Martina Friče, pro Josefa Macha i pro Němce, pro Věru Chytilovou i pro Jiřího Krejčíka, pro Brynycha i pro Weisse" (*J. WEISS, Kino 3. 12. 1964*). Jeho postavení mu dovolovalo vyzkoušet mnohé, o čem ostatní mohli jenom snít. Po dohodě s britským producentem Raymondem Strossem, za účasti anglických herců Anne Heywoodové, Jamese Bootha, Sira Donalda Wolfita a Anne Toddové natočil v koprodukci film TŘICET JEDNA VE STÍNU. V poměřování sil s anglickými herci si vedl Hrušínský v roli kontrolora Kurky víc než čestně. Na základě tohoto úspěchu obsadil Jiří Weiss Hrušínského do malého českého hororu NOVOMANŽEL ANEB VRAŽDA PO NAŠEM, kde hrál podváděného Františka.

Ještě to není hotový film, promítač zakládá do smyčky jen kousek Františkových osudů. Pak stojí před nádražím zavalitější pán v konfekčním hubertusu, konfekčním klobouku a drží ušmudlaný sportovní pinglík člověka, který až do této doby nestál žádné ženě za to, aby ho oblékla a vybavila po svém. Teď má manželku, novomanželku, krásnou. A tiše hledí, jak ji v nablýskaném voze odváží někdo jiný. Tiše žmoulá provázky pinglíku.

L. GROSSOVÁ, Kino 17. 11. 1966

Touto komedií si chtěl režisér Weiss ověřit, zda je „větev stromu československé kinematografie, zvaná Weiss, ještě zelená, nebo zda osychá" (*J. WEISS, Kino 17. 11. 1966*). Jak se ukázalo, neosychala. VRAŽDA PO NAŠEM získala na Mezinárodním filmovém festivalu v San Sebastianu v roce 1967 Stříbrnou mušli s přihlédnutím k hereckému výkonu Rudolfa Hrušínského.

Film jsme napsali pro Rudolfa Hrušínského na základě zkušenosti, kterou jsem získal při realizaci TŘICETI JEDNA VE STÍNU. NOVOMANŽEL je herecký film a herecký souboj osobností. Hrušínský přicházel do ateliéru perfektně připraven a žádal totéž po režisérovi. Jenže já v tomto filmu musel improvizovat, jeho poloha nesnese předem promyšlený postup. Hrušínský vykládal postavu Františka po svém a šel ještě hlouběji, než je pro film obsazený více dobrými herci únosné. Přeli jsme se o velikost Františkovy malosti a v tvůrčím boji jsme museli dojít ke kompromisu, aby NOVOMANŽEL vůbec vznikl. Nepřipustil jsem však žádný kompromis v myšlence a formě.

J. WEISS, Kino 17. 11. 1966

Partnerkou Rudolfa Hrušínského v roli novomanželky byla Květa Fialová, na jejíž účet si pan režisér rád zažertoval. A tady je „popis jednoho zápasu".

„Pane Hrušínský, pojďte na plac, ta herečka je tam už celá fialová!" Přijde pan Hrušínský a ty se divíš, společně s našimi ukřičenými závistivci, „zač bere ty těžký prachy" a zač dostal před několika dny státní cenu. Rudolf Hrušínský totiž vůbec nehraje. Nemotorně a pomalu se pohybuje na scéně i před kamerou, při dialogu sotva otevírá ústa — a přece je to v této chvíli snad náš nejlepší psychologický herec. Mistr podtextu. Bez okázalého a extrémního výrazu dovede vyjádřit nejintimnější pocity ztvárňovaných postav. Odcizení moderního člověka, jeho často marný, byť usilovný boj o prosazení své osobnosti. Tento film — jmenuje se NOVOMANŽEL ANEB VRAŽDA PO NAŠEM — napsali Jan Otčenášek a Jiří Weiss pro něj, právě pro tyto téměř „ďábelské" herecké vlastnosti.

I. SOELDNER, Lidová demokracie 26. 6. 1966

Dejme však ještě jednou slovo režiséru Weissovi, který uvažoval o herectví Rudolfa Hrušínského v širších souvislostech.

Dobrý filmový herec dokáže analyzovat, podat určitou esenci charakteru, abstrahovat prvky korespondující s myšlenkou celého díla. Hrušínský tady hraje vlastně takového prosťáčka, člověka, který by chtěl být velký, ale je pořád strašně malý. Skutečný prosťáček by to nezahrál, ale Hrušínský domyslel další patra, šel za kresbu charakteru až k vlastní problematice života, k jeho esenci. Švejk taky není jen charakter — to je zosobnění češství za Rakouska. Chaplin není jen malý tulák — a podobně Hrušínský, povede-li se náš film — bude obrazem, rozborem malosti a jejích příčin, nebude jen úředníčkem z pojišťovny.

J. WEISS, Divadelní noviny, 2. 6. 1966

 VRAŽDA PO NAŠEM přinesla Hrušínskému mezinárodní uznání. A větev jménem Weiss? Ani pak neuschla. Jen se nalomila pod náporem větru, který zavanul v srpnu 1968 po příchodu cizích vojsk. Na stromě československé kinematografie pro ni už nebylo místo. A tak Jiří Weiss emigroval.

Nástup nové vlny na počátku šedesátých let je spojován se jmény takových osobností, jakými byli Miloš Forman, Ivan Passer, Věra Chytilová, Jan Němec, Ester Krumbachová, Evald Schorm a Pavel Juráček. O dalším z nich — Jiřím Menzelovi — se filmový kritik Ivan Soeldner vyjádřil, že je nejobletovanějším dítětem československé nové vlny. Menzel sám by se tomuto výroku asi bránil; pravdou však zůstává, že zájem o jeho tvorbu ani po letech nepolevil.

Jiří Menzel má dvě literární lásky — jednou je dílo Bohumila Hrabala, druhou dílo Vladislava Vančury. Té první podlehl už jako spoluautor PERLIČEK NA DNĚ, které Josef Škvorecký nazval manifestem nové vlny. Po SMRTI PANA BALTAZARA, jak se povídka jmenovala, to byly Oscarem oceněné OSTŘE SLEDOVANÉ VLAKY, v nichž Menzel Hrušínskému nabídl roli výpravčího Hubičky. Částečně pro nemoc, částečně proto, že s ním Jiří Weiss chystal televizní adaptaci podle Čapka SPRAVEDLNOST PRO SELVINA, musel Hrušínský roli odříci. Teprve ROZMARNÉ LÉTO, jímž se Menzel vyznal ze své druhé lásky, je svedlo dohromady.

ANTONÍN DŮRA

Dozpívav svoji písničku, veliký Antonín složil ruce na zádech a maní dýchal na kuličku teploměru. Sloupec téměř neúplatný sotva se pohnul a Důra znamenaje tuto řádnost měl několik myšlenek, jež se vystřídaly v sledu míšených karet.

Tento způsob léta, děl vposled, odvraceje se od přístroje Celsiova, zdá se mi poněkud nešťastným. Je chladno a můj dech, jakkoliv jsem nepozřel vody, je mrazivý. Který měsíc nám zbývá, jestliže ani červen není dost vhodný, abychom pečovali o zdraví a o tělesnou čistotu?

Nuže, ať je podnebí příznivé čili nic, tyto věci nesnesou odkladu.

Řka to ujal se mistr řemene, svlékl svůj šat a dívaje se dolů do vody, jež zrcadlila jeho dlouhé zarostlé nohy, roubení bazénu a nebeskou báň, znamenal obraz obrácené nádoby, kterou kdosi nesměle postavil právě na okraj a dodal:

Ach, plovárna a tato číška jsou prázdny.

V. VANČURA: Rozmarné léto, Praha 1948, s. 11

Majitele říčních lázní Krokovy Vary měl původně hrát Otomar Krejča, jehož robustní zjev splňoval Menzelovy představy, ale ten se role vzdal. Rudolf Hrušínský právě prodělal žloutenku a zotavoval se na chatě v Plané nad Lužnicí, nedaleko Veselí, kam Menzel umístil dějiště příběhu. Nic mu tedy nebránilo v tom, aby roli přijal. Začátek jejich spolupráce se podobal námluvám dvou stydlivých milenců. Jednou navštívil Jiří Menzel Hrušínského, aby mu dal přečíst scénář. Hrušínský seděl nad splávkem a mlčel. Menzel očekával, že spolu budou mluvit o roli, ale Hrušínský ze sebe nevypravil ani hlásku. Tak tam spolu mlčky seděli, až se režisér Menzel zvedl a svým plačtivým hlasem pronesl: „Tak já už musím jít."

Trojici kumpánů, ke které náležel Antonín Důra, doplnili Vlastimil Brodský jako major Hugo a František Řehák jako abbé Roch. Paní Důrovou představovala Míla Myslíková a půvabnou společnici kouzelníka Arnoštka Jana Drchalová (Preissová). Arnoštka se ujal trochu neplánovaně režisér Menzel.

Jazyk ROZMARNÉHO LÉTA kladl na herce zvláštní nároky. Aby vystavěli vznosnou klenbu Vančurových dialogů, mnohokrát pročítali větu za větou a zaznamenávali je na magnetofon. Výsledek byl obdivuhodný. Vančurův vysoce stylizovaný text ovládali dřív, než došlo k vlastnímu natáčení filmu, a dovedli jej říkat s naprostou přirozeností.

O Jiřím Menzelovi je známo, že umí při práci navodit příjemnou náladu. Při vzniku ROZMARNÉHO LÉTA se do jisté míry opakovala situace jako při natáčení HOSTINCE U KAMENNÉHO STOLU. Snad k tomu přispívala i předloha, že si všichni tak dobře rozuměli. Vlastimil Brodský si přímo ve

Veselí nad Lužnicí postavil malou chatku, ve které pobýval; pan režisér nenuceně a rád navštěvoval Hrušínské v Plané, kde sedávali nad ohníčkem. V té době vlastnil trabanta, kterým vozíval mistra Důru za rodinou. Jednou koupili zmrzlinu v kornoutu a kvapem ujížděli, aby neroztála. Léto bylo totiž opravdu rozmarné a vůbec nerespektovalo potřeby filmařů.

Již dlouho, vlastně od samého začátku, je tu nejdůležitější osobou osvětlovač s černým sklíčkem, jímž hledí na nebe a pátrá po mracích. V šumění lesa dřímou ostatní, po kameře lezou mouchy a jediná lampa smutně shlíží na lodičku u svých pat. Zlomyslné slunce uvrhlo štáb do ospalé pohody, do oné ospalé pohody, která má vyzařovat z filmu, jenomže pod mrakem.

J. JANOUŠEK, Mladý svět 22. 9. 1967

Kameraman Jaromír Šofr tvrdil o Menzelovi, že má „zvláštní metodu, se kterou pracuje; metodu rekreačního rozptýlení. Ta všem prospívá, ale kameramana ničí“ (*J. ŠOFR, Mladý svět 22. 9. 1967*). Menzel však dobře věděl, jak na koho. S Františkem Řehákem, jehož plachost znal, jednal jako v rukavičkách. Stále ho povzbuzoval: „Výborně, Františku!“ Hrušínský to už nemohl poslouchat, a tak se k němu jednou přitočil a zaškemral: „Nemohl byste mi taky někdy říct: Výborně, Františku!?“

A takhle vznikla jedna z nejlepších scén filmu:

„Kameru na vor! Pan Hrušínský a pan Brodský budou plavat!“
Zasloužilí umělci vlezou do vody a hrabou čubičku.
Menzel je chvíli pozoruje a pak přísně praví: „Tak to ne. Pan Hrušínský bude splývat a kouřit přitom doutník. Pan Brodský poplave ouško.“
„Na pravém boku?“ řekne pan Brodský.
„Ne, na levém,“ poručí Menzel, „aby vám bylo vidět do tváře.“
„Já na levém neumím,“ namítá pan Brodský.

„Tak poplavete proti proudu," triumfuje Menzel, „a pan Hrušínský tím pádem také. Na zádech ovšem."
Pan Hrušínský vrhne na pana Brodského zničující pohled.
„Jak bude kamera?" volá někdo.
„Pan režisér řekl ve výši očí," odpovídá Šofr.
„Ano, ale já jsem stál pokrčenej," řekne Menzel, načež Šofr si hledí na špičku boty a v duchu počítá do deseti.
Natočí se to. Menzel ztratí svůj utrápený výraz a vrátí se na židličku. „Za vrchol svého režijního mistrovství považuji dostat tyto dva pány do vody, protože pan Hrušínský se vody štítí a pan Brodský se jí bojí. Jedině pan Řehák... a to je prosím abbé!"
A znovu odejde do lesíka.

J. JANOUŠEK, Mladý svět 22. 9. 1967

Čas, který Vančura v ROZMARNÉM LÉTĚ zastavil, se dal v Menzelově filmu přímo nahmatat. Letní atmosféru maloměsta, v níž se každý pohyb stává činem a každé slovo je líně převalováno na jazyku, rozčeřil příjezd kouzelníka Arnoštka se sličnou Annou, jež „měla dokonalá stehna, drobná kolena, ušlechtilá lýtka, útlý kůtek a půvabnou nohu, pro niž král francouzský ještě před pěti sty lety by byl vedl válku až do vyhlazení lidu a zkázy krajin přilehlých k Španělsku" (*V. VANČURA: Rozmarné léto, Praha 1948, s. 109*). Zmatek, který tento příjezd vnesl do srdcí zralých mužů a přezrálých dam, způsobil, že se události jen vršily.

V konfrontaci našich tří reků s vábnou sfingou Annou odhalil Menzel daleko výrazněji nežli Vančura erotickou podstatu střetnutí. Přičemž třebaže je jejich postupné selhávání zveřejněno především jako selhání až ochotnicky milostné, právě odsud se šíří hlubší smysl těchto střetnutí a jejich filozofická rezonance. Již zmíněná neuskutečnitelnost právě těch činů, na něž se člověk nejvíc chystá a na nichž tolik záleží. Trapné promarnění jediné a poslední příležitosti k uskutečňování slov. Zdůrazněnější nežli u Vančury je ve filmu i podstatný protipól dvou „ženských principů", ztěžklé a banální semetriky Důrové (jež zprvu postupně doléźá za všemi pány) a hravě záhadné, nezávazné Anny (za níž postupně dolézají všichni páni). Výraznější a individualizovanější nežli v novele musel tu být i Annin „pěstoun" Arnoštek, jehož Menzel s neodolatelnou schválností zbavil jakýchkoli nadpřirozených a kouzelnických rysů, jako by mu při jeho neduživosti nezbývalo nic než být iluzionistou, ba učinil z něj až jakéhosi technokrata svého řemesla.

A. BROUSEK, Literární listy 30. 5. 1968

Každý z dotyčných pánů po svém usiloval zmocnit se Anny, a každý z nich si také na jiný způsob odnášel utržené rány. Antonínu Důrovi se tato příležitost naskytla, když zachránil tonoucí Annu a uchýlil se s ní do ústraní plovárenské kabiny.

Po pohybech plných nedočkavé vášně k ní přistupuje a — začíná jí něžně masírovat kotníčky. Tady naprosto dokonale vyjádřil i jinak znamenitý Rudolf Hrušínský to, co je příznačné pro celý film. Malost se sice nikdy nedopne svého snu — ale už to, že ten sen vůbec byl a že jsme se mu zdálky přiblížili, dokazuje bohatost a krásu života.

J. CÍSAŘ, Filmové a televizní noviny 16. 5. 1968

Ani další z trubadúrů neskončil nejlépe a mistru Důrovi připadlo napravovat vzniklé škody.

Myslím na krásně drastickou scénu, kdy Důra drátuje rzivým rybářským háčkem kanovníkovo ucho. Tady se Menzelovi — vrcholně a nejriskantněji podařilo „uvésti barvu blankytu v blízkost krve" (Důra v novele na straně 15). Neboť „co jest velikého mimo oblohu věčně modrou a vášně věčně krvavé?" (Major tamtéž).

A. BROUSEK, Literární listy 30. 5. 1968

Antonín Důra Rudolfa Hrušínského byl v nejlepších letech. V pruhovaných plavkách na půl žerdi nebo námořnickém triku jako znaku profese, s knírkem pečlivě zastřiženým, umně balancoval mezi tím, co se sluší a patří, a tím, co se jen zdálky nabízelo. Měkkým a vemlouvaným hlasem vydechoval své sentence jako obláčky dýmu.

Slyšet Vančurovu řeč z úst Rudolfa Hrušínského nebo Vlastimila Brodského — v době všeobecného poklesu českého jazyka — je dráždivě krásné. Tak krásné, až to v sobě tají provokaci. Tryská z ní aforistický vtip a klene se nad ní duha moudrosti.

M. STONIŠ, Nová Svoboda 17. 5. 1968

ROZMARNÉ LÉTO vyneslo tvůrcům řadu cen; Rudolfu Hrušínskému osobně trutnovské Malé zlaté slunce, Trilobita 67 a Múzu Thálie za rok 1968.

Lidské i umělecké sblížení Menzela s Hrušínským se ještě utužilo při tvorbě následujících snímků, jimiž byla na deset let nuceně uzavřena jejich spolupráce. Na podzim 1968 byla uvedena do kin Menzelova hudební komedie s detektivní zápletkou ZLOČIN V ŠANTÁNU. V jediné sekvenci, v níž vytvořil „nejsilnější scénu Menzelova filmu" (*V. MĚŠŤAN, Večerní Praha 16. 10. 1968*), dával Hrušínský s kněžským kolárkem na krku rozhřešení dvěma odsouzencům, které hráli Jiří Šlitr s Jiřím Suchým. Téhož roku na jaře se Menzel znovu zaslíbil prozaickému dílu Bohumila Hrabala, jež ho nepřestávalo inspirovat.

Když jsem si přečetl první Hrabalovu povídku, myslím, že to byla Zkušební jízda, a dnes už ani nevím, ve kterém časopise jsem ji objevil, byl jsem velice překvapený. Po přečtení té Zkušební jízdy jsem začal hledat všechno, co bylo podepsáno jeho jménem. Chápal jsem ho jako důstojného nástupce Jana Nerudy, Karla Čapka, ale také Guy de Maupassanta, Antona Čechova . . . Všechno hezké, co se mi líbilo na naší i světové literatuře, jsem nalezl právě v něm. Ovšem, plus život, který nás obklopoval. To nebyla lež, to bylo všechno, co jsme žili.

J. MENZEL, Květy 1. 2. 1990

(330) Když bylo Jiřímu Menzelovi deset let, došlo k únorovému převratu, když mu bylo čtrnáct, k procesu s „trockisticko-tisovskými, buržoazně nacionalistickými zrádci a nepřáteli socialismu" (*DĚJINY ČESKOSLOVENSKA V DATECH, Praha 1968, s. 390*) Rudolfem Slánským, Vlado Clementisem, Arthurem Londonem a dalšími. Nebyla tato skutečnost dostatečným důvodem k tomu, aby se ohlédl zpět a pokusil se vyrovnat s minulostí? SKŘIVÁNKY NA NITI mínil udělat jakousi smířlivou tečku za událostmi padesátých let. A tak vznikl film, jehož aktéry se nestali ti vítězní, ale ti uražení a ponížení. Ti, kteří si zasloužili převýchovu — intelektuálové, živnostníci, „kopečkářky"... Na haldě šrotu, z níž čněly stély krucifixů a kde dozněl klapot psacích strojů jako symbolů všeho zavrženíhodného, se odehrávalo láskyplné drama brigádníků, jejichž ruce se prolnuly v kruhu nad ohněm na znamení věčného spojenectví pravdy.

Leč tito lidé přesto žijí vyrovnaně, ba moudře. Na zdvořilé dotazy závodního (Rudolf Hrušínský, který uděluje svým svěřencům ideologická ponaučení se stejnou otcovskou laskavostí a něhou, s níž je pak předává do péče zaměstnancům StB), jak se jim vede, odpovídají pokaždé se stoickým klidem kladně.

J. BERNARD, Scéna 3. 1. 1990

„Jediný dělník původem jsem tady já," chlubí se dohližitel s naivní pýchou, vědom si své dalekosáhlé pravomoci.

Také Moc má ve filmu své zástupce. Už jsem se zmínil o matoucí figuře „hodného" závodního (Rudolf Hrušínský, který v navenek nenápadné funkcionářské vizáži hrdě hlásá svůj dělnický původ, věrně reprezentuje zvrácenost svých vysoko postavených chlebodárců). Jeho úchylná posedlost hygienou, pedantické kontrolování čistých rukou či jeho dobročinné „hobby" — chodí umývat ušmudlaná cikáňata, ale i koupat už rozvinutou cikánskou dívku — jako by symbolizovaly nutkavou touhu režimu smývat vše takzvaně nečisté, poskvrněné a očisťovat, odstraňovat z povrchu až do úplného zmizení, vyhlazení.

J. BERNARD, Scéna 3. 1. 1990

SKŘIVÁNCI NA NITI se zrodili v průběhu dvou let, dokončeni byli na sklonku roku 1969. Tedy krátce předtím, než došlo k personálním změnám ve vedení barrandovského Filmového studia, a tím i k jejich zákazu. SKŘIVÁNCI NA NITI putovali do trezoru s odůvodněním, že film zkresluje pohled na budovatelské úsilí padesátých let, kdy lidé odcházeli pracovat do kladenských železáren dobrovolně a za odměnu. V roce 1990 získali SKŘIVÁNCI NA NITI na berlínském filmovém festivalu nejvyšší ocenění — Zlatého medvěda.

Součástí povídkového filmu PERLIČKY NA DNĚ, kterým se ohlásila na počátku šedesátých let nastupující nová vlna, měla být také groteska Juraje Herze SBĚRNÉ SUROVOSTI. Ačkoliv Juraj Herz formálně k nové vlně patřil, vnitřní sounáležitost nepociťoval. Podobně jako ostatní vycházel ze skutečnosti, která ho obklopovala a činila vnímavým ke všemu pokřivenému. Když hledal námět ke svému třetímu celovečernímu filmu, zaujal ho název novely Ladislava Fukse SPALOVAČ MRTVOL.

SPALOVAČ MRTVOL se stal dalším příspěvkem k analýze lidské malosti a českého charakteru obzvlášť. Na příběhu pana Kopfrkingla, který v sobě objevil příslušnost k čisté rase a na základě toho přebudoval celý systém hodnot, jímž se až doposud řídil, poukázal Herz na anonymní, skryté zlo, které „za určitých okolností, pod vlivem určité ideologie mění člověka v nestvůru“ (*J. HERZ, Mladá fronta 13. 12. 1968*).

Na počátku filmu je pan Kopfrkingl nenápadným zaměstnancem krematoria: vzorně plní příkazy a oddaně miluje svou ženu Lakmé (Vlasta Chramostová) a své děti Zinu (Jana Stehnová) a Milivoje (Miloš Vognič). Skončí jako „obyčejný“ fašista, který jedná jen v zájmu vyšších cílů.

Ve jménu a zájmu modlářsky uctívané „ideje" pan Kopfrkingl začne uskutečňovat své akty humanity: zavraždí své „židovsky nečisté" příslušníky rodiny a řadou udání na své nepohodlné spolupracovníky si vyklidí prostor k vlastní kariéře, na jejímž obzoru vidí dýmající komíny krematorií, v nichž tisíce, desetitisíce, milióny „nečistých" duší docházejí vykoupení a věčného štěstí.

G. KOPANĚVOVÁ, Mladá fronta 13. 3. 1969

V představách Ladislava Fukse ožíval pan Kopfrkingl jako muž menší postavy, asketického vzhledu. Režisér Herz ho viděl naopak jako mírného, kulaťoučkého člověka, z něhož vyzařuje bohorovný klid. Znal jediného herce, který přicházel v úvahu, a tím byl Rudolf Hrušínský.

Musel jsem na něho myslet hned od té chvíle, kdy jsem si tu knížku poprvé přečetl, protože u nás by se zřejmě nenašel jiný představitel Karla Kopfrkingla. Dovedu si představit několik herců na Západě, kteří by tu roli zahráli, například Rod Steiger, ale nemyslím, že by ji zahráli líp.

J. HERZ, Kino 1968, č. 24—25

Hrušínského Kopfrkingl se pohyboval se samozřejmou nonšalancí muže na svém místě. V tmavomodrých šatech módního střihu třicátých let, s ulízanými vlasy, které pročesával střídavě s neposlušnými kadeřemi svých obětí, s hlasem cukrově nasládlým, jehož kadence se změnila jen při projevu nad manželčinou rakví, působil na své okolí jako poslední spravedlivý. Jeho přízračné rysy ještě zdůrazňovala kamera Stanislava Miloty, která ho snímala z různých úhlů.

Psychologický striptýz pana Kopfrkingla a spolu s tím i pronikavá analýza jisté lidské odrůdy jsou ukončeny. Mrazivé sevření se uvolňuje a začínáme pátrat po příčinách zázraku tohoto sugestivního zpřítomnění. Jednou z nich je obdivuhodná spolupráce režiséra s Rudolfem Hrušínským, který tak mistrovsky zvládl složitý proces hrdinových metamorfóz. Pojetí této klíčové postavy je totiž ve filmu podřízeno vše: jeho zvláštní skladba, střih, rytmus, zvuková partitura, vizuální kompozice, charakter dekorací i jednotlivých předmětů, včetně těch nejmenších detailů, volba hereckého ansámblu, jehož tváře tvoří zvláštní „živou krajinu" celého příběhu. Jednotlivé sekvence nenavazují na sebe v lineární posloupnosti děje, ale jako by do sebe „vplouvaly" lichotivým, klouzavým „sesmykem". Tomuto „klouzavému" rytmu odpovídá i nepřetržitý sirupově nasládlý monolog pana Kopfrkingla (jedna z nejsugestivnějších zvukových partitur filmu, jaké znám) a je stejnou kamufláží tohoto měšťáka, jako jeho blahobytný zevnějšek, až k okamžiku, kdy v Kopfrkinglově nitru převládne démon nové autority.

G. KOPANĚVOVÁ, Mladá fronta 13. 3. 1969

Přes hrůznost sdělení patří Kopfrkingl k nejpravdivějším postavám Rudolfa Hrušínského. Když se ptali Juraje Herze, jak se takový Hrušínský režíruje, odpověděl.

Jo, to já právě nevím. Rudolf Hrušínský se režíruje velice lehce a někdy taky vůbec ne. Když si s hercem rozumím, když vím, nebo cítím, že má stejný pohled na roli jako já, tak mu nechávám vlastně maximální volnost s tím, že se snažím udržet ho v linii celého filmu, protože na to při natáčení na přeskáčku nemá obvykle čas.

J. HERZ, Kino 1968, č. 24—25

Herzův SPALOVAČ MRTVOL je filmem do té míry aktuálním, že ani po letech neztrácí svoji platnost. Ostatně: zrodil se v době, která existenci nových Kopfrkinglů nevylučovala.

Snad se poddávám emocím příliš subjektivním, ale v netušené načasovanosti filmu cítím přímou vazbu mezi zrůdným hrdinou Fuksova příběhu a autory dnešních anonymních dopisů a telefonátů — tou podivnou společností lidského dna, která z každé politické krize chce těžit svůj špinavý kapitál: aktivitu zrozenou z komplexů, která se chce vždy realizovat terorem a násilím. A tak pan Kopfrkingl, v němž zkušený psychiatr napočítá bezpočet komplexů, je pro mne náhle zatraceně přítomný někde mezi námi, ochotný zasáhnout nikoliv jen na „čísi rozkaz", ale především z vlastní iniciativy a vůle, na rozkaz vlastního nitra zmámeného poníženým uctíváním „myšlenky", kterou si povýšil na vyvolenou modlu.

G. KOPANĚVOVÁ, Mladá fronta 13. 3. 1969

Rudolf Hrušínský těmto obavám přitakal.

V době, na kterou se váže příběh SPALOVAČE MRTVOL, tedy v době německé okupace, bylo všecko daleko jasnější a vyhraněnější, než je tomu dnes. Vědělo se, že to je to a to je ono, to přijde odtud, to odejde tam, bylo to, myslím, pro většinu národa jaksi čitelnější. Kdežto dnešní situace je velice komplikovaná. Film SPALOVAČ MRTVOL začíná tím, že se ukazuje Kopfrkinglova rodina, ve které je na první pohled všechno v nejlepším pořádku. Já taky bydlím zatím dál ve svém bytě se svou rodinou, zatím dělám dál svou práci, ovšem jsem poněkud na rozpacích, jak třeba vychovávat svoje děti. Chci je pochopitelně vychovat tak, aby rostly rovně, aby si určitých věcí vážily, a to je v dnešní době nesnadné. Já sám nikdy nebyl zatížen na tradice, ale dneska právě vlivem okolností mi začínají být jisté věci tabu. Vždycky jsem třeba cítil ostych při vyvěšování vlajek, a dneska mám pocit, že je potřebuju vidět. Československé vlajky.

R. HRUŠÍNSKÝ, Listy 19. 12. 1968

A na otázku, jestli má vůbec smysl ukazovat lidem tak bezútěšnou podívanou, jakou je SPALOVAČ MRTVOL, dodal:

Přesně tohle řekla po promítání moje žena. Ovšem já si pořád myslím, že to má smysl, přestože vím, že se nic nestane. A přece v hloubi duše doufám, že když se taková věc dostane mezi lidi, že s nimi nějak, alespoň trošku, pohne. Mnoho spisovatelů a mnoho básníků psalo komedie, ve kterých ukazovali, že je to takhle a takhle, ale neříkali, jak by to být mělo. Nevnucovali lidem svůj názor. Předváděli jim strašný obraz jenom proto, aby si lidi uvědomili, že takhle to skutečně vypadá.

R. HRUŠÍNSKÝ, Listy 19. 12. 1968

Ani v tomto ohledu se Rudolf Hrušínský nemýlil. A tak Herzův SPALOVAČ MRTVOL následoval filmy jiných režisérů. Do trezoru. Omezení, která Rudolfa Hrušínského za normalizace postihla, se vztahovala také na filmovou tvorbu, nebo — lépe řečeno: především na filmovou tvorbu. Poslední postavou, kterou vytvořil na sklonku šedesátých let, byl rytíř Rynda v Bočanově filmovém přepisu novely Karla Michala, nesoucím název ČEST A SLÁVA. Oproti Kopfrkinglovi byl Rynda Čech každým coulem.

Rynda je velice hluboce a krásně napsaná tragikomická postava, která má všechny rysy českého charakteru, je strašně opatrný, chce mít klid, nechce se do ničeho plést, zajímá ho jenom hospodářství, ale na druhé straně, když se pro něco rozhodne, tak za tím neúprosně jde. A pak již vůbec nehrají roli nějaké racionální vlivy, zda to má cenu nebo ne.

H. BOČAN, Mladá fronta 24. 9. 1968

Jednou z prvních obětí Husákova režimu byl spisovatel Jan Procházka. Poté co byl veřejně skandalizován, napsal protest, který rozeslal s doprovodným dopisem všem přátelům.

V Praze, dne 27. dubna 1970

Pane Hrušínský,

v současné chvíli jsem ostouzen a vláčen špínou a nemám jinou možnost některé věci uvést na pravou míru než obrátit se na pár slušných lidí osobním dopisem. Nechci nic, jenom abyste sám věděl, oč šlo, jde a možná ještě půjde. Dovoluji si Vám poslat opis protestu, který jsem adresoval Rudému právu a Čs. státní televizi.

Kde jsou ty časy, kdy jsme v „útlaku" filmovali NADĚJI . . .!
Přeji Vám všechno nejlepší, i když vím, že v současné situaci je to přání takřka zoufalé.

Váš
Jan Procházka.

20. února 1971 Jan Procházka zemřel.
Ani na Rudolfa Hrušínského nemělo být zapomenuto. Tím nejabsurdnějším zákazem, který svědčil o bdělosti a ostražitosti nadřízených orgánů, bylo zamítnutí žádosti o vydání zvláštní povolenky k rybolovu. Na Ministerstvu zemědělství se sešla komise, která „uvážila a posoudila všechny údaje a důvody, jež jste v dotazníku uvedl, a dospěla k názoru, že jí nelze vyhovět" (*O. KÜCHLER, 6. 2. 1973*). Bylo to k pláči, bylo to k smíchu. A rybář Hrušínský znovu psal.

Děkuji Vám a členům komise za ocenění mojí třiceti osmileté práce pro českou kulturu, přeji Vám příjemnou dovolenou a mnoho úspěchů ve Vaší práci.

R. HRUŠÍNSKÝ, 16. 2. 1973

Když se Rudolfu Hrušínskému dělo příkoří, které se dotýkalo jen jeho osoby, hledal řešení. Horší bylo, když docházelo k omezování práv jeho rodiny. Proti tomu, že se jeho starší syn nedostal po absolutoriu tři roky do angažmá, byl bezmocný. Proti tomu, že byl Jan zbaven jedné z hlavních rolí v připravovaném filmu BÁSNÍK, protestoval přímo u ústředního ředitele Československého filmu dr. Jiřího Purše. Odpovědi se nedočkal.

Praha 20. 3. 1973

Vážený pane řediteli,
jestliže se již delší dobu, pochopitelně těžce, snažím vyrovnat se skutečností, že někteří soudruzi, kterým byla svěřena určitá pravomoc, přezírají moji osmatřicetiletou práci pro českou kulturu, nepovolují mi, bez udání důvodů, účinkování v různých

krajích, nepovolují mi, bez udání důvodů, pracovat ve filmu, televizi, rozhlase, nepovolují mi prostě bez udání důvodů vykonávat práci, kterou mám rád a pro kterou jsem žil, neodpovídají na dopisy, kterými se snažím objasnit veškerá nedorozumění a pomluvy — je to otázka čistoty jejich svědomí. Je to jejich věc a já beru tuto ostudnou skutečnost na vědomí.

Ale zacházet podobným způsobem s dětmi, které se nedopustily ničeho jiného než toho, že nesou moje jméno, s dětmi, které si podle toho, co vidí na vlastní oči, tedy podle skutečnosti, budou plným právem vytvářet a hodnotit obraz společnosti, ve které chtějí žít a pracovat — to je, pane řediteli, nezodpovědné a zrůdné.

Domnívám se, že je nutné, abyste o této zrůdnosti věděl.

S pozdravem Rudolf Hrušínský

Začarovaný kruh, v němž se Hrušínský po osmašedesátém ocitl, se podařilo částečně porušit Františku Vláčilovi. Navzdory všemu a všem ho obsadil do hlavní role DÝMU BRAMBOROVÉ NATĚ, natočeného v roce 1976 na motivy románu Bohumila Říhy.

Původně se to jmenovalo Doktor Meluzin. Vláčil měl sám veliké nepříjemnosti. Nebyla to osobnost režimu přijatelná, asi proto, že uměl. Když za mnou přišel, abych to dělal, byl strašně dojemný. Já jsem mu říkal: „To ti nepovolí!“ A on mi odpověděl: „Tak to nebudu dělat!“ A skutečně šel do důsledků.

To, co jsem předpověděl, se také přihodilo. Hlavní dramaturg Barrandova Ludvík Toman to samozřejmě zakázal. Když Vláčil prohlásil, že to tedy dělat nebude, tak chtěl, abych udělal zkoušky. Řekl jsem: „Klidně, tak já je udělám“ a šel jsem na Barrandov. František mne zabíral jenom zezadu a vyzkoušel si ke mně dívky, které měly hrát hlavní roli. Toman zase šílel, že nejsem v záběru nebo jen přes rameno, protože jsem těm dívkám jenom nahrával texty. Nakonec to František skutečně prosadil. Jak to udělal, to dodnes nevím.

R. HRUŠÍNSKÝ, Scéna 1990, č. 21

(338) Doktor Meluzin přišel na Větrov, aby vykonával praxi venkovského lékaře. Motivů, proč opustil pražskou kliniku a uchýlil se do krajiny svého dětství, bylo víc. Jeho žena emigrovala, kariéra ho neuspokojovala, cítil se ošizen sám sebou. Rudolfu Hrušínskému byl tento zádumčivý, plachý podivín blízký. Dovedl se vžít do pocitů vykořeněného intelektuála, hledajícího smysl života v práci pro druhé. A tak doktora Meluzina vybavil „klidným výrazem tváře, očí, nepatrným náznakem úsměvu, pomalým pohybem, zámlkami před každou odpovědí“ (*M. BENEŠOVÁ, Záběr 8. 4. 1977*).

Ve strohé výstižnosti akcí, dialogů i dlouhých zámlk, přeryvů Meluzinových procházek krajinou, měnící tvář s roční dobou, zvolňujících rytmus výpovědí, ale sytících je vnitřním napětím a dokreslujících portrét ústřední postavy, spočívá působivost Vláčilova filmu. Je navíc podtržena pohledem kamery Františka Uldricha na melancholickou krajinu, na vesnický hřbitov, na interiér Meluzinovy ordinace a bytu. Vše je tu přesné v detailu a přitom prosté, bez efektů: nic není samoúčelné. Každé gesto a výraz herců, zvláště až řeholní střídmost projevu hlavního představitele, jsou pečlivě promyšleny režisérem, který zná lidské povahy, rozumí jim, cítí s nimi a který dovedl svůj meditativní přístup k tématu vnuknout všem hercům, od těch, jimž připadly větší role — Věry Galatíkové, Marie Logojdové, Jany Dítětové —, až po ty, kteří tu načrtli okrajové postavy. I o těch — o hrobníkovi Václava Lohniského, Markétině matce v podání Niny Popelíkové anebo vdově Věry Tichánkové — jako bychom věděli daleko víc, než jsme se mohli dovědět z několika vět předepsaných nevelkou rolí.

E. ZAORALOVÁ, Svobodné slovo 22. 4. 1977

Meluzinem položil Hrušínský základ k typu postav, jejichž společným jmenovatelem bylo předem určené sociální zařazení. Slib Hippokratovi složil v budoucnu ještě třikrát — jako doktor Gruntorád z POSTŘIŽIN, jako lékař z Kovalova poetického příběhu NECHCI NIC SLYŠET a konečně jako doktor Skružný ve filmu VESNIČKO MÁ STŘEDISKOVÁ. V nemocničním prostředí se zabydlel také jako bacilonosič Prepsl v Kachyňově filmu POZOR, VIZITA a zřízenec Masák v Kleinově snímku DOBŘÍ HOLUBI SE VRACEJÍ.

DÝM BRAMBOROVÉ NATĚ, který se cudně dotkl bolestného tématu emigrace, o němž se dosud zarytě mlčelo, způsobil, že se i mnozí jiní režiséři odvážili Rudolfa Hrušínského zaměstnat. Prvním z nich byl Oldřich Lipský, jehož úspěšná parodie na westerny LIMONÁDOVÝ JOE kdysi těžila ze scenáristického umění Jiřího Brdečky. Výsledkem jejich další spolupráce se stala komedie o masožravé rostlině ADÉLA JEŠTĚ NEVEČEŘELA, jejímž hrdinou byl americký detektiv Nick Carter, známý z šestákových románů z počátku tohoto století. Věrným průvodcem tajemnými zákoutími staré Prahy, kam Carter (Michal Dočolomanský) přijel, aby vyřešil záhadu zmizení milovaného psíka hraběnky Thunové (Květa Fialová), byl rozšafný policejní komisař Ledvina, jehož hrál Rudolf Hrušínský. V černé buřince, s mohutným knírem ve tváři, na kterém často ulpěla pěna piva, s růžencem vuřtů na hrudi dotvářel nezaměnitelný pražský kolorit.

V Praze doby secesní se odehrávala také Menzelova vzpomínka na všechny nadšence a průkopníky, jimž učarovaly „oživlé fotografie“ — BÁJEČNÍ MUŽI S KLIKOU. Těmi báječnými muži s klikou nebyli v tomto případě žádní jiní než — majitel prvního pražského biografu Viktor Ponrepo, autor prvních filmových snímků architekt Kříženecký a první filmový herec, kabaretiér Josef Šváb-Malostranský. V Menzelově filmu se jmenovali Pasparte, Kolenatý a Šlapeta.

Pasparte, Šlapeta a Kolenatý mají s průkopníky Ponrepem, Švábem-Malostranským a Kříženeckým společné pouze profese. Jinak jde jen a jen o přiblížení atmosféry té doby. Víc z historie v tom nehledejte.

J. MENZEL, Ahoj na sobotu 16. 3. 1979

Jejich představitelé — Rudolf Hrušínský, Jiří Menzel a Vladimír Menšík — jim kromě své podoby propůjčili také kus svého lidství. A scenárista Oldřich Vlček situace, které se docela dobře mohly stát včera či dnes.

Jiří Menzel zastává názor, že první, s čím se filmový divák setká, je herec, jeho tvář, oči. Právě z nich musí vycítit pohodu. Jsou herci, kteří ji dovedou předstírat. A pak jsou ti druzí, kteří ji mají v sobě. K nim náleží Rudolf Hrušínský. K nim patřil Vladimír Menšík.

> Co pomine a co zůstane? Nevím. Jsou filmy, v době svého vzniku považované za výborné, a léty se stanou natolik odtažité, že nemají divákovi co říci. Pak jsou zase jiné filmy, které se současnému divákovi mohou zdát průměrné, ale něčím i po letech upoutají — třeba atmosférou, koloritem doby, typem postav . . . Větší ambice na přežití mají podle mě veselohry. I když většinou je divák i v humoru vybíravý: snese sice kousavou satiru, ale je alergický na ten druh humoru, který ho tupí a nedává mu šanci. Má raději humor laskavý, shovívavý.
>
> *V. MENŠÍK, Kino 19. 4. 1983*

Takový humor, humor, jímž protéká ponorná řeka, je blízký Jiřímu Menzelovi, stejně jako Karlu Kachyňovi. Po LÁSKÁCH MEZI KAPKAMI DEŠTĚ, v nichž Menšík obsáhl tragickou postavu žižkovského ševce Bursíka a Rudolf Hrušínský jemně vyznačil epizodní roli stárnoucího lékárníka, se před kamerou znovu setkali při natáčení Kachyňova televizního filmu ZLATÍ ÚHOŘI podle povídek Oty Pavla. Jako dva jazýčky na miskách vah na sebe působily odlišné charaktery Menšíkova temperamentního tatínka a Hrušínského zádumčivého převozníka Proška.

Karel Prošek Rudolfa Hrušínského, to byl dělný člověk, který neřekl nikdy nic zbytečného, a když vůbec promluvil, šlo to ztuha, jako by slovo bylo zátěží, kterou je nutno odhodit, aby mohl balón věty lehce stoupat k nebesům. V Proškovi se šťastně spojila letitá zkušenost autora povídek se zkušeností herce. Zkušenost hocha okouzleného krajinou kolem Berounky, kam jezdíval se svými rodiči a bratry, se zkušeností chlapce, který šel na Křivoklátě poprvé do školy. Zkušenost války, kterou měli oba za sebou, zkušenost všeho, co následovalo a co se v nich ukládalo jako vrstva po vrstvě. Zkušenost s přírodou, která je naučila naslouchat tomu, co jiní neslyší.

Na obrazovce byla Kachyňova adaptace ZLATÝCH ÚHOŘŮ odvysílána o velikonocích 1980 skoro na zapřenou. Jen málo zasvěcených vědělo, že získala na mezinárodním televizním festivalu Prix Italia hlavní cenu. Po letech se Karel Kachyňa k Pavlově dílu vrátil přepisem stejnojmenné knížky SMRT KRÁSNÝCH SRNCŮ, o níž napsal autor 15. března 1970 v dopise bratru Hugovi.

Mně v této chvíli ani tak nešlo o to, jestli je to povídka dobrá nebo špatná, i když jsem si myslel, že je dobrá, ale o to, že jsem to dokázal, že jsem to napsal o Proškovi, a to, že to vidím černé na bílém. K celému příběhu se přidružovalo ještě to, že dnes vychází příběh o Židovi, který nebyl posraný, a jak je krásné, že to vychází právě dnes. Ty píšeš, že Tě deprimuje, co se dnes říká o židech, říkali mi to i jiní lidé, ale tato povídka je pobídkou a troubením do útoku, že jsme dovedli i Hitlerovi ukrást srnce, a že se nepoděláme.

O. PAVEL: Z korespondence, Praha 1990, s. 124

Režisér Kachyňa zvolil pro film SMRT KRÁSNÝCH SRNCŮ jiné obsazení, jen Rudolf Hrušínský jako starý Prošek zůstal.

To je logické. Kluci, kteří tehdy hráli Popprovy syny, vyrostli, a proto jsem musel hledat nové představitele. Do role tatínka jsem vybral Karla Heřmánka, jenž odpovídá této roli jak věkem a zjevem, tak i určitým komediantstvím ve své povaze. Nemohl jsem znovu obsadit Vladimíra Menšíka, protože v tomto filmu je tatínek značně mladší. Zůstal tedy jen Rudolf Hrušínský, který je nenahraditelným představitelem Proška.

K. KACHYŇA, Literární měsíčník 1988, č. 1

(342) Mezi Proškem ze ZLATÝCH ÚHOŘŮ a Proškem ze SMRTI KRÁSNÝCH SRNCŮ stanula postava, která přinesla Rudolfu Hrušínskému zaslouženou popularitu — bacilonosič Prepsl z dalšího Kachyňova filmu POZOR, VIZITA. Svobodomyslností a sklonem k pábitelství se Prepsl podobal strýci Pepinovi z Hrabalových POSTŘIŽIN. Na motivy románu Adolfa Branalda napsal scénář Vladimír Bor.

> Starý Prepsl kdysi zvandroval kus světa, na mnohé radosti života je kadet, a teď ho zavřeli na izolaci, protože nemá ke komu jít. Je samá legrace, ale přitom se pere o ten kus volnosti, který dřív měl. A umí se vzít i za kamaráda, když už jde o život, a když začne vyprávět historky, je v něm kus Švejka. Jenže ať jsou ty vyprávěnky sebehezčí, takové árie, to není nic moc pro film, z toho jsme tedy měli s Kachyňou dost strach. A možná i Rudolf Hrušínský. Jenže on to pak udělal, jak když to vysype z rukávu. Je radost vidět při natáčení herce, který to umí tak jako Hrušínský. Práce šla štábu od ruky, ale jednou se musel jeden záběr opakovat snad desetkrát — ne vinou Rudolfa Hrušínského, ale pořád to nebylo ono. Herci museli začínal stále znovu a dokola opakovat těch několik vět a pohybů těla a tváře. Nervák a otrava dohromady. Hrušínský pracoval bez únavy, stále svěže a přesně a se vším všudy, jako by to nebyla už ta sedmá nebo osmá klapka, ale první. Se samozřejmou kázní, s dokonalou profesionalitou. Nemusíme se ani dívat na filmy pro pamětníky, abychom si připomněli, že cesta tohoto herce českým filmem znamená jednak kus historie, jednak určitý pojem. Umět takhle hrát před kamerou, to se nevidí každý den. Buďme rádi, že Hrušínskému dává nyní náš film takové role.
>
> *V. BOR, Kino 1. 12. 1981*

Při psaní scénáře počítali Vladimír Bor i režisér Kachyňa s Rudolfem Hrušínským do role Prepsla. Postava sama jim však nedovolovala, aby si cokoliv usnadnili.

Nemyslete si, začátek byl nervózní, a je vždycky nervózní. Postava, jakkoli psaná pro Hrušínského, jemu příbuzná, se přece jen nedala jednoduše zmáhat. Šlo o tu nejpravdivější notu, o přesnou cestu, o míru. Prepsl je upovídaná role. Vypravěčské umění vytváří figuru. Je utkána ze spousty historek na hranici možnosti a nemožnosti, s větší či menší mírou fantazie. Hrušínský není typ herce, který se vyjadřuje přemírou povídání. Je to spíš herec pohledu, zámlky, dialogu, který, i když třeba osamocený, silně zazní. Usilovali jsme proto o to, aby při tom všem Prepslově repetění vystupoval obraz jeho nitra, abychom pochopili, že povídá něco, co si vytvořil — protože skutečnost je jiná, mnohem tragičtější. Figura, alespoň doufám, tak dostala velký rozměr. Vzpomeňme si na pasáž o Maruš. Jeho vyprávění je najednou citově jímavé svou ohromnou naivitou. Ale právě ta nejméně zkušená, a můžeme si myslet, že citově nevyhraněná holka z dětského domova, nějak živelně vyciťuje, že to snad nebyla pravda. Je na pokraji Prepslova odhalení, že je to prolhanec prolhaný, člověk, který už sám neví, zda mluví pravdu nebo zda je to výtvor jeho fantazie, jeho nejniternějších zoufalých přání, jeho touhy po štěstí.

K. KACHYŇA, Film a doba 1982, č. 1

Tou dobou šel už Rudolf Hrušínský znovu z role do role. Jako by si chtěl vynahradit všechna ta ztracená léta, kdy se na filmové plátno jenom díval. Díky svým mimořádným schopnostem se mohl „dokonale v každé roli ‚zabydlet‘, aniž by ztratil auru své lidské osobnosti, herecké individuality“ (*G. KOPANĚVOVÁ, Záběr 25. 12. 1981*). Prepsl už nebyl žádný mladík; těžké váčky pod očima prozrazovaly jeho únavu. A přesto v sobě nesl nikdy neuhasínající plamen touhy žít a nechat žít, který v něm znovu rozdmychala přítomnost šestnáctileté Manky (Veronika Jeníková). Hrušínský jako by v roli Prepsla pookřál, roztál. Jako by se v něm prudce uvolnily všechny nahromaděné a zadržované síly a proměnily se v příval, který strhával vše, co mu přišlo do cesty. Jen útěk s Mankou (chvíle, kdy se spolu ukládali ke spánku) v něm opět probudil věcnou střízlivost, vědomí jisté opotřebovanosti a melancholii.

Sekvence, ve které Prepsl vykřičí na Bartůňkovy děti jejich skutečný poměr k otci, slouží vlastně výstižně k charakterizaci hlavního hrdiny jako člověka, který má ve své podstatě proti ostatním nejblíže k přívlastku — kladný. Prepsla ztvárnil Hrušínský precízně, kultivovaně a mnohorozměrně. Dokázal se přesvědčivě zmocnit složitého charakteru a obohatit svůj herecký rejstřík o další významnou úlohu.

L. MĚŠŤÁNEK, Film a divadlo 22. 2. 1982

Proška ze ZLATÝCH ÚHOŘŮ a Prepsla z filmu POZOR, VIZITA vytvořil Rudolf Hrušínský v rychlém sledu za sebou. Dvě různé postavy, dva rozličné charaktery, které spojovalo jediné — naprosté přitakání životu.

O nemocnici jsem napsal knihu, jmenuje se Vizita. Vyšla před čtrnácti lety. Je tam všechno podstatné, co mnou otřáslo a povzbudilo mě ve víře, že lidské slušnosti a obětavosti je na světě přece jenom víc než nenávisti a lhostejnosti.

Před dvěma lety našli v té knize zalíbení známí filmaři, režisér Karel Kachyňa a scenárista Vladimír Bor. Protože tolik lidí, tolik situací a tolik stránek knihy se do jednoho večera nevejde, zaměřili se na Kadeta s Oteckem, rozšířili podstatně jejich akční rádius o oblast paní a dívek, a věrni duchu knihy, napsali dramaticky účinné — já bych řekl, že chlapecké — drama, které nazvali POZOR, VIZITA! Zrodil se film, v hlavní roli s Rudolfem Hrušínským v úloze Kadeta, s Ľudovítem Greššou v roli Otecka, s půvabně prostořekou mladistvou bacilonosičkou, kterou hraje Veronika Jeníková, s primářem Bořivojem Navrátilem, se zdravotními sestrami Libuší Švormovou a Blaženou Holišovou a s desinfektorem Josefem Somrem.

Když jsem film viděl, vzpomněl jsem si na ty dva skutečné bacilonosiče: co by asi řekli.

Otecko by pokorně seděl, občas by přikývl, a až by film skončil, zůstal by tam bezradně sedět, zahleděn někam do sebe. A ten druhý by ho plácnul do kolena, pak by vstal a hlasitě zvolal: — Jó, pan Hrušínský, to je holt kadet!

A. BRANALD, Ahoj na sobotu 22. 1. 1982

Málokterý režisér poznal Rudolfa Hrušínského tak důvěrně jako Jiří Menzel. Vysvětlení lze najít v pouhém výčtu jeho filmů, v nichž Hrušínský od roku 1978 hrál. Po panu Passpartovi z BÁJEČNÝCH MUŽŮ S KLIKOU následovali doktor Gruntorád z POSTŘIŽIN, pan Franc ve SLAVNOSTECH SNĚŽENEK, doktor Skružný ve VESNIČCE MÉ STŘEDISKOVÉ, velkostatkář Lhota v KONCI STARÝCH ČASŮ a Bill Lockit z ŽEBRÁCKÉ OPERY.

O Hrušínském se Menzel vyjadřuje s láskyplnou shovívavostí. O jejich spolupráci říká:

Po prvních dnech natáčení zkoriguji Hrušínského představu. To není žádný problém, protože se jedná o herce inteligentního a přizpůsobivého, takže nemusím nadarmo plýtvat slovy. Před kamerou, na place, je Hrušínský naprosto přirozený, nedělá mu potíže hrát před lidmi. Nemá sklon k přehánění, je cudný. Neví kam s rukama, tak to řeší tím, že kouří. Ale to mu zakazuji! S přibývajícím věkem zraje jako víno. V souvislosti s ním bych rád citoval z knihy Pavla Eisnera Chrám i tvrz: „Zde dovolte, abych pověděl, že není žena nejkrásnějším tvorem stvoření, že je jím stárnoucí muž, vydaří-li se.“

J. MENZEL, 15. 7. 1991

Hrušínského herectví čerpá podle Jiřího Menzela ze dvou zřídel. Tím prvním je Eva Hrušínská, která by si zasloužila titul národní umělkyně. Tím druhým splávek na vodě, nad nímž se soustřeďuje.

Když se o někom řekne český Gabin, není to řečeno jen tak do větru. Herec nemusí být přímo hercem, ale musí být osobností. Musí mít v sobě všechny zápasy světa. Lidé, kteří rostou bez problémů, jsou placatí. Potom jsou lidé, v nichž probíhají bitvy. Jsou vnitřně bohatí. A pro mne osobně musí být ještě vnitřně zranitelní.

M. NEZVAL—P. VOLF: Muž, který zůstává Jiřím Menzelem, Praha 1992, s. 77

Vnitřní svár zmítá jak Antonínem Důrou z ROZMARNÉHO LÉTA, tak doktorem Gruntorádem z POSTŘIŽIN i panem Francem ze SLAVNOSTÍ SNĚŽENEK. Scéna, kdy mistr Důra masíroval Anně kotníček, je svým citovým přesahem podobná té, v níž doktor Gruntorád vyšetřoval nemocnou Marju (Magda Vašáryová), nad jejíž krásou se mu svíralo srdce, až usnul na jejích ňadrech. Neméně přesvědčivá byla i počáteční sekvence ze SLAVNOSTÍ SNĚŽENEK, v níž se pan Franc blaženě rozvaloval na hromadě jablek, než ho z nirvány vytrhl nesnesitelný jekot manželky a dcery. V tomto případě parafrázoval Menzel scénu z Dovženkovy ZEMĚ, ve které umírá na haldě jablek stařec, a dřív než vypustí duši, zakousne se do jednoho z nich. Ve všech scénách dovedl Hrušínský režisérův záměr k dokonalosti.

Z herců někdy vytryskne napovrch to, co se v nich kumulovalo po celý život. Režisér jim vlastně dává příležitost, aby se mohli plně projevit. Přiznávám, že se nerad dívám na své filmy. Když však vidím některou ze scén, která je silně působivá, vím, že to není mojí zásluhou, ale zásluhou herce.

J. MENZEL, 15. 7. 1991

Vrcholnou postavou druhého období Menzelovy spolupráce s Rudolfem Hrušínským je doktor Skružný z VESNIČKY MÉ STŘEDISKOVÉ. Autora scénáře Zdeňka Svěráka poznal Hrušínský při natáčení KULOVÉHO BLESKU, ve kterém hrál agilního strůjce největší akce v dějinách stěhování — doktora Radostu. V doktoru Skružném z VESNIČKY MÉ STŘEDISKOVÉ se snoubí porozumění pro lidské slabosti s ironickým povzdechnutím nad jejich malicherností. Na své spoluobčany se dívá z odstupu, stejně jako oni pozorují z odstupu jeho. Se stejným porozuměním přijímají jeho podivínství, které obvykle končí katastrofou. Když si tak recituje za volantem Máj a kochá se přírodou . . . není divu, že musí přispěchat na pomoc řidič Pávek.

V přístupu k roli se názory herce a režiséra lišily. Zatímco Hrušínský chtěl dát Skružnému podobu mrzouta, trval Menzel na tom, aby z něho vyzařovalo lidské teplo, aby byl jako sluníčko. Ze střetnutí těchto dvou pohledů se zrodila postava veskrze moudrá.

OBRAZ 55.

— Před bouřkou, když klesne tlak, to jsem na umření, — stěžuje si hostinský Rambousek, muž smutné tváře a trpitelských očí.

— To já taky. Co tam máš dál? — ptá se doktor.

Rambousek nahlédne do seznamu.

— Ty křečový žíly.

— Koukni se na moje, — vyhrne doktor svou nohavici.

— Gumový punčochy nosíš?

— Nosím.

— Anavenol bereš?

— Beru.

— No tak, co dál?

Rambousek skloní oči k papírku jako řidič, který si přinesl do servisu seznam závad na voze.

— Nesu pivo. Někdo zavolá: Platím. Já otočím hlavu a už ji nedám zpátky.

— A celej se otočit můžeš? Takhle? — předvede doktor.

— To jo.

— Tak neotáčej hlavu, otoč se celej.

Sestra Půlpánová se musí odvrátit, aby pacient neviděl, že se směje.

— Co dál?

— Nespím. Probudím se ráno ve čtyry a už nezaberu.

— To je v našem věku normální. Já nespím od půl čtvrtý. Říkej dál.

— Klouby, — přečte Rambousek. — Kolikrát nemůžu ani vstát.

— Ale vstaneš.

— Nakonec jo. Poněvadž musím.

— Tak si nestěžuj. Jsou lidi, že nevstanou, — uklidní ho doktor.

— Pane doktore, vy všechno zlehčujete, ale já vím nejlíp, jak mi je. Já už tady dlouho nebudu, — upozorňuje Rambousek.

— Chceš lázně, Bedřichu?

— Nechci. To mi neudělalo dobře.

— Tak jeď k moři. Zavři hospodu a jeď.

— Byl jsem předloni. Tam trpím průjmama.

— Tak jeď do Tater.

— Nesnáším vejšky, — vrtí hlavou nešťastný Rambousek.

— Tak víš kam jeď?

Rambousek tázavě vzhlédne.

— Jeď do Pelhřimova a prohlídni si krematorium. Ať víš, do čeho jdeš. Další! — skoncuje to doktor.

Z. SVĚRÁK: Vesničko má středisková, Dramatické umění, 1987, č. 1, s. 110

VESNIČKA MÁ STŘEDISKOVÁ se setkala s překvapivým ohlasem doma i v zahraničí. Zásluhu na tom měli všichni, kteří se podíleli na vzniku této české, ale obecně platné komedie — scenárista Zdeněk Svěrák, režisér Jiří Menzel, kameraman Jaromír Šofr, představitelé hlavních rolí — János Bán, Marian Labuda, Rudolf Hrušínský . . .

Hrušínský, v obličeji i na těle značně pohublý, nic neztrácí ze svého osobitého projevu, kdy minimálním gestem, pohnutím svalu ve tváři, pohledem očí dokáže sdělit postoj, rozpoložení. Nic neztrácí z jiskřivého sarkastického glosování, jeho trefné poznámky přesně postihují danou situaci. Samostatný rozbor by zasloužila příkladná práce s hlasem, s jeho zabarvením, dikcí, kdy bez nápadných změn, se zdánlivě monotónním posazením přesně odstíní významy: frázování větných celků napomáhá výstižné charakterizaci postavy.

J. JAROŠ, Scéna 30. 6. 1986

Menzelova VESNIČKA MÁ STŘEDISKOVÁ byla nominována na Oscara za rok 1987. Tedy rok poté, co tuto prestižní cenu obdrželi hned tři umělci českého původu, tvůrci filmu AMADEUS — Miloš Forman za režii, arch. Karel Černý za výpravu a Theodor Pištěk za návrhy kostýmů. S Theodorem Pištěkem se znal Rudolf Hrušínský od nepaměti. S jeho otcem, populárním filmovým hercem, se jako chlapec sešel před kamerou při natáčení Hašlerova studentského filmu PROSÍM, PANE PROFESORE. Po udělení Oscarů mu okamžitě blahopřál. Pištěk mu obratem odpověděl z přepychového hotelu Beverly Wilshire, o kterém později prohlašoval, že tam mění květiny dvakrát denně, stejně jako šampaňské u ledu. Však mu jej také nezapomněl doporučit.

29. 4. 1985

Nejmilejší příteli,

děkuji Ti za blahopřání a ubezpečuji Tě, že je mi milejší než lecjaký titul. Jsem samozřejmě moc rád, že jsem to dostal, protože konečně nebudu mít komplex před Jiřím Menzelem, ale pravda je ta, že pro mne je důležitější než zlatý Oskar — ZLATEJ RUDLA HRUŠÍNSKÝ!

Těším se na osobní setkání a jsem nadosmrti Tvůj

Doda

P. S. Pro případ cesty do USA, doporučuji tento hotel.

Když do Čech po listopadu 1989 z Ameriky poprvé zavítal herec Jan Tříska, setkal se neočekávaně s Rudolfem Hrušínským. Možná mu v tu chvíli probleskla hlavou vzpomínka na Turgeněvův MĚSÍC NA VSI, kde v jeho režii hrál. Ale hlavně si znovu uvědomil velikost tohoto herce, který zůstal světu tak trochu utajen.

A Rudolf Hrušínský. Génius jednoduchosti. To je americký herec! V Americe mají herci napsané rtěnkou nebo mýdlem na zrcadle v šatně: KISS! Když jsem to viděl poprvé, divil jsem se, co to znamená. Dneska už to vím. Keep it simple, stupid! To je:

(350) „Dělej to jednoduše, hlupáku!“ A tak Rudolf Hrušínský hraje divadlo. Tak hraje film. Jednoduše. Přímočaře, bez ozdob. Tak jako Hemingway psal svoje povídky. Věty musely být rychlé, krátké, zakončené.

J. TŘÍSKA, Scéna 13. 6. 1990

Tato slova kolegy o kolegovi v sobě skrývají veškerou Hrušínského poetiku. Mimoděk charakterizují výrazný druh umělecké tvorby, jaký najdeme nejen u zmíněného Hemingwaye, ale třeba i u Franze Kafky a mnoha dalších. Spočívá v obecném poznatku, že vše, co je uměle či předstíraně zašifrované, vyšperkované nesčetnými ozdobami, zdlouhavé a mnohomluvné, okázalé a vůbec exhibicionistické, brzy zaniká: rozplyne se jako mlha ve větru. Zatímco dílo jednoduché, přímočaré, bez ozdob a bez drobnokresby, dílo zakončené nemizí, zaryje se hluboko do vědomí a trvá, přetrvá i lidský věk.

Spytihněv (Hostinec U kamenného stolu, 1948) — se S. Rašilovem a S. Benešem

Švejk (Dobrý voják Švejk, 1956) — se S. Benešem

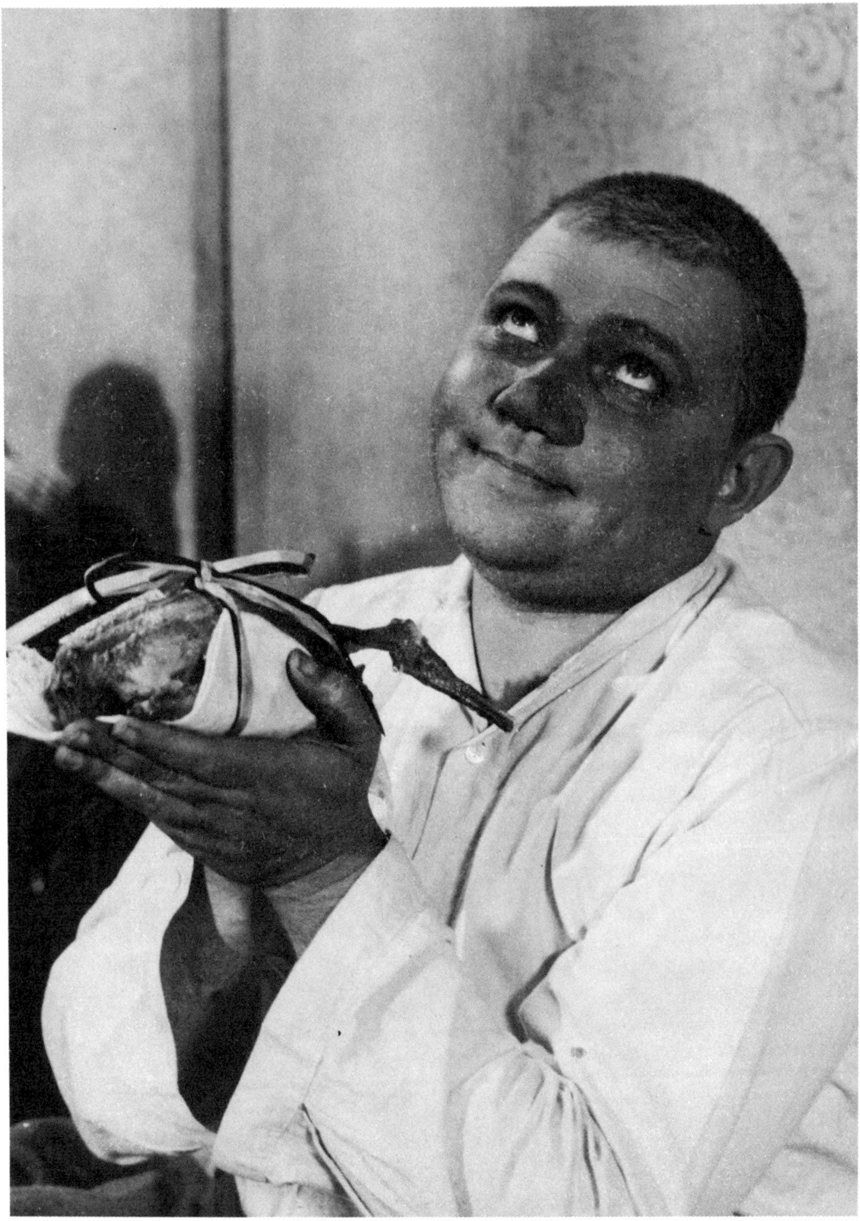

Švejk (Dobrý voják Švejk, 1956)

Lucin (Naděje, 1963) S H. Hegerovou

Tarzan (Tarzanova smrt, 1962)

Důra (Rozmarné léto, 1967) — s V. Brodským a F. Řehákem

Důra (Rozmarné léto, 1967)

Kopfrkingl (Spalovač mrtvol, 1968)

Kopfrkingl (Spalovač mrtvol, 1968)

Důvěrník (Skřivánci na niti, 1968)

Rynda (Čest a sláva, 1968) — s I. Janžurovou

S režisérem F. Vláčilem při natáčení Dýmu bramborové natě (1976)

Dr. Meluzin (Dým bramborové natě, 1976)

Komisař Ledvina (Adéla ještě nevečeřela, 1977) — s M. Dočolomanským

Pasparte (Báječní muži s klikou, 1978) — s V. Menšíkem

Dr. Gruntorád (Postřižiny, 1980) — s M. Vašáryovou

Prepsl (Pozor, vizita, 1981) — s B. Holišovou

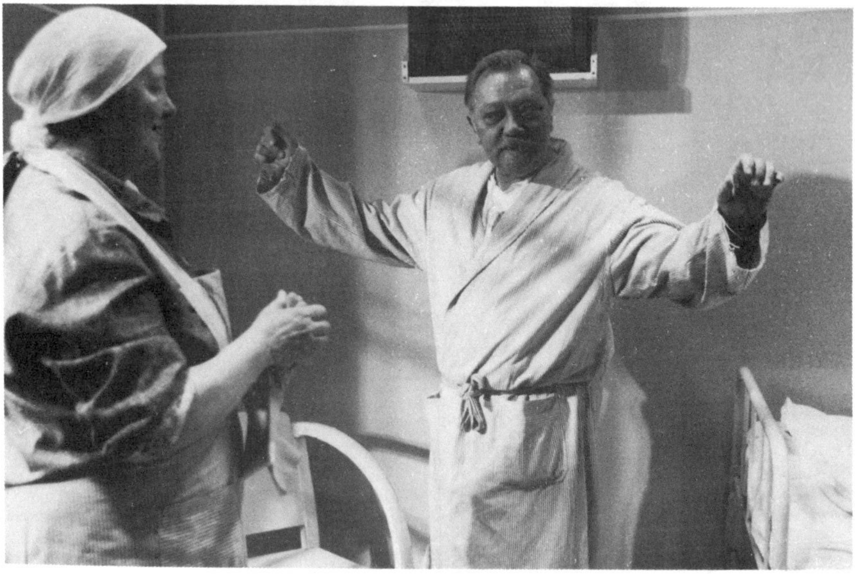

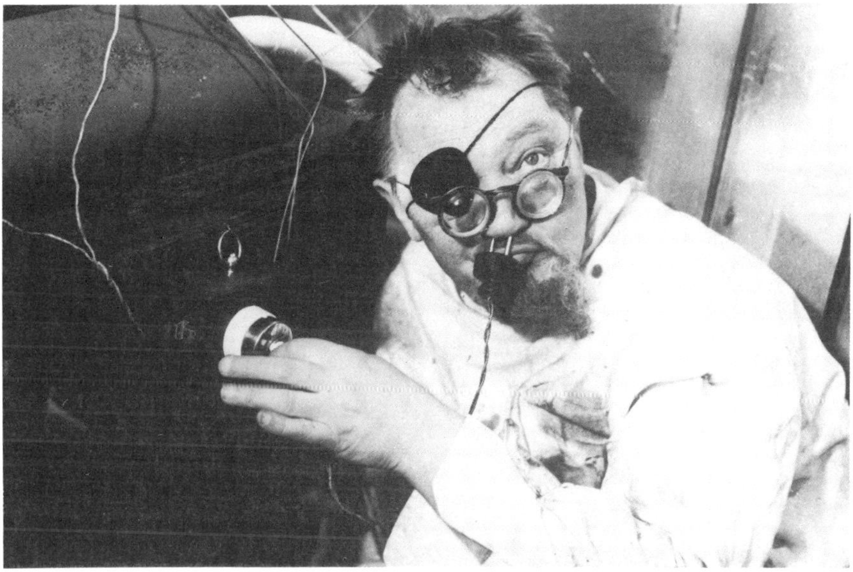

Orfánik (Tajemství hradu v Karpatech, 1981)

Franc (Slavnosti sněženek, 1983)

S režisérem Menzelem při natáčení filmu Vesničko má, středisková (1986)

S M. Labudou a J. Bánem při natáčení filmu Vesničko má, středisková

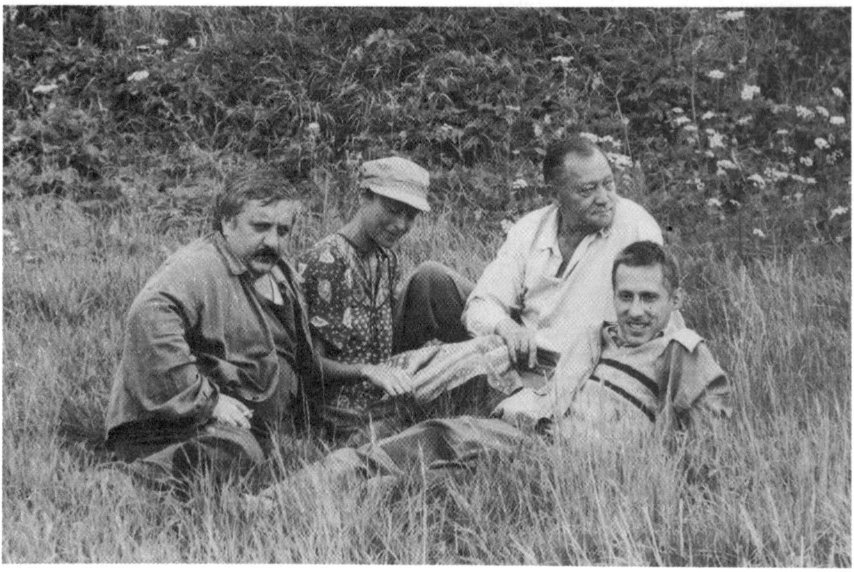

Dr. Skružný (Vesničko má, středisková, 1986) — s M. Labudou

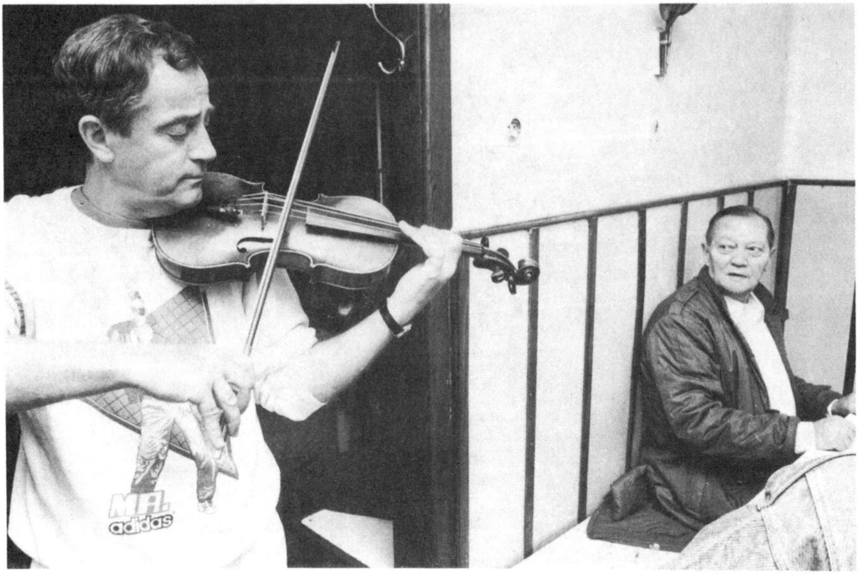

S J. Třískou při natáčení filmu Obecná škola (1990)

POKRAČOVATELÉ

RUDOLF HRUŠÍNSKÝ ML.

JAN HRUŠÍNSKÝ

MILUŠE ŠPLECHTOVÁ

RUDOLF HRUŠÍNSKÝ NEJML.

Při náhodném nahlédnutí do chodu domácnosti početné rodiny Hrušínských, žijících pod jednou střechou, se může zdát, že tato pospolitost jedince omezuje, brání mu v rozletu, v možnosti hledání sebe sama, vlastního vidění, vlastního směřování. Ve skutečnosti tomu tak není. Zákonitosti této rodiny nejsou odlišné, jsou jen otevřenější vzájemnému porozumění, vzájemné toleranci a úctě k soukromí ostatních. Ačkoliv se každý z jejích členů ubírá vlastní cestou, ani na okamžik nezapomíná na druhé, protože domov, který je spojuje, je pro všechny jen jeden.

Novináři se Rudolfa Hrušínského často dotazovali, zda mu nebylo proti mysli, že se jeho synové rozhodli pro herectví, a on jim odpovídal.

> Nebránil jsem jim, proč? Lásku k tomuto povolání si nakonec přinesli z domova, nikdy jsem před nimi netajil, co všechno musí herec obsáhnout, a tak neměli na nose žádné růžové brýle, když se pro herectví rozhodovali. Byli si vědomi všech úskalí a věděli, do čeho jdou. Z čeho mám radost? Oba dva začínají stejně jako já — s nadšením. Není to pro ně zaměstnání, ale povolání a životní poslání. To právě mnoha jejich vrstevníkům chybí: cílevědomost, obětavost a nadšení.
>
> *R. HRUŠÍNSKÝ, Film a divadlo 28. 12. 1978*

RUDOLF ml.

Prvorozeným bývají obvykle připisována práva, která je staví tak trochu na výsluní. Kromě záměny jména při křtu, již způsobila nečekaná přítomnost Jaroslava Marvana jako kmotra, Rudolfův příchod na svět nic mimořádného neprovázelo. Snad jen úzkostlivá péče vokovické prababičky, která v sobě nezapřela profesi porodní asistentky a přispěchala mladé mamince na pomoc. Nebohého pravnuka svázala do povijanu tak pevně, že se nemohl ani nadechnout. Vlastně to byla taková malá příprava na život.

Táty si jako dítě mnoho neužil. Možná právě proto na herectví zpočátku zanevřel. Lákalo ho malování, fotografování, lákala ho hudba. A tak se stal studentem konzervatoře.

V době, kdy jsem studoval, nebylo na konzervatoři ještě otevřeno dramatické oddělení. DAMU je vysoká škola vyžadující maturitu. Asi proto jsem studoval na konzervatoři a potom šel na DAMU. Na konzervatoři jsem studoval u profesora dr. Josefa Smetany, který tehdy vedl oddělení lidových nástrojů — kromě toho skládal scénickou hudbu a dirigoval orchestr Městských divadel pražských. Tedy u pedagoga, který měl velmi blízký vztah k divadlu. Myslím, že praktické hudební vzdělání, znalost dějin hudby a umění, zpěv a rytmus jsou pro herce daleko užitečnější než maturita na normální střední škole.

R. HRUŠÍNSKÝ ml., Amatérská scéna 1982, č. 6

Na DAMU studoval ve třídě profesora Miloše Nedbala, který se na mladé výhonky hereckých rodů díval s nedůvěrou. Ale Rudolf znal dobře podmínky, v nichž herec pracuje.

Určitě pro nás bylo lepší, že jsme herectví poznali nejen z plátna nebo jeviště, ale také z té druhé, méně známé strany, protože jsme tátu vídali i ve chvílích vyčerpání a únavy. Nemohli jsme si tedy nic namlouvat, nemohli jsme se chytit na žádné pozlátko.

R. HRUŠÍNSKÝ ml., Kino 1986, č. 13

Po skončení DAMU hrál v pražském divadle Ateliér. Druhé angažmá ho zavedlo do Činoherního klubu, jemuž zůstal věrný dodnes. Vytvořil tu řadu postav — Colu ve Vostrého komedii dell'arte TŘI V TOM, statkářova syna v Gogolově HRÁČÍCH, Cecilia v Mussetově MARIANINÝCH ROZMARECH, Petra v Ostrovského LESE, Emana v Hrabalově NĚŽ-

NÉM BARBAROVI. K jeho vrcholným hereckým výkonům náleží Jan Dítě z Hrabalova OBSLUHOVAL JSEM ANGLICKÉHO KRÁLE a Ríša z Landovského HODINOVÉHO HOTELIÉRA.

Od prvního filmu, jímž byla Kachyňova ŠKAREDÁ DĚDINA, se jako herec podílel na vzniku asi třiceti pěti snímků. S filmem ho spojuje jméno režiséra Jiřího Menzela, v jehož POSTŘIŽINÁCH, SLAVNOSTECH SNĚŽENEK, VESNIČCE MÉ STŘEDISKOVÉ a KONCI STARÝCH ČASŮ hrál.

> Jiří Menzel je maximalista, proto jsou jeho filmy tak dobré. Ale i natáčení je příjemné, protože je vždycky provází krásná atmosféra. Snad je to tím, že Jiří Menzel spolupracuje s lidmi, s nimiž si rozumí a kteří si také vzájemně rozumějí. Ví vždycky, co chce natočit. Přesně. A taky ví, jak zacházet s lidmi a herci.
>
> *R. HRUŠÍNSKÝ ml., Záběr 19. 10. 1989*

Herectví není to jediné, co u Hrušínských přechází z generace na generaci. Je to také láska k přírodě. Rybaření. Snad právě tady lze hledat zdroj Rudolfovy uzavřenosti. Mlčení je stav duše . . . a on má samotu rád. Někdy.

> Když jsem byl na rybách v Mongolsku, viděl jsem opravdovou přírodu, přírodu, jak má vypadat. Nebyla zdevastována žádnými fabrikami, žádnými saponáty a byla tam voda, která se dala pít. Když se podíváte na Lužnici, tak ta voda je rok od roku horší. Z krásných řek se stávají stoky a tam, kde byly ryby, není už nic.
>
> *R. HRUŠÍNSKÝ ml., Zemědělské noviny 17. 3. 1990*

JAN

Janovo pronikání k herectví bylo o poznání vědomější a přímočařejší než Rudolfovo. Kromě toho, že navštěvoval dramatický kroužek Jiřiny Stránské, kam chodívali také Jan Hartl, Taťjana Medvecká a Lucie Žulová, se jako chlapec několikrát objevil na scéně Národního divadla. Například v Shakespearově ZIMNÍ POHÁDCE.

Odmalička byl rozhodnutý, že bude hercem. Už ve dvou letech, šišlavě, ale přece, přednášel na mikulášské v Komorním divadle básničky, a tak u divadla vlastně začal. Pořád chtěl hrát a jednou dostal roli v Národním divadle u režiséra Jaromíra Pleskota v ZIMNÍ POHÁDCE. Hrál tam syna Daně Medřické. A jak tak čas utíkal, přišla jednou Dana po prázdninách a říkala, že to začíná být trapné, aby si ho pořád při představení brala na klín, protože strašně vyrostl a nevejde se do kostýmu.

E. HRUŠÍNSKÁ, Kino 16. 2. 1988

Jeho spolužáky na konzervatoři byli mimo jiné Vlastimil Zavřel, Helena Fridrichová, Otakar Brousek ml. a Jana Janěková. První velkou roli hrál v roce 1970 ve filmu režiséra Evalda Schorma LÍTOST, který skončil v hlubinách trezoru. Jako šestnáctiletý si Jan zahrál se zpěvačkou Petrou Černockou v populárním filmu Václava Vorlíčka DÍVKA NA KOŠTĚTI. A pak už následovaly neméně oblíbené Strnadovy filmy MŮJ BRÁCHA MÁ PRIMA BRÁCHU a BRÁCHA ZA VŠECHNY PENÍZE s Libuší Šafránkovou, Menzelův film KDO HLEDÁ ZLATÉ DNO, Kachyňovy LÁSKY MEZI KAPKAMI DEŠTĚ, Vláčilův HADÍ JED . . .

Když se teď dívám na to, co všechno jsem hrál v nejrůznějších filmech a televizních inscenacích, lituji, že jsem nabídky pečlivě netřídil a nevybíral. Zapadl jsem, myslím, do jedné takové „škatulky“, a teď je strašně těžké se z ní dostat ven. Z toho důvodu mě těší každá příležitost, která se tomu vzdaluje. Byla to například role Rubína ve filmu Juraje Herze STRAKA V HRSTI. To byla práce přesně podle mého gusta, práce, kdy jsem se těšil na každý natáčecí den.

J. HRUŠÍNSKÝ, Kino 1986, č. 13

V roce 1976 byl Jan Hrušínský angažován do Činoherního studia v Ústí nad Labem. Osm sezón zde pracoval s lidmi, kteří formovali jeho názor na divadlo. Kromě uměleckého šéfa Ivana Rajmonta to byli především Leoš Suchařípa, Jan

Grossmann, Jan Kačer, Jiří Schmitzer, Marie Spurná, Dana Balounová, Jelena Šebestová, Alexej Okuněv a mnozí další. Básník Hvězdenský ve Steigerwaldových DOBOVÝCH TANCÍCH, baron Tuzenbach v Čechovových TŘECH SESTRÁCH, Choděra ze Shakespearovy KOMEDIE MASOPUSTU, Odilon z Crommelynckovy VÁŠNĚ JAKO LED slibovaly do budoucna, že půjde ve šlépějích svého otce. Tak jednoduché to ovšem nebylo.

> Mnoho lidí si možná myslí, že nám táta může prozradit nějaká herecká tajemství, recepty na to, jak hrát tu kterou roli. Ale mně se na herectví líbí i to, že je nepřenosné, že s každou novou rolí začínáte vlastně od začátku. Někteří lidé nás chtějí s tátou srovnávat — to je samozřejmě strašná nevýhoda, ale s tím se asi nedá nic dělat. V každém případě se oba snažíme hledat svou cestu sami.
>
> *J. HRUŠÍNSKÝ, Kino 1986, č. 13*

Jízdě na koni se Jan musel naučit, aby vyhověl požadavkům, které na něho kladly role prince ve filmu JAK SE BUDÍ PRINCEZNY a poručíka v TAJEMSTVÍ ĎÁBLOVY KAPSY. Časem se mu jezdectví proměnilo v posedlost.

> Koně jsou droga. Nemůže být nic krásnějšího než vyjížďka podzimní přírodou. Kdo neseděl někdy na koni, tak to nemůže pochopit, stejně jako asi netuší, jak je jezdecký sport fyzicky namáhavý.
>
> *J. HRUŠÍNSKÝ, Lidová demokracie 12. 11. 1982*

V ústeckém souboru poznal Jan svoji ženu — herečku Miluši Šplechtovou. Odchod do Prahy, k němuž se rozhodli v roce 1984, jim přinesl společné působiště v Realistickém divadle. Po stránce herecké nebyl Jan zprvu vytížen tak, jak by si přál. Vrátil se tedy k fotografování, do jehož tajů ho kdysi zasvětil rodinný přítel Sláva Štochl. Spolu s ním se radoval z prvního velkého úspěchu, který se záhy dostavil. Japonská firma Asahi-Pentax mu otiskla několik fotografií ve svém katalogu. Mimo jiné i portrét Rudolfa Hrušínského, který jeho syn pořídil při společném natáčení Menzelova filmu KONEC STARÝCH ČASŮ.

Když jsem přišel do Prahy, tak mne to tou dobou v divadle příliš netěšilo a hledal jsem nějakou možnost, co bych dělal kromě hraní. Vzpomněl jsem si na Slávovu nabídku, že by mi pomohl s fotografováním. Takže jsem k němu začal chodit, on mne naučil vyvolávat filmy, vzal mě do fotokomory a ukázal mi různé triky a fígle, na které sám přišel. V době, kdy jsem k němu začal chodit, už vlastně aktivně nefotografoval. Často mi vyprávěl, že nejvíc vzpomíná na fotografie, které nikdy neudělal, protože mu utekly a pak ho pronásledovaly ve snu. Třeba na jelena, který se postavil do ideálního světla ve chvíli, kdy neměl založený film nebo neměl po ruce fotoaparát. Tak mi také utekla Slávova fotka, což mne strašně mrzí. Několikrát jsme se domlouvali, že ji udělám, ale bohužel k tomu nedošlo. Setkání se Slávou Štochlem považuji za své velké osobní štěstí. Jenom mne mrzí, že odešel v době, kdy jsme si začali nejvíc rozumět.

J. HRUŠÍNSKÝ, Tvorba 1991, č. 25

Ze svého působení v Realistickém divadle si dnes s odstupem času cení nejvíc týmové práce na zdařilých projektech, jakými byly inscenace AUCASSINA A NICOLETTY, Dorstova MERLINA a komponovaných pořadů RES PUBLICA 88' a RES PUBLICA 89'.

Na podzim 1991 dostal Jan Hrušínský hned dvě nabídky. Tou první bylo angažmá v Národním divadle, kam ho zval jeho bývalý šéf z ústeckého Činoherního studia Ivan Rajmont. Po zralé úvaze zvolil tu druhou. 1. prosince téhož roku se stal členem Divadla Na zábradlí, kde se při práci po letech sešel s režisérem Janem Grossmanem.

Do Činoherního studia v Ústí nad Labem přišla dva roky poté, co absolvovala pražskou konzervatoř. V té době měla už za sebou první filmové role v Kačerově MĚSTĚ MÉ NADĚJE, v NEKONEČNÉ, NEVYSTUPOVAT Lasicy a Satinského, v Chytilové PANELSTORY. V divadle ji čekal Sebastian v Shakespearově VEČERU TŘÍKRÁLOVÉM, Irina v Rajmontově inscenaci TŘECH SESTER a Lizeňka v Bulgakovově ZOJČINĚ BYTĚ. V osobním životě Jan Hrušínský. Pro Miluši znamenal tento krok víc, než si dovedeme představit. Počáteční tréma se rozplynula a domov, který se jí otevřel, plně nahradil ten, který jako dívka ztratila.

> Ze vstupu do tohoto domu jsem měla trému, hlavně kvůli tádovi. Tahle rodina žije nesmírně pospolu, jejím dobrým duchem je tádova manželka, čili bábinka, která mi nejvíc pomohla, abych se tady cítila opravdu jako doma. Když mi bylo čtrnáct let, umřela mi maminka. Stalo se, že k bábince jsem si vytvořila podobný vztah jako k mámě.
>
> *M. ŠPLECHTOVÁ, Kino 1990, č. 8*

Ačkoliv by se dalo předpokládat, že se u Hrušínských nemluví o ničem jiném než o divadle, Miluše Šplechtová to vyvrací.

> Mé povaze vyhovuje mluvit doma o problémech v divadle, kdežto Honza i Ruda jsou v tomhle ohledu uzavření, a když se s něčím trápí, nosí to v sobě. Snad je to v nich zakódováno odmalička. Jako by právě proto, že jejich táta je velký herec, chtěli na všechno přijít sami.
>
> *M. ŠPLECHTOVÁ, Kino 1990, č. 8*

V Realistickém divadle se publiku představila širokým spektrem postav — od Jenůfy z dramatu Gabriely Preissové JEJÍ PASTORKYŇA, Nicoletty v AUCASSINOVI A NICOLETTĚ přes Tully v Greenově CESTÁCH S TETIČKOU, Elainu v Dorstově MERLINOVI až k vynikající May v Shepardově hře LÁSKOU POSEDLÍ. Nejen duchem divadla, ale i duchem doby se nechala unášet, když se spolu s ostatními ocitla uprostřed listopadového dění.

Nedávno jsme si doma pustili záběry z Václaváku a z Letné, vzpomněli si na všechny ty obavy a naděje způsobené střídáním dobrých a špatných zpráv, na to, jak holky doma vařily a nosily jídlo do divadla klukům, na atmosféru v divadle, které žilo jako jedna rodina. V euforii se pořád žít nedá, to je logické, ale já věřím, že něco z toho všeho zůstane hluboko v nás natrvalo.

M. ŠPLECHTOVÁ, Kino 1990, č. 8

22. února 1992 stanula Miluše Šplechtová poprvé na jevišti Národního divadla jako Líza Doolitlová v Shawově PYGMALIONU. S košíkem fialek, v klobouku trochu pomuchlaném, s jekotem pouliční holky, které se stala křivda. Po Anně Sedláčkové, Jarmile Kronbauerové a Jiřině Šejbalové je to víc než pouhý závazek. Výhra.

RUDOLF nejml.

Benjamínek hereckého rodu, který se poprvé objevil na filmovém plátně jako Honza ve VESNIČCE MÉ STŘEDISKOVÉ, aby pronesl památnou větu: „Už nastavovali zrcadlo?“ A usměvavá hlasatelka na televizní obrazovce klidně pokračovala v navyklém klišé: „Americký film Harpuna, který vám teď nabízíme, nastavuje nemilosrdně zrcadlo měšťácké společnosti, v níž je dolar alfou i omegou života.“

Dřív než k filmu se Rudolf dostal k divadlu, zcela v duchu rodinné tradice. K hostování ve Stevově NOVÉM MLÁDÍ STARÉHO PÁNA ho přizval režisér František Miška.

Když mi bylo deset let, tak jsem uspěl v konkursu Městských divadel pražských a hrál jsem ve stínu pana Vosky ve hře NOVÉ MLÁDÍ STARÉHO PÁNA. Tenkrát mi divadlo učarovalo, tak mě to chytlo, že jsem se rozhodl. Pak jsem měl maličkou roličku

v HAMLETOVI v Národním divadle a několik menších rolí v televizních pohádkách. Doma mi říkali, abych s rozhodnutím počkal, abych to zatím zkoušel, že poznám sám, jestli mohu dělat herectví. Ve čtrnácti letech jsem udělal zkoušky na konzervatoř a mohu říci, že mě to baví čím dál tím víc.

R. HRUŠÍNSKÝ nejml., Zemědělské noviny 6. 1. 1988

Rudolfovy první herecké kroky pozorně sledoval dědeček, kterého vnuk coby dítě překřtil na tádu. Asi se mu ten kompromis mezi tátou a dědečkem líbil víc. A táda se mu stal dobrým rádcem.

Dědeček je pro mne přirozenou autoritou, myslím, že pro celou naši rodinu. Pro svou moudrost a své herecké umění.

R. HRUŠÍNSKÝ nejml., Zemědělské noviny 6. 1. 1988

Pak přišel Soukupův DISCOPŘÍBĚH a s ním i kominický učeň Jirka Horáček, který Rudolfovi přinesl takovou popularitu, že zcela zapomněl na své nadšení pro studium a rozhodl si vyzkoušet, „že to jde i bez papíru, že největší školou je život sám" (*R. HRUŠÍNSKÝ ml., Záběr 19. 10. 1989*). Rodiče přistoupili na pravidla hry, která si sám určil.

Asi je fakt, že bych, nebýt DISCOPŘÍBĚHU, školu zdárně ukončil. Tím, že jsem ho ale natočil, jsem změnil na hodně věcí názor. Bylo mi necelých osmnáct let a najednou jsem si říkal, proč mám ráno vstávat a proč ráno jezdit do školy. No a pak jsem se na to občas vybodl, měl jsem pár neomluvených hodin, a to byl vlastně i hlavní důvod, proč skončilo moje studium na konzervatoři. Nemůžu sice říct, že by mi škola nic nedala, ale metody, kterýma se tam vyučuje, mi nejsou blízký. Na konzervatoři platí totiž takový nepsaný zákon, že nikdo nesmí nic dělat. A když může někdo točit nebo hrát v divadle, tak jedině za zásluhy a dobrý známky. Já si naopak myslím, že je to velká chyba, protože čím víc člověk dělá, tím víc se naučí. Když jsem například hrál v Činoherním klubu v Hrabalově OBSLUHOVAL JSEM

ANGLICKÉHO KRÁLE, musel jsem se dokonce spoustu věcí, naučených z konzervatoře, odnaučit. Jaká je situace na škole dneska, nevím. Už jsem z toho vypadl a mám docela jiný starosti. V žádném případě se ale odchodem z konzervatoře netrápím.

R. HRUŠÍNSKÝ nejml., Květy 5. 12. 1991

Na rozdíl od svých předchůdců nestojí Rudolf jednou nohou na jevišti a druhou před filmovou kamerou. Natočil DISCOPŘÍBĚH 2 a u filmu míní zatím setrvat.

Hraní v Činoherním klubu se mi strašně líbilo a bavilo mě, asi proto, že jsou tam výborný lidi. Samozřejmě že bych divadlo dělal rád, jenomže mě netáhne stát se členem souboru a hrát potom každej den. Spíš tak jednu dvě hry, řekněme jen deset dnů v měsíci, třeba půl roku, a pak zase zkusit něco jinýho. Já prostě nesnáším, když něco dělám moc dlouho.

R. HRUŠÍNSKÝ nejml., Květy 5. 12. 1991

Naše Kronika rodu Hrušínských zde končí. Její pokračování napíší potomci Ondřeje Červíčka vlastním osudem. Teď — stejně jako na počátku — záleží především na jejich talentu a píli. A také na té nezbytné troše štěstí, jež jim až dosud všem a všemu navzdory přála. Tak nechť jim přeje i nadále.

Sestry Koubovy (1945)

Manželé Hrušínští se synem Rudolfem (1947)

Vojín čsl. armády (1948)

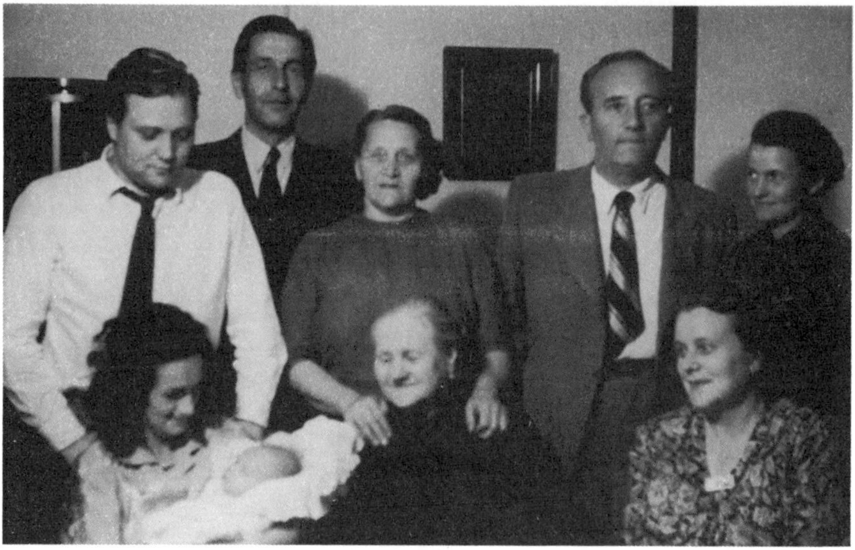

Vítání syna Jana (1955). Nahoře: V. Prýmek, H. Hrušínská, R. Hrušínský st., H. Prýmková. Dole: E. Hrušínská s Janem, A. Budínská-Červíčková, R. Budínská

Rudolf Hrušínský s oběma syny (1957)

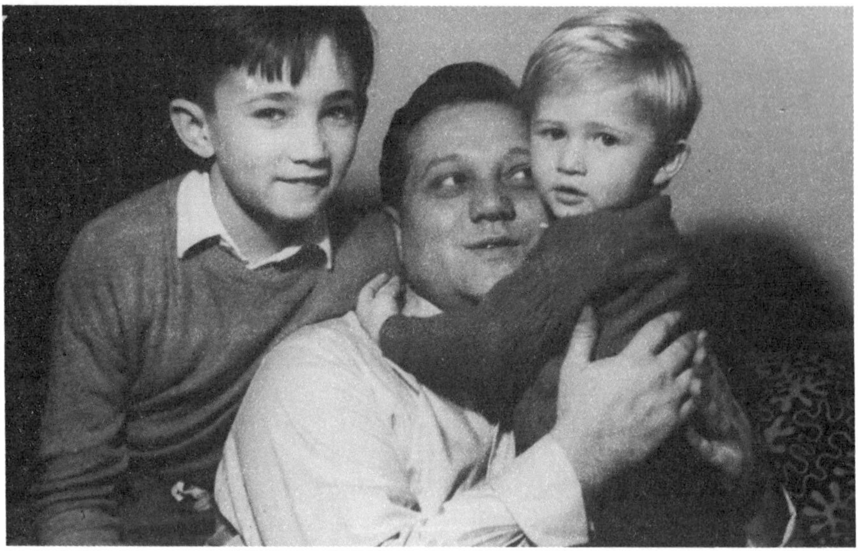

Prvomájový průvod (2. pol. 50. let) — s M. Macháčkem a O. Ornestem

S režisérem J. Horčičkou při převzetí státní ceny (1965)

Při přejímání ceny v San Sebastianu (1968) První zleva: V. Gasmann
Zprava: Režisér J. Weiss s K. Fialovou

Rudolfu Hrušínskému jako když to kachnám hází jeho obdivovatel (1969)

S K. Högrem a J. Zrzavým ve Viole (1973)

Se synem Janem v Schormově Lítosti (1970)

Manželé Prýmkovi (1977)

S T. Pištěkem při vernisáži v Karlových Varech (1981)

Na rybách

Pán a jeho pes (1984)

S J. Hubačem při zkoušce na Starou dobrou kapelu (1984)

Se S. Benešem při natáčení Modravých dálek volání (1985)

Manželé Hrušínští při přejímání Zlatého květu ve Viole (1987)

. . . a na návštěvě u Adolfa Borna

Rodina Hrušínských (1987)

Tři Rudolfové a Jan (1987)

Při natáčení Konce starých časů (1988)

Při oslavě narozenin O. Ornesta (1988)

Jan Dítě ve třech věkových kategoriích (B. Hrabal: Obsluhoval jsem anglického krále, 1989) — s B. Hrabalem

Rudolf Hrušínský nejml., 1989

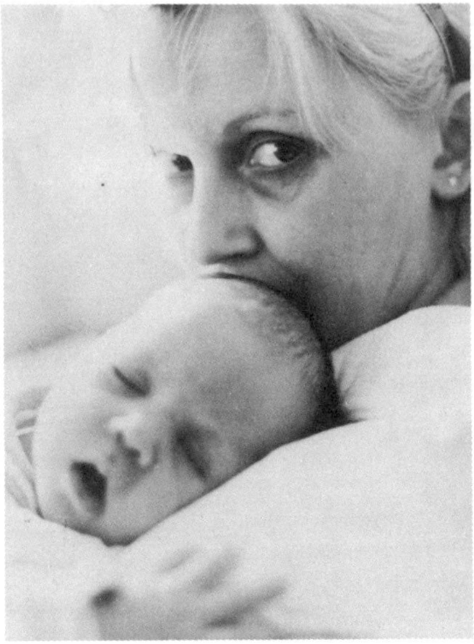

Miluše Šplechtová s malou Barunkou (1991)

. . . a jako Líza Doolitlová (1992)

Čas práce

Čas odpočinku

DODATKY

SOUPIS DIVADELNÍCH ROLÍ RUDOLFA HRUŠÍNSKÉHO

D 38—D 40

1937		
J. ŽÁK	Škola, základ života	Jindra Benetka
1938		
G. BÜCHNER	Leonce a Lena	princ Leonce
F. VILLON	Paříž hraje prim	hraje a tančí
J. W. GOETHE	Utrpení mladého Werthera	student
PRVNÍ LIDOVÁ SUITA —	ŽEBRAVÝ BAKUS	hrobař
V. DYK	Revoluční trilogie	dvořan
B. BENEŠOVÁ	Věra Lukášová	Jarka Kohout
VOJNA		rejtar
1939		
DRUHÁ LIDOVÁ SUITA —	KOMEDIE O FRANTIŠCE	Minc třetí žák

MĚSTSKÁ DIVADLA PRAŽSKÁ 1940—1943

1939		
W. SHAKESPEARE	Zkrocení zlé ženy	sluha Tranio
1940		
T. WILDER	Naše městečko	Jirka Gibs
P. HARE	Žena v bílém	Edgar Mellor
N. V. GOGOL	Revizor	sluha Miška
L. DE VEGA	Sedlák svým pánem	čeledín Bruno
A. COOLEN	Cizinec	syn Rudolf
1941		
W. SHAKESPEARE	Jak se vám líbí	Silvius
V. WERNER	Půlnoční slunce	Laponec Per
W. SHAKESPEARE	Hamlet	Reynaldo
J. NERUDA	Já to nejsem	Ryšavý

A. J. URBAN	Sluneční paseka	Franta Mohykán
F. ŠRÁMEK—M. HLÁVKA	Stříbrný vítr	Jan Ratkin
1942		
G. FRAZER	Zelené šaty	René
E. GEIBEL	Veselé putování duší	muzikant
L. STROUPEŽNICKÝ	V panském čeledníku	Jiřík
K. KONSTANTIN	Ryba na suchu	učitel Vodička
F. K. FRANCHY	Verunka	syn Štefan
W. GILBRICHT	Testament pana markýze	Anselm
1944 — j. h.		
P. ERNST	Bagdadská romance	Jussuf
1945		
A. KORNEJČUK	Zkáza eskadry	velitel lodi
A. N. OSTROVSKIJ	Vlci a ovce	Klaudius
K. ČAPEK	Loupežník	myslivec
J. B. PRIESTLEY	Cesta v poušti	Jiří Wick
R. ROLLAND	14. červenec	kamelot, Švýcar
P. A. BEAUMARCHAIS	Lazebník sevillský	Čipera
1946		
G. B. SHAW	Pekelník	Krištof
C. GOLDONI—A. HOFFMEISTER	Zpívající Benátky	Eugenio
MOLIÈRE	Lakomec	La Flèche
MENANDROS	Čí je to dítě?	Onésimos
F. WERFEL	Jacobowsky a plukovník	Szabuniewicz
PLAUTUS	Tlučhuba	Pleusikles
1947		
A. JIRÁSEK	Lucerna	Zajíček
K. ČAPEK	Věc Makropulos	Janek
M. FRISCH	Čínská zeď	Wu Tsiang
S. LOM	Božský Cagliostro	Ben
W. SHAKESPEARE	Troilus a Cressida	Patrokles
J. K. TYL	Fidlovačka	Dudek
K. A. TRENĚV	Vojevůdce Kutuzov	Matušenko
F. ŠRÁMEK	Měsíc nad řekou	Vilík Roškot
A. S. GRIBOJEDOV	Hoře z rozumu	Repetilov
B. VRBSKÝ	Ben a Kristina	Alen
1948		
G. B. SHAW	Svatá Jana	dauphin
S. LOM	Děvín	Žizněk
V. K. KLICPERA	Zlý jelen	Jaromír

DIVADLO FILMOVÉHO STUDIA

1948		
S. A. NAJDĚNOV	Děti Vanušinovy	Konstantin
1949		
A. FADĚJEV	Mladá garda	Oleg Koševoj

MĚSTSKÁ DIVADLA PRAŽSKÁ

1949		
MOLIÈRE	Jeho urozenost pan měšťák	Kilián
A. N. OSTROVSKIJ	Talenty a ctitelé	Meluzov
M. GORKIJ	Falešná mince	Glinkin
1950		
V. IVANOV	Obrněný vlak	Sin-Bin-U
J. K. TYL	Tvrdohlavá žena	Pěnkava
P. A. BEAUMARCHAIS	Figarova svatba	Cherubín
L. KRUCZKOWSKI	Němci	Juryš
M. GORKIJ	Vassa Železnovová	Pjatěrkin
1951		
P. KARVAŠ	Lidé z naší ulice	Dubec
MOLIÈRE	Tartuffe	Tartuffe
I. A. KRYLOV	Modes Robes	Trichot
G. COURTELINE	Jak pan Lábriš hledal klid	Alfréd
G. MDIVANI	Koho tlačí bota	Veselov
1952		
A. JIRÁSEK	Otec	Bobeš
S. LICHÝ	Horká kaše	Bouček
1953		
J. N. NESTROY	Talisman	Vít
I. L. CARAGIALE	Ztratil se dopis	Drábek
A. N. OSTROVSKIJ	Kosa na kámen	Vasilkov
N. G. ČERNYŠEVSKIJ	Co si kdo uvaří	Gordiščev
A. GRIGULIS	Modrý porcelán	Azizbekov
1954		
V. MAJAKOVSKIJ	Horká lázeň	Ivanovič
A. P. ČECHOV	Ivanov	Ivanov
1955		
E. ŘEZÁČOVÁ	Jana	Garš

1956		
E. VACHEK	Aféra	Merval
1957		
E. DE FILIPPO	Neapol, město miliónů	Gennaro
1958		
E. M. REMARQUE	Poslední dějství	Schmidt
V. BLAŽEK	Třetí přání	dědeček
1959		
M. BULGAKOV	Útěk	Chludov
I. ILF – J. PETROV	Zlaté tele	Bender

DIVADLO ABC — j. h.

1960		
K. GRUCZYŃSKI	Velký Bobby	Bobby

NÁRODNÍ DIVADLO

1958 — j. h.		
V. K. KLICPERA	Ženský boj	Halák
1959 — j. h.		
P. KARVAŠ	Půlnoční mše	Marián
1960		
J. K. TYL	Drahomíra a její synové	Boleslav
1961		
F. HRUBÍN	Křišťálová noc	Jenda
1962		
P. KARVAŠ	Antigona a ti druzí	Záriš
B. BRECHT	Kavkazský křídový kruh	Jussup
W. SHAKESPEARE	Veselé windsorské paničky	Veleba
M. A. ŠOLOCHOV	Rozrušená země	Majdannikov
1963		
SOFOKLES	Oidipus vladař	Láiův sluha
I. DOBOZY	Zítra pokračujeme	plukovník
M. JARIŠ	Království boží na zemi	Přibík z Klenové

1964		
M. SŁOMCZYŃSKI	Osamění	Jang Čao
M. FRISCH	Andorra	hostinský
1965		
L. HOLBERG	Jeppe z vršku	Jeppe
M. SCHISGAL	A co láska?	Milt
1966		
V. DYK	Zmoudření Dona Quijota	Sancho Panza
M. GORKIJ	Poslední	Kolomijcev
1968		
F. DÜRRENMATT	Novokřtěnci	Bockelson
1970		
V. ŠTECH	Třetí zvonění	Sadílek
1971		
A. ZÁPOTOCKÝ	Vstanou noví bojovníci	hostinský
1972		
W. SHAKESPEARE	Othello	Jago
A. N. OSTROVSKIJ	Bouře	Dikoj
A. MILLER	Všichni moji synové	Joe Keller
1973		
W. SHAKESPEARE	Zkrocení zlé ženy	Grumio
1974		
J. VRCHLICKÝ—Z. FIBICH	Námluvy Pelopovy	Oinomaos
A. P. ČECHOV	Lesní duch	Ďadin
J. K. TYL	Tvrdohlavá žena	Kuba
1975		
J. VRCHLICKÝ—Z. FIBICH	Smír Tantalův	stín Oinomaův
N. V. GOGOL	Mrtvé duše	Sobakevič
V. V. VIŠNĚVSKIJ	Optimistická tragédie	Pohlavár
L. N. TOLSTOJ	Vojna a mír	Napoleon
1976		
A. NURPEJISOV	Po noci den	Ahmed
W. SHAKESPEARE	Mnoho povyku pro nic	Benedetto
1977		
M. KRLEŽA	Páni Glembayové	Ignjat Glembay
M. STIEBER	Poslední prázdniny	Burda

1978		
B. BRECHT	Zadržitelný vzestup A. Uie	Dogsborough
A. N. TOLSTOJ	Není nad vzdělanost	druhý mužik
1979		
J. KAINAR	Nebožtík Nasredin	Nasredin
1980		
K. ČAPEK	Bílá nemoc	baron Krüg
1981		
F. M. DOSTOJEVSKIJ	Idiot	Ivolgin
M. GORKIJ	Letní hosté	Suslov
1982		
T. WILLIAMS	Kočka na rozpálené plechové střeše	otec
1983		
O. DANĚK	Životopis mého strýce	strýc Josef
A. JIRÁSEK	Lucerna	vodník Ivan
1984		
J. HUBAČ	Stará dobrá kapela	Šána
1985		
A. N. OSTROVSKIJ	Výnosné místo	Višněvskij
K. ČAPEK	Věc Makropulos	Hauk-Šendorf
1986		
A. KOPIT	Konec světa	Philip Stone
1987		
W. SHAKESPEARE	Jindřich IV. — 1. díl	Falstaff
1988		
E. O'NEILL	Milionový Marco	Kublaj chán
W. SHAKESPEARE	Jindřich IV. — 2. díl	Falstaff
1990		
W. SHAKESPEARE	Jak se vám líbí	Jacques

SOUPIS DIVADELNÍCH REŽIÍ

SPOLEČNOST ANNY BUDÍNSKÉ-ČERVÍČKOVÉ

1942
R. HRUŠÍNSKÝ — První případ
A. COOLEN — Cizinec

1943
F. X. ŠALDA — Dítě
S. MICHAELIS — Revoluční svatba

MĚSTSKÉ DIVADLO KOLÍN

1952
F. ŠRÁMEK — Léto

MĚSTSKÁ DIVADLA PRAŽSKÁ

1954
A. FREDRO — Panenské sliby

1955
F. SOLODAR — Šeříkový sad
G. PREISSOVÁ — Gazdina roba

1957
R. N. NASH — Obchodník s deštěm
F. LANGER — Obrácení Ferdyše Pištory

1958
F. X. ŠALDA — Dítě
J. ŘÍHA — Chcete se rozvést?

1959
W. SHAKESPEARE — Komedie plná omylů

1960
L. HANSBERRYOVÁ — Hrozinka na slunci

(372) DIVADLO ABC

1962	
K. FEHÉROVÁ	Ty a já
J. PATRICK	Podivná paní Savageová

ROKOKO

1963	
S. MROŻEK	Trosečníci

NÁRODNÍ DIVADLO

1965	
I. S. TURGENĚV	Měsíc na vsi
J. GIRAUDOUX	Bláznivá ze Chaillot
1968	
A. MILLER	Zkouška ohněm
1969	
K. ČAPEK	Loupežník
1992	
G. B. SHAW	Pygmalion

FILMOVÉ ROLE RUDOLFA HRUŠÍNSKÉHO

1937	
LÍZIN LET DO NEBE	Jarka Rejlek
1938	
LÍZINO ŠTĚSTÍ	Jarka Rejlek
ZBOROV	sborista divadla
1939	
CESTA DO HLUBIN ŠTUDÁKOVY DUŠE	septimán Vaněk
HUMORESKA	Hupka dvacetiletý
STUDUJEME ZA ŠKOLOU	student Toman
VĚRA LUKÁŠOVÁ	Jarka Kohout
1940	
PROSÍM, PANE PROFESORE	student Vobořil
1941	
NOČNÍ MOTÝL	Michal Lary
PRO KAMARÁDA	Jindra
TĚŽKÝ ŽIVOT DOBRODRUHA	mladý lupič
1942	
VELKÁ PŘEHRADA	divák na boxu
1943	
BARBORA HLAVSOVÁ	Bořík Hlavsa
MLHY NA BLATECH	čeledín Vojta
1944	
NEVIDĚLI JSTE BOBÍKA?	Richard Sup
1945	
PANCHO SE ŽENÍ	Pancho
1947	
ALENA	Matěj
PŘEDTUCHA	Toufar

1948	
HOSTINEC U KAMENNÉHO STOLU	Spytihněv
VES V POHRANIČÍ	Josef
1949	
RODINNÉ TRAMPOTY OFICIÁLA TŘÍSKY	Odon
1952	
HAŠKOVY POVÍDKY ZE STARÉHO MOCNÁŘSTVÍ	Syrovátko
ÚNOS	Král
1953	
TAJEMSTVÍ KRVE	Kurzweil
BOTOSTROJ	Šram
KOMEDIANTI	Havránek
PŘICHÁZEJÍ Z TMY	Ladislav Junek
VEČERY S JINDŘICHEM PLACHTOU	Vaněk
1954	
CIRKUS BUDE	Bláha
JAN HUS	muž
NA KONCI MĚSTA	Kalčík
1955	
JAN ŽIŽKA	syn purkmistra
MUŽ V POVĚTŘÍ	Pláňka
STRAKONICKÝ DUDÁK	Vocilka
VĚTRNÁ HORA	Alois Pohanka
1956	
DOBRÝ VOJÁK ŠVEJK	Švejk
ŠKOLA OTCŮ	Mlčoch
1957	
POSLUŠNĚ HLÁSÍM	Švejk
1958	
HVĚZDA JEDE NA JIH	dirigent
KASAŘI	kapitán Šmok
1959	
KAM ČERT NEMŮŽE	dr. Vágner
KONEC CESTY	Zvoníček
VELKÁ SAMOTA	Kaláb
ZPÍVAJÍCÍ PUDŘENKA	Pipka

1960	
DAŘBUJÁN A PANDRHOLA	Pandrhola
POLICEJNÍ HODINA	Karel
U NÁS V MECHOVĚ	hostinský Dvořáček
VYŠŠÍ PRINCIP	Zajíček
ŽALOBNÍCI	Bureš
1961	
BARON PRÁŠIL	sultán
FLORIÁN	farář z Capartic
NOČNÍ HOST	Huppert
REPORTÁŽ PSANÁ NA OPRÁTCE	komisař Böhm
SMRT NA CUKROVÉM OSTROVĚ	Appawua
1962	
ANIČKA JDE DO ŠKOLY	otec
BLBEC Z XEENEMÜNDE	Habicht
TARZANOVA SMRT	Tarzan
1963	
NADĚJE	Lucin
STRACH	Kalaš
VELKÁ CESTA	Strašlipka
1964	
DŮM V KAPROVÉ ULICI	Glasser
PĚT HŘÍŠNÍKŮ	Poďobaný
1965	
BÍLÁ PANÍ	předseda MNV
HRDINA MÁ STRACH	Honza Vavřinec
PĚT MILIONŮ SVĚDKŮ	Balabán
TŘICET JEDNA VE STÍNU	Kurka
1966	
VRAH SKRÝVÁ TVÁŘ	Kalaš
VRAŽDA PO NAŠEM	František
1967	
JAK SE KRADE MILION	Šafránek
ROZMARNÉ LÉTO	Antonín Důra
1968	
ČEST A SLÁVA	Rynda
PO STOPÁCH KRVE	Kalaš
SKŘIVÁNCI NA NITI	důvěrník
SPALOVAČ MRTVOL	Kopfrkingl
ZLOČIN V ŠANTÁNU	kněz

(376)

1971	
KAŇON SAMÉ ZLATO	Mike
1972	
OÁZA	Baron
1976	
DÝM BRAMBOROVÉ NATĚ	Meluzin
1977	
ADÉLA JEŠTĚ NEVEČEŘELA	komisař Ledvina
PASIÁNS	hajný
SÁZKA NA TŘINÁCTKU	Weisse
1978	
BÁJEČNÍ MUŽI S KLIKOU	Pasparte
KULOVÝ BLESK	Radosta
NECHCI NIC SLYŠET	lékař
SILNĚJŠÍ NEŽ STRACH	Hybes
1979	
DIAGNÓZA SMRTI	Kalaš
LÁSKY MEZI KAPKAMI DEŠTĚ	lékárník
1980	
POSTŘIŽINY	Gruntorád
TEMNÉ SLUNCE	Carson
TRHÁK	adept herectví
1981	
BULDOCI A TŘEŠNĚ	Morellano
POZOR, VIZITA	Prepsl
TAJEMSTVÍ HRADU V KARPATECH	vynálezce Orfánik
1982	
PLACHÉ PŘÍBĚHY	rada Tomsa
1983	
SLAVNOSTI SNĚŽENEK	Franc
1984	
ROZPUŠTĚNÝ A VYPUŠTĚNÝ	Hlaváček st.
TŘI VETERÁNI	Pankrác
1985	
BARRANDOVSKÉ NOCTURNO	

1986	
VESNIČKO MÁ STŘEDISKOVÁ	Skružný
ZASTIHLA MNE NOC	JUDr. Pfitzner
SMRT KRÁSNÝCH SRNCŮ	Prošek
1987	
STRAŠIDLO Z VIKÝŘE	dědeček
1988	
DOBŘÍ HOLUBI SE VRACEJÍ	Masák
JAK BÁSNÍKŮM CHUTNÁ ŽIVOT	Hubáček
NAROZENINY REŽISÉRA Z. K.	hlas režiséra Z. K.
TICHÝ SPOLEČNÍK	Antoch
1989	
VÁŽENÍ PŘÁTELÉ, ANO	Fischer
1990	
KONEC STARÝCH ČASŮ	Jakub Lhota
NĚŽNÝ BARBAR	opilec
1991	
OBECNÁ ŠKOLA	ředitel školy
ŽEBRÁCKÁ OPERA	Bill Lockit

FILMOVÉ REŽIE RUDOLFA HRUŠÍNSKÉHO

1944
JARNÍ PÍSEŇ

1945
PANCHO SE ŽENÍ

TELEVIZNÍ ROLE RUDOLFA HRUŠÍNSKÉHO

(Neúplný soupis. Dokumentace nebyla v Čs. televizi vedena.)

1963		
H. BESSLER—M. ŘEHÁK	Zahrada královnina	šikovatel
1964		
C. HUBALEK	Nebezpečný člověk	krejčí
S. ZWEIG	Šach mat	Čentovič
1965		
F. DÜRRENMATT	Malér	Traps
J. HAVLÍČEK	Neviditelný	strýc
O. ŠAFRÁNEK	Rohová hospoda	Dragoun
1966		
J. KLÍMA	Spravedlnosti se meze nekladou	soudce
1967		
J. ŠOTOLA	Waterloo	Napoleon
1968		
S. BECKETT	Poslední páska	Krapp
K. ČAPEK	Spravedlnost pro Selvina	Unden
V. NEFF	Sňatky z rozumu	Franz Josef
J. ŠOTOLA	Bellevue	Kraus
1969		
J. HUBAČ	Lítost	Zárubecký
J. HUBAČ	Pasiáns	průvodce
1971		
J. WASSERMANN	Případ Mauricius	Andergast
1973		
J. S. KUPKA	Muž, který chtěl být bohem	šéf FBI

1978		
O. NEDBAL	Polská krev	Zaremba
K. VLČEK	Konec jednoho představení v cirkusu Svět	ředitel
1979		
M. BRŮNOVÁ	Příbuzenstvo	kriminalista
J. HUBAČ	Mapa zámořských objevů	ředitel školy
O. PAVEL	Zlatí úhoři	Prošek
G. SIMENON	Obavy komisaře Maigreta	Maigret
J. VERNE	Bratři Kippové	podnikatel
E. ZOLA	Kořist	Saccart
1980		
J. PACOVSKÝ	Strach má velké oči	Bujón
S. PROKOFJEVOVÁ	Plášť pro vítr	Někdo
1981		
K. ČAPEK	Jasnovidec	dr. Klapka
P. HANUŠ	Výhra admirála Kotrby	pouťový podnikatel
S. ZWEIG	Královská hra	Čentovič
1982		
A. P. ČECHOV	Švédská zápalka	policejní komisař
J. DIETL	Spor architekta Zítka	stavitel Humpl
V. KÖRNER	Lékař umírajícího času	Rudolf II.
J. NERUDA	Povídka malostranská	provazník
B. SCHULBERG	Rozčarování	producent
J. VRCHLICKÝ	Pouť králů	Kochan
1983		
G. DE MAUPASSANT	Dědictví	Cecheline
J. BEDNÁŘ	Nuž, brány, dokořán se otevřete	F. F. Šamberk
J. ŠOTOLA	Smrt krále Václava IV.	Václav IV.
1985		
F. R. ČECH	Jeden den v hostinci U pokojného spánku	hostinský
K. LEGER	Žofka z Janovic	Brenner
1986		
I. BEDNÁŘ	Kus života	Šimek
K. KURŠOVÁ	O houbovém Kubovi	Kuba
A. MÁŠA	Návštěvní hodiny	Mach
H. PAWLOVSKÁ	Sardinky aneb Život jedné rodinky	otec

1987		
J. DIETL	Malý pitaval z velkého města	kasař
V. KALINA	Hrdina	vedoucí obchodu
W. KOOLHAAS— —R. ZIMMEROVÁ	Ryba ve čtyřech	Rudolf
J. S. KUPKA	Nepolepšitelný starý muž	policejní úředník
J. ŠOTOLA	Zikmund, řečený šelma ryšavá	Zikmund
1988		
H. DENKER	Lékaři	Raynolds
J. MATĚJKA	Rodáci	Růžička
A. DE MUSSET	O čem sní mladé dívky	Spadile
H. PROŠKOVÁ	Zrcadlo nenávisti	Vašátko
1990		
M. BUBERLE	Značka: Na dožití	dědeček

SOUPIS OBRAZOVÝCH PŘÍLOH

Manželé Hrušínští s malým Rudolfem (Pacov, květen 1921)
Rudolf Hrušínský (1922)
Rudolf Hrušínský v jedné z prvních rolí (1925)
Budínského společnost (1925). Zleva nahoře: R. Böhm-Hrušínský, V. Budínský. Zleva dole: H. Hrušínská, A. Budínská-Červíčková, R. Hrušínský, V. Červíček-Budínský
Malý Rudolf s rodiči (Křivoklát, 1927)
Rudolf Hrušínský (1930)
R. Hrušínský — pikolík (O. Blumenthal: U bílého koníčka, 1935)
Jako liftboy František se svým otcem (F. Bartoš—B. Delvard: Princezna z ghetta, 1935)
První filmová role — Jarka Rejlek (Lízin let do nebe, 1937)
Voiceband, 1937 — s. J. Kühnmundem a M. Seemannem
Honza (J. K. Tyl: Jiříkovo vidění, 1938)
Princ Leonce (G. Büchner: Leonce a Lena, 1938) — s V. Vaňátkem a M. Seemannem
Třetí žák (Druhá lidová suita, 1939) — s M. Seemannem
Jarka Kohout (B. Benešová—E. F. Burian: Věra Lukášová, 1938) — s J. Stránskou
Civilní snímek — s E. F. Burianem a J. Stránskou (1939)
Na procházce městem (1939)
Hercem Městského divadla na Vinohradech (1940)
Josef Hupka (Humoreska, 1939)
Jirka Gibs (T. Wilder: Naše městečko, 1940) — s N. Gollovou
Jan Ratkin (F. Šrámek—M. Hlávka: Stříbrný vítr, 1941) — s J. Stránskou
Franta Mohykán (A. J. Urban: Sluneční paseka, 1941) — s K. Jelínkem
Vodička (K. Konstantin: Ryba na suchu, 1942)
Úspěšný filmový herec (1942)
Filmový večer 1942 — s V. Salačem a J. Kemrem
Bořík (Barbora Hlavsová, 1942) — s E. Kuchařovou
Bořík (Barbora Hlavsová, 1942) — s T. Brzkovou
Vojta (Mlhy na Blatech, 1943) — se Z. Štěpánkem
Richard (Neviděli jste Bobíka? 1944) — s F. Kreuzmannem
Jako režisér při natáčení Jarní písně (1944)
S Hanou Vítovou a Františkem Čápem (1944)
V titulní roli novináře Asberka ve vlastní hře První případ
Francek (A. a V. Mrštíkové: Maryša, 1945)

Szabuniewicz (F. Werfel: Jacobowsky a plukovník) — s B. Vrbským
Krištof (G. B. Shaw: Pekelník, 1946)
Vilík Roškot (F. Šrámek: Měsíc nad řekou, 1947) — s V. Řepou
Wu Tsiang (M. Frisch: Čínská zeď, 1947) — s J. Adamovou
Dauphin (G. B. Shaw: Svatá Jana, 1948)
Tartuffe (Molière: Tartuffe, 1951) — s J. Marvanem
A. Fredro — Panenské sliby — režie R. Hrušínský, 1954 (I. Kačírková se Z. Procházkovou)
Ivanov (A. P. Čechov: Ivanov, 1954)

(384) Gennaro (E. De Filippo: Neapol, město milionů, 1957)
Premiéra Obrácení Ferdyše Pištory, 1957 — uprostřed František Langer s režisérem Hrušínským
R. N. Nash: Obchodník s deštěm — režie R. Hrušínský, 1957 (R. Lukavský a D. Medřická)
Dědeček (V. Blažek: Třetí přání, 1958)
Schmidt (E. M. Remarque: Poslední dějství, 1958)
Chludov (M. Bulgakov: Útěk, 1959)
Ostap Bender (I. Ilf—J. Petrov: Zlaté tele, 1959)
Režisér Otomar Krejča — 60. léta
Marián (P. Karvaš: Půlnoční mše, 1959)
Boleslav (J. K. Tyl: Drahomíra a její synové, 1960) — s M. Vášovou
V divadelní šatně při představení Antigony (1962)
Jang Čao (M. Słomczyński: Osamění, 1964)
Milt (M. Schisgal: A co láska?, 1965) — s M. Macháčkem, B. Bohdanovou a J. Kemrem
Režisér Jaromír Pleskot — 60. léta
Režisér Alfréd Radok — 60. léta
Jeppe (L. Holberg: Jeppe z vršku, 1965)
Jeppe (L. Holberg: Jeppe z vršku, 1965)
Kolomijcev (M. Gorkij: Poslední, 1966)
Kolomijcev (M. Gorkij: Poslední, 1966)
J. Giraudoux: Bláznivá ze Chaillot — režie R. Hrušínský, 1965 (B. Waleská, V. Fabianová, M. Burešová)
Režisér Miroslav Macháček
Bockelson (F. Dürrenmatt: Novokřtěnci, 1968)
Krapp (S. Beckett: Poslední páska, ČT 1968)
A. Miller: Zkouška ohněm — režie R. Hrušínský, 1968 (R. Lukavský)
Jago (W. Shakespeare: Othello, 1972) — s R. Lukavským
Napoleon (L. N. Tolstoj: Vojna a mír, 1976)
Nasredin (J. Kainar: Nebožtík Nasredin, 1979) — s D. Medřickou
Vodník Ivan (A. Jirásek: Lucerna, 1983)
Otec (T. Williams: Kočka na rozpálené plechové střeše, 1982)
Šána (J. Hubač: Stará dobrá kapela, 1984) — s V. Brodským, M. Růžkem a J. Kemrem
Hauk-Šendorf (K. Čapek: Věc Makropulos, 1985) — s J. Hlaváčovou a P. Štěpánkem
Falstaff (W. Shakespeare: Jindřich IV., 1987)

Spytihněv (Hostinec U kamenného stolu, 1948) — se S. Rašilovem a S. Benešem
Švejk (Dobrý voják Švejk, 1956) — se S. Benešem
Švejk (Dobrý voják Švejk, 1956)
Lucin (Naděje, 1963) — s H. Hegerovou
Tarzan (Tarzanova smrt, 1962)
Důra (Rozmarné léto, 1967) — s V. Brodským a F. Řehákem
Důra (Rozmarné léto, 1967)
Kopfrkingl (Spalovač mrtvol, 1968)

Kopfrkingl (Spalovač mrtvol, 1968)
Důvěrník (Skřivánci na niti, 1968)
Rynda (Čest a sláva, 1968) — s I. Janžurovou
S režisérem F. Vláčilem při natáčení Dýmu bramborové natě (1976)
Dr. Meluzin (Dým bramborové natě, 1976)
Komisař Ledvina (Adéla ještě nevečeřela, 1977) — s M. Dočolomanským
Pasparte (Báječní muži s klikou, 1978) — s V. Menšíkem
Dr. Gruntorád (Postřižiny, 1980) — s M. Vašáryovou
Prepsl (Pozor, vizita, 1981) — s B. Holišovou
Orfánik (Tajemství hradu v Karpatech, 1981)
Franc (Slavnosti sněženek, 1983)
S režisérem Menzelem při natáčení filmu Vesničko má středisková (1986)
Dr. Skružný (Vesničko má středisková, 1986) — s M. Labudou
S M. Labudou a J. Bánem při natáčení filmu Vesničko má středisková
S J. Třískou při natáčení filmu Obecná škola (1990)

Sestry Kouhovy (1945)
Manželé Hrušínští se synem Rudolfem (1947)
Vojín čs. armády (1948)
Vítání syna Jana (1955). Nahoře: V. Prýmek, H. Hrušínská, R. Hrušínský st., H. Prýmková. Dole: E. Hrušínská s Janem, A. Budínská-Červíčková, R. Budínská
Rudolf Hrušínský s oběma syny (1957)
Prvomájový průvod (2. pol. 50. let) — s M. Macháčkem a O. Ornestem
S režisérem J. Horčičkou při převzetí státní ceny (1965)
Při přejímání ceny v San Sebastianu (1968) První zleva: V. Gasmann
Zprava: Režisér J. Weiss s K. Fialovou
Rudolfu Hrušínskému jako když to kachnám hází jeho obdivovatel (1969)
S K. Högrem a J. Zrzavým ve Viole (1973)
Se synem Janem v Schormově Lítosti (1969)
Manželé Prýmkovi (1977)
S T. Pištěkem při vernisáži v Karlových Varech (1981)
Na rybách
Pán a jeho pes (1984)
S J. Hubačem při zkoušce na Starou dobrou kapelu (1984)
Se S. Benešem při natáčení Modravých dálek volání (1985)
Manželé Hrušínští při přejímání Zlatého květu ve Viole (1987)
. . . a na návštěvě u Adolfa Borna
Rodina Hrušínských (1987)
Tři Rudolfové a Jan (1987)
Při natáčení Konce starých časů (1988)
Při oslavě narozenin O. Ornesta (1988)
Jan Dítě ve třech věkových kategoriích (B. Hrabal: Obsluhoval jsem anglického krále, 1989) — s B. Hrabalem
R. Hrušínský nejml. (1989)
Miluše Šplechtová s malou Barunkou (1991)
. . . a jako Líza Doolitlová (1992)
Čas práce
Čas odpočinku

VÝBĚR Z POUŽITÉ LITERATURY

1) KNIŽNÍ PUBLIKACE

Bartošek, Luboš: Dějiny československé kinematografie II., část, Praha 1982.

Bartošková, Šárka—Bartošek, Luboš: Filmové profily, Praha 1986.

Bartošková, Šárka—Bartošek, Luboš: Filmové profily 2, Praha 1990.

Blahník, Vojtěch Kristián: J. K. Tyla had z ráje, Praha 1950.

Brož, Jaroslav—Frída, Myrtil: Historie československého filmu v obrazech 1930—1945, Praha 1966.

Buchner, Alexander: Cedule kočovných divadelních společností v Čechách a na Moravě, Praha 1968.

Burda, Josef: Aby se nezapomnělo, Praha 1958.

Černý, František: Měnivá tvář divadla aneb dvě století s českými herci, Praha 1978.

Černý Jindřich: Dana Medřická, Praha 1965.

Černý, Jindřich: Otomar Krejča, Praha 1964.

Deyl, Rudolf: Kluk z Františku, Praha 1973.

Dějiny českého divadla III., Praha 1977.

Dějiny českého divadla IV., Praha 1983.

Digrin, Zdeněk: Jaroslav Marvan, Praha 1967.

Divadlo na Vinohradech 1907—1967, Praha 1968.

Gillar, Jaroslav: Miroslav Kouřil a scénografie D 31—D 41, Praha 1971.

Havlíček, Jaroslav—Steklý, Karel: Barbora Hlavsová, Hradec Králové 1973.

Knap, Josef: Umělcové na pouti, Praha 1961.

Kočová, Zuzana: Kronika Armádního uměleckého divadla, Praha 1955.

Konrád, Kurt: Ztvárněte skutečnost, Praha 1963.

Neviditelné herectví, Praha 1988.

O současné české režii I., Praha 1981.

O současné české režii II., Praha 1983.

Otázky divadla a filmu II., Brno 1971.

Padesát let Městských divadel pražských, Praha 1958.

Píša, Antonín Matěj: Divadelní avantgarda, Praha 1978.

Program D 38— D 40.

Srba, Bořivoj: E. F. Burian a jeho program poetického divadla, Praha 1981.

Srba, Bořivoj: Inscenační tvorba E. F. Buriana 1939—1941, Praha 1982.

Srba, Bořivoj: Poetické divadlo E. F. Buriana, Praha 1971.

Suchařípová, Helena: Radovan Lukavský, Praha 1963.

Škvorecký, Josef: Všichni ti bystří muži a ženy, Praha 1991.

Táborský, Vojta Š.: Půl století českého divadla, Praha 1904.
Theater-divadlo, Praha 1965.
Vacková, Růžena: Výtvarný projev v dramatickém umění, Praha 1948.

2) ČASOPISECKÉ A NOVINOVÉ ČLÁNKY

Černý, Jindřich: Rudolf Hrušínský pětašedesátiletý. Národní divadlo informuje, listopad 1985.
Dewetter, Jaroslav: Jak vařiti sochy. Divadelní a filmové noviny 29. 1. 1964.
Dewetter, Jaroslav: Jako nositel pamětní bronzové medaile, Divadelní a filmové noviny 20. 4. 1964.
Fiala, M.: Divadlo ztrácí svou vůni. Divadelní a filmové noviny 14. 1. 1970.
Havel, Václav—Procházka, Jan: Herecká osobnost Rudolfa Hrušínského. Divadlo, 1961, č. 8.
Horák, J.: Herecké portréty — Rudolf Hrušínský ml. Národní noviny 4. 6. 1940.
Hrušínský, Rudolf: Já a televize. Československý rozhlas 8. 12. 1965.
Hrušínský, Rudolf: Košíček od tatínka. Lidová demokracie 31. 12. 1981.
Hrušínský, Rudolf st.: Jak jsem přišel ke jménu, Kinorevue VII, 1940, č. 8.
Hrušínský v Akropolis, Večerník Národní listy 1. 3. 1940.
Hvězdy, které vynikly na prknech i na plátně, Večery pod lampou 14. 2. 1940.
Kautský, Oldřich: Vítej, mládí! Kinorevue. Roč. V., 1939, č. 37.
Kudělka, Viktor: To byl český milovník XIV. Program Státního divadla v Brně, září 1980.
Machonin, Sergej: O jednom tajemství, Divadelní a filmové noviny 10. 5. 1962.
Machonin, Sergej: O slepičí krok, Divadelní a filmové noviny 26. 1. 1966.
Měšťan, Vojtěch: 72 hodin s Rudolfem Hrušínským, Divadelní a filmové noviny 20. 12. 1967.
Pošová, Kateřina: S Rudolfem Hrušínským o herectví a nejen o něm. Záběr, 1977, č. 21.
Rádl, Bedřich: Herci v loňských filmech. Kinorevue 7. 1. 1942.
Rádl, Bedřich: Nejmladší, Kinorevue 16. 6. 1943.
Rudolf Hrušínský ml. jako divadelní autor. Kinorevue 16. 8. 1944.
Rudolf Hrušínský ml. k naší anketě. Filmové listy 10. 1. 1941.
Rudolf Hrušínský o vánocích. Svobodné slovo 24. 12. 1985.
Rudolf Hrušínský starší o sobě, divadle, filmování i o „mladším", Kinorevue VII., 1940, č. 8.
Srbová, Olga: Herci kolem avantgardy, Divadelní a filmové noviny 19. 4. 1967.
Srbová, Olga: Světlá půlhodinka s Rudolfem Hrušínským. Divadelní a filmové noviny 14. 2. 1968.
Wenig, Jan: Herec patří na první místo. Lidová demokracie 9. 5. 1965.

3) NETIŠTĚNÉ PRÁCE

Böhm-Hrušínský, Rudolf: Zápisky, v rodinném majetku.
Červíček, Ondřej: Paměti českého herce, rukopis, v rodinném majetku.

Červíčková-Budínská, Marie: Korespondence, v rodinném majetku.
Dosedělová, Stanislava: Burianův dramatický přepis Věry Lukášové, seminární práce 1973. Filozofická fakulta Univerzity Karlovy v Praze, odd. divadelní a filmové vědy.
Hrušínský, Rudolf: Černá hodinka, rukopis, v rodinném majetku.
Hrušínský, Rudolf: Fejetony, rukopis, v rodinném majetku.
Hrušínský, Rudolf: Nový život, rukopis, v rodinném majetku.
Hrušínský, Rudolf: Pancho se žení, scénář, rukopis, v rodinném majetku.
Jičínský, Karel: Vzpomínky herce, rukopis, Divadelní ústav Praha.
Jirsíková, Nina: Vzpomínky tanečnice, rukopis, Divadelní ústav Praha.
Otčenášek, Štěpán: Činohra 5. května, diplomová práce, 1978, Filozofická fakulta Univerzity Karlovy v Praze, odd. divadelní a filmové vědy.

EDIČNÍ POZNÁMKA

Rudolf Hrušínský nepatří v žádném případě k opomíjeným hercům. Četné rozhovory, publikované v tisku, svědčí o zájmu veřejnosti, který je tomuto umělci věnován. A přece vznikla doposud jediná studie, která naznačila vývojovou linii tohoto výrazného představitele moderního českého herectví a charakterizovala jeho herecký typ. V roce 1961 byla otištěna v časopise Divadlo a její autoři — Václav Havel a Jan Procházka — ji nazvali Herecká osobnost Rudolfa Hrušínského. Od jejího publikování uplynulo tedy více než třicet let, a přesto zůstává jediným analytickým materiálem, byť dobově omezeným, a pokud jde o základní informace, také nepřesným. Pro edici Proměny vydávanou v šedesátých letech nakladatelstvím Orbis, jež si stanovila za cíl zmapovat české herectví, byla o Rudolfu Hrušínském údajně napsána monografie, která však nespatřila světlo světa. Proto jsem se na počátku osmdesátých let začala soustavně zabývat daným tématem a shromažďovat příslušnou faktografii, abych splatila tento dluh. Diplomovou prací, jejíž zadání znělo Herecké počátky Rudolfa Hrušínského a která vznikala za odborného vedení univ. prof. dr. Františka Černého, DrSc., jsem v roce 1983 ukončila studia na oddělení divadelní a filmové vědy Filozofické fakulty Univerzity Karlovy v Praze. Tato práce se zabývala obdobím prvních dvaceti pěti let života a uměleckého působení Rudolfa Hrušínského. Cenným přínosem se tehdy stalo nalezení rukopisu Pamětí českého herce z pera zakladatele hereckého rodu Hrušínských Ondřeje Červíčka, jakož i rozličných dokumentů a relikvií v soukromém archívu jeho vnuka, kladenského herce Václava Budínského.

Z podnětu někdejšího redaktora nakladatelství Odeon dr. Vladimíra Justla, který stál u zrodu této ojedinělé knižní řady, jsem i nadále pokračovala ve studiu dobových pramenů, abych tak volně navázala na předchozí svazky řady divadelních memoárů, připomínající jiné herecké rody (Olga Spalová: Sága rodu Budilova; Ladislav Pešek: Tvář bez masky).

Členění Kroniky rodu Hrušínských odpovídá vývojovým etapám historie rodu. Rámec knihy, jejíž ústřední část sleduje umělecké zrání Rudolfa Hrušínského jako divadelního i filmového herce a režiséra, tvoří samostatné kapitoly o jeho předchůdcích a pokračovatelích, doplněné bohatou fotodokumentací. V úvodní kapitole cituji úryvky z Pamětí českého herce Ondřeje Červíčka, aniž bych korigovala drobné faktografické odchylky. Za jazykovou revizi tohoto textu děkuji dodatečně svému učiteli a rádci, prof. Vítězslavu Macháčkovi.

Kronika rodu Hrušínských překlenula oblouk takřka sto třiceti let dějin českého divadla — od počáteční éry venkovských divadelních společností přes činnost různých divadelních celků první poloviny tohoto století (Akropolis, Uranie, Divadlo Vlasty Buriana) a avantgardních divadel, jakými bylo Burianovo D 37 nebo Osvobozené divadlo, až po významná období působení Rudolfa Hrušínského v Městských divadlech pražských a Národním divadle i další aktivity jeho následovníků. Chronologické řazení umožňuje čtenáři, aby si vytvořil ucelený obraz, k jehož dokreslení napomáhají četné citace ze soukromé korespondence, osobních zápisků, vlastní prozaické i dramatické tvorby Rudolfa Hrušínského, vzpomínek jeho kolegů a přátel, rozhovorů i divadelních a filmových kritik. Nejedná se tedy o běžný typ hereckých pamětí, jejichž tok vyprávění není ničím narušován, ale o mozaiku, která má zprostředkovat pohled na osobnost Rudolfa Hrušínského z mnoha úhlů.

Základním zdrojem, z něhož jsem čerpala, se mi stal soukromý archív rodiny Hrušínských, obsahující kromě pozůstalosti Ondřeje Červíčka, Marie Červíčkové-Budínské, Václava Budínského a Rudolfa Böhma-Hrušínského také divadelní cedule a písemnosti Budínského společnosti a rukopisy Rudolfa Hrušínského. Manželům Hrušínským děkuji nejen za zpřístupnění těchto materiálů, ale i za trpělivost a ochotu, s níž mi po dlouhá léta vycházeli vstříc. Za laskavou pomoc děkuji rovněž paní Heleně Prýmkové a dalším členům rodiny. Za ústní či písemné výpovědi vděčím celé řadě spolupracovníků a přátel Rudolfa Hrušínského — Jaroslavě Adamové, Kláře Jernekové, Josefu Kemrovi, Petru Kostkovi, Ester Krumbachové, Radovanu Lukavskému, Jiřímu Menzelovi, Marii Radokové, dr. Otakaru Roubínkovi, Ludmile a Vladimíru Salačovým, dr. Josefu Smetanovi, Jiřině Stránské, ale zejména dlouholetému řediteli Městských divadel pražských Otovi Ornestovi a režiséru Jaromíru Pleskotovi. Svými díky jsem také povinnována paní Stanislavě Knězů a paní Květě Šímové z Nové Včelnice, panu Zdeňku Spurnému z Chrudimi, panu Jiřímu Louženskému z Městského muzea ve Vodňanech, panu Oldřichu Smolovi z Archívu hl. města Prahy, paní Anně Freimannové a panu Ivanu Havlovi za zpřístupnění vzpomínek Václava M. Havla a všem pracovnicím knihoven Národního muzea, Divadelního ústavu, Památníku národního písemnictví a divadelního oddělení Archívu Národního divadla. Zvláštní potěšení mi působí vyjádřit dík paní dr. Blance Červinkové a všem kolegyním z divadelního oddělení Městské knihovny v Praze. Za odborné připomínky pak děkuji univ. prof. dr. Františku Černému, DrSc., dr. Vladimíru Justlovi, dr. Drahomíře Čeporanové, dr. Miloši Zbavitelovi a konečně i paní dr. Anně Kareninové, která projevila velkou míru pochopení pro moji práci.

Převážná část fotodokumentace pochází z majetku rodiny Hrušínských. Na oživení některých starých snímků se podíleli pan Rudolf Adamec a pan Karel Vlach, jimž tímto rovněž děkuji. Fotografie Karla Drbohlava (59—73, 43—48) jsou v péči divadelního oddělení Národního muzea. Autory dalších snímků jsou: Miroslav Hák (38—40), Jan Hrušínský (přední strana obálky, 144, 147, 150, 151), Josef Janoušek (105, 106), Karel Ješátko (107, 108, 116), Jiří Kučera (114, 115), Jan Kuděla (113), Zdeněk Labík (140), Karel Meister (145), Přiba Mrázová (90), Oldřich Pernica (98, 99, 149), Sacha Počarič (zadní strana obálky), Miroslav Pokorný (146, 147), Martin Poš (94), Miloš Schmiedberger (142, 143), Vladimír Souček (117), dr. Jaromír Svoboda (74—89, 91—93, 95—97, 138), Sláva Štochl (frontispis, 30, 58, 136, 137), Stanislav Tereba (122, 139).

Tuto knihu věnuji památce svých rodičů a všech, kteří se na jejím vzniku podíleli nebo jen její zrod sledovali a jejího vydání se už nedožili.

M. V.

JMENNÝ REJSTŘÍK

OBSAH

KLUB ČTENÁŘŮ
SVAZEK 694

Marie Valtrová
KRONIKA RODU HRUŠÍNSKÝCH

Vydal Odeon, nakladatelství krásné literatury a umění,
jako svou 5 173. publikaci v redakci krásné literatury.
Praha 1994.
Obálku navrhl a graficky upravil Michal Houba.
Odpovědná redaktorka Anna Kareninová.
Výtvarný redaktor Vladimír Nárožník.
Technická redaktorka Pavla Vokounová.
Sazbu zhotovila a vytiskla Těšínská tiskárna, a. s., Český Těšín.
28,84 AA, z toho 7,45 dokumentárního materiálu, 29,40 VA.
Vydání první.
13/33 01-002-94

DIVADLO AKROPOLIS

Tel. 352-10 **PRAHA-ŽIŽKOV, DVOŘÁKOVA UL. 29.**

Ředitel B. HRSTKA.

Rudolf Hrušínský

dlouholetý člen div. „Akropolis" a býv. člen Švandova divadla na Smíchově a div. „Uranie"

odchází z divadla „Akropolis" k mimopražské scéně jako vedoucí této a rozloučí se s pražským obecenstvem

v úterý dne 31. března 1936

v rozkošné veselohře:

Kotrmelce mládí

Napsal A. Scham a M. Färber. — Režie a scéna R. Hrušínský.

Dr. Jeremiáš, gymnas. ředitel	**Rud. Hrušínský**
Gustav Enderle, profesor	J. Hořánek
Lotka, jeho dcera	M. Hálová
Hulčová, hospodyně u prof. Enderleho	H. Vojtová
Oktaván Hofman	R. Hrušínský ml.
Sekundán Wagner	* * *
Školník Grumbiegel	J. Vavřík-Rýz
Paní Alžběta Hofmannová	A. Kubalová-Jánská

Děj v menším městě v době přítomné.

VĚRA LUK

s J. Stránskou, R. Böh

a Z. Podlipným v hlavních ro

Emila F. Burian

Pražské Dětské Divadl

(Míla Mellanová a skupina)

Komorní divadlo v Praze II., Hybernská 10, tel. kanc. 256-86, pokl. 290-3

Dne 19. října o 4. hodině

Premiera pod protektorátem Masarykova lidovýchovného ústavu, Pedagogické jednoty Komenského, Československé obce učitelské, Svazu učitelstva v hlavním městě Praze, Svazu učitelstva československého.

JIŘÍKOVO VIDĚNÍ

Báchorka se zpěvy a tanci o 3 jednáních s proměnami. Napsal Josef Kajetán Tyl.
Pro mládež upravila Míla Mellanová. Hudba Jan Seidel.
Režie Míla Mellanová. Výprava a kostýmy prof. Zdeněk Kratochvil.
Tance Nina Jirsíková j. h.

Osoby:

I. dějství.

PŘED BLANÍKEM A V BLANÍKU.

Bohuslav, vůdce blanických rytířů	Bedřich Bobek
Severin, blanický rytíř	Artuš Kalous
Jiřík, chudý čeledín	Karel A. Pech
Kačenka, dcera ze statku	Marie Horská

Blaničtí rytíři.

II. dějství.

JIŘÍKOVY SNY.

Pan Bonifác Bonafides, velkokupec	Míla Vojta
Efrosina, jeho dcera	Gabriela Kaufusová
Slečna Zuzana Poličanská	Daniela Blahníková
Jiřík (Křepinský, Savlička, Lokýtek)	Karel A. Pech
Votický, švihák (vůdce dělníků)	Miloš Liška j. h.
Zelnický, švihák	Josef Vystrčil
Vilibald, novinář	Hynek Němec j. h.
Kačenka (Kristinka, markytánka, Jiříkova žena)	Marie Horská
Severin (sluha, desátník, dělník)	Artuš Kalous
Zouval (sluha Bonifácův, Bodáček)	Karel Vajnar j. h.

Desátník, tanečnice, vojáci, markytánky, dělníci a dělnice z továrny.

III. dějství.

PŘED BLANÍKEM.

Václav Říha, sedlák	Bedřich Bobek
Kačenka, jeho dcera	Marie Horská
Kalousová, zámožná vdova	Daniela Blahníková
Honza, její syn	Rudolf Hrušínský j. h.
Jiřík, Říhův čeledín	Karel A. Pech
Verunka, selské děvče	Vlasta Sanová

Lid při obžínkách.

Ceny míst od 1 do 9 Kč

Další reprisy konají se každou středu a sobotu o 4. hodi

s doporučením městského školního výboru v Praze.

PALÁSEK A KRAUS, PRAHA